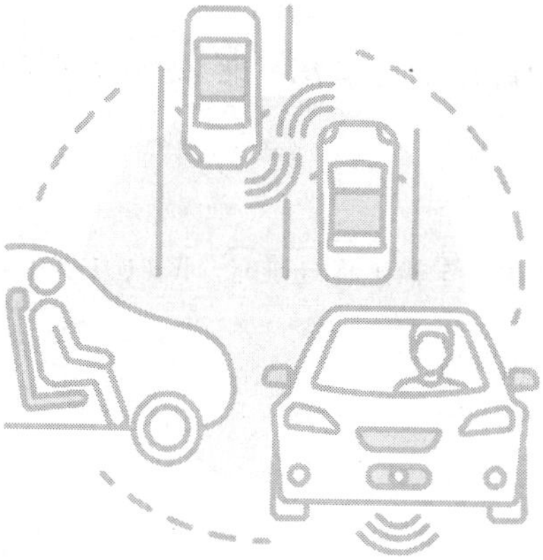

多时间尺度神经网络及其在车辆工程中的应用研究

付志军 / 著

清华大学出版社
北 京

内容简介

本书介绍了基于多时间尺度动态神经网络的不确定非线性系统的辨识、观测以及控制方法，包括单层多时间尺度动态神经网络非线性辨识与控制、改进型多时间尺度动态神经网络非线性辨识与控制、包含隐层的多时间尺度动态神经网络辨识与控制、多时间尺度动态神经网络非线性观测器设计、基于多时间尺度动态神经网络的自学习最优控制、发动机怠速模型辨识、电驱动系统模型辨识、主动转向与直接横摆力矩自学习最优控制、半主动悬架自学习最优控制。各部分内容既相互联系又相互独立，读者可以根据需要选择学习。

本书可作为普通高等院校计算机、自动化及相关专业的本科生或研究生教材，也可供对神经网络感兴趣的研究人员和工程技术人员阅读参考。

图书在版编目(CIP)数据

多时间尺度神经网络及其在车辆工程中的应用研究/付志军著．—北京：清华大学出版社，2021.11

ISBN 978-7-302-59590-8

Ⅰ．①多…　Ⅱ．①付…　Ⅲ．①神经网络—应用—车辆工程—研究　Ⅳ．①U27-39

中国版本图书馆 CIP 数据核字(2021)第 238282 号

责任编辑：许　龙
封面设计：傅瑞学
责任校对：王淑云
责任印制：刘海龙

出版发行：清华大学出版社

网　　址：http://www.tup.com.cn，http://www.wqbook.com
地　　址：北京清华大学学研大厦 A 座　　**邮　　编**：100084
社 总 机：010-62770175　　**邮　　购**：010-62786544
投稿与读者服务：010-62776969，c-service@tup.tsinghua.edu.cn
质量反馈：010-62772015，zhiliang@tup.tsinghua.edu.cn

印 装 者：三河市少明印务有限公司
经　　销：全国新华书店
开　　本：170mm×240mm　　**印张**：13.5　　**插页**：2　　**字　　数**：284 千字
版　　次：2021 年 11 月第 1 版　　**印　　次**：2021 年 11 月第1次印刷
定　　价：59.80 元

产品编号：093924-01

前言

FOREWORD

使用神经网络研究非线性系统的辨识与控制已经有一段很长的历史。这一领域吸引了包括自动化、电子通信、计算机、数学、物理、生物等多个学科研究者的注意。目前已经有多种类型的神经网络辨识与控制方法及相关学习算法，但是都没有时间维差异性。事实上，考虑不同时间尺度的动态神经网络具有更好的自学习能力和泛化能力，非常适合于模型不确定非线性系统的辨识与控制。本书介绍基于多时间尺度动态神经网络的非线性辨识、观测、控制方面的研究成果，并与最新的近似动态规划结合，提出新型架构下的在线自学习优化控制方法。

本书内容分为两篇，共有 10 章。第 1 篇主要介绍多时间尺度动态神经网络辨识、观测与控制，包括 6 章：第 1 章介绍非线性系统辨识与控制的概念，主要包含基于神经网络的非线性系统辨识与控制，以及多时间尺度系统辨识与控制问题。本书的其他部分将使用这一部分介绍的内容。第 2 章介绍基于单层多时间尺度动态神经网络非线性辨识与控制，包括在线辨识和控制器设计两部分内容。第 3 章介绍改进型多时间尺度动态神经网络非线性辨识与控制，以克服第 2 章中所提出的多时间尺度动态神经网络辨识和控制过程依赖于非线性系统的实际状态信号所带来的系统不稳定的缺陷。第 4 章介绍包含隐层的多时间尺度动态神经网络辨识与控制，以便进一步提高辨识与控制性能。第 5 章针对实际非线性系统状态未知的情况，介绍了多时间尺度动态神经网络非线性观测器设计。第 6 章进一步将多时间尺度动态神经网络与近似动态规划方法相融合，提出了一种新的基于多时间尺度动态神经网络的具有执行者-评价者-辨识器（actor-critic-identifier，ACI ）结构的非线性系统自学习最优控制方法。第 2 篇主要介绍相关理论在车辆工程中的应用，包括 4 章：第 7 章介绍发动机怠速模型辨识；第 8 章介绍电驱动系统模型多时间尺度辨识；第 9 章介绍主动转向与直接横摆力矩自学习最优控制；第 10 章介绍半主动悬架自学习最优控制。

作者在研究过程中得到加拿大康考迪亚大学 Xie Wenfang 教授的精心指导，并感谢其课题组的 Zheng Dongdong 博士、Han Xuan 硕士等人的帮助。由于水平有限，书中难免存在不妥之处，恳请读者批评指正。

付志军

郑州轻工业大学

2021 年 11 月于东风校区西四楼

目录

CONTENTS

第1篇 多时间尺度动态神经网络辨识、观测与控制

第 1 篇

多时间尺度动态神经网络辨识、观测与控制

第1章

绪　言

1.1 系统辨识概述

系统建模和参数估计的发展源于数理统计和时间序列分析，经济、社会科学和工程等多个学科也都作出了贡献。1956 年 Zadeh 首次提出了系统辨识术语，通过输入输出解决系统黑盒识别问题[1]。此后，人们对系统辨识进行了大量的研究，并已发展成为控制理论的一个重要分支。由于系统具有未知线性参数或未知非线性特性，这给系统的控制带来难题，因此识别这些未知线性参数和未知非线性特性是实现对系统的控制首先要解决的问题。系统辨识是利用输入和输出数据来估计模型的体系结构和参数的过程，可以分为在线辨识和离线辨识、灰盒辨识和黑盒辨识、线性系统辨识和非线性系统辨识。此外，当系统状态未知时，还需要设计观测器以实现对系统相关状态的观测。

(1) 在线辨识和离线辨识。从系统中收集数据后进行辨识的过程称为离线辨识。相反，这两个步骤同时运行以进行辨识的过程为在线辨识。在线辨识的主要优点是通过对时变系统进行递推处理和实时辨识来达到规定的精度。Monopoli[2] 提出了针对非线性非自治系统在线辨识问题的模型参考技术；Daniel 和 Robert[3] 使用滤波后的递归最小二乘法作为辨识算法；文献[4]提出了一种称为二次卡尔曼滤波器的线性卡尔曼滤波器；文献[5]将扩展卡尔曼滤波器应用于地震结构系统的辨识。

(2) 黑盒辨识和灰盒辨识。根据先验知识的水平，辨识模型可以分为两组：黑盒和灰盒。如果完全没有关于过程的信息可用，则辨识模型将标记为黑盒。而灰盒指的是已经知道全部结构或参数的情况下的辨识问题。对于线性单输入单输出(SISO)黑盒模型，文献[6]总结了多个不同模型的一般结构如下：

$$A(q)y(t)=\frac{B(q)}{F(q)}u(t)+\frac{C(q)}{D(q)}e(t) \tag{1.1}$$

式中：$u(t)$和$y(t)$分别为系统的输入输出信号；前向转移算子q被定义为$qu(t)=u(t+1)$，后向转移算子q^{-1}被定义为$q^{-1}u(t)=u(t-1)$；$A(q)$，$B(q)$，$C(q)$，$D(q)$，$F(q)$分别为

$$A(q)=1+a_1q^{-1}+\cdots+a_{na}q^{-na}$$

$$B(q)=1+b_1q^{-1}+\cdots+b_{nb}q^{-nb}$$

$$C(q)=1+a_1q^{-1}+\cdots+a_{nc}q^{-nc}$$

$$D(q)=1+a_1q^{-1}+\cdots+a_{nd}q^{-nd}$$

$$F(q)=1+a_1q^{-1}+\cdots+a_{nf}q^{-nf}$$

进一步，式(1.1)的几种特殊变换形式如下：

- 有限脉冲响应 FIR($A=C=D=F=1$)
- 外界输入自回归 ARX($C=D=F=1$)
- 自回归滑动平均模型 ARMA($B=D=F=1$)
- 外界输入自回归滑动平均模型 ARMAX($D=F=1$)
- 外界输入误差自回归模型 ARARX($C=F=1$)
- 输出误差 OE($A=C=D=1$)
- Box-Jenkins 模型结构 BJ($A=1$)

最近的研究结果表明，上述这些辨识方法已经扩展到多输入多输出(MIMO)系统中。文献[7]提出了一种基于 FIR 模型的 MIMO 随机系统辨识算法；文献[8]提出了一种新的基于进化规划方法的用来识别短期负荷预测的 ARMAX 模型；文献[9]提出了一种新的基于遗传计算的非平稳多输入 OE 和 ARMAX 系统识别算法；针对不同肢体功能、运动姿态和环境下的假肢控制问题，采用 BJ 方法进行模型识别和诊断检查[10]。此外，非线性系统辨识的回归因子也同样被选择，因此在上述模型名字的前面加上代表非线性的“N”，如 NFIR、NARX、NARMAX NOE 和 NBJ。文献[11]利用 NFIR-Volterra 模型给出了针对非线性单输入多输出系统的均衡子空间黑盒辨识方法；文献[12]研究了 NARX 辨识模型的时间序列映射关系，以估计其内源性和外源性组成；文献[13]提出了一种新的基于仿射几何的线性和非线性 ARMA 辨识算法，该算法比快速正交搜索法更快地得到估计结果；文献[14]使用带基函数的子空间算法识别 Hammerstein 模型，然后对维纳非线性系统进行建模，以建立电离层动力学模型。

(3) 线性系统辨识和非线性系统辨识。 线性系统显然是系统辨识中最重要的一类。经过多年的实践和文献的广泛发展，线性系统辨识技术在教科书中得到了系统的介绍。尽管如此，在过去的几十年里仍然有一些改进。Guillaume 等[15]讨论并分析了带有噪声输入信号的经验传递函数估计的数学模型，该模型具有不确定性，并且在傅里叶分析中是完全已知的。Tugnait[16]提出了一种利用时域输入输出数据的功率谱估计无穷冲激响应下的参数辨识的频域解。Overschee 等[17]通过子空间状态

空间系统辨识算法从输入和输出数据中找到状态空间模型。20 世纪 80 年代以前，非线性系统的系统辨识技术由于其固有的复杂性和困难性而很少受到重视。随着非线性系统辨识技术广泛应用于系统控制、人工智能、模式识别、信号处理等诸多领域，非线性系统辨识技术变得越来越重要。与线性系统相比，一方面，非线性系统很难得到精确的物理模型，需要选择更为独特的结构模型；另一方面，模型不需要对真实系统进行真实准确的描述，只需要对真实系统某些性质的描述，以达到某种目的[18]。因此，许多研究者倾向于用降阶或线性模型来表示系统[19]，通过分析阶跃响应，采用瞬态响应法对功率变换器的降阶传递函数进行建模。Tokamak 的线性模型[20]是为控制目的而建立的，并通过频率响应识别验证物理原理中的不同模型。文献[21]利用线性模型和频率响应数据成功地识别了连续时间非线性不稳定磁轴承系统。文献[22]将 Volterra 级数作为卷积积分的推广，用于建立具有饱和效应的同步发电机的七阶非线性模型。非线性系统辨识采用具有广义正交基函数的约化 Volterra 模型，可以克服庞大的估计过程[23]。Singh 等[24]建立了非线性系统的结构与频率响应模式之间的直接对应关系。

(4) 状态观测。根据系统外部变量(输入变量和输出变量)的实测值得出状态变量估计值的一类动态系统，也称为状态重构器。在过去的十多年里，不同类型的非线性观测器被提出来，如扩展 Luenberger 观测器[25]、扩展卡尔曼滤波器[26,27]、滑模观测器[28-30]、鲁棒观测器[31]等。它们大多利用线性矩阵不等式(LMI)或矩阵不等式(MI)来研究观测器的存在条件，此外，还利用了非线性函数的 Lipschitz 条件或参数不确定性的上界。为了放宽对系统模型的限制性要求，采用具有自适应学习能力的神经网络(NN)进行观测器设计。例如，文献[32]提出了一种利用两个独立的线性参数神经网络(LPNN)来估计一个 SISO 非线性系统的状态，并在输出误差方程上施加了强严格正实(SPR)条件限制；文献[33]利用不受 SPR 约束的 LPNN 观测器来解决故障检测问题；文献[34]利用 SPR 假设李雅普诺夫(Lyapunov)理论，提出了一种基于稳定观测器的自适应神经网络控制方案；文献[35,36]提出了一种基于 LPNN 的 MIMO 系统非线性观测器，并放宽了 SPR 假设，观测器具有开环结构；文献[37,38]中提出了基于径向基函数(RBF)的观测器，该方法没有 SPR 或任何其他强假设。然而，该方法采用梯度的静态近似来求解动态反向传播问题，这只是一种近似处理，而且基于梯度下降法的权值更新律容易陷入局部最优；文献[39,40]提出了一种基于自适应高阶神经网络(HONN)的观测器；文献[41]提出了用卡尔曼滤波器训练的离散 HONN 观测器，然而随着维数的增加，HONN 存在维数灾难问题；文献[42]提出了利用差分神经网络来避免与全局搜索相关的许多问题，将学习过程转化为特定的反馈设计；文献[43,44]提出了一种基于滑模观测器的动态神经网络辨识器；文献[45]提出了一种具有时滞的鲁棒渐近动态神经网络观测器。在这些动态神经网络观测器的设计中，更新律过于复杂，且为了便于稳定性分析，还采用了线性逼近法，因此使得这些观测器无法应用于实际。

1.2 基于神经网络的非线性系统辨识与控制

线性控制作为一个成熟的课题，其各种有效的控制方法已经在教科书中系统地介绍过，并在工业应用中得到了成功的应用。在控制工程发展的早期，并没有像今天这样为研究人员和工程师提供广泛的非线性分析工具。在 1940 年以前，一些不成熟的非线性控制方法，如 Tirrill 调节器和飞球调节器，在没有进行系统理论分析的情况下被成功应用[46]。相平面法、描述函数法和 Tsypkin 方法是自 20 世纪 40 年代以来最主要的非线性系统分析方法。自 1892 年李雅普诺夫稳定性理论问世 60 多年后，控制工程界开始关注它。李雅普诺夫直接法已成为非线性控制系统设计方法中最基本、最流行的非线性系统分析工具[47]。在处理非线性系统的控制问题时，模型的未知及不确定因素给控制器的设计带来困难，而非线性系统的辨识就成为首要的前提。

神经网络具有高度的复杂性和非线性，已被证明是一种有效的非线性系统辨识与控制方法[48]。神经网络的结构可以分为两大类：前馈(静态)网络和递归(动态)网络。多层感知器(MLP)(图 1-1)以其快速收敛的主要特点成为非线性系统辨识与控制的常用结构[49]。文献[50]已经证明三层结构的前馈神经网络已经满足大部分非线性系统的学习要求。此外，RBF 神经网络是以径向基函数为激活函数的人工神经网络。与前馈神经网络类似，RBF 网络在函数逼近、时间序列预测、控制、模式识别和分类等方面有着广泛的应用[51]。Park 等[52]证明，与 MLP 网络相比，RBF 网络的实现更简单，所需的计算内存更少，即使在不断变化的工作条件下也能更快更好地收敛。

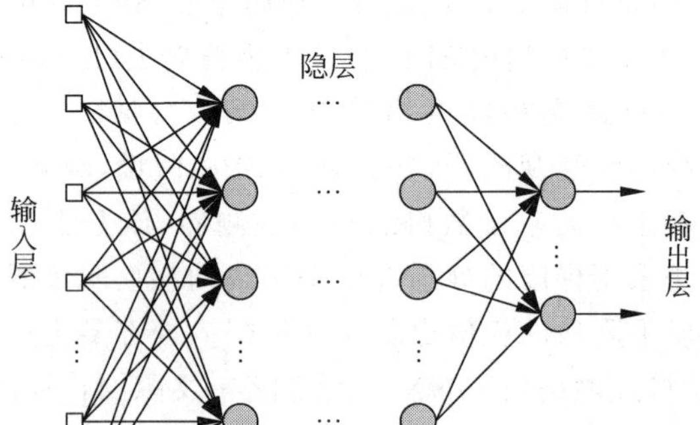

图 1-1 MLP 结构图

RBF 神经网络的主要缺点是不利用局部数据结构的任何信息进行权值更新，函数逼近对训练数据敏感。目前主要由两种结构来提高神经网络的学习能力，一种思路就是通过横向拓展思路，如典型的 Giles HONN[51]，如图 1-2 所示，该网络最显著的特点是通过在隐层上实行多变量互乘法则，输入层与隐层之间通过相应权值进行连接，并且只有一层需要学习，所以它能够解决多隐层网络结构权值学习面临的一些困难。但 HONN 面临的主要问题是隐层中高阶互乘项的组合“维数灾难”问题，如此繁多的输入组合项使得 HONN 的实用面临困难。

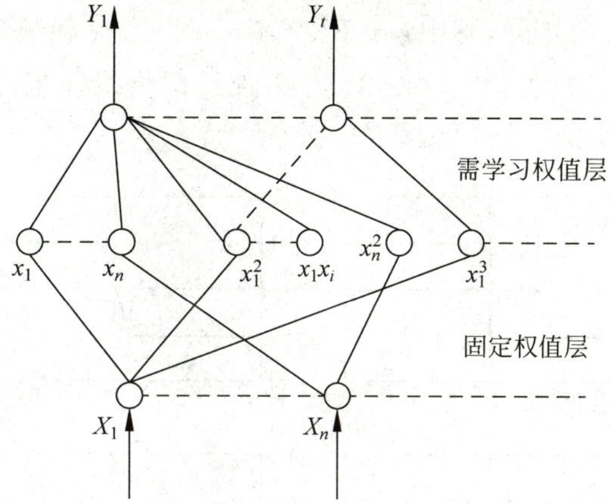

图 1-2 Giles 网络结构图

另一种思路就是纵向衍生，如图 1-3 所示的动态神经网络。动态神经网络由于具有较强的非线性特性，在非线性系统辨识与控制中得到越来越广泛的应用[53]。动态神经网络与前馈神经网络等其他神经网络的不同之处在于它至少包含一个反馈回路，同时，以动态系统形式表示的神经网络天生具有反馈回路。因此，许多研究者在神经网络文献中把“递归性”和“动态性”视为同一个概念。

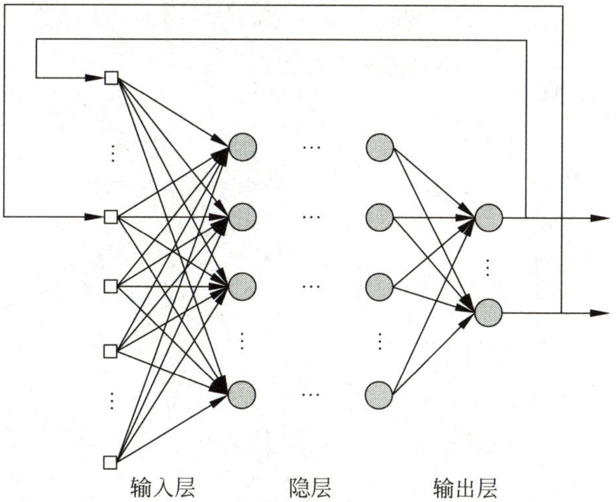

图 1-3 动态神经网络结构图

一种常见的动态神经网络的表达式如下所示：

$$\dot{\boldsymbol{x}}_{nn}=\boldsymbol{A}\boldsymbol{x}_{nn}+\boldsymbol{W}_1\boldsymbol{\sigma}(\boldsymbol{V}_1\boldsymbol{x}_{nn})+\boldsymbol{W}_2\boldsymbol{\phi}(\boldsymbol{V}_2\boldsymbol{x}_{nn})\gamma(\boldsymbol{U}) \tag{1.2}$$

式中：$\boldsymbol{x}_{nn}\in\mathbf{R}^n$ 为神经网络的状态变量；$\boldsymbol{W}_1\in\mathbf{R}^{n\times p}$，$\boldsymbol{W}_2\in\mathbf{R}^{n\times q}$ 为输出层中的权值；$\boldsymbol{V}_1\in\mathbf{R}^{p\times n}$，$\boldsymbol{V}_2\in\mathbf{R}^{q\times n}$ 为描述隐层连接的权值矩阵；$\boldsymbol{\sigma}=[\boldsymbol{\sigma}_1([\boldsymbol{V}_1\boldsymbol{x}]_{1,1})\cdots\boldsymbol{\sigma}_p([\boldsymbol{V}_1\boldsymbol{x}]_{p,1})]^{\mathrm{T}}$ 是非线性状态反馈的向量函数；$\boldsymbol{\phi}=\mathrm{diag}[\phi_1([\boldsymbol{V}_2\boldsymbol{x}]_{1,1})\cdots\phi_q([\boldsymbol{V}_2\boldsymbol{x}]_{q,1})]^{\mathrm{T}}$ 为对角矩阵，其中 $\boldsymbol{\phi}\in\mathbf{R}^{q\times q}$，$\boldsymbol{U}\in\mathbf{R}^m$ 为控制输入向量，$\gamma(\cdot)$：$\mathbf{R}^m\rightarrow\mathbf{R}^n$ 为可微的输入输出映射函数；$\boldsymbol{A}\in\mathbf{R}^{n\times n}$ 为神经网络线性矩阵。常用的非线性激励函数 $\boldsymbol{\sigma}(\cdot)$ 如图 1-4 所示。

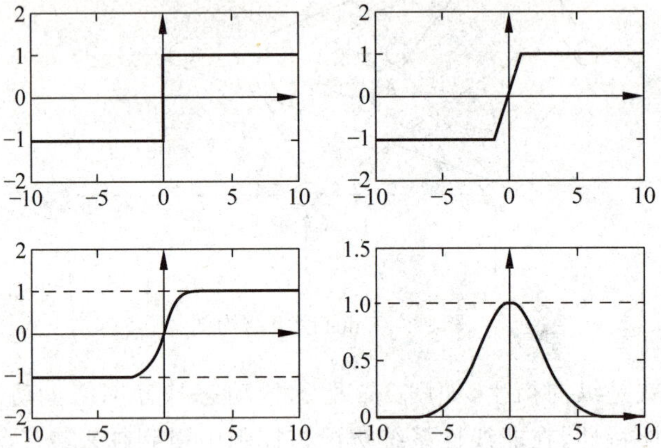

图 1-4　常用的非线性激励函数

研究表明[8-11]，Sigmoid 函数（图 1-5）由于其范围和形状的灵活性以及在整个域内的平滑性，是结构类似式（1.2）所表示的动态神经网络中最常用和最适用的激活函数，其表达式为

$$\theta(x)=\frac{1}{1+\exp(-ax)} \tag{1.3}$$

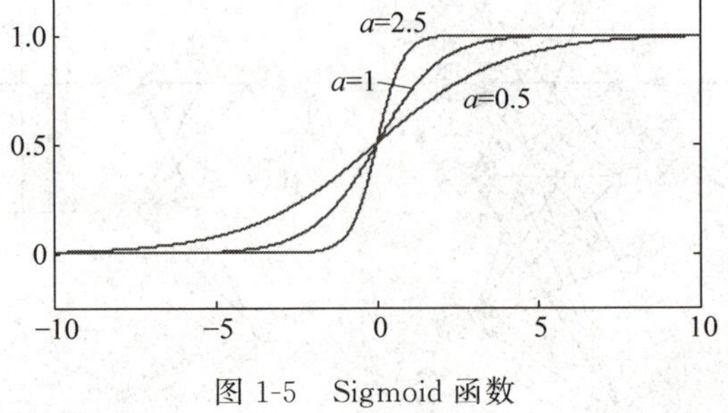

图 1-5　Sigmoid 函数

所有的神经网络拓扑结构及表达式都有相应的训练或学习算法支持。自 Werbos[54] 在 1974 年首次提出反向传播算法以来，反向传播算法一直是主要的学习

算法。此外，人们还作出了许多努力来改进传统的反向传播算法。文献[55]提出了一种新的带优化过程的反向传播算法，与传统的神经网络系统辨识方法相比，具有更快的收敛速度和更好的模型精度，特别是对于高阶非线性系统。文献[56]提出了预测反向传播和有无滤波的目标反向传播算法来更新网络的权值，当误差通过邻接模型反向传播时，加速反向传播可以消除延迟。Goh 等[57]研究了训练过程中的网络修剪、单个权重、偏差的自适应学习律、自适应变量以及扩展神经元在学习中的作用，然后将它们组合在一起以提高多层前馈神经网络的反向传播性能。近年来，许多新的神经网络拓扑结构和相应的训练算法被提出来用于系统的辨识和控制。如：文献[58]将免疫连续蚁群算法与 BP 神经网络相结合，提出了进化神经网络；文献[59]提出的进化规划可以同时获得静态或递归神经网络的结构和权值；文献[60]提出了一种级联学习结构，为神经网络提供动态激活函数，并将其用于相关控制策略，使得学习速度更快，过程更平稳，网络结构更简单；文献[61]提出了一种基于改进的递归神经网络 NARX 模型的在线系统辨识方法及在此基础上的模型预测控制方法；文献[62]基于递归神经网络不确定观测器，设计了一种逆步自适应组合控制器来实现对感应伺服电机位置的控制。

自适应控制系统是指能根据控制对象本身参数或周围环境的变化自动调整控制系统中控制器参数或控制规律以获得满意性能的自动控制系统[63]，包括三个基本动作：识别对象的动态特性，在识别对象的基础上采取决策，根据决策指令改变系统动作。自适应控制系统主要包括两种控制架构：直接自适应控制（图 1-6）和间接自适应控制（图 1-7）。直接自适应控制直接更新控制器参数，不需要显式的对象参数辨识；而间接自适应控制需要迭代估计对象参数，然后应用该估计参数更新控制器参数。在本书中，我们重点研究了非线性系统的间接自适应神经网络控制方法。所以，非线性系统辨识是不确定非线性系统控制的核心环节之一。

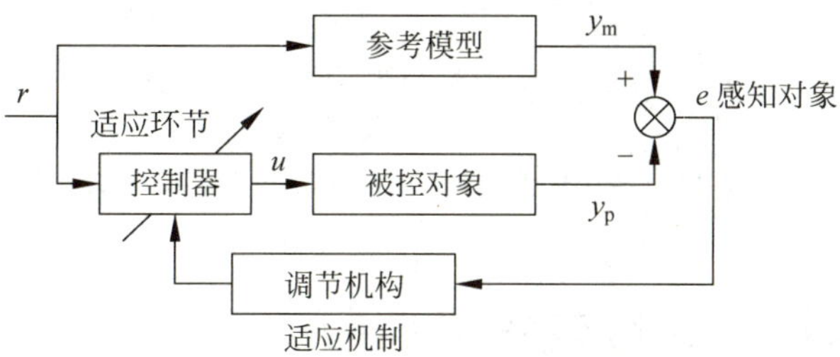

图 1-6　直接自适应控制

直接自适应控制的基本设计原则为：基于李雅普诺夫稳定性设计准则，设计自适应在线更新律，使得系统稳定，即 $e\to 0$。

经典自适应控制及基于神经网络的自适应控制方法，都只是达到了控制目标（系统镇定或者对给定参考信号的跟踪），但没有对控制过程中的指标（如控制时间、控制能量等）进行优化。大量的工程实践，尤其是车辆工程技术的发展，涉及大量多输入

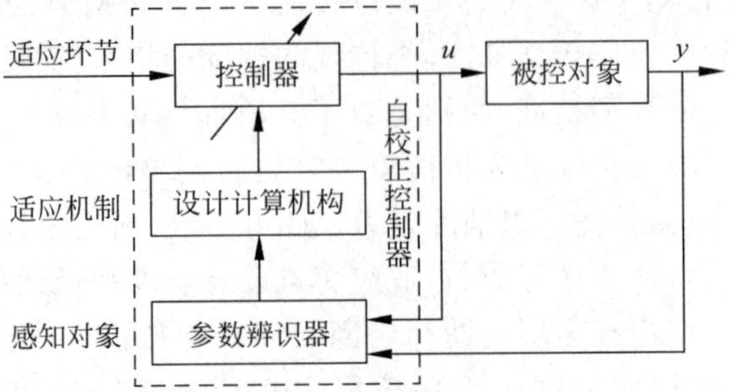

图 1-7 间接自适应控制

多输出系统优化控制问题，需要根据受控系统的动态特性，去选择控制规律，才能使得系统按照一定的技术要求进行运转，并使得描述系统的性能或品质的某个“指标”在一定的意义下达到最优值。尤其是系统参数或系统模型未知时的在线最优控制问题一直以来都是个难题。近年来，针对未知非线性系统最优控制问题，融合自适应算法、动态规划和神经网络方法发展而来的自学习最优控制方法是实现最优控制问题在线求解的最有效途径[83]。直接自适应控制、间接自适应控制和自学习最优控制三者之间的联系如图 1-8 所示。

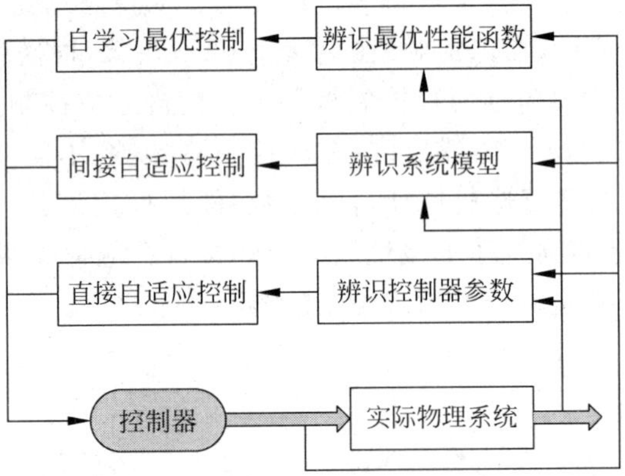

图 1-8 直接自适应控制、间接自适应控制和自学习最优控制

1.3 多时间尺度系统辨识与控制

1.3.1 多时间尺度系统

许多非线性物理系统包含不同时刻发生的慢速和快速动态过程。考虑一类动态变量为 $p+q$ 的一阶自治常微分方程，其中，动态变量 p 为慢变量，动态变量 q 为快变量。因此慢变量向量为 $\boldsymbol{x}\in\mathbf{R}^p$，快变量向量为 $\boldsymbol{y}\in\mathbf{R}^q$。用来描述非线性系统的快慢不同时间尺度动态特性的模型如下。

$$\begin{aligned}\frac{\mathrm{d}\boldsymbol{x}}{\mathrm{d}t}&=f_x(\boldsymbol{x},\boldsymbol{y})\\ \varepsilon\frac{\mathrm{d}\boldsymbol{y}}{\mathrm{d}t}&=f_y(\boldsymbol{x},\boldsymbol{y})\end{aligned}\tag{1.4}$$

式中：$\varepsilon>0$ 是时间尺度因子；$f_x(\boldsymbol{x},\boldsymbol{y})$和 $f_y(\boldsymbol{x},\boldsymbol{y})$为非线性函数。

时间 $t=\varepsilon T$ 变换使这个系统形成了一个快时变系统

$$\begin{aligned}\frac{\mathrm{d}\boldsymbol{x}}{\mathrm{d}T}&=\varepsilon f_x(\boldsymbol{x},\boldsymbol{y})\\ \frac{\mathrm{d}\boldsymbol{y}}{\mathrm{d}T}&=f_y(\boldsymbol{x},\boldsymbol{y})\end{aligned}\tag{1.5}$$

系统(1.4)和系统(1.5)在有限情况下是等价的，但在极限 $\varepsilon\to0^+$ 情况下具有不同的性质。

如图 1-9 所示的直流伺服电机[64]是多时间尺度系统的一个典型例子。直流电机建模可以分为电气和机械两个子系统。众所周知，电气子系统的时间常数要比机械子系统的时间常数小得多。因此，电气子系统是快速子系统。

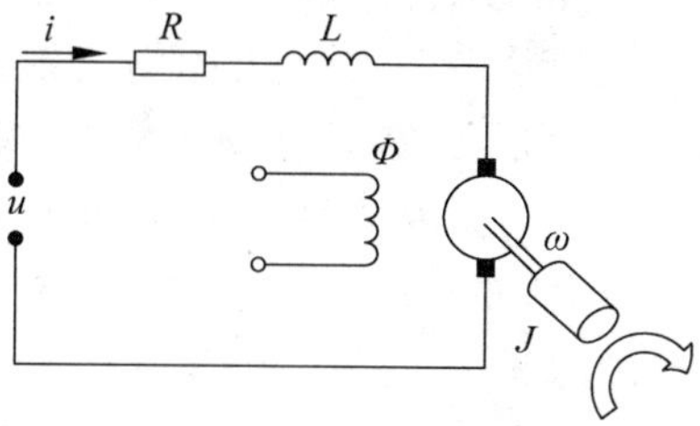

图 1-9 直流伺服电机

用基尔霍夫电压定律推导系统的电路式

$$L\frac{\mathrm{d}i}{\mathrm{d}t}=-k\omega-Ri+u\tag{1.6}$$

式中：u 为输入电压；i 为电枢电流；R 和 L 为电枢的电阻和电感；k 为反电动势常数。

机械子系统电路式如下

$$J\frac{\mathrm{d}\omega}{\mathrm{d}t}=ki\tag{1.7}$$

式中：J 为转动惯量；k 为电机的转矩常数。

将 $\omega_{\mathrm{r}}=\dfrac{\omega}{J}$，$i_{\mathrm{r}}=\dfrac{iR}{Jk}$和 $\boldsymbol{u}_{\mathrm{r}}=\dfrac{u}{Jk}$代入式(1.6)和式(1.7)得

$$\begin{aligned}\dot{\omega}_{\mathrm{r}}&=i_{\mathrm{r}}\\ \varepsilon\dot{i}_{\mathrm{r}}&=-\omega_{\mathrm{r}}-i_{\mathrm{r}}+u_{\mathrm{r}}\end{aligned}\tag{1.8}$$

式中：$\varepsilon=\dfrac{Lk^2}{JR^2}\leqslant1$ 时，i_{r} 为快速状态。

与上面提到的直流电动机不同，有些系统方程只包含由实验测得的具有一定值的常数。将奇异摄动定理应用到这些不包含任何趋于零或无穷参数的模型中，需要人为地引入小的参数。我们将根据参数 ε 调用一个系统 $\dot{x}=F(x;\varepsilon)$，$x\in\mathbf{R}^d$，一个系统的单参数嵌入 $\dot{x}=f(x)$，$x\in\mathbf{R}^d$，如果 $f(x)\equiv F(x,1)$，则 $x\in\mathbf{R}^d$。类似地，可以定义一个 n 参数嵌入，在右边形式为 $f(x)\equiv F(x,1,\cdots,1)$和 $\dot{x}=F(x;\varepsilon_1,\cdots,$

ε_n)，$x\in\mathbf{R}^d$。如果一个 n 参数嵌入具有渐近结构的快-慢系统($k_1,\cdots,k_n$)的形式，我们称之为($k_1,\cdots,k_n$)渐近嵌入。我们将这个程序用一个小参数代替一个小的无量纲常数 εa，其中 $\varepsilon\ll 1$，替换 εa 构成了单参数嵌入。参数化嵌入系统的方法有很多种，但只有我们感兴趣的定性特征能够从原始系统中得到最佳保存的方法才是首选方法。

1.3.2 多时间尺度系统的辨识与控制

对于包含快、慢状态的系统，可以用奇异摄动模型进行建模，从而将高阶线性或非线性系统解耦为在不同时刻出现的快慢子系统，从而简化数值研究和控制设计的复杂动力学过程[65]。文献[66]将不同时间尺度下的系统动态解耦为两个模型的传递函数矩阵，并提出了分散模型预测控制器。关于非线性系统控制中的奇异摄动和时间尺度的综合讨论可以参考文献[67-69]。奇异摄动法的一个基本要求是非线性系统模型是完全已知的，这对于模型不确定的非线性系统往往带来难以实际应用的问题。因此，在对系统设计控制方法之前，系统辨识就成为一个首先需要考虑的问题。最近的研究结果表明，不同时间尺度的动态神经网络具有更好的自学习能力和泛化能力，非常适合于模型不确定非线性系统的辨识[70]。文献[71]研究了不同时间尺度动态神经网络的鲁棒稳定性，并给出了取决于不确定性的严格边界条件。Sandoval 等[72]利用李雅普诺夫函数和奇异摄动理论提出了考虑外界扰动的新的稳定性边界条件。具有不同时间尺度的动态神经网络可以模拟神经活动水平的短期记忆动态和无人监督的突触修改动态的长期记忆[73]。文献[74]利用二次李雅普诺夫函数分析了具有短期记忆和长期记忆的竞争神经网络的平衡稳定性。在文献[75-77]中，基于流动不变性理论，提出了分析具有不同时间尺度的系统动力学的新方法。文献[78]利用 K 型单调动力系统理论，对具有不同时间尺度的竞争神经系统进行了动力学分析。这些研究都是重点对系统的稳定性进行分析，如系统应满足的全局渐近稳定性条件，指数稳定性，输入状态稳定性等。为此，我们提出了一种新的多时间尺度动态神经网络结构，并将其用于对不确定非线性系统的辨识[79]、观测[80]以及控制[81]中，本书将主要围绕这些内容展开。

1.3.3 多时间尺度系统的自学习最优控制

基于 ADP(approximate dynamic programming)理论的具有执行者-评价者(actor-critic，AC)结构的自学习优化控制理论成为解决模型不确定非线性系统优化控制的有效方法[84]。该控制理论的基本思路在于构架一个评价网络(critic)来估计整个系统的性能和一个执行网络(actor)来提供控制信号，通过求解 HJB(Hamilton-Jacobi-Bellman)方程得到近似最优解。ADP 方法为智能车辆的运动规划与控制提供了一种有效手段。如：文献[85]利用 ADP 算法设计了连续型奖惩信号用于实现智能车自学习寻路、避障控制策略；文献[86]提出了基于全局近似动态规划

(GADP)的具有未知非线性动力学的连接车辆自适应巡航控制策略；文献[87]提出了基于核的最小二乘策略迭代算法的双轮驱动智能车路径跟随学习控制方法；DeepMind公司采用一种异步AC结构的强化学习方法实现了智能车在未知环境中的动态运动规划与控制，取代了目前机器人研究领域最流行的同时定位与建图技术(SLAM)，从而打开了研究未知环境下智能车导航问题的新思路[88]。

目前有关ADP理论及其在智能车运动规划与路径跟踪控制中的研究大都没有考虑时间维的差异性。事实上，多时间尺度的重要性在许多方面已经被强调。如：在行为层面的研究表明，运动技能的获得需要通过多个时间尺度过程[89]。对运动适应性的扫视适应和力场适应生物学观察过程涉及具有不同时间尺度的子系统[90]。在脑区域的局部和全局相互作用中[91]，存在不同时间尺度不同级别的信息处理，如图1-10所示。在听觉感知的研究中[92]，不同时间尺度的动态神经网络(multi-time scales dynamic neural network，MTSDNN)整合窗口对应于共振峰转换层和音节层之间的不同感知层级。Facebook的AI研究中心提出直接在句子级别进行编码的NN[93]，比一般的在词级别进行编码的NN具有更快的拟合速度。文献[94]通过对不同神经元连接之间的特定约束来构建代表快慢不同时间尺度的功能性NN，从而实现了移动机器人在处理紧急情况和执行给定的基元序列的分时性结构功能。受人

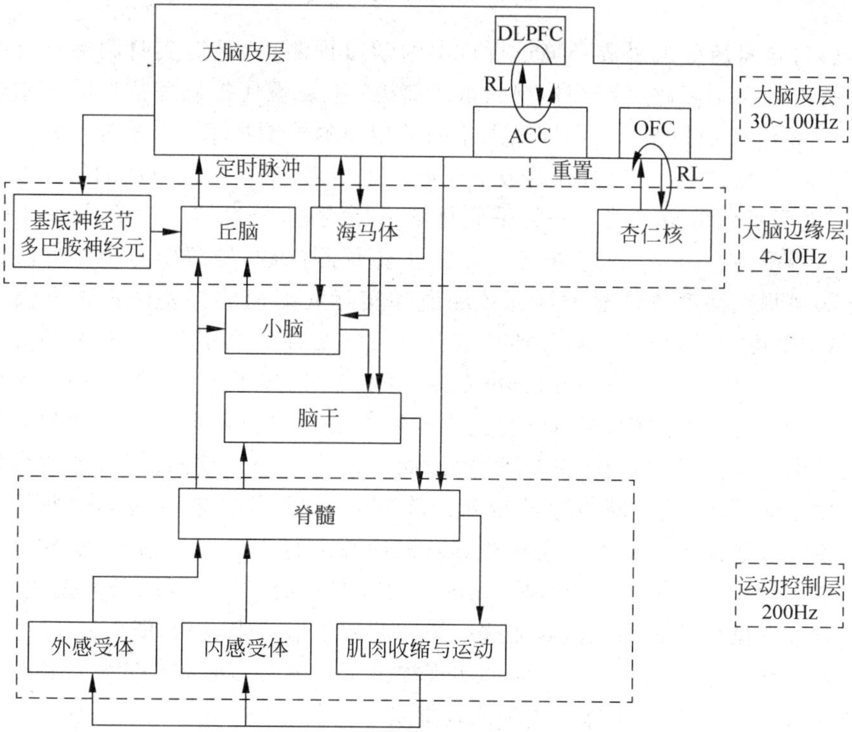

图1-10 大脑中的多时间尺度学习闭环系统

脑生理机能的启发，Werbos[95]提出了第二代模拟大脑的多时间尺度 ADP 结构，如图 1-11 所示，即评价网络采用慢的时间尺度，执行网络采用快的时间尺度。文献[96,97]基于时间演算理论，证明了 HJB 方程的多时间尺度特性，并建立了有序导数链式规则和反向传播学习规则，为实现多时间尺度 ADP 算法奠定了理论基础。Vrabie 等[98]将积分信号作为新状态添加到评价网络中，当评价网络已经收敛时，更新执行网络以获得改进的控制策略，显示了双时间尺度特性。文献[99]针对智能车运动规划问题，基于现在、预测未来使用监督学习结合 RNN 实现长期规划。

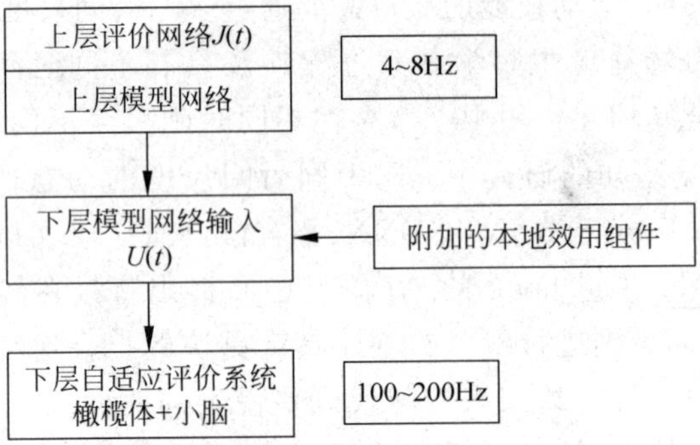

图 1-11　评价网络-执行网络学习结构

能够对自身所处的外界环境进行自主的学习预测，并且能实时调整自己的行为是实现智能车自学习路径跟踪控制的重要前提[100]。现代控制理论里的卡尔曼滤波理论[101]、系统辨识技术[102]和广泛采用的模型预测控制技术[103]通常需要通过递归法实现多步预测，并且需要精确的数学模型。近年来，学习预测方面的研究取得了重要进展，主要可以分成两类：一类是监督学习预测方法[104-105]；一类是基于值函数逼近的学习预测方法[106-107]。对于一般的多步预测问题，监督学习预测方法只有在获得全部观测数据后才能通过计算预测值和实际观测值的误差修正预测模型和参数，实际结果可能延迟数秒、数分钟甚至更长。在人脑的学习功能与信号研究中发现的时域差值学习模型（temporal difference，TD）[108]描述了人类对复杂时序事件进行行为适应的高阶学习过程，是自学习优化控制方法中对值函数进行估计和逼近的关键方法。该方法根据在时间上连续两次预测的差值来修正预测模型，更适合处理在线多步预测问题，并且在减少存储量和计算量的同时，往往能够获得更高的学习效率。这使得智能体可以根据当前状态对未知环境进行主动在线预测，实现对周围环境更加丰富的认识。强化学习权威 Sutton 教授课题组[109]最近的研究表明，可以将智能体对未来信息的预测用值函数这一统一的数学形式来表示，即 Nexting 预测，这为多时间尺度学习预测与优化控制的实现提供了可能。多时间尺度学习预测与优化控制技术为实现长期预测-即时决策问题提供了新的思路。

模型的不确定性使得 ADP 算法的实现需要采用 NN 近似结构，如反向传播 NN[110]、径向基函数 NN[111]、小波 NN[112]、支持向量机 SVM[113]、递归 NN[114]和回声状态 NN[115]等。上述 NN 都不能够充分利用包含不同时刻序列元素的上下文信息来实现局部环境信息有限情况下的高效学习。近年来，外部存储递归 NN 研究取得实质性的进展。文献[116]通过在传统的强化学习模型中加入递归 NN 和反馈机制，使得模型可以整合过去存储的有价值的记忆和当前时刻的上下文状态来评估动作，作出正确的决策。文献[117]提出一种记忆增强式的 NN，为解决将 NN 的决策和有关结构化数据的存储结合起来的难题提供了新的手段。文献[118]将长短时记忆递归 NN 与深度 Q 网络结合实现了深度递归 Q 网络，在部分可观测 Markov 决策过程中表现出更好的鲁棒性。文献[119]提出深度注意力递归 Q 网络，能够选择性地重点关注相关信息区域，减少 NN 的参数数量和计算开销。文献[120]将传统的规划算法嵌入 NN 得到能学习相关策略的 VIN，使得 VIN 具有长期规划的能力，并辅助 NN 在不同场景中作出更好的决策。针对现有的基于 NN 的辨识方法中存在的不能充分利用上下文信息实现高效学习的缺点，文献[121]提出了一种考虑实际物理系统中存在时间维差异性的具有良好自学习能力和泛化能力的基于 MTSDNN 模型的辨识方法，并结合滑模变结构控制提出了一种间接自适应控制方法，取得了较好的效果。但由于基于状态辨识误差来设计自适应律，使得瞬态性能无法保证，并且滑模变结构不可避免地带来了控制结果的抖振问题。本书拟借鉴间接自适应控制思想（辨识＋控制），采用基于 actor-critic-identifier（ACI）架构的 ADP 方法来实现不确定非线性 MIMO 系统的自学习优化控制。

此外，基于 NN 的近似的 ADP 学习算法大都采用最小二乘[122]、梯度下降[123,124]、Levenberg-Marquardt[125]、权值误差[126,127]等参数估计方法。这些方法虽给出了参数估计渐进或指数收敛的定性分析结果，但难以定量分析收敛速度，且都需要满足持续激励（PE）条件，而在实际应用中 PE 条件很难验证，如何提出易于在线评判 PE 条件，实现瞬态性能增强的快速自学习优化控制算法，对进一步提高 ADP 方法的实际应用能力非常关键。最近的自适应滤波理论[128]研究表明，可以通过相关滤波操作，有效提取和表征系统中的隐含参数误差动态信息用于自适应律设计，并与预设性能函数（prescribed performance function，PPF）相结合，实现能定量衡量误差收敛性能（如超调量、收敛速度、PE 条件的在线检测）、可确保有限时间收敛的自适应参数估计和控制器设计。在此基础上，本书拟借鉴最新的自适应滤波理论，结合多时间尺度学习预测技术，实现模型不确定非线性 MIMO 系统的快速自学习辨识与优化控制。

1.4 本书的主要内容

本书围绕基于多时间尺度动态神经网络的不确定非线性系统的辨识、观测、控制及在车辆工程中的应用展开。具体组织如下：

第 2 章 单层多时间尺度动态神经网络非线性辨识与控制。针对一般的线性辨识与控制方法无法处理模型不确定和未知的非线性系统问题，提出了一种基于多时间尺度动态神经网络的非线性辨识算法，利用李雅普诺夫稳定性理论和奇摄动理论设计了在线自适应权值更新律。在此基础之上，构建了间接自适应控制架构，设计了滑模自学习控制输入，实现了对给定轨迹的跟踪控制。仿真结果验证了所提方法的有效性。

第 3 章　改进型多时间尺度动态神经网络非线性辨识与控制。在第 2 章中，多时间尺度动态神经网络的每一个神经元都使用实际系统状态信号来辨识非线性系统，这可以简化辨识和控制过程，但控制律将依赖于非线性系统的实际状态信号，可能带来神经网络的不稳定性。为此，本章在多时间尺度动态神经网络辨识模型的构造中，将非线性系统的实际状态信号替换为多时间尺度动态神经网络本身的状态变量，提出一种新的考虑参数溢出的在线辨识算法，并对控制信号添加约束，以克服第 2 章中所提出的多时间尺度动态神经网络的缺陷。

第 4 章　包含隐层的多时间尺度动态神经网络辨识与控制。在第 2 章和第 3 章的内容中，基于多时间尺度动态神经网络的辨识与控制已经建立。然而，所使用的动态神经网络只包含单个输出层，为了提高辨识与控制性能，本章进一步拓展到包含隐层的多时间尺度动态神经网络的辨识与控制，因为额外的隐层提供了更复杂的非线性映射的输入和输出，从而可以提高近似性能。本章利用李雅普诺夫函数和奇异摄动理论设计了在线权值更新律，并借用一般的自适应控制中使用的 e-修正技术在自适应更新律中引入了新的修正项，以保证辨识误差、跟踪误差和权值的有界性，确保整个学习过程的稳定性。此外，在包含隐层的多时间尺度动态神经网络辨识的基础上，还提出了奇异摄动技术与滑模方法相结合的在线自学习控制律，解决辨识和控制过程中的潜在的奇异性问题。最后给出了具体例子进行了仿真验证。

第 5 章　多时间尺度动态神经网络非线性观测器设计。在第 2～4 章的内容中，已经介绍了基于多时间尺度动态神经网络的非线性系统自适应辨识与控制方法。然而，它们都依赖于所有系统状态可知的情况下。对于实际应用来说，这是一个相当苛刻的要求。因此，本章针对具有模型不确定的非线性动态系统，利用多时间尺度动态神经网络进行鲁棒自适应观测器设计。利用李雅普诺夫函数方法，提出了一种新的多时间尺度动态神经网络在线自适应更新律，并证明了在整个学习过程中，状态误差、输出估计误差和神经网络权值误差均一致最终有界于零点附近。此外，采用基于无源性的方法推导了所提出的多时间尺度动态神经网络观测器的鲁棒性。与其他不考虑时间尺度的非线性观测器相比，该观测器具有更快的收敛速度和更高的精度，而且不需要精确的系统模型和一些其他强约束条件（如严格正实（SPR）假设、非线性函数的 Lipschitz 或范数有界假设）。最后，通过实例仿真验证了上述方法的有效性。

第 6 章　基于多时间尺度动态神经网络的自学习最优控制。融合强化学习和优化控制而形成的基于 AC 结构发展而来的自学习优化控制方法，为模型不确定非线性系统的在线最优控制提供了一种新的解决方法。但目前的方法由于往往采用一般的动态神经网络，没有考虑时间维差异性，从而导致学习效率低和收敛速度慢的问题。同时，基于神经网络近似的自学习优化控制算法大都采用最小二乘或梯度下降方法，这些方法都需要满足 PE 条件，而在实际应用中 PE 条件很难验证，如何提出更容易验证的 PE 条件或直接去掉 PE 条件实现瞬态性能增强的快速 ADP 自学习优化控制算法，对在线 ADP 方法的应用起到重要的作用。本章提出了一种新的基于多时间尺度动态神经网络的具有 ACI 结构的非线性系统自学习最优控制方法。建立了一种考虑神经逼近误差和未知扰动的临界神经网络参数估计方法，以使贝尔曼误差最小化，从而代替常用的最小二乘法或梯度法，获得 HJB 方程的在线近似解。然后，基于辨识出的动态模型和估计的最优成本函数，设计出最优控制动作，并同时更新多时间尺度动态神经网络权值。最后，用李雅普诺夫方法证明了整个闭环系统的稳定性。仿真实例验证了该方法的有效性和适用性。

第 7 章 发动机怠速模型辨识。针对发动机怠速工作过程的非线性、时变性、复杂性所带来的建模难题，利用第 3 章和第 4 章的研究成果，本章提出了一种有效的发动机怠速模型辨识方法，并给出了验证结果。

第 8 章 电驱动系统模型辨识。本章将利用第 2 章的单层多时间尺度动态神经网络辨识算法和第 4 章中的多层多时间尺度动态神经网络非线性辨识方法来实现对直流电机和交流电机的辨识。同时，为了进一步提高学习速率，提出了基于滑模学习律的多时间尺度感应电机辨识方法。

第 9 章 主动转向与直接横摆力矩自学习最优控制。针对不确定性和扰动所带来的车辆 AFS/DYC 控制难题，借助第 6 章的研究成果，本章提出了一种基于 Critic-Identifier 框架（ACI 的简化形式）的新型最优跟踪控制算法。通过不同工况下不同车速和不同轮胎刚度的参数变化，验证了所提出方法的有效性。

第 10 章 半主动悬架自学习最优控制。实际悬架系统中由于参数不确定性和未知道路输入导致的模型不确定性给控制器设计带来了巨大挑战。本章提出了一种结构简化的四分之一汽车半主动悬架系统的自学习优化控制方法。最优控制动作是直接从评价神经网络计算出来的，而不是从评价神经网络和执行神经网络双网络计算出来的。同时，提出了由参数误差信息驱动的在线鲁棒自学习规则，用于识别最优成本函数的评价神经网络。最后，基于评价神经网络在线求解 HJB 方程而获得最优控制动作。与传统的 LQR 控制方法相比，四分之一汽车主动悬架系统的仿真结果验证了所提出的自学习最优控制方法在乘坐舒适性、道路保持和悬架空间限制方面表现出更好的性能。

参考文献

[1] Zadeh L A. On the identification problem[J]. IRE Trans, on Circuit Theory, 1956: 277-281.
[2] Monopoli R. Model reference adaptive control with an augmented error signal[J]. IEEE

Transactions on Automatic Control,1974,19(5): 474-484.

[3] Daniel M R,Robert H C,Jr. Experiments toward on-line identification and control of a very flexible one-link manipulator[J]. The International Journal of Robotics Research,1987, 6(4): 3-19.

[4] Ho B L,Kalman R E. Effective construction of linear state-variable models from input /output functions[J],Auto matisierungste chnik[J]. 1966,14(12): 545-548.

[5] Masaru H, Etsuro S. Structural identification by extended Kalman filter[J]. Journal of Engineering Mechanics,1984,110(12): 1757-1770.

[6] Ljung L,Hall P. System Identification-Theory for the user. Prentice Hall PTR,1999.

[7] Ding F,Chen T W. Identification of multivariable systems based on finite impulse response models with flexible orders [J]. IEEE International Conference on Mechatronics and Automation,2005,2(29): 770-775.

[8] Yang H T, Huang C M, Huang C L. Identification of ARMAX model for short term load forecasting: An evolutionary programming approach [J]. IEEE Transactions on Power Systems,1996,11(1): 403-408.

[9] Monin A. ARMAX identification via hereditary algorithm [J]. IEEE Transactions on Automatic Control,2004,49(2): 233-238.

[10] Triolo R J, Nash D H, Moskowitz G D. The identification of time series models of lower extremity EMG for the control of prostheses using Box-Jenkins criteria [J]. IEEE Transactions on Biomedical Engineering,1988,35(8): 584-594.

[11] Fang Y W,Jiao L C. Blind identification of nonlinear FIR Volterra channels[J]. Proceedings of WCCC-ICSP 5th International Conference on Signal Processing,2000,1: 294-297.

[12] Masry E, Tjostheim D. Nonlinear autoregressive exogenous time series: Structural identification via projection estimates[J]. IEEE Signal Processing Workshop on Statistical Signal and Array Processing,1996,368-370.

[13] Sheng L K, Hwan J, Chon K H. A new algorithm for linear and nonlinear ARMA model parameter estimation using affine geometry [J]. IEEE Transactions on Biomedical Engineering,2001,48(10): 1116-1124.

[14] Palanthandalam-Madapusi H J, Ridley A J, Bernstein D S. Identification and prediction of ionospheric dynamics using a Hammerstein-Wiener model with radial basis functions[J]. Proceedings of the American Control Conference,2005,7: 5052-5057.

[15] Guillaume P, Kollar I, Pintelon R. Statistical analysis of nonparametric transfer function estimates[J]. IEEE Transactions on Instrumentation and Measurement, 1996, 45 (2): 594-600.

[16] Tugnait J K. Identification of multivariable stochastic linear systems via spectral analysis given time-domain data [J]. IEEE Transactions on Signal Processing, 1998, 46 (5): 1458-1463.

[17] Overschee P V,Moor B D. N4SID: Subspace algorithms for the identification of combined deterministic-stochastic systems[J]. Automatica,1994,30(1): 75-93.

[18] Mario F, Marc H, Marco L, Lucrezia R. The Generalized Dynamic-Factor Model: Identification and Estimation[J]. The revien of Economics and Statistics, 2000, 82 (4): 540-554.

[19] Valdivia V, Barrado A, Laazaro A, et al. Simple modeling and identification procedures for Black-Box behavioral modeling of power converters based on transient response analysis[J]. IEEE Transactions on Power Electronics, 2009, 24(12): 2776-2790.

[20] Coutlis A, Limebeer D J N, Wainwright J P, et al. Frequency response identification of the dynamics of a Tokamak plasma[J]. IEEE Transactions on Control Systems Technology, 2000, 8(4): 646-659.

[21] Mohd-Mokhtar R, Wang L, Qin L, et al. Continuous time system identification of magnetic bearing systems using frequency response data[C]//5th Asian Control Conference, 2004: 2066-2072.

[22] Fard R D, Karrari M, Malik O P. Synchronous generator model identification for control application using volterra series[J]. IEEE Transactions on Energy Conversion, 2005, 20(4): 852-858.

[23] Ding F, Chen T W. Identification of multivariable systems based on finite impulse response models with flexible orders [J]. IEEE International Conference on Mechatronics and Automation, 2005, 2(29): 770-775.

[24] Singh Y P, Subramanian S. Frequency-response identification of structure of nonlinear systems[J]. IEE Proceedings of Control Theory and Applications, 1980, 127(3): 77-82.

[25] Walcott B L, Corless M J, Zak S H. Comparative study of nonlinear state observation technique[J]. International Journal of Control, 1987, 45: 2109-2132.

[26] Ljung L. Asymptotic behavior of the extended Kalman filter as a parameter estimator for linear systems[J]. IEEE Transactions on Automatic Control, 1979, 24(1): 36-50.

[27] Haykin S. Kalman Filtering and Neural Networks[M]. John Wiley & Sons, 2001.

[28] Mezouar A, Fellah M K, Hadjeri S. Adaptive sliding mode observer for induction motor using two-time-scale approach[J]. Electric Power Systems Research, 2007, 77: 604-618.

[29] Xiong Y, Saif M. Sliding mode observer for nonlinear uncertain systems [J]. IEEE Transactions on Automatic Control 2001, 46(12): 2012-2017.

[30] Koshkouei A J, Zinober A S I. Sliding mode state observation for non-linear systems[J]. International Journal of Control, 2004, 77(2): 117-127.

[31] Wang Z D, Goodall D P, Burnham K J. On designing observers for time-delay systems with nonlinear disturbances[J]. International Journal of Control, 2002, 75(11): 803-811.

[32] Kim Y H, Lewis F L, Abdallah C T. Nonlinear observer design using dynamic recurrent neural networks[C]//35th IEEE Conference on Decision and Control, Kobe, 1996, 949-954.

[33] Zhang Z D, Hu S S. Fault detection for uncertain nonlinear system based on unknown input observer[J]. Journal of Nanjing University of Aeronautics & Astronautics, 2005, 7(3): 288-291.

[34] Leu Y G, Wang W Y, Lee T T. Observer-based direct adaptive fuzzy-neural control for nonaffine nonlinear systems [J]. IEEE Transactions on Neural Networks, 2005, 16(4): 853-863.

[35] Vargas J A R, Hemerly E M. Robust neural adaptive observer for MIMO nonlinear systems [C]//IEEE Conference on Systems, Man, and Cybernetics, 1999: 1084-1089.

[36] Vargas J A R, Hemerly E M. Neural adaptive observer for general nonlinear systems[C]// American Control Conference, 2000: 708-712.

[37] Talebi H A, Abdollahi F, Patel R V, et al. Neural Network-Based State Estimation of Nonlinear Systems Application to Fault Detection and Isolation[M]. Springer Science Business Media, LLC, 2010.

[38] Abdollahi F, Talebi H A, Patel R V. A stable neural network-based observer with application to flexible-joint manipulators[J]. IEEE Transactions on Neural Networks, 2006, 17(1): 118-129.

[39] Xu J P, Na J, Liu Z W, et al. Adaptive state observer for nonlinear MIMO systems with uncertain dynamics[C]//Chinese Control and Decision Conference, 2010: 1017-1022.

[40] Na J, Herrmann G D, Ren X M, et al. Adaptive memoryless observer design for nonlinear time-delay systems[C]//IEEE International Conference on Control and Automation, Christchurch, 2009.

[41] Sanchez E N, Alan A Y, Loukianov A G. Discrete time High Order Neural Control Trained with Kalman Filtering[M]. Berlin Heidelberg: Springer-Verlag, 2008.

[42] Poznyak A S, Sanchez E N, Yu W. Differential Neural Networks for Robust Nonlinear Control, identification, State estimation and Trajectory Tracking[M]. Singapore: World Scientific, 2001.

[43] Yu W, Moreno M A, Li X. Observer-based neuro identifier[J]. IEEE Proceedings of Control Theory and Applications, 2000, 147(2): 145-152.

[44] Chairez I, Poznyak A, Poznyak T. New sliding-mode learning law for dynamic neural network observer[J]. IEEE Transactions on circuits and systems-II: Express Briefs, 2006, 53(12): 1338-1342.

[45] Poznyak A S, Yu W. Robust asymptotic neuro observer with time delay[J]. International Journal of Robust and Nonlinear Control, 2000, 10(7): 535-560.

[46] Atherton D P. Early developments in nonlinear control[C]//Proceedings of the 33rd IEEE Conference on Decision and Control, 1994: 2106-2111.

[47] 斯洛坦. 应用非线性控制[M]. 程代展, 译. 北京: 机械工业出版社, 2006.

[48] Sarangapani J. Neural Network Control of Nonlinear Discrete-Time Systems[M]. CRC Press, 2006.

[49] Razi A, Menhaj M B, Mohebbi A. Intelligent position control of earth station antennas with backlash compensation based on MLP neural network[J]. Innovative Technologies in Intelligent Systems and Industrial Applications, 2009, 265-270.

[50] Yu W, Poznyak A S, Li X. Multilayer dynamic neural networks for non-linear system on-line identification[J]. International Journal of Control, 2001, 74(18): 1858-1864.

[51] Orr M J L. Regularisation in the Selection of Radial Basis Function Centres. Neural Computation, 1995, 7(3): 606-623.

[52] Park J W, Harley R G, Venayagamoorthy G K. Comparison of MLP and RBF neural networks using deviation signals for on-line identification of a synchronous generator[J]. IEEE Power Engineering Society Winter Meeting, 2002(1): 274-279.

[53] Yu W. Passivity analysis for dynamic multilayer neuro identifier[J]. IEEE Transactions Circuits and Systems, 2003, 50(1): 173-178.

[54] Werbos P J. The Roots of Backpropagation[M]. Wiley-Interscience, 1994.

[55] Pal C, Hagiwara I, Kayaba N, et al. Dynamic system identification by neural network: A

new, fast learning method based on error back propagation[J]. Journal of Intelligent Material Systems and Structures, 1994, 5(1): 127-135.

[56] Srinivasan B, Prasad U R, Rao N J. Back propagation through adjoints for the identification of nonlinear dynamic systems using recurrent neural models[J]. IEEE Trans on Neural Networks, 1994, 5(2): 213-228.

[57] Goh Y S, Tan E C. An integrated approach to improving back-propagation neural networks [C]//Proceedings of IEEE Ninth International Conference on Frontiers of Computer Technology, 1994: 801-804.

[58] Gao W. Evolutionary neural network based on new ant colony algorithm[C]//International Symposium on Computational Intelligence and Design, 2008: 318-321.

[59] Fang J, Xi Y G. Neural network design based on evolutionary programming[J]. Artificial Intelligence in Engineering, 1997, 11(2): 155-161.

[60] Nechyba M C, Xu Y S. Neural network approach to control system identification with variable activation functions[J]. Proceeding of IEEE International Symposium on Intelligent Control, 1994, 358-363.

[61] Akpan V A, Hassapis G. Adaptive predictive control using recurrent neural network identification[C]//Mediterranean Conference on Control and Automation, 2009: 61-66.

[62] Lin C M, Hsu C F. Recurrent-neural-network-based adaptive-backstepping control for induction servomotors[J]. IEEE Trans on Industrial Electronics, 2005, 52(6): 1677-1684.

[63] Ioannou P A, Sun J. Robust Adaptive Control[M]. Upper Saddle River: Prentice-Hall, 1996.

[64] Yu W, Li X O. Passivity analysis of dynamic neural networks with different time-scales[J]. Neural Processing Letters, 2007, 25(2): 143-155.

[65] Kokotovic P V, Khalil H K, O'Reilly J. Singular Perturbation Methods in Control Analysis and Design[M]. Society for Industrial and Applied Mathematics, 1999.

[66] Niu J, Zhao J, Xu Z H, et al. A two-time scale decentralized model predictive controller based on input and output model [J]. Journal of Automated Methods and Management in Chemistry, 2009, 2009: 1-11.

[67] Kokotovi'c P V. Applications of singular perturbation techniques to control problems[J]. SIAM Review, 1984, 26(4): 501-550.

[68] Saksena V R, O'Reilly J, Kokotovic P V. Singular perturbations and time-scale methods in control theory: Survey 1976-1983[J]. Automatica, 1984, 20(3): 273-293.

[69] Naidu D S. Singular perturbations and time scales in control theory and applications: An overview [J]. Dynamics of Continuous, Discrete and Impulsive Systems, Series B: Applications & Algorithms, 2002, 9: 233-278.

[70] Yu W, Cruz A. Some new stability properties of dynamic neural networks with different time-scales[J]. International Journal of Neural Systems, 2006, 16(3): 191-200.

[71] Meyer-Baese A, Roberts R, Yu H. Robust stability analysis of competitive neural networks with different time-scales under perturbations[J]. Neurocomputing, 2007, 71(1-3): 417-420.

[72] Sandoval A C, Yu W, Li X. Some stability properties of dynamic neural networks with different time-scales[C]//Proc. Int. Joint Conf. Neural Netw., Vancouver, 2006: 8334-8338.

[73] Meyer B A, Ohl F, Scheich H. Singular perturbation analysis of competitive neural networks with different time-scales[J]. Neural Computation, 1996, 8(8): 1731-1742.

[74] Meyer B A, Ohl F, Scheich H. Quadratic-type Lyapunov functions for competitive neural networks with different time-Scales[J]. IEEE Trans on Automatic Control, 1984, 29(6): 542-550.

[75] Meyer B A. Flow invariance for competitive neural networks with different timescales[C]// International Joint Conference on Neural Networks, Honolulu, 2002, 858-861.

[76] Meyer B A, Pilyugin S S, Chen Y. Global exponential stability of competitive neural networks with different time Scales[J]. IEEE Trans on Neural Networks, 2003, 14(3): 716-718.

[77] Meyer B A, Pilyugin S S, Wismuller A. Stability analysis of a self-organizing neural network with feedforward and feedback dynamics[C]. Proceedings of IEEE International Joint Conference on Neural Networks, 2004: 1505-1509.

[78] Meyer B A, Ohl F, Scheich H. Stability analysis techniques for competitive neural networks with different time-scales[C]//Proceedings of IEEE International Conference on Neural Networks, Perth 1995: 3215-3219.

[79] Fu Z J, Xie W F, Luo W D. Robust on-line nonlinear systems identification using multilayer dynamic nueral networks with two-time scales[J]. Neurocomputing, 2013, 113: 16-26.

[80] Fu Z J, Xie W F, Na J. Robust adaptive nonlinear observer design via multi-time scales neural network[J]. Neurocomputing, 2016, 190(19): 217-225.

[81] Fu Z J, Xie W F, Han X, et al. Nonlinear systems identification and control via dynamic multi-time scales neural networks[J]. IEEE Transactions on Neural Network and Learning Systems, 2013, 24(11): 1814-1823.

[82] Giles C, Maxwell T. Learning, invariance and generatlizaion in high-order neural networks [J]. Applied Optics, 1987, 26(23): 4972-4978.

[83] 王鼎. 基于学习的鲁棒自适应评判控制研究进展[J]. 自动化学报, 2019, 45(6): 1031-1043.

[84] 刘德荣, 李宏亮, 王鼎. 基于数据的自学习优化控制: 研究进展与展望[J]. 自动化学报, 2013, 39(11): 1858-1870.

[85] 方啸, 郑德忠. 基于自适应动态规划算法的小车自主导航控制策略设计[J]. 燕山大学学报, 2014, (1): 57-65.

[86] W Gao, Z Jiang. Data-driven nonlinear adaptive optimal control of connected vehicles[C]// International Conference on Neural Information Processing, Guangzhou, 2017.

[87] 张洪宇, 徐昕, 张鹏程, 等. 双轮驱动移动机器人的学习控制器设计方法[J]. 计算机应用研究, 2009, 26(6): 2310-2313.

[88] Mirowski P, Pascanu R, Viola F. Learning to navigate in complex environments[J]. arXiv: 1611.03673v2 [cs. AI], Nov 30, 2016.

[89] Huys R, Daffertshofer A, Beek P. Multiple time scales and multiform dynamics in learning to juggle[J]. Motor Control, 2004, 8: 188-212.

[90] Kording K, Tenenbaum J, Shadmehr R. The dynamics of memory as a consequence of optimal adaptation to a changing body[J]. Nature Neuroscience, 2007, 10(6): 779-786.

[91] Moren J, Igarashi J, Shouno O, et al. Dynamics of basal ganglia and thalamus in Parkinsonian tremor[M]//Multiscale Models of Brain Disorders. Cutsuridis V (ed). Springer, 2019.

[92] Poeppel D, Idsardi W, Wassenhove V. Speech perception at the interface of neurobiology and linguistics[J]. Philosophical Transactions of the Royal Society B Biological Sciences, 2008, 363(1493): 1071-1086.

[93] Nolfi S. Evolving robots able to self-localize in the environment: The importance of viewing cognition as the result of processes occurring at different time scales[J]. Connect Sci, 2002, 14: 231-244.
[94] Facebook, Inc. End-to-end memory networks: US20170200077[D]. 2017-07-13.
[95] Werbos J. Intelligence in the brain: A theory of how it works and how to build it[J]. Neural Networks, 2009, 22: 200-212.
[96] Seiffertt J, Sanyal S, Wunsch D. Hamilton-Jacobi-Bellman equations and approximate dynamic programming on time scales [J]. IEEE Transactions on Systems, Man, and Cybemetics, Part E, 2008, 38(4): 918-923.
[97] Seiffertt J, Donald C. Backpropagation and ordered derivatives in the time scales calculus[J]. IEEE Transactions on Neural Networks, 2010, 21(8): 1262-1269.
[98] Vrabie D, Pastravanu O, Abu-Khalaf M, et al. Adaptive optimal control for continuous-time linear systerms based on policy iteration[J]. Automatica, 2009, 45(2): 477-484.
[99] Shwartz S, Zrihem N, Cohen A, et al. Long-term planning by short-term prediction[J]. arXiv: 1602.01580, 2016.
[100] 李力，王飞跃. 智能汽车先进传感与控制[M]. 北京：机械工业出版社，2016.
[101] Welch G, Bishop G. An Introduction to the Kalman filter[R]. University of North Carolina at Chapel Hill, 1995.
[102] Torkel G, Ljung L. Control Theory: Multivariable and Nunliear Methods. Taylor&Francis, 2000.
[103] Camacho E F, Bordons C. Model predictive control[M]. Berlin: Springer, 2004.
[104] Baldassarre G, Mirolli M. Intrinsically motivated learning in natural and artificial systems [M]. Berlin: Springer, 2013.
[105] Boots B, Siddiqi S, Gordon G J. Closing the learning-planning loop with predictive state representations[J]. International Journal of Robotics Research, 2011, 30(7): 954-966.
[106] Bontempi G, Ben S T. Conditionally dependent strategies for multiple step-ahead predictions in local learning[J]. International Journal of Forecasting, 2011, 27(3): 689-699.
[107] Pan Y C, White A, White M. Accelerated gradient temporal difference learning[C]//AAAI Conference on Artificial Intelligence, San Francisco, 2017: 1-11.
[108] Silver D, Hasselt H, Hessel M. The prediction: End-to-end learning and planning[C]// Conference on Learning Representations, ICLR, Toulon, 2017: 1-12.
[109] He J, Ostendorf M, He X. Deep reinforcement learning with a combinatorial action space for predicting popular reeddit threads [C]//Conference on Empirical Methods in Natural Language Processing (EMNLP), arXiv: 1606.03667v4, 2016.
[110] Seymour B, O'Doherty J, Dayan P. Temporal difference models describe higher-order learning in humans[J]. Nature, 2004, 429(6992): 664-667.
[111] White A. Developing a predictive approach to knowledge[D]. University of Alberta, 2015.
[112] Yang X, Liu D, Ma H, et al. Online approximation solution of HJI equation for unknown constrained-input nonlinear continuous-time systems[J]. Information Sciences, 2016, 328: 435-454.
[113] Hajizadeh E, Mahootchi M. Optimized radial basis function neural network for improving approximate dynamic programming in pricing high dimensional options [J]. Neural

Computing and Application, doi: 10.1007/s00521-016-2802-x, 2016.

[114] Jin N, Liu D, Huang T, et al. Discrete-time adaptive dynamic programming using wavelet basis function neural networks[C]. Proceedings of the IEEE Symposium on ADP and Reinforcement Learning. Honolulu, 2007: 4293-4306.

[115] Gotoh J, Uryasev S. Support vector machines based on convex risk functions and general norms[J]. Annals of Operations Research, 2016, 1-28.

[116] Liu D, Yang X, Wang D, et al. Reinforcement-learning-based robust controller design for continuous-time uncertain nonlinear systems subject to input constraints[J]. IEEE Transactions on Cybernetics, 2015, 45(7): 1372-1385.

[117] Oubbati M, Oess T, Fischer C, et al. Multi-objective reinforcement learning using actor-critic framework and reservoir computing[J]. Reinforcement Learning with Generalized Feedback: Beyond Numeric Rewards, 2013, 9(4): 1-21.

[118] Oh J, Chockalingam V, Singh S. Control of memory, active perception, and action in Minecraft[C]//Proceedings of the International Conference on Machine Learning, New York, 2016: 2790-2799.

[119] Graves A. Hybrid computing using a neural network with dynamic external memory[J]. Nature, 2016, 538 (7626): 471.

[120] Hausknecht M, Stone P. Deep recurrent Q-learning for partially observable MDPS[C]//Proceedings of the AAAI Fall Symposium on Sequential Decision Making for Intelligent Agents. Arlington, AAAI, arXiv: 1507.06527v4 [cs.LG], 2017.

[121] Sorokin I, Seleznev A, Pavlov M, et al. Deep attention recurrent Q-network[C]//Proceedings of the NIPS Workshop on Deep Reinforcement Learning, Montreal, 2015: 1-7.

[122] Tamar A, Wu Y, Thomas G, et al. Value iteration networks[C]//30th Conference on Neural Information Processing Systems, Barcelona, 2016: 1-10.

[123] Fu Z J, Xie W F, Han X, et al. Nonlinear systems identification and control via dynamic multi-time scales neural networks[J]. IEEE Transactions on Neural Network and Learning Systems, 2013, 24(11): 1814-1823.

[124] 吴军，徐昕，连传强，等. 采用核增强学习方法的多机器人编队控制[J]. 机器人，2011，33(3)：379-384.

[125] Ni Z, He H, Wen J. Adaptive learning in tracking control based on the dual critic network design[J]. IEEE Transactions on Neural Networks, 2013, 24(6): 913-928.

[126] Lv Y, Na J, Yang Q, et al. Online adaptive optimal control for continuous-time nonlinear systems with completely unknown dynamics[J]. International Journal of Control, 2016, 89(1): 99-112.

[127] Diniz-Paulo S. Adaptive filtering algorithms and practical implementation[M]. New York: Springer, 2013.

[128] Sun R, Na J, Zhu B. Robust approximation-free prescribed performance control for nonlinear systems and its application[J]. International Journal of Systems Science, 2018, 49 (3): 511-522.

第 2 章

单层多时间尺度动态神经网络非线性辨识与控制

工业领域的许多系统都表现出非线性和不确定性,可以将它们视为部分或完全黑箱。动态神经网络方法已经在这些系统的识别和控制中应用多年,由于其适应速度快和学习能力强,与传统的神经网络方法相比具有性能更好的优势[1-3]。尽管很多参考文献[4-7]中已经将动态神经网络用于非线性系统的识别和控制,但仍然存在一些尚未解决的问题,表现在:①在动态神经网络模型[6]中,对线性矩阵部分往往假设为已知的 Hurwitz 矩阵,这对于模型未知的黑盒非线性系统是不现实的;②已有文献中尚未有通过多时间尺度神经网络对具有不同时间尺度的动态系统进行辨识和控制方面的研究。在本章中,我们考虑具有多个时间尺度的包括快速和慢速动态模型的未知非线性系统,并通过具有不同时间尺度的连续时间动态神经网络对它们进行建模,给出相关自适应控制方法。利用李雅普诺夫函数和奇异扰动理论开发多时间尺度动态神经网络权值和线性矩阵部分的在线学习律。需要特别指出的是本章第一次为具有多时间尺度动态神经网络模型提出了线性部分矩阵的在线辨识方法,以提高非线性系统辨识的准确性。在此基础之上,构建了间接自适应控制架构,设计了滑模自适应控制输入,实现了对给定轨迹的跟踪控制。最后,仿真结果验证了所提方法的有效性。

2.1　单层多时间尺度动态神经网络在线辨识

考虑如下一类包含在不同时刻发生的快、慢动态过程的模型未知非线性系统

$$\begin{aligned}\dot{\boldsymbol{x}} &= \boldsymbol{f}_x(\boldsymbol{x}, \boldsymbol{y}, \boldsymbol{U}, t)\\ \varepsilon\dot{\boldsymbol{y}} &= \boldsymbol{f}_y(\boldsymbol{x}, \boldsymbol{y}, \boldsymbol{U}, t)\end{aligned} \tag{2.1}$$

式中:$\boldsymbol{x}\in\mathbf{R}^p$ 和 $\boldsymbol{y}\in\mathbf{R}^q$ 是可测量的慢速和快速状态变量;$\boldsymbol{f}_x$ 和 $\boldsymbol{f}_y$ 是部分或完全未

知但连续可微的非线性函数；$U \in \mathbf{R}^i$ 是控制输入变量；正的小参数 $\varepsilon > 0$ 用来表示不同时间尺度因子。

构建如下多时间尺度动态神经网路模型来辨识上述非线性系统(2.1)：

$$\begin{aligned} \dot{\boldsymbol{x}}_{nn} &= \boldsymbol{A}\boldsymbol{x}_{nn} + \boldsymbol{W}_1 \boldsymbol{\sigma}_1(\boldsymbol{x},\boldsymbol{y}) + \boldsymbol{W}_2 \boldsymbol{\phi}_1(\boldsymbol{x},\boldsymbol{y})\boldsymbol{U} \\ \varepsilon \dot{\boldsymbol{y}}_{nn} &= \boldsymbol{B}\boldsymbol{y}_{nn} + \boldsymbol{W}_3 \boldsymbol{\sigma}_2(\boldsymbol{x},\boldsymbol{y}) + \boldsymbol{W}_4 \boldsymbol{\phi}_2(\boldsymbol{x},\boldsymbol{y})\boldsymbol{U} \end{aligned} \tag{2.2}$$

式中：$\boldsymbol{x}_{nn} \in \mathbf{R}^n$ 和 $\boldsymbol{y}_{nn} \in \mathbf{R}^n$ 分别表示多时间尺度动态神经网络的慢的和快的状态变量，分别使用神经网络的状态变量来识别目标动态模型；$\boldsymbol{A} \in \mathbf{R}^{n \times n}$ 和 $\boldsymbol{B} \in \mathbf{R}^{n \times n}$ 为神经网络线性部分矩阵；$\boldsymbol{W}_{1,2} \in \mathbf{R}^{n \times 2n}$，$\boldsymbol{W}_{3,4} \in \mathbf{R}^{n \times 2n}$ 为输出层的权值；$n = \max\langle p, q\rangle$；$\boldsymbol{\sigma}_k = [\sigma_k(\boldsymbol{x}_1) \cdots \sigma_k(\boldsymbol{x}_n), \sigma_k(\boldsymbol{y}_1) \cdots \sigma_k(\boldsymbol{y}_n)]^{\mathrm{T}} \in \mathbf{R}^{2n}$ $(k=1,2)$ 为对角矩阵；$\boldsymbol{\phi}_k = \operatorname{diag}[\phi_{1,2}(x_1) \cdots \phi_{1,2}(x_1), \phi_{1,2}(y_1) \cdots \phi_{1,2}(y_1)]^{\mathrm{T}} \in \mathbf{R}^{2n \times 2n}$ $(k=1,2)$；$\boldsymbol{\sigma}_k$ 和 $\boldsymbol{\phi}_k$ 为典型的 S 型激活函数；$\boldsymbol{U} = [\boldsymbol{u}_1, \boldsymbol{u}_2, \cdots, \boldsymbol{u}_i, 0, \cdots, 0]^{\mathrm{T}} \in \mathbf{R}^{2n}$ 为控制输入向量。

式(2.2)表示的多时间尺度动态神经网络结构，如图 2-1 所示。一般来说，当动态神经网络(2.2)与给定的非线性系统(2.1)不完全匹配时，一定存在如下的多时间尺度动态神经网络用来表示非线性系统(2.1)。

$$\begin{aligned} \dot{\boldsymbol{x}} &= \boldsymbol{A}\boldsymbol{x} + \boldsymbol{W}_1^* \boldsymbol{\sigma}_1(\boldsymbol{x},\boldsymbol{y}) + \boldsymbol{W}_2^* \boldsymbol{\phi}_1(\boldsymbol{x},\boldsymbol{y})\boldsymbol{U} + \Delta \boldsymbol{f}_x \\ \varepsilon \dot{\boldsymbol{y}} &= \boldsymbol{B}\boldsymbol{y} + \boldsymbol{W}_3^* \boldsymbol{\sigma}_2(\boldsymbol{x},\boldsymbol{y}) + \boldsymbol{W}_4^* \boldsymbol{\phi}_2(\boldsymbol{x},\boldsymbol{y})\boldsymbol{U} + \Delta \boldsymbol{f}_y \end{aligned} \tag{2.3}$$

式中：$\boldsymbol{W}_1^*$，$\boldsymbol{W}_2^*$，$\boldsymbol{W}_3^*$，$\boldsymbol{W}_4^*$ 为理想权值矩阵；$\Delta \boldsymbol{f}_x$，$\Delta \boldsymbol{f}_y$ 为建模误差和扰动。

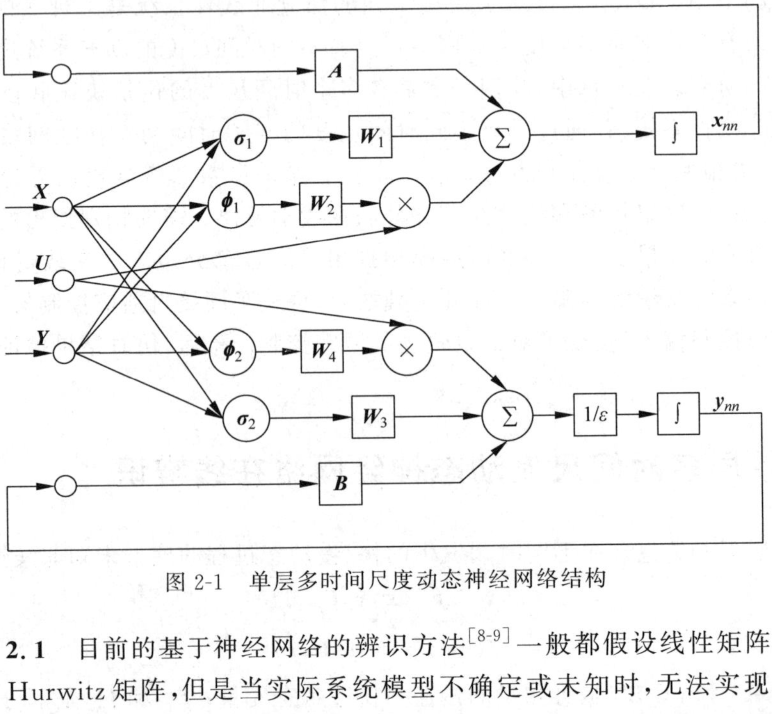

图 2-1 单层多时间尺度动态神经网络结构

评论 2.1 目前的基于神经网络的辨识方法[8-9]一般都假设线性矩阵部分为已知的给定 Hurwitz 矩阵，但是当实际系统模型不确定或未知时，无法实现真正的黑盒辨识。因此，这里将从线性矩阵 $\boldsymbol{A}$ 和 $\boldsymbol{B}$ 已知和未知两种情况来设计多时间尺度动态神经网络模型(2.1)的在线更新律。

Case Ⅰ 当线性矩阵 $\boldsymbol{A}$ 和 $\boldsymbol{B}$ 已知的情况下：假设系统(2.1)中的状态是完全可测的。系统的状态变量数与多时间尺度动态神经网络的状态变量数相等，定义如下的辨识误差

$$\Delta \boldsymbol{x}=\boldsymbol{x}-\boldsymbol{x}_{nn};\quad \Delta \boldsymbol{y}=\boldsymbol{y}-\boldsymbol{y}_{nn} \tag{2.4}$$

则由式(2.2)和式(2.3)可以得到系统辨识误差动态方程

$$\begin{aligned}\Delta\dot{\boldsymbol{x}}&=\boldsymbol{A}\Delta\boldsymbol{x}+\widetilde{\boldsymbol{W}}_1\boldsymbol{\sigma}_1(\boldsymbol{x},\boldsymbol{y})+\widetilde{\boldsymbol{W}}_2\boldsymbol{\phi}_1(\boldsymbol{x},\boldsymbol{y})\boldsymbol{U}+\Delta\boldsymbol{f}_x\\ \varepsilon\Delta\dot{\boldsymbol{y}}&=\boldsymbol{B}\Delta\boldsymbol{y}+\widetilde{\boldsymbol{W}}_3\boldsymbol{\sigma}_2(\boldsymbol{x},\boldsymbol{y})+\widetilde{\boldsymbol{W}}_4\boldsymbol{\phi}_2(\boldsymbol{x},\boldsymbol{y})\boldsymbol{U}+\Delta\boldsymbol{f}_y\end{aligned} \tag{2.5}$$

式中：$\widetilde{\boldsymbol{W}}_1=\boldsymbol{W}_1^*-\boldsymbol{W}_1$，$\widetilde{\boldsymbol{W}}_2=\boldsymbol{W}_2^*-\boldsymbol{W}_2$，$\widetilde{\boldsymbol{W}}_3=\boldsymbol{W}_3^*-\boldsymbol{W}_3$，$\widetilde{\boldsymbol{W}}_4=\boldsymbol{W}_4^*-\boldsymbol{W}_4$。

采用李雅普诺夫综合法来推导在线自适应律，设计如下的李雅普诺夫函数

$$\begin{aligned}\boldsymbol{V}_{\mathrm{I}}&=\boldsymbol{V}_x+\boldsymbol{V}_y\\ \boldsymbol{V}_x&=\Delta\boldsymbol{x}^{\mathrm{T}}\boldsymbol{P}_x\Delta\boldsymbol{x}+\mathrm{tr}\{\widetilde{\boldsymbol{W}}_1^{\mathrm{T}}\boldsymbol{P}_x\widetilde{\boldsymbol{W}}_1\}+\mathrm{tr}\{\widetilde{\boldsymbol{W}}_2^{\mathrm{T}}\boldsymbol{P}_x\widetilde{\boldsymbol{W}}_2\}\\ \boldsymbol{V}_y&=\Delta\boldsymbol{y}^{\mathrm{T}}\boldsymbol{P}_y\Delta\boldsymbol{y}+\mathrm{tr}\{\widetilde{\boldsymbol{W}}_3^{\mathrm{T}}\boldsymbol{P}_y\widetilde{\boldsymbol{W}}_3\}+\mathrm{tr}\{\widetilde{\boldsymbol{W}}_4^{\mathrm{T}}\boldsymbol{P}_y\widetilde{\boldsymbol{W}}_4\}\end{aligned} \tag{2.6}$$

对于给定的线性矩阵 $\boldsymbol{A}$ 和 $\boldsymbol{B}$，可以选择 $\boldsymbol{P}_x,\boldsymbol{P}_y,\boldsymbol{Q}_x,\boldsymbol{Q}_y$ 满足以下黎卡提方程

$$\begin{aligned}\boldsymbol{A}^{\mathrm{T}}\boldsymbol{P}_x+\boldsymbol{P}_x\boldsymbol{A}&=-\boldsymbol{Q}_x\\ \boldsymbol{B}^{\mathrm{T}}\boldsymbol{P}_y+\boldsymbol{P}_y\boldsymbol{B}&=-\boldsymbol{Q}_y\end{aligned} \tag{2.7}$$

因此，对式(2.6)求导并结合式(2.7)，可得

$$\begin{aligned}\dot{\boldsymbol{V}}_x=&-\Delta\boldsymbol{x}^{\mathrm{T}}\boldsymbol{Q}_x\Delta\boldsymbol{x}+2\Delta\boldsymbol{x}^{\mathrm{T}}\boldsymbol{P}_x\widetilde{\boldsymbol{W}}_1\boldsymbol{\sigma}_1(\boldsymbol{x},\boldsymbol{y})+2\Delta\boldsymbol{x}^{\mathrm{T}}\boldsymbol{P}_x\widetilde{\boldsymbol{W}}_2\boldsymbol{\phi}_1(\boldsymbol{x},\boldsymbol{y})\boldsymbol{U}+\\ &2\Delta\boldsymbol{x}^{\mathrm{T}}\boldsymbol{P}_x\boldsymbol{f}_x+2\mathrm{tr}\{\dot{\widetilde{\boldsymbol{W}}}_1^{\mathrm{T}}\boldsymbol{P}_x\widetilde{\boldsymbol{W}}_1\}+2\mathrm{tr}\{\dot{\widetilde{\boldsymbol{W}}}_2^{\mathrm{T}}\boldsymbol{P}_x\widetilde{\boldsymbol{W}}_2\}\\ \dot{\boldsymbol{V}}_y=&-(1/\varepsilon)\Delta\boldsymbol{y}^{\mathrm{T}}\boldsymbol{Q}_y\Delta\boldsymbol{y}+(1/\varepsilon)2\Delta\boldsymbol{y}^{\mathrm{T}}\boldsymbol{P}_y\widetilde{\boldsymbol{W}}_3\boldsymbol{\sigma}_2(\boldsymbol{x},\boldsymbol{y})+(1/\varepsilon)2\Delta\boldsymbol{y}^{\mathrm{T}}\boldsymbol{P}_y\widetilde{\boldsymbol{W}}_4\boldsymbol{\phi}_2(\boldsymbol{x},\boldsymbol{y})\boldsymbol{U}+\\ &(1/\varepsilon)2\Delta\boldsymbol{y}^{\mathrm{T}}\boldsymbol{P}_y\boldsymbol{f}_y+2\mathrm{tr}\{\dot{\widetilde{\boldsymbol{W}}}_3^{\mathrm{T}}\boldsymbol{P}_y\widetilde{\boldsymbol{W}}_3\}+2\mathrm{tr}\{\dot{\widetilde{\boldsymbol{W}}}_4^{\mathrm{T}}\boldsymbol{P}_y\widetilde{\boldsymbol{W}}_4\}\end{aligned} \tag{2.8}$$

定理 2.1 考虑非线性系统(2.1)的多时间尺度神经网络辨识模型(2.2)，在假定建模误差和干扰条件 $\Delta\boldsymbol{f}_x=0,\Delta\boldsymbol{f}_y=0$ 情况下，设计如下在线自适应更新律

$$\begin{aligned}&\dot{\boldsymbol{W}}_1=\Delta\boldsymbol{x}\,\boldsymbol{\sigma}_1^{\mathrm{T}}(\boldsymbol{x},\boldsymbol{y}) &&\dot{\boldsymbol{W}}_3=(1/\varepsilon)\Delta\boldsymbol{y}\,\boldsymbol{\sigma}_2^{\mathrm{T}}(\boldsymbol{x},\boldsymbol{y})\\ &\dot{\boldsymbol{W}}_2=\Delta\boldsymbol{x}\boldsymbol{u}^{\mathrm{T}}\boldsymbol{\phi}_1^{\mathrm{T}}(\boldsymbol{x},\boldsymbol{y}) &&\dot{\boldsymbol{W}}_4=(1/\varepsilon)\Delta\boldsymbol{y}\boldsymbol{u}^{\mathrm{T}}\boldsymbol{\phi}_2^{\mathrm{T}}(\boldsymbol{x},\boldsymbol{y})\end{aligned} \tag{2.9}$$

可以保证以下稳定性：

(1) $\Delta\boldsymbol{x},\Delta\boldsymbol{y},\boldsymbol{W}_{1,2,3,4}\in\boldsymbol{L}_\infty$ 且 $\Delta\boldsymbol{x},\Delta\boldsymbol{y}\in\boldsymbol{L}_2$；

(2) $\lim\limits_{t\to\infty}\Delta\boldsymbol{x}=0$，$\lim\limits_{t\to\infty}\Delta\boldsymbol{y}=0$ 且 $\lim\limits_{t\to\infty}\dot{\boldsymbol{W}}_i=0(i=1,\cdots,4)$。

稳定性证明：

由于多时间尺度神经网络的权值按照在线自适应更新律(2.9)进行调整，并且多

时间尺度神经网络权值的导数满足 $\dot{\boldsymbol{W}}_{1,2,3,4}=\dot{\tilde{\boldsymbol{W}}}_{1,2,3,4}$，则由式(2.8)，可得

$$\begin{aligned}\dot{\boldsymbol{V}}_x&=-\Delta\boldsymbol{x}^{\mathrm{T}}\boldsymbol{Q}_x\Delta\boldsymbol{x}+2\Delta\boldsymbol{x}^{\mathrm{T}}\boldsymbol{P}_x\Delta\boldsymbol{f}_x\\\dot{\boldsymbol{V}}_y&=-(1/\varepsilon)\Delta\boldsymbol{y}^{\mathrm{T}}\boldsymbol{Q}_y\Delta\boldsymbol{y}+(1/\varepsilon)2\Delta\boldsymbol{y}^{\mathrm{T}}\boldsymbol{P}_y\Delta\boldsymbol{f}_y\end{aligned}\tag{2.10}$$

如果 $\boldsymbol{f}_x=0,\boldsymbol{f}_y=0$，那么

$$\dot{\boldsymbol{V}}_x=-\|\Delta\boldsymbol{x}\|_{\boldsymbol{Q}_x}^2\leqslant 0,\quad \dot{\boldsymbol{V}}_y=-(1/\varepsilon)\|\Delta\boldsymbol{y}\|_{\boldsymbol{Q}_y}^2\leqslant 0$$

则

$$\dot{\boldsymbol{V}}=\dot{\boldsymbol{V}}_x+\dot{\boldsymbol{V}}_y\leqslant 0$$

当 $\Delta\boldsymbol{f}_x=0,\Delta\boldsymbol{f}_y=0$ 时，$\dot{\boldsymbol{V}}_x,\dot{\boldsymbol{V}}_y\leqslant 0$ 可通过更新律(2.9)实现，因此可以得到 $\Delta\boldsymbol{x}$，$\Delta\boldsymbol{y},\boldsymbol{W}_{1,2,3,4}\in\boldsymbol{L}_\infty$。

进一步，$\boldsymbol{x}_{nn}=\Delta\boldsymbol{x}+\boldsymbol{x},\boldsymbol{y}_{nn}=\Delta\boldsymbol{y}+\boldsymbol{y}$ 也是有界的。由误差方程式(2.4)可以得出：$\Delta\dot{\boldsymbol{x}},\Delta\dot{\boldsymbol{y}}\in\boldsymbol{L}_\infty$。由于 $\boldsymbol{V}_x,\boldsymbol{V}_y$ 是时间的非递增函数，且有下界，则 $\boldsymbol{V}_x,\boldsymbol{V}_y$ 的极限存在。通过从 0～∞积分 $\dot{\boldsymbol{V}}_x,\dot{\boldsymbol{V}}_y$ 可得

$$\begin{aligned}&\int_0^\infty\|\Delta\boldsymbol{x}\|_{\boldsymbol{Q}_x}^2=[\boldsymbol{V}_x(0)-\boldsymbol{V}_x(\infty)]<\infty\\&\int_0^\infty\|\Delta\boldsymbol{y}\|_{\boldsymbol{Q}_y}^2=\varepsilon[\boldsymbol{V}_y(0)-\boldsymbol{V}_y(\infty)]<\infty\end{aligned}\tag{2.11}$$

不等式(2.11)意味着 $\Delta\boldsymbol{x},\Delta\boldsymbol{y}\in\boldsymbol{L}_2$ 且 $\Delta\boldsymbol{x},\Delta\boldsymbol{y}\in\boldsymbol{L}_2\cap\boldsymbol{L}_\infty$ 和 $\Delta\dot{\boldsymbol{x}},\Delta\dot{\boldsymbol{y}}\in\boldsymbol{L}_\infty$。利用 Barbalat 引理[10]，有 $\lim\limits_{t\to\infty}\Delta\boldsymbol{x}=0,\lim\limits_{t\to\infty}\Delta\boldsymbol{y}=0$。假设控制输入 $\boldsymbol{U}$ 和非线性激励函数 $\boldsymbol{\sigma}_{1,2}(\cdot),\boldsymbol{\phi}_{1,2}(\cdot)$ 是有界的，则可以得到 $\lim\limits_{t\to\infty}\dot{\boldsymbol{W}}_{1,2}=0,\lim\limits_{t\to\infty}\dot{\boldsymbol{W}}_{3,4}=0$。

推论 2.1 对于系统辨识误差动态方程(2.5)，如果定义 $\boldsymbol{f}_x,\boldsymbol{f}_y$ 为输入，假设存在正定矩阵 $\boldsymbol{\Lambda}_x,\boldsymbol{\Lambda}_y$ 满足条件 $\lambda_{\min}(\boldsymbol{Q}_x)\geqslant\lambda_{\max}(\boldsymbol{P}_x\boldsymbol{\Lambda}_x\boldsymbol{P}_x),\lambda_{\min}(\boldsymbol{Q}_y)\geqslant\lambda_{\max}(\boldsymbol{P}_y\boldsymbol{\Lambda}_y\boldsymbol{P}_y)$ 的情况下，则更新律(2.9)可以使得辨识误差动态方程(2.5)满足输入-状态稳定性(ISS)[11]特性。

证明：

由数学推理可知有如下矩阵不等式

$$\boldsymbol{X}^{\mathrm{T}}\boldsymbol{Y}+(\boldsymbol{X}^{\mathrm{T}}\boldsymbol{Y})^{\mathrm{T}}\leqslant\boldsymbol{X}^{\mathrm{T}}\boldsymbol{\Lambda}^{-1}\boldsymbol{X}+\boldsymbol{Y}^{\mathrm{T}}\boldsymbol{\Lambda}\boldsymbol{Y}\tag{2.12}$$

式中：$\boldsymbol{X},\boldsymbol{Y}\in\mathbf{R}^{j\times k}$ 是任意矩阵；$\boldsymbol{\Lambda}\in\mathbf{R}^{j\times k}$ 是任意正定矩阵。

则由式(2.12)可得到

$$\begin{aligned}&2\Delta\boldsymbol{x}^{\mathrm{T}}\boldsymbol{P}_x\Delta\boldsymbol{f}_x\leqslant\Delta\boldsymbol{x}^{\mathrm{T}}\boldsymbol{P}_x\boldsymbol{\Lambda}_x\boldsymbol{P}_x\Delta\boldsymbol{x}+\Delta\boldsymbol{f}_x^{\mathrm{T}}\boldsymbol{\Lambda}_x^{-1}\Delta\boldsymbol{f}_x\\&(1/\varepsilon)2\Delta\boldsymbol{y}^{\mathrm{T}}\boldsymbol{P}_y\Delta\boldsymbol{f}_y\leqslant(1/\varepsilon)\Delta\boldsymbol{y}^{\mathrm{T}}\boldsymbol{P}_y\boldsymbol{\Lambda}_y\boldsymbol{P}_y\Delta\boldsymbol{y}+(1/\varepsilon)\Delta\boldsymbol{f}_y^{\mathrm{T}}\boldsymbol{\Lambda}_y^{-1}\Delta\boldsymbol{f}_y\end{aligned}\tag{2.13}$$

式(2.10)可进一步表示为

$$
\begin{aligned}
\dot{\boldsymbol{V}}_x &= -\Delta \boldsymbol{x}^{\mathrm{T}} \boldsymbol{Q}_x \Delta \boldsymbol{x} + 2\Delta \boldsymbol{x}^{\mathrm{T}} \boldsymbol{P}_x \Delta \boldsymbol{f}_x \\
&\leqslant -\lambda_{\min}(\boldsymbol{Q}_x) \| \Delta \boldsymbol{x} \|^2 + \Delta \boldsymbol{x}^{\mathrm{T}} \boldsymbol{P}_x \boldsymbol{\Lambda}_x \boldsymbol{P}_x \Delta \boldsymbol{x} + \Delta \boldsymbol{f}_x^{\mathrm{T}} \boldsymbol{\Lambda}_x^{-1} \Delta \boldsymbol{f}_x \\
&\leqslant -\alpha_x(\| \Delta \boldsymbol{x} \|) + \beta_x(\| \Delta \boldsymbol{f}_x \|)
\end{aligned} \tag{2.14}
$$

$$
\begin{aligned}
\dot{\boldsymbol{V}}_y &= -(1/\varepsilon)\Delta \boldsymbol{y}^{\mathrm{T}} \boldsymbol{Q}_y \Delta \boldsymbol{y} + (1/\varepsilon)2\Delta \boldsymbol{y}^{\mathrm{T}} \boldsymbol{P}_y \Delta \boldsymbol{f}_y \\
&\leqslant -(1/\varepsilon)\lambda_{\min}(\boldsymbol{Q}_y) \| \Delta \boldsymbol{y} \|^2 + (1/\varepsilon)\Delta \boldsymbol{y}^{\mathrm{T}} \boldsymbol{P}_y \boldsymbol{\Lambda}_y \boldsymbol{P}_y \Delta \boldsymbol{y} + (1/\varepsilon)\Delta \boldsymbol{f}_y^{\mathrm{T}} \boldsymbol{\Lambda}_y^{-1} \Delta \boldsymbol{f}_y \\
&\leqslant -\alpha_y(\| \Delta \boldsymbol{y} \|) + \beta_y(\| \Delta \boldsymbol{f}_y \|)
\end{aligned} \tag{2.15}
$$

其中

$$
\alpha_x(\| \Delta \boldsymbol{x} \|) = (\lambda_{\min}(\boldsymbol{Q}_x) - \lambda_{\max}(\boldsymbol{P}_x \boldsymbol{\Lambda}_x \boldsymbol{P}_x)) \| \Delta \boldsymbol{x} \|^2,
$$

$$
\beta_x(\| \boldsymbol{f}_x \|) = \lambda_{\max}(\boldsymbol{\Lambda}_x^{-1}) \| \Delta \boldsymbol{f}_x \|^2
$$

$$
\alpha_y(\| \Delta \boldsymbol{y} \|) = (1/\varepsilon)(\lambda_{\min}(\boldsymbol{Q}_y) - \lambda_{\max}(\boldsymbol{P}_y \boldsymbol{\Lambda}_y \boldsymbol{P}_y)) \| \Delta \boldsymbol{y} \|^2,
$$

$$
\beta_y(\| \boldsymbol{f}_y \|) = (1/\varepsilon)\lambda_{\max}(\boldsymbol{\Lambda}_y^{-1}) \| \Delta \boldsymbol{f}_y \|^2
$$

可以选择正定矩阵$\boldsymbol{\Lambda}_x$和$\boldsymbol{\Lambda}_y$使$\lambda_{\min}(\boldsymbol{Q}_x) \geqslant \lambda_{\max}(\boldsymbol{P}_x \boldsymbol{\Lambda}_x \boldsymbol{P}_x)$，$\lambda_{\min}(\boldsymbol{Q}_y) \geqslant \lambda_{\max}(\boldsymbol{P}_y \boldsymbol{\Lambda}_y \boldsymbol{P}_y)$成立。因为$\alpha_x, \beta_x, \alpha_y, \beta_y$是$K_\infty$函数，$\boldsymbol{V}_x, \boldsymbol{V}_y$是ISS-李雅普诺夫函数。由文献[11]可知辨识误差方程满足ISS定理。ISS是指当输入有界时，神经网络辨识行为应保持有界。因此如果模型误差$\Delta \boldsymbol{f}_x, \Delta \boldsymbol{f}_y$有界，则更新律(2.9)可以使辨识过程满足$\Delta \boldsymbol{x}, \Delta \boldsymbol{y} \in \boldsymbol{L}_\infty$，$\boldsymbol{W}_{1,2,3,4} \in \boldsymbol{L}_\infty$。

Case Ⅱ 当线性矩阵$\boldsymbol{A}$和$\boldsymbol{B}$未知的情况下：根据动态神经网络的非线性逼近特性，一定存在如下的多时间尺度动态神经网络用来表示非线性系统(2.1)。

$$
\begin{aligned}
\dot{\boldsymbol{x}} &= \boldsymbol{A}^* \boldsymbol{x} + \boldsymbol{W}_1^* \boldsymbol{\sigma}_1(\boldsymbol{x}, \boldsymbol{y}) + \boldsymbol{W}_2^* \boldsymbol{\phi}_1(\boldsymbol{x}, \boldsymbol{y})\boldsymbol{U} + \Delta \boldsymbol{f}_x \\
\varepsilon \dot{\boldsymbol{y}} &= \boldsymbol{B}^* \boldsymbol{y} + \boldsymbol{W}_3^* \boldsymbol{\sigma}_2(\boldsymbol{x}, \boldsymbol{y}) + \boldsymbol{W}_4^* \boldsymbol{\phi}_2(\boldsymbol{x}, \boldsymbol{y})\boldsymbol{U} + \Delta \boldsymbol{f}_y
\end{aligned} \tag{2.16}
$$

式中：$\boldsymbol{W}_1^*, \boldsymbol{W}_2^*, \boldsymbol{W}_3^*, \boldsymbol{W}_4^*$为未知理想权值矩阵；$\Delta \boldsymbol{f}_x, \Delta \boldsymbol{f}_y$为建模误差和扰动；$\boldsymbol{A}^*$，$\boldsymbol{B}^*$为理想Hurwitz矩阵。

由式(2.2)和式(2.16)可以得到系统辨识误差动态方程

$$
\begin{aligned}
\Delta \dot{\boldsymbol{x}} &= \boldsymbol{A}^* \Delta \boldsymbol{x} + \widetilde{\boldsymbol{A}} \boldsymbol{x}_{nn} + \widetilde{\boldsymbol{W}}_1 \boldsymbol{\sigma}_1(\boldsymbol{x}, \boldsymbol{y}) + \widetilde{\boldsymbol{W}}_2 \boldsymbol{\phi}_1(\boldsymbol{x}, \boldsymbol{y})\boldsymbol{U} + \Delta \boldsymbol{f}_x \\
\varepsilon \Delta \dot{\boldsymbol{y}} &= \boldsymbol{B}^* \Delta \boldsymbol{y} + \widetilde{\boldsymbol{B}} \boldsymbol{y}_{nn} + \widetilde{\boldsymbol{W}}_3 \boldsymbol{\sigma}_2(\boldsymbol{x}, \boldsymbol{y}) + \widetilde{\boldsymbol{W}}_4 \boldsymbol{\phi}_2(\boldsymbol{x}, \boldsymbol{y})\boldsymbol{U} + \Delta \boldsymbol{f}_y
\end{aligned} \tag{2.17}
$$

式中：$\widetilde{\boldsymbol{W}}_1 = \boldsymbol{W}_1^* - \boldsymbol{W}_1, \widetilde{\boldsymbol{W}}_2 = \boldsymbol{W}_2^* - \boldsymbol{W}_2, \widetilde{\boldsymbol{W}}_3 = \boldsymbol{W}_3^* - \boldsymbol{W}_3, \widetilde{\boldsymbol{W}}_4 = \boldsymbol{W}_4^* - \boldsymbol{W}_4$；$\widetilde{\boldsymbol{A}} = \boldsymbol{A}^* - \boldsymbol{A}$，$\widetilde{\boldsymbol{B}} = \boldsymbol{B}^* - \boldsymbol{B}$。

考虑如下的李雅普诺夫函数

$$
\begin{aligned}
\boldsymbol{V}_{\mathrm{I}} &= \boldsymbol{V}_x + \boldsymbol{V}_y \\
\boldsymbol{V}_x &= \Delta \boldsymbol{x}^{\mathrm{T}} \boldsymbol{P}_x \Delta \boldsymbol{x} + \mathrm{tr}\{\widetilde{\boldsymbol{W}}_1^{\mathrm{T}} \boldsymbol{P}_x \widetilde{\boldsymbol{W}}_1\} + \mathrm{tr}\{\widetilde{\boldsymbol{W}}_2^{\mathrm{T}} \boldsymbol{P}_x \widetilde{\boldsymbol{W}}_2\} + \mathrm{tr}\{\widetilde{\boldsymbol{A}}^{\mathrm{T}} \boldsymbol{P}_x \widetilde{\boldsymbol{A}}\} \\
\boldsymbol{V}_y &= \Delta \boldsymbol{y}^{\mathrm{T}} \boldsymbol{P}_y \Delta \boldsymbol{y} + \mathrm{tr}\{\widetilde{\boldsymbol{W}}_3^{\mathrm{T}} \boldsymbol{P}_y \widetilde{\boldsymbol{W}}_3\} + \mathrm{tr}\{\widetilde{\boldsymbol{W}}_4^{\mathrm{T}} \boldsymbol{P}_y \widetilde{\boldsymbol{W}}_4\} + \mathrm{tr}\{\widetilde{\boldsymbol{B}}^{\mathrm{T}} \boldsymbol{P}_y \widetilde{\boldsymbol{B}}\}
\end{aligned} \tag{2.18}
$$

对于理想矩阵$\boldsymbol{A}^*, \boldsymbol{B}^*$，存在$\boldsymbol{P}_x, \boldsymbol{P}_y$和$\boldsymbol{Q}_x, \boldsymbol{Q}_y$满足以下方程

$$A^{*\mathrm{T}}P_x + P_x A^* = -Q_x$$
$$B^{*\mathrm{T}}P_y + P_y B^* = -Q_y \tag{2.19}$$

因此,对式(2.18)求导并结合式(2.19)可得

$$\begin{aligned}\dot{V}_x = &-\Delta x^{\mathrm{T}}Q_x\Delta x + 2\Delta x^{\mathrm{T}}P\widetilde{A}x_{nn} + 2\Delta x^{\mathrm{T}}P_x\widetilde{W}_1\sigma_1(x,y) + \\ &2\Delta x^{\mathrm{T}}P_x\widetilde{W}_2\phi_1(x,y)U + 2\Delta x^{\mathrm{T}}P_x f_x + 2\mathrm{tr}\{\dot{\widetilde{A}}^{\mathrm{T}}P_x\widetilde{A}\} + \\ &2\mathrm{tr}\{\dot{\widetilde{W}}_1^{\mathrm{T}}P_x\widetilde{W}_1\} + 2\mathrm{tr}\{\dot{\widetilde{W}}_2^{\mathrm{T}}P_x\widetilde{W}_2\}\end{aligned}$$

$$\begin{aligned}\dot{V}_y = &-(1/\varepsilon)\Delta y^{\mathrm{T}}Q_y\Delta y + (1/\varepsilon)2\Delta y^{\mathrm{T}}P_y\widetilde{B}y_{nn} + \\ &(1/\varepsilon)2\Delta y^{\mathrm{T}}P_y\widetilde{W}_3\sigma_2(x,y) + (1/\varepsilon)2\Delta y^{\mathrm{T}}P_y\widetilde{W}_4\phi_2(x,y)U + \\ &(1/\varepsilon)2\Delta y^{\mathrm{T}}P_y f_y + 2\mathrm{tr}\{\dot{\widetilde{B}}^{\mathrm{T}}P_y\widetilde{B}\} + \\ &2\mathrm{tr}\{\dot{\widetilde{W}}_3^{\mathrm{T}}P_y\widetilde{W}_3\} + 2\mathrm{tr}\{\dot{\widetilde{W}}_4^{\mathrm{T}}P_y\widetilde{W}_4\}\end{aligned} \tag{2.20}$$

定理 2.2 考虑非线性系统(2.1)的多时间尺度动态神经网络辨识模型(2.2),在假定建模误差和干扰条件 $\Delta f_x = 0$,$\Delta f_y = 0$ 的情况下,设计如下在线自适应更新律

$$\begin{aligned}&\dot{A} = \Delta x x_{nn}^{\mathrm{T}} \qquad && \dot{B} = (1/\varepsilon)\Delta y y_{nn}^{\mathrm{T}} \\ &\dot{W}_1 = \Delta x\,\sigma_1^{\mathrm{T}}(x,y) && \dot{W}_3 = (1/\varepsilon)\Delta y\,\sigma_2^{\mathrm{T}}(x,y) \\ &\dot{W}_2 = \Delta x u^{\mathrm{T}}\,\phi_1^{\mathrm{T}}(x,y) && \dot{W}_4 = (1/\varepsilon)\Delta y u^{\mathrm{T}}\,\phi_2^{\mathrm{T}}(x,y)\end{aligned} \tag{2.21}$$

可以保证以下稳定性:

(1) $\Delta x,\Delta y,W_{1,2,3,4},A,B \in L_\infty$ 且 $\Delta x,\Delta y \in L_2$;

(2) $\lim\limits_{t\to\infty}\Delta x = 0$,$\lim\limits_{t\to\infty}\Delta y = 0$ 且 $\lim\limits_{t\to\infty}\dot{W}_i = 0 (i = 1,\cdots,4)$。

证明:由于神经网络的权值按照在线自适应更新律(2.21)进行调整,并且神经网络权值和矩阵的导数满足 $\dot{W}_{1,2,3,4} = \dot{\widetilde{W}}_{1,2,3,4}$,$\dot{A} = \dot{\widetilde{A}}$,$\dot{B} = \dot{\widetilde{B}}$,则由式(2.20)可得 $\dot{V}_x$,$\dot{V}_y$ 为

$$\begin{aligned}\dot{V}_x &= -\Delta x^{\mathrm{T}}Q_x\Delta x + 2\Delta x^{\mathrm{T}}P_x\Delta f_x \\ \dot{V}_y &= -(1/\varepsilon)\Delta y^{\mathrm{T}}Q_y\Delta y + (1/\varepsilon)2\Delta y^{\mathrm{T}}P_y\Delta f_y\end{aligned} \tag{2.22}$$

式(2.22)和式(2.10)相同,接下来可用 Case Ⅰ 中当线性矩阵 A 和 B 已知的情况下的相同分析可以得到 $\Delta x,\Delta y,W_{1,2,3,4},A,B \in L_\infty$。

如果 $\Delta f_x = 0$,$\Delta f_y = 0$,那么

$$\dot{V}_x = -\|\Delta x\|_{Q_x}^2 \leqslant 0,\quad \dot{V}_y = -(1/\varepsilon)\|\Delta y\|_{Q_y}^2 \leqslant 0$$

$$\dot{V} = \dot{V}_x + \dot{V}_y \leqslant 0$$

式中：$\boldsymbol{V}_x, \boldsymbol{V}_y$ 为正定函数，当 $\Delta \boldsymbol{f}_x = 0, \Delta \boldsymbol{f}_y = 0$ 时，$\dot{\boldsymbol{V}}_x, \dot{\boldsymbol{V}}_y \leqslant 0$ 可通过更新律(2,22)实现，因此可以得到 $\Delta \boldsymbol{x}, \Delta \boldsymbol{y}, \boldsymbol{W}_{1,2,3,4}, \boldsymbol{A}, \boldsymbol{B} \in \boldsymbol{L}_{\infty}$。

评论 2.2 当 ε 非常接近零时，$\boldsymbol{W}_3$ 和 $\boldsymbol{W}_4$ 都表现出高增益行为，有可能带来算法不稳定。式(2.7)左右两边可以乘上任意一个正的常数 α，即 $\boldsymbol{B}^{*\mathrm{T}}(\alpha \boldsymbol{P}_y) + (\alpha \boldsymbol{P}_y)\boldsymbol{B}^{*} = -\alpha \boldsymbol{Q}_y$，$\boldsymbol{W}_3$ 和 $\boldsymbol{W}_4$ 的适应增益变为 $(1/\varepsilon)\alpha \boldsymbol{P}_y$，如果 α 选择极小的数值，则会变成很小的增益，以防止参数溢出。

辨识框图如图 2-2 所示。

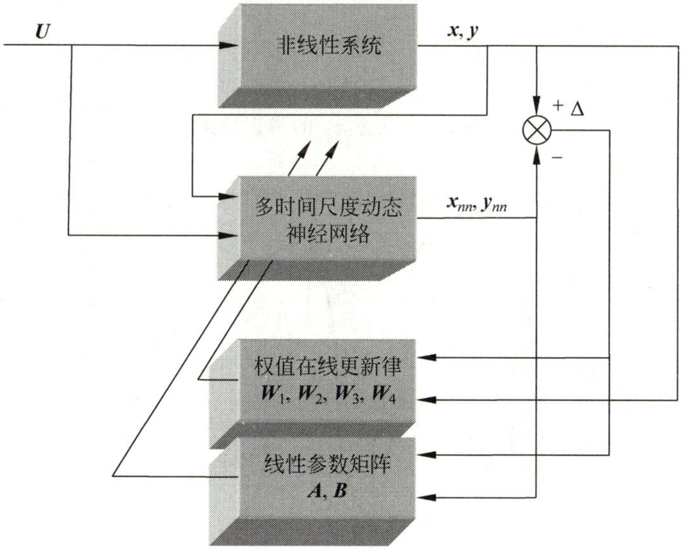

图 2-2 多时间尺度动态神经网络辨识框图

2.2 在线辨识仿真验证

为了验证所提多时间尺度动态神经网络辨识算法的有效性，给出如下两个例子。

例 2.1 考虑如下典型非线性系统[12]

$$\begin{aligned} \dot{\boldsymbol{x}}_1 &= \alpha_1 \boldsymbol{x}_1 + \beta_1 \operatorname{sign}(\boldsymbol{x}_2) + \boldsymbol{u}_1 \\ \varepsilon \dot{\boldsymbol{x}}_2 &= \alpha_2 \boldsymbol{x}_2 + \beta_2 \operatorname{sign}(\boldsymbol{x}_1) + \boldsymbol{u}_2 \end{aligned} \tag{2.23}$$

式中：$\alpha_1 = -5, \alpha_2 = -10, \beta_1 = 3, \beta_2 = 2, x_1(0) = -5, x_2(0) = -5$；时间尺度参数 ε 是正的常数且小于 1；输入信号 u_1 为正弦波，$u_1 = 8\sin 0.05t$，$\boldsymbol{u}_2$ 为振幅 8 且频率为 0.02Hz 的锯齿波函数。

(1) 选择和文献[13]完全相同的模型和输入信号，且只考虑一个时间尺度($\varepsilon = 1$)。这里的激活函数选择双曲正切 $\sigma_{1,2}(\cdot) = \phi_{1,2}(\cdot) = \tanh(\cdot)$，剩下的与文献[13]唯一的区别就是神经网络本身。仿真结果如图 2-3～图 2-7 所示。

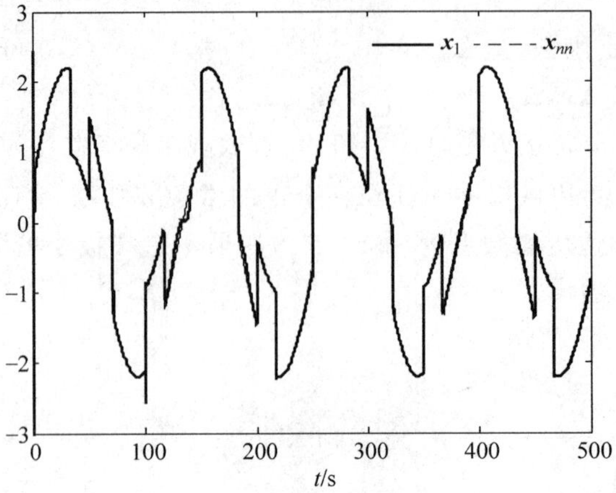

图 2-3　状态 x_1 的辨识结果

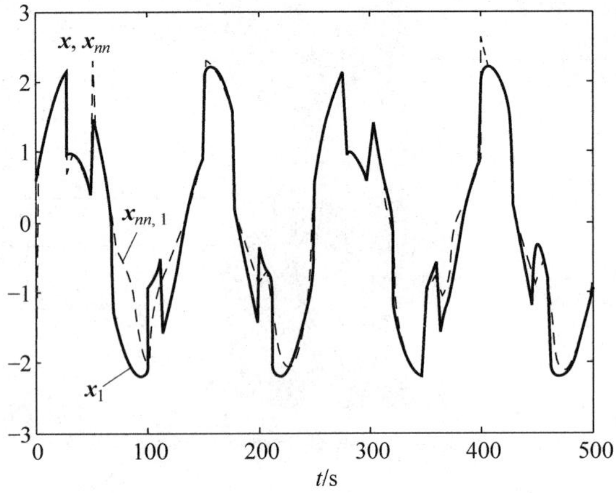

图 2-4　状态 x_1 的辨识结果[13]

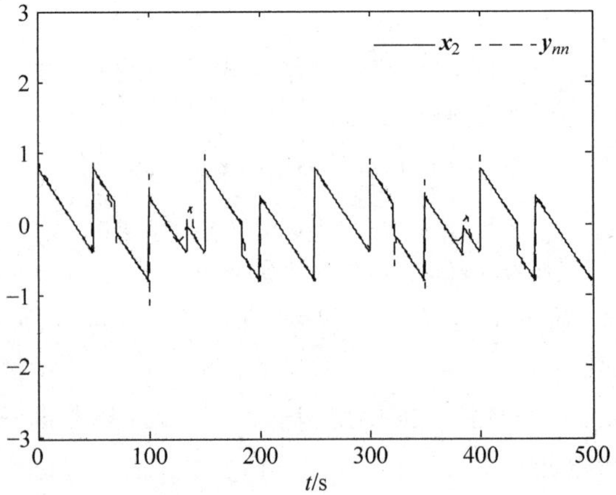

图 2-5　状态 x_2 的辨识结果

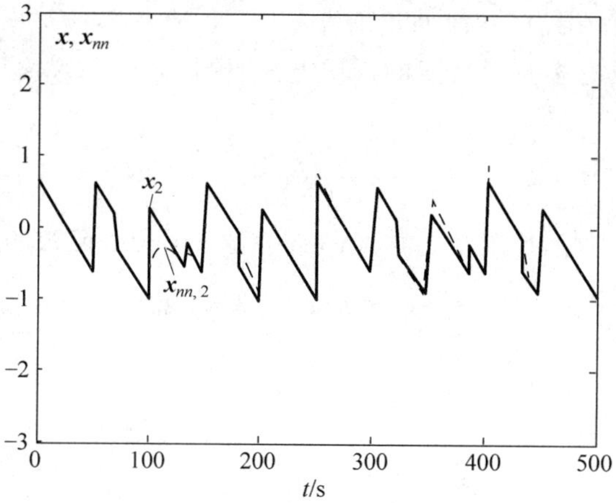

图 2-6 状态 x_2 的辨识结果[13]

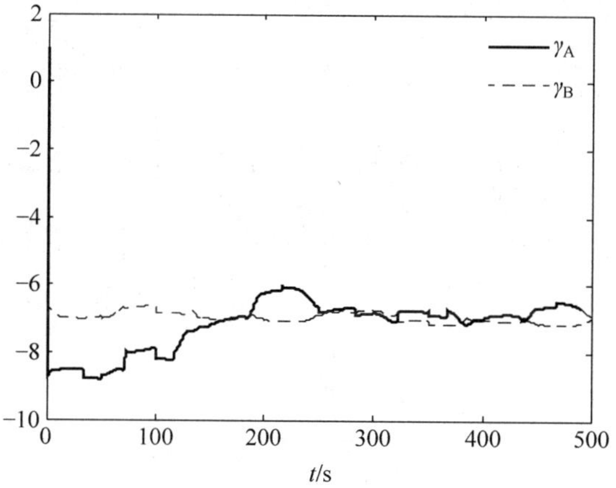

图 2-7 线性参数矩阵 A 和 B 的特征值

为了定量描述算法的辨识性能，采用了状态误差均方根(RMS)性能指标进行比较

$$\mathrm{RMS}=\sqrt{\sum_{i=1}^{n}\boldsymbol{e}^{2}(i)\Big/n} \tag{2.24}$$

式中：n 为模拟步骤数；$\boldsymbol{e}(i)$为第 i 步时多时间尺度动态神经网络模型状态变量与非线性系统状态变量的差值。

所提出的多时间尺度动态神经网络辨识算法的状态变量 $\boldsymbol{x}_1$ 的 RMS 值为 0.232782，状态变量 $\boldsymbol{x}_2$ 的 RMS 值为 0.149096。

图 2-3 和图 2-7 中的结果表明，与文献[13]中的结果相比可以看出，多时间尺度动态神经网络的状态变量对非线性系统状态变量的跟踪更加准确和快速，辨识性能得到了改善。此外，由图 2-7 中的线性参数矩阵的特征值可以看出，整个辨识过程中 $\boldsymbol{A}$ 和 $\boldsymbol{B}$ 的特征值都普遍小于零，这意味着它们总是稳定矩阵，验证了本章所提出的

针对线性矩阵设计的在线更新律的正确性。

（2）现在考虑具有多时间尺度的辨识方法，选择多时间尺度因子为 0.2，非线性激励函数选择为

$$\frac{a}{1+\exp(-bx)}-c \tag{2.25}$$

表 2-1 列出了多时间尺度动态神经网络中各 Sigmoid 函数的参数。

表 2-1　Sigmoid 函数的参数

	a	b	c
$\sigma_1(x,y)$	2	2	0.5
$\phi_1(x,y)$	0.2	0.2	0.5
$\sigma_2(x,y)$	2	2	0.5
$\phi_2(x,y)$	0.2	0.2	−0.5

结果如图 2-8～图 2-13 所示。

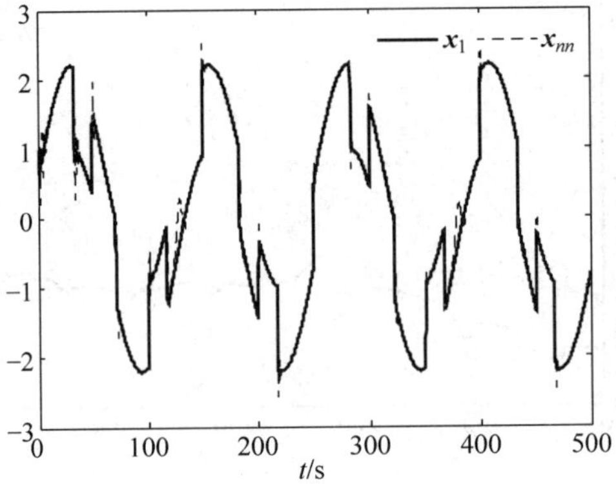

图 2-8　状态 $\boldsymbol{x}_1$ 的辨识结果

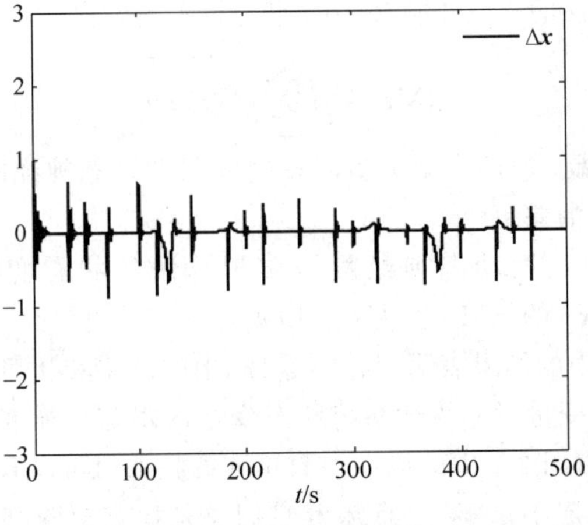

图 2-9　状态 $\boldsymbol{x}_1$ 的辨识误差

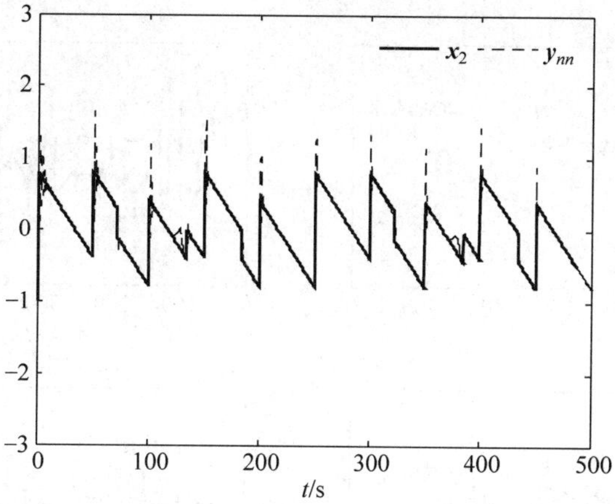

图 2-10　状态 $\boldsymbol{x}_2$ 的辨识结果

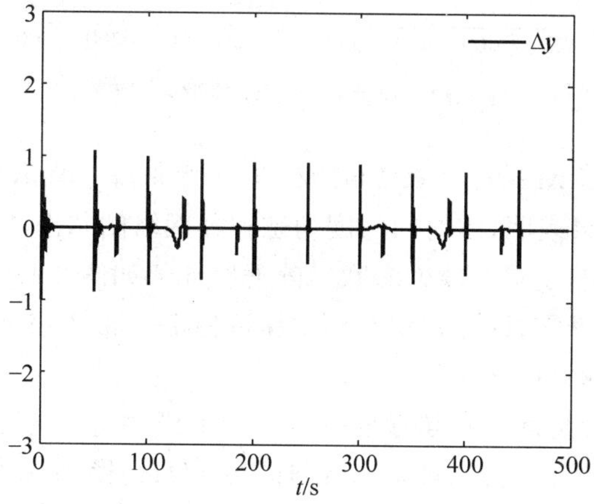

图 2-11　状态 $\boldsymbol{x}_2$ 的辨识误差

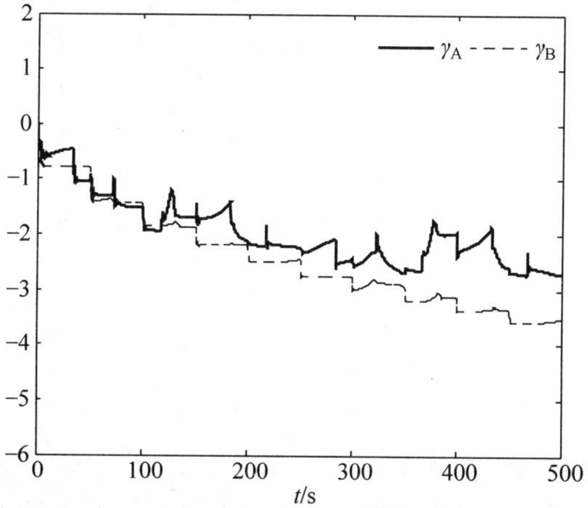

图 2-12　线性参数矩阵 $\boldsymbol{A}$ 和 $\boldsymbol{B}$ 的特征值

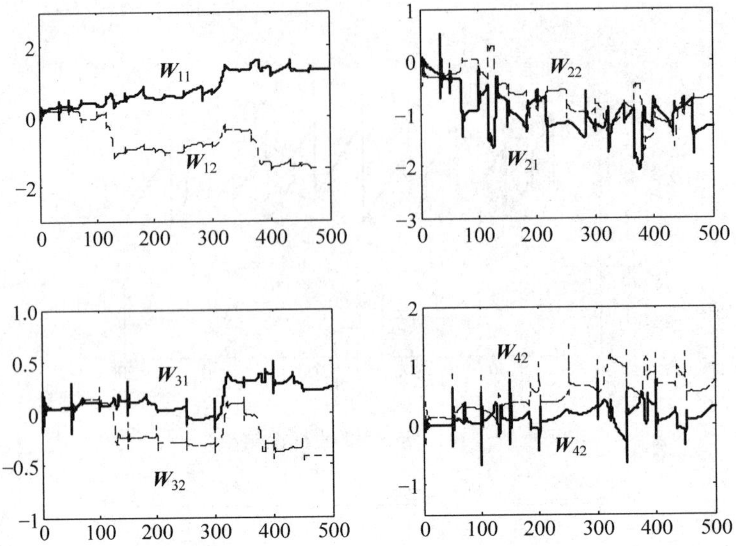

图 2-13 权值矩阵更新的学习过程

状态变量 $\boldsymbol{x}_1$ 的 RMS 值为 0.139102,状态变量 $\boldsymbol{x}_2$ 的 RMS 值为 0.116635。图 2-8~图 2-11 的结果表明,多时间尺度动态神经网络的状态变量能够准确、快速地跟踪非线性系统的状态变量。线性参数矩阵的特征值如图 2-12 所示,可以看出 $\boldsymbol{A}$ 和 $\boldsymbol{B}$ 的特征值均普遍小于零,即在辨识过程中保持稳定。图 2-13 展示了多时间尺度动态神经网络权值矩阵的更新学习过程。

例 2.2 1952 年,霍奇金和赫胥黎提出了一个描述电流通过巨大神经纤维表面膜流动的微分方程系统。后来,Hodgkin-Huxley(HH)模型成为计算神经科学中最重要的模型之一[14-15],也是定量描述各种活细胞和组织电生理的大量数学模型的原型。数学表达式如下:

$$\begin{aligned}
&\frac{\mathrm{d}V}{\mathrm{d}t}=\frac{1}{C_{\mathrm{m}}}(I_{\mathrm{ext}}-\bar{g}_{\mathrm{K}}n^{4}(V+E_{\mathrm{w}}-E_{\mathrm{K}})-\bar{g}_{\mathrm{Na}}m^{3}h(V+E_{\mathrm{w}}-E_{\mathrm{Na}})-\\
&\qquad\bar{g}_{\mathrm{l}}(V+E_{\mathrm{w}}-E_{\mathrm{l}}))\\
&\frac{\mathrm{d}n}{\mathrm{d}t}=\frac{n_{\infty}-n}{\tau_{\mathrm{n}}}\\
&\varepsilon\ \frac{\mathrm{d}m}{\mathrm{d}t}=\frac{m_{\infty}-m}{\tau_{\mathrm{m}}}\\
&\varepsilon\ \frac{\mathrm{d}h}{\mathrm{d}t}=\frac{h_{\infty}-h}{\tau_{\mathrm{h}}}
\end{aligned}\tag{2.26}$$

式中:t 的测量单位为 ms;变量 V 为膜电位,单位为 mV;n、m 和 h 分别为 K^{+}、Na^{+} 和泄漏电流通道对应的门控变量,变化范围在[0,1]。其余参数如下:

$$n_{\infty}=\frac{\alpha_{n}}{\alpha_{n}+\beta_{n}},\quad m_{\infty}=\frac{\alpha_{m}}{\alpha_{m}+\beta_{m}},\quad h_{\infty}=\frac{\alpha_{h}}{\alpha_{h}+\beta_{h}},$$

$$\tau_{n}=\frac{1}{\alpha_{n}+\beta_{n}},\quad \tau_{m}=\frac{1}{\alpha_{m}+\beta_{m}},\quad \tau_{h}=\frac{1}{\alpha_{h}+\beta_{h}},$$

$$\alpha_{n}=\frac{0.01(10-V)}{e^{\frac{10-V}{10}}-1},\quad \alpha_{m}=\frac{0.1(25-V)}{e^{\frac{25-V}{10}}-1},\quad \alpha_{h}=0.07e^{-\frac{V}{20}},$$

$$\beta_{n}=0.125e^{-\frac{V}{80}},\quad \beta_{m}=4e^{-\frac{V}{18}},\quad \beta_{h}=\frac{1}{e^{\frac{30-V}{10}}+1},$$

$$\bar{g}_{K}=36\text{ms/cm}^{2},\quad \bar{g}_{Na}=120\text{ms/cm}^{2},\quad \bar{g}_{l}=0.3\text{ms/cm}^{2},$$

$$E_{K}=-12\text{mV},\quad E_{Na}=115\text{mV},\quad E_{l}=10.599\text{mV},\quad C_{m}=1\mu\text{F/cm}^{2}$$

从电生理学的角度来看，HH 系统最重要的状态是膜电位 V，它具有多种电物理现象，也是前人众多研究的核心。

我们采用改进的 HH 模型，外加极低频（ELF）外加电场作为外加刺激电流 I_{ext} 之外的另一个控制输入。由于在 HH 模型中应用不同刺激的研究已经有很多，在不同刺激下 NN 的状态是否仍能跟随 HH 系统的状态成为首要研究任务。一些经典的输入被应用到这个系统中，如下式所示：

$$\begin{aligned}I_{ext}&=\frac{1}{2}A_{I}(\cos\omega_{I}t+1)\\E_{w}&=\frac{1}{2}A_{E}\cos\omega_{E}t\end{aligned}\tag{2.27}$$

式中：$\omega_{I,E}=2\pi f_{I,E}$。HH 系统的所有初始条件为 $V_{o}=0.00002$，$m_{o}=0.05293$，$h_{o}=0.59612$，$n_{o}=0.31768$。

我们选择了如下两种可以导致显著效果的神经元激励。

(1) $E_{w}=0$，$A_{I}=30\mu\text{A/cm}^{2}$，$f_{I}=10\text{Hz}$，$\varepsilon=0.2$

在图 2-14 中，实线为 HH 系统的实状态变量 V,n,m,h，点线为多时间尺度动态神经网络的辨识状态，图 2-14 中的第二幅图是膜电位的辨识误差。图 2-15 为线性矩阵的特征值，可以看出，整个动态辨识过程中都保持负的特征值，从而确保了辨识算法的收敛性和辨识系统的稳定性。

(2) $I_{ext}=0$，$A_{E}=10\text{mV}$，$f_{E}=115\text{Hz}$，$\varepsilon=0.2$

在图 2-16 中，实线为 HH 系统的实状态变量 V,n,m,h，点线为多时间尺度动态神经网络的辨识状态，图 2-16 中的第二幅图是膜电位的辨识误差。图 2-17 为线性矩阵的特征值，可以看出，整个动态辨识过程中都保持负的特征值，从而确保了辨识算法的收敛性和辨识系统的稳定性。

在仿真(1)中，各个状态变量所对应的均方根值为 $\text{RMS}_{n}=0.074642$，$\text{RMS}_{h}=0.083497$，$\text{RMS}_{V}=0.438275$，$\text{RMS}_{m}=0.035473$。在仿真(2)中，各个状态变量所对

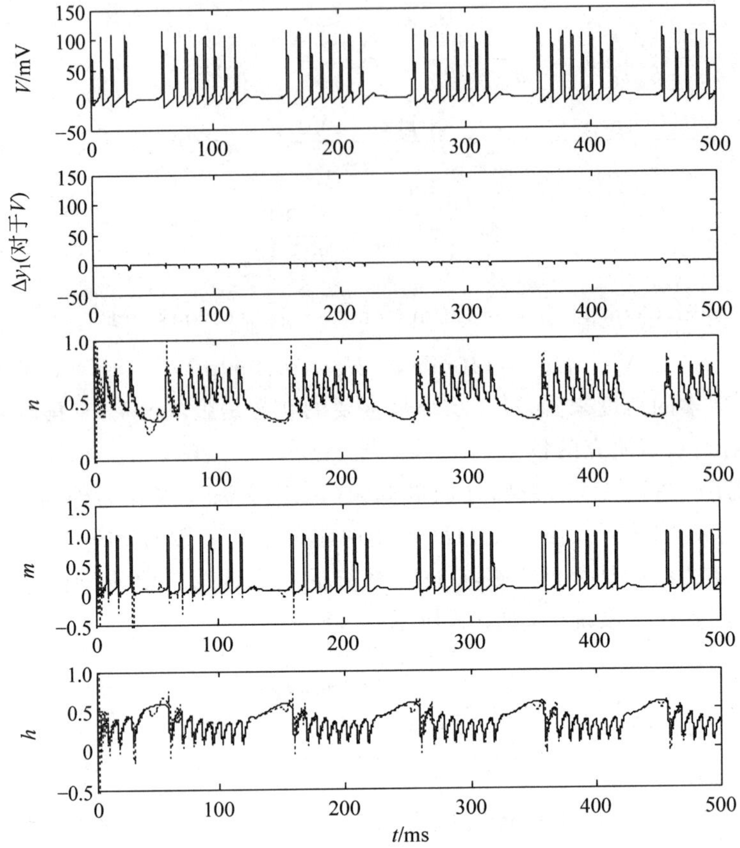

图 2-14　仿真(1)的辨识结果

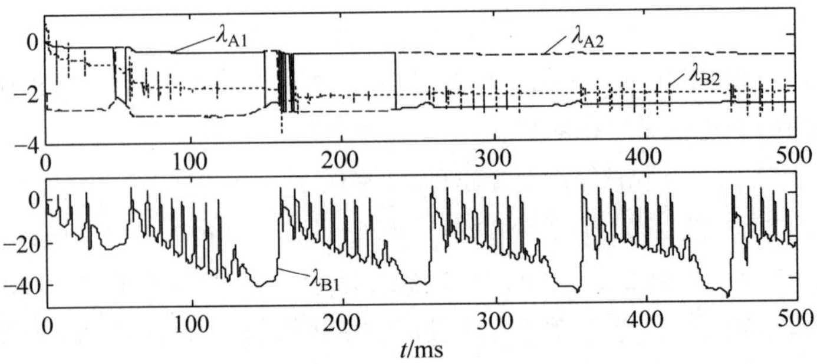

图 2-15　仿真(1)的线性参数矩阵 **A** 和 **B** 的特征值

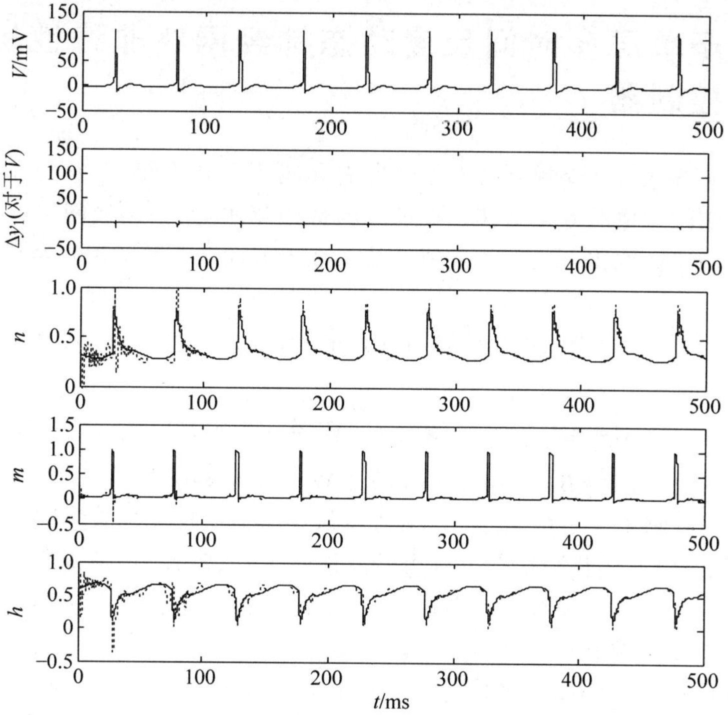

图 2-16　仿真(2)的辨识结果

应的均方根值为 $RMS_n = 0.05695$，$RMS_h = 0.061458$，$RMS_V = 0.86327$，$RMS_m = 0.060288$。将时间尺度设为 $\varepsilon = 0.2$ 后，从图 2-14～图 2-17 可以看出，NN 模型的状态与 HH 模型的状态非常接近。表明所提出的多时间尺度动态神经网络辨识算法具有很好的辨识性能，特别是对膜电位的辨识。此外，$\boldsymbol{A}$ 和 $\boldsymbol{B}$ 的特征值均收敛到相同的稳定值，这是由于理想线性矩阵 $\boldsymbol{A}^*$ 和 $\boldsymbol{B}^*$ 不随不同的控制输入而改变所带来的结果。

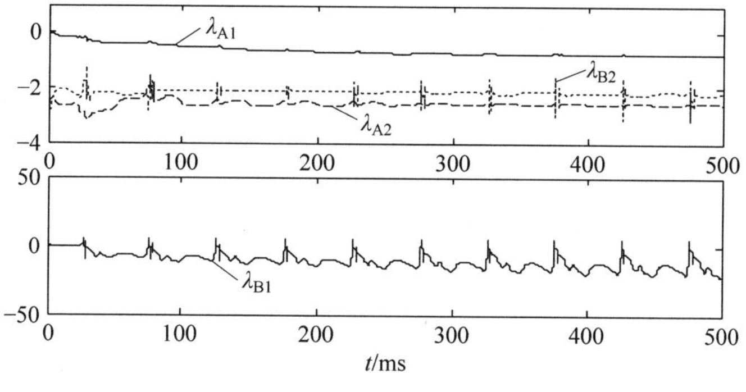

图 2-17　仿真(2)的线性参数矩阵 **A** 和 **B** 的特征值

2.3 基于单层多时间尺度动态神经网络非线性辨识模型的控制器

传统的非线性自适应控制技术已经发展和应用了几十年，但它们在面对不模型完全信息的被控对象时效果不佳。在过去的数十年中，基于神经网络的非线性辨识和自适应控制研究取得了巨大的进展。基于2.1节和2.2节的识别结果来研究控制跟踪问题。

从2.1节可知，非线性系统可以用具有更新律(2.21)的多时间尺度动态神经网络来建模

$$\begin{aligned}\dot{\boldsymbol{x}} &= \boldsymbol{A}\boldsymbol{x} + \boldsymbol{W}_1\boldsymbol{\sigma}_1(\boldsymbol{x},\boldsymbol{y}) + \boldsymbol{W}_2\boldsymbol{\phi}_1(\boldsymbol{x},\boldsymbol{y})\boldsymbol{U} + \Delta\boldsymbol{f}_x \\ \varepsilon\dot{\boldsymbol{y}} &= \boldsymbol{B}\boldsymbol{y} + \boldsymbol{W}_3\boldsymbol{\sigma}_2(\boldsymbol{x},\boldsymbol{y}) + \boldsymbol{W}_4\boldsymbol{\phi}_2(\boldsymbol{x},\boldsymbol{y})\boldsymbol{U} + \Delta\boldsymbol{f}_y\end{aligned} \tag{2.28}$$

式中：模型误差和干扰 $\Delta\boldsymbol{f}_x,\Delta\boldsymbol{f}_y$ 仍然假设像2.1节一样受到界限约束。

在大多数情况下，模型误差可以为零或忽略不计，然而，即使动态神经网络具有高超的学习能力来表征非线性动态过程，模型误差有时也不可避免，甚至会影响系统的稳定性。下面的控制器设计考虑了模型误差。

控制目标是使得模型未知非线性系统状态可以跟踪期望的参考信号，参考信号由一个非线性参考模型产生

$$\begin{aligned}\dot{\boldsymbol{x}}_{\mathrm{d}} &= \boldsymbol{g}_x(\boldsymbol{x}_{\mathrm{d}},\boldsymbol{y}_{\mathrm{d}},t) \\ \dot{\boldsymbol{y}}_{\mathrm{d}} &= \boldsymbol{g}_y(\boldsymbol{x}_{\mathrm{d}},\boldsymbol{y}_{\mathrm{d}},t)\end{aligned} \tag{2.29}$$

基于多时间尺度动态神经网络辨识模型的自适应控制的整体结构如图2-18所示。

状态跟踪误差定义为

$$\begin{aligned}\boldsymbol{E}_x &= \boldsymbol{x} - \boldsymbol{x}_{\mathrm{d}} \\ \boldsymbol{E}_y &= \boldsymbol{y} - \boldsymbol{y}_{\mathrm{d}}\end{aligned} \tag{2.30}$$

从而得到误差动态方程为

$$\begin{aligned}\dot{\boldsymbol{E}}_x &= \boldsymbol{A}\boldsymbol{x} + \boldsymbol{W}_1\boldsymbol{\sigma}_1(\boldsymbol{x},\boldsymbol{y}) + \boldsymbol{W}_2\boldsymbol{\phi}_1(\boldsymbol{x},\boldsymbol{y})\boldsymbol{U} + \Delta\boldsymbol{f}_x - \boldsymbol{g}_x \\ \varepsilon\dot{\boldsymbol{E}}_y &= \boldsymbol{B}\boldsymbol{y} + \boldsymbol{W}_3\boldsymbol{\sigma}_2(\boldsymbol{x},\boldsymbol{y}) + \boldsymbol{W}_4\boldsymbol{\phi}_2(\boldsymbol{x},\boldsymbol{y})\boldsymbol{U} + \Delta\boldsymbol{f}_y - \boldsymbol{g}_y\end{aligned} \tag{2.31}$$

将控制律 $\boldsymbol{U}$ 设计为

$$\boldsymbol{U} = \boldsymbol{u}_{\mathrm{L}} + \boldsymbol{u}_{\mathrm{f}} \tag{2.32}$$

其中：$\boldsymbol{u}_{\mathrm{L}}$ 用来实现对已知非线性的补偿，$\boldsymbol{u}_{\mathrm{f}}$ 专门处理辨识误差。设计 $\boldsymbol{u}_{\mathrm{L}}$ 为

$$\begin{aligned}\boldsymbol{u}_{\mathrm{L}} &= \begin{bmatrix}\boldsymbol{W}_2\,\boldsymbol{\phi}_1(\boldsymbol{x},\boldsymbol{y}) \\ (1/\varepsilon)\boldsymbol{W}_4\,\boldsymbol{\phi}_2(\boldsymbol{x},\boldsymbol{y})\end{bmatrix}^{-1}\boldsymbol{u}'_{\mathrm{L}} \\ \boldsymbol{u}'_{\mathrm{L}} &= -\begin{bmatrix}\boldsymbol{A}\boldsymbol{x}_{\mathrm{d}} \\ (1/\varepsilon)\boldsymbol{B}\boldsymbol{y}_{\mathrm{d}}\end{bmatrix} - \begin{bmatrix}\boldsymbol{W}_1\,\boldsymbol{\sigma}_1(\boldsymbol{x},\boldsymbol{y}) \\ (1/\varepsilon)\boldsymbol{W}_3\,\boldsymbol{\sigma}_2(\boldsymbol{x},\boldsymbol{y})\end{bmatrix} + \begin{bmatrix}\boldsymbol{g}_x \\ (1/\varepsilon)\boldsymbol{g}_y\end{bmatrix}\end{aligned} \tag{2.33}$$

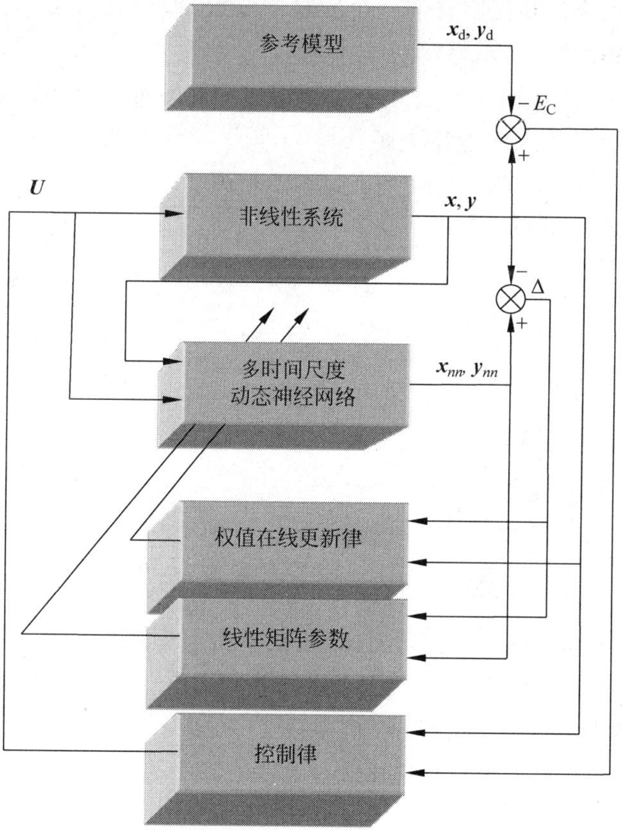

图 2-18　辨识和控制整体结构图

控制作用 $\boldsymbol{u}_f$ 是对未知的动态建模误差进行补偿。采用滑模控制方法完成这一任务。所以 $\boldsymbol{u}_f$ 为

$$\boldsymbol{u}_f=\begin{bmatrix}\boldsymbol{W}_2\boldsymbol{\phi}_1(\boldsymbol{x},\boldsymbol{y})\\(1/\varepsilon)\boldsymbol{W}_4\boldsymbol{\phi}_2(\boldsymbol{x},\boldsymbol{y})\end{bmatrix}^{-1}\boldsymbol{u}'_f \tag{2.34}$$

$$\boldsymbol{u}'_f=\begin{bmatrix}\boldsymbol{u}'_{fx}\\\boldsymbol{u}'_{fy}\end{bmatrix}=\begin{bmatrix}-\boldsymbol{A}\boldsymbol{E}_x-k_x\operatorname{sign}(\boldsymbol{E}_x)\\-(1/\varepsilon)\boldsymbol{B}\boldsymbol{E}_y-(1/\varepsilon)k_y\operatorname{sign}(\boldsymbol{E}_y)\end{bmatrix} \tag{2.35}$$

假设建模误差和干扰是有界的，$\|\Delta\boldsymbol{f}_x\|\leqslant\Delta\bar{\boldsymbol{f}}_x$，$\|\Delta\boldsymbol{f}_y\|\leqslant\Delta\bar{\boldsymbol{f}}_y$，则有

定理 2.3　考虑非线性系统(2.1)和辨识模型(2.2)，利用更新律(2.21)和控制策略(2.32)，可以保证以下稳定性：

(1) $\Delta\boldsymbol{x},\Delta\boldsymbol{y},\boldsymbol{W}_{1,2,3,4},\boldsymbol{A},\boldsymbol{B}\in\boldsymbol{L}_\infty$ 且 $\Delta\boldsymbol{x},\Delta\boldsymbol{y}\in\boldsymbol{L}_2$；

(2) $\lim\limits_{t\to\infty}\Delta\boldsymbol{x}=0$，$\lim\limits_{t\to\infty}\Delta\boldsymbol{y}=0$ 且 $\lim\limits_{t\to\infty}\dot{\boldsymbol{W}}_i=0(i=1,2,3,4)$；

(3) $\lim\limits_{t\to\infty}\boldsymbol{E}_x=0$，$\lim\limits_{t\to\infty}\boldsymbol{E}_y=0$。

证明：如果把辨识和控制看作一个完整的过程，那么可以通过生成最终的李雅普诺夫函数 $\boldsymbol{V}=\boldsymbol{V}_{\mathrm{I}}+\boldsymbol{V}_{\mathrm{C}}$ 来完成稳定性证明。

在 2.1 节中，已经证明了 $\dot{\boldsymbol{V}}_{\mathrm{I}}\leqslant 0$ 以及定理 2.1 和定理 2.2 中的稳定性性质。现在考虑用于控制目的的李雅普诺夫函数

$$\boldsymbol{V}_{\mathrm{C}}=\boldsymbol{E}_x^{\mathrm{T}}\boldsymbol{E}_x+\boldsymbol{E}_y^{\mathrm{T}}\boldsymbol{E}_y \tag{2.36}$$

将式(2.31)进一步整理得

$$\begin{bmatrix}\dot{\boldsymbol{E}}_x\\ \dot{\boldsymbol{E}}_y\end{bmatrix}=\begin{bmatrix}\boldsymbol{Ax}\\ (1/\varepsilon)\boldsymbol{By}\end{bmatrix}+\begin{bmatrix}\boldsymbol{W}_1\boldsymbol{\sigma}_1(\boldsymbol{x},\boldsymbol{y})\\ (1/\varepsilon)\boldsymbol{W}_3\boldsymbol{\sigma}_2(\boldsymbol{x},\boldsymbol{y})\end{bmatrix}+\begin{bmatrix}\boldsymbol{W}_2\boldsymbol{\phi}_1(\boldsymbol{x},\boldsymbol{y})\\ (1/\varepsilon)\boldsymbol{W}_4\boldsymbol{\phi}_2(\boldsymbol{x},\boldsymbol{y})\end{bmatrix}\boldsymbol{U}+\begin{bmatrix}\Delta\boldsymbol{f}_x\\ (1/\varepsilon)\Delta\boldsymbol{f}_y\end{bmatrix}-\begin{bmatrix}\boldsymbol{g}_x\\ (1/\varepsilon)\boldsymbol{g}_y\end{bmatrix} \tag{2.37}$$

将式(2.33)代入式(2.37)，得

$$\begin{bmatrix}\dot{\boldsymbol{E}}_x\\ \dot{\boldsymbol{E}}_y\end{bmatrix}=\begin{bmatrix}\boldsymbol{AE}_x\\ (1/\varepsilon)\boldsymbol{BE}_y\end{bmatrix}+\begin{bmatrix}\boldsymbol{W}_2\boldsymbol{\phi}_1(\boldsymbol{x},\boldsymbol{y})\\ (1/\varepsilon)\boldsymbol{W}_4\boldsymbol{\phi}_2(\boldsymbol{x},\boldsymbol{y})\end{bmatrix}\boldsymbol{u}_{\mathrm{f}}+\begin{bmatrix}\Delta\boldsymbol{f}_x\\ (1/\varepsilon)\Delta\boldsymbol{f}_y\end{bmatrix} \tag{2.38}$$

如果模型误差和扰动为零或可忽略，从控制的角度来看，这意味着不会破坏系统的稳定性，$\boldsymbol{u}_{\mathrm{f}}$ 可以选择为零，从而使动态误差收敛到原点。证明非常简单，因为 $\boldsymbol{A}$ 和 $\boldsymbol{B}$ 是稳定矩阵，而且 ε 是正的。

将式(2.35)代入式(2.38)，得

$$\begin{aligned}\dot{\boldsymbol{E}}_x&=\boldsymbol{AE}_x+\boldsymbol{u}'_{\mathrm{f}x}+\Delta\boldsymbol{f}_x\\ \dot{\boldsymbol{E}}_y&=(1/\varepsilon)\boldsymbol{BE}_y+\boldsymbol{u}'_{\mathrm{f}y}+(1/\varepsilon)\Delta\boldsymbol{f}_y\end{aligned} \tag{2.39}$$

利用式(2.39)可得式(2.36)的导数为

$$\begin{aligned}\dot{\boldsymbol{V}}_{\mathrm{C}}&=2\boldsymbol{E}_x^{\mathrm{T}}\dot{\boldsymbol{E}}_x+2\boldsymbol{E}_y^{\mathrm{T}}\dot{\boldsymbol{E}}_y\\ &=2\boldsymbol{E}_x^{\mathrm{T}}(\boldsymbol{AE}_x+\boldsymbol{u}'_{\mathrm{f}x}+\boldsymbol{f}_x)+2\boldsymbol{E}_y^{\mathrm{T}}((1/\varepsilon)\boldsymbol{BE}_y+\boldsymbol{u}'_{\mathrm{f}y}+(1/\varepsilon)\Delta\boldsymbol{f}_y)\\ &=-2k_x\|\boldsymbol{E}_x\|+2\boldsymbol{E}_x^{\mathrm{T}}\boldsymbol{f}_x-2(1/\varepsilon)k_y\|\boldsymbol{E}_y\|+2(1/\varepsilon)\Delta c\boldsymbol{y}^{\mathrm{T}}\Delta\boldsymbol{f}_y\\ &\leqslant-2k_x\|\boldsymbol{E}_x\|+2\|\boldsymbol{E}_x\|\|\Delta\boldsymbol{f}_x\|-2(1/\varepsilon)\boldsymbol{k}_y\|\boldsymbol{E}_y\|+\\ &\quad 2(1/\varepsilon)\|\boldsymbol{E}_y\|\|\Delta\boldsymbol{f}_y\|\\ &=-2(k_x-\|\Delta\boldsymbol{f}_x\|)\|\boldsymbol{E}_x\|-2(1/\varepsilon)(k_y-\|\Delta\boldsymbol{f}_y\|)\|\boldsymbol{E}_y\|\end{aligned} \tag{2.40}$$

如果选择 $k_x>\Delta\bar{f}_x$，$k_y>\Delta\bar{f}_y$，由式(2.40)可得 $\dot{\boldsymbol{V}}_{\mathrm{C}}<0$。因此，有稳定性特性 $\lim\limits_{t\to\infty}\boldsymbol{E}_x=0$，$\lim\limits_{t\to\infty}\boldsymbol{E}_y=0$ 和 $\dot{\boldsymbol{V}}=\dot{\boldsymbol{V}}_{\mathrm{I}}+\dot{\boldsymbol{V}}_{\mathrm{C}}\leqslant 0$。

在考虑建模误差和干扰的情况下，滑模控制策略(2.35)在不假设线性矩阵 $\boldsymbol{A}$ 和 $\boldsymbol{B}$ 是稳定矩阵的情况下可以保证跟踪的稳定性。

对控制器中所采用的矩阵求逆，通过选择合适的更新律和激活函数中的参数初值来保证控制器的非奇异性。

2.4 控制器仿真结果

现在采用2.3节中所设计控制律(2.32)来实现对2.2节中的非线性系统(2.23)控制的信号,而不是使用正弦波和锯齿函数作为输入信号。所需的参考轨迹由如下参考模型生成:

$$\begin{aligned}\dot{\boldsymbol{x}}_{\mathrm{d}} &= \boldsymbol{y}_{\mathrm{d}} \\ \dot{\boldsymbol{y}}_{\mathrm{d}} &= \sin\boldsymbol{x}_{\mathrm{d}}\end{aligned} \tag{2.41}$$

式中:初始值为 $\boldsymbol{x}_{\mathrm{d}}(0)=1$,$\boldsymbol{y}_{\mathrm{d}}(0)=0$。

将时间尺度设为 $\varepsilon=0.2$。从图2-19和图2-20可以看出,非线性系统的状态可

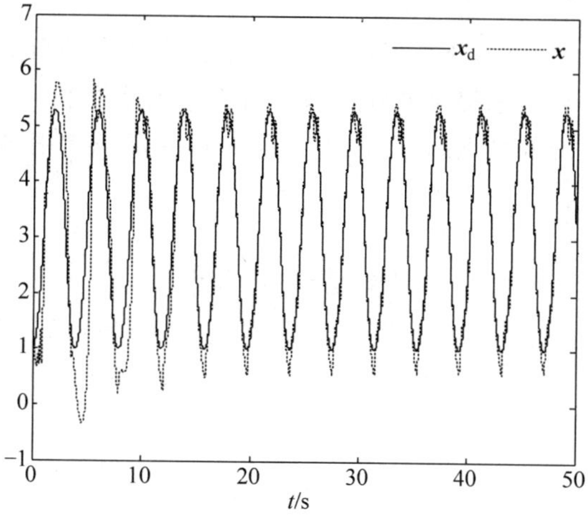

图 2-19 状态 $\boldsymbol{x}$ 的轨迹跟踪

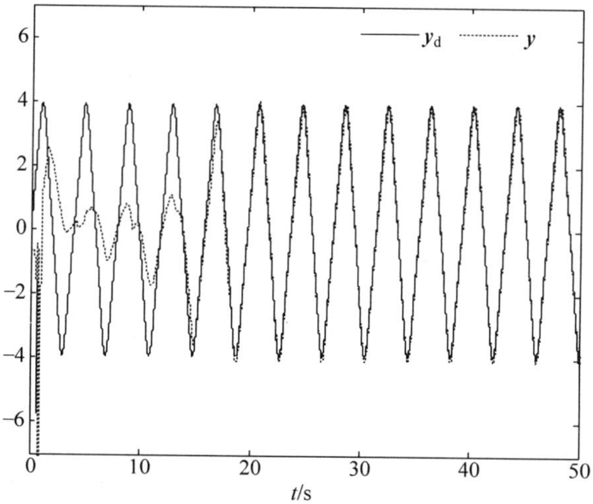

图 2-20 状态 $\boldsymbol{y}$ 的轨迹跟踪

以在 20s 内跟踪所需的轨迹。状态变量 x 的 RMS 值为 0.5246，状态变量 y 的 RMS 值为 1.641411，由于时间尺度参数加速状态 y，系统 x 的状态跟踪参考信号所花费的时间相对较多。仿真结果表明，所提出的辨识和控制算法能够保证非线性和不确定动态系统的跟踪性能。

2.5 本章小结

本章针对多时间尺度非线性系统的动态神经网络权值和线性部分矩阵提出了一种新的在线多时间尺度动态神经网络识别算法。该算法用于识别具有多重平衡的二阶非线性系统和著名的 HH 模型，该模型在不同输入条件下具有复杂多变的系统性能。两种识别结果都表明了所提算法的有效性。

此外，我们提出了一种基于多时间尺度动态神经网络的自适应控制方法。利用线性部分矩阵的学习算法来提高非线性系统辨识的灵活性和准确性。该控制器由反馈线性化和基于滑模的补偿器组成，用于处理未知的辨识误差和干扰。仿真结果表明了所提辨识和控制算法的有效性。

参考文献

[1] Al Seyab R K, Cao Y. Nonlinear system identification for predictive control using continuous time recurrent neural networks and automatic differentiation[J]. Journal of Process Control, 2008, 18: 568-581.

[2] Atuonwu J C, Cao Y, Rangaiah G P, et al. Identification and predictive control of a multistage evaporator[J]. Control Engineering Practice, 2010, 18: 1418-1428.

[3] Wang C, Klatt K U, Unnebier G D, et al. Neural network-based identification of SMB chromatographic processes[J]. Control Engineering Practice, 2003, 11: 949-959.

[4] Yu W, Li Xi O. Some new results on system identification with dynamic neural networks[J]. IEEE Transactions on Neural Networks, 2001, 1(2): 412-417.

[5] Rovithakis G A, Christodoulou M A. Adaptive control of unknown plants using dynamical neural networks[J]. IEEE Transactions on Systems, Man, and Cybernetics, 1994, 24(3): 400-412.

[6] Poznyak A S, Yu W, Sanchez E N, et al. Nonlinear adaptive trajectory tracking using dynamic neural networks[J]. IEEE Transactions on Neural Networks, 1999, 10(6): 1402-1411.

[7] Ren X M, Rad A B, Chan P T, et al. Identification and control of continuous-time nonlinear systems via dynamic neural networks[J]. IEEE Transactions on Industrial Electronics, 2003, 50(3): 478-486.

[8] Li X, Yu W. Dynamic system identification via recurrent multilayer perceptrons [J]. Information Sciences, 2002, 147: 45-63.

[9] Poznyak A S, Yu W. Sanchez E N. Identification and control of unknown chaotic systems via dynamic neural networks[J]. IEEE Trans Circuits and Systems, 1999, 46(12): 1491-1495.

[10] Lu S,Ju H,Chon,Ki H. A new algorithm for linear and nonlinear ARMA model parameter estimation using affine geometry and application to blood flow/pressure data[J]. IEEE Trans on Biomedical Engineering,2001,48(10): 1116-1124.

[11] Tugnait J K. Identification of multivariable stochastic linear systems via spectral analysis given time-domain data[J]. IEEE Trans on Signal Processing,1998,46(5): 1458-1463.

[12] Poznyak A S, Sanchez E N, Yu W. Differential Neural Networks for Robust Nonlinear Control,Identification, State Estimation and Trajectory Tracking[M]. Singapore: World Scientific,2001.

[13] Poznyak A S,Yu W,Sanchez E N,et al. Nonlinear adaptive trajectory tracking using dynamic neural networks[J]. IEEE Trans Neural Netw,1999,10(6): 1402-1406.

[14] Masry E, Tjostheim D. Nonlinear autoregressive exogenous time series: structural identification via projection estimates[C]//IEEE Signal Processing Workshop on Statistical Signal and Array Processing,1996: 368-370.

[15] Overschee P V,Moor B D. N4SID: Subspace algorithms for the identification of combined deterministic-stochastic systems[J]. Automatica,1994,30(1):75-93.

第3章

改进型多时间尺度动态神经网络非线性辨识与控制

在第 2 章中，多时间尺度动态神经网络的每一个神经元都使用实际系统状态信号来辨识非线性系统，这可以简化辨识和控制过程，但控制律依赖于非线性系统的实际状态信号，可能带来神经网络的不稳定性。为此，本章在多时间尺度动态神经网络辨识模型的构造中，将非线性系统的实际状态信号替换为多时间尺度动态神经网络本身的状态变量，提出一种新的考虑参数溢出的权值在线辨识算法，以避免辨识误差所带来的权值参数溢出问题，并对控制信号添加约束，以克服第 2 章中所提出的多时间尺度动态神经网络的缺陷。仿真实例验证了所提改进型多时间尺度动态神经网络非线性辨识与控制方法的有效性。

3.1　改进型多时间尺度动态神经网络非线性辨识方法

对于非线性系统(2.1)，提出如下改进型多时间尺度动态神经网络

$$\begin{aligned}\dot{\boldsymbol{x}}_{nn} &= \boldsymbol{A}\boldsymbol{x}_{nn} + \boldsymbol{W}_1\boldsymbol{\sigma}_1(\boldsymbol{V}_1[\boldsymbol{x}_{nn},\boldsymbol{y}_{nn}]^{\mathrm{T}}) + \boldsymbol{W}_2\boldsymbol{\phi}_1(\boldsymbol{V}_3[\boldsymbol{x}_{nn},\boldsymbol{y}_{nn}]^{\mathrm{T}})\gamma(\boldsymbol{U}) \\ \varepsilon\dot{\boldsymbol{y}}_{nn} &= \boldsymbol{B}\boldsymbol{y}_{nn} + \boldsymbol{W}_3\boldsymbol{\sigma}_2(\boldsymbol{V}_2[\boldsymbol{x}_{nn},\boldsymbol{y}_{nn}]^{\mathrm{T}}) + \boldsymbol{W}_4\boldsymbol{\phi}_2(\boldsymbol{V}_4[\boldsymbol{x}_{nn},\boldsymbol{y}_{nn}]^{\mathrm{T}})\gamma(\boldsymbol{U})\end{aligned} \tag{3.1}$$

式中：$\boldsymbol{x}_{nn}\in\mathbf{R}^n$，$\boldsymbol{y}_{nn}\in\mathbf{R}^n$ 为神经网络的慢、快状态变量；$\boldsymbol{W}_{1,2}\in\mathbf{R}^{n\times 2n}$，$\boldsymbol{W}_{3,4}\in\mathbf{R}^{n\times 2n}$ 为输出层的权值；$\boldsymbol{V}_{1,2}\in\mathbf{R}^{2n\times 2n}$，$\boldsymbol{V}_{3,4}\in\mathbf{R}^{2n\times 2n}$ 为隐含层的权值；$\boldsymbol{\sigma}_k=[\sigma_k(x_1)\cdots\sigma_k(x_n),\sigma_k(y_1)\cdots\sigma_k(y_n)]^{\mathrm{T}}\in\mathbf{R}^{2n}$（$k=1,2$）为对角矩阵；$\boldsymbol{\phi}_k=\mathrm{diag}[\phi_{1,2}(x_1)\cdots\phi_{1,2}(x_n),\phi_{1,2}(y_1)\cdots\phi_{1,2}(y_1)]^{\mathrm{T}}\in\mathbf{R}^{2n\times 2n}$（$k=1,2$）；$\boldsymbol{U}=[\boldsymbol{u}_1,\boldsymbol{u}_2,\cdots,\boldsymbol{u}_i,0,\cdots,0]^{\mathrm{T}}\in\mathbf{R}^{2n}$ 为控制输入向量；$\gamma(\cdot)$：$\mathbf{R}^m\to\mathbf{R}^n$ 为输入输出映射函数；$\boldsymbol{A}\in\mathbf{R}^{n\times n}$ 和 $\boldsymbol{B}\in\mathbf{R}^{n\times n}$ 为多时间尺度动态神经网络线性矩阵；ε 为时间尺度参数；$\boldsymbol{\sigma}_k$ 和 $\boldsymbol{\phi}_k$ 仍为 S 型激励函数。

为了简化分析过程,取 $p=q=n,\boldsymbol{V}_1=\boldsymbol{V}_2=\boldsymbol{I},\boldsymbol{\phi}(\cdot)=\boldsymbol{I}$,考虑如图 3-1 所示的改进型简化结构,其数学表达式如下

$$\begin{aligned}\dot{\boldsymbol{x}}_{nn}&=\boldsymbol{A}\boldsymbol{x}_{nn}+\boldsymbol{W}_1\boldsymbol{\sigma}_1(\boldsymbol{x}_{nn},\boldsymbol{y}_{nn})+\boldsymbol{W}_2\gamma(\boldsymbol{U})\\ \varepsilon\dot{\boldsymbol{y}}_{nn}&=\boldsymbol{B}\boldsymbol{y}_{nn}+\boldsymbol{W}_3\boldsymbol{\sigma}_2(\boldsymbol{x}_{nn},\boldsymbol{y}_{nn})+\boldsymbol{W}_4\gamma(\boldsymbol{U})\end{aligned}\tag{3.2}$$

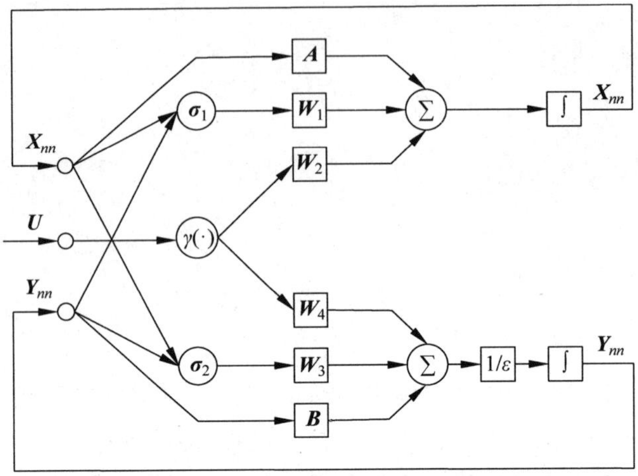

图 3-1 改进型多时间尺度动态神经网络结构

3.1.1 基于精确多时间尺度动态神经网络结构的系统辨识

在本节中,假定多时间尺度动态神经网络可以精确表示被辨识对象的情况,这意味着存在理想权值 $\boldsymbol{W}_1^*,\boldsymbol{W}_2^*,\boldsymbol{W}_3^*,\boldsymbol{W}_4^*$ 和线性矩阵 $\boldsymbol{A}^*,\boldsymbol{B}^*$ 使得非线性系统(2.1)可以通过如下多时间尺度动态神经网络模型来描述:

$$\begin{aligned}\dot{\boldsymbol{x}}&=\boldsymbol{A}^*\boldsymbol{x}+\boldsymbol{W}_1^*\boldsymbol{\sigma}_1(\boldsymbol{x},\boldsymbol{y})+\boldsymbol{W}_2^*\gamma(\boldsymbol{U})\\ \varepsilon\dot{\boldsymbol{y}}&=\boldsymbol{B}^*\boldsymbol{y}+\boldsymbol{W}_3^*\boldsymbol{\sigma}_2(\boldsymbol{x},\boldsymbol{y})+\boldsymbol{W}_4^*\gamma(\boldsymbol{U})\end{aligned}\tag{3.3}$$

假设 3.1 激励函数$\boldsymbol{\sigma}_k(\cdot)$之差$\tilde{\boldsymbol{\sigma}}_k=\boldsymbol{\sigma}_k(\boldsymbol{x},\boldsymbol{y})-\boldsymbol{\sigma}_k(\boldsymbol{x}_{nn},\boldsymbol{y}_{nn})$,满足如下广义 Lipschitz 条件

$$\begin{aligned}\tilde{\boldsymbol{\sigma}}_1^{\mathrm{T}}\boldsymbol{\Lambda}_1\tilde{\boldsymbol{\sigma}}_1&<\begin{bmatrix}\Delta\boldsymbol{x}\\ \Delta\boldsymbol{y}\end{bmatrix}^{\mathrm{T}}\boldsymbol{D}_1\begin{bmatrix}\Delta\boldsymbol{x}\\ \Delta\boldsymbol{y}\end{bmatrix}=\Delta\boldsymbol{x}^{\mathrm{T}}\boldsymbol{D}_1\Delta\boldsymbol{x}+\Delta\boldsymbol{y}^{\mathrm{T}}\boldsymbol{D}_1\Delta\boldsymbol{y}\\ \tilde{\boldsymbol{\sigma}}_2^{\mathrm{T}}\boldsymbol{\Lambda}_2\tilde{\boldsymbol{\sigma}}_2&<\begin{bmatrix}\Delta\boldsymbol{x}\\ \Delta\boldsymbol{y}\end{bmatrix}^{\mathrm{T}}\boldsymbol{D}_2\begin{bmatrix}\Delta\boldsymbol{x}\\ \Delta\boldsymbol{y}\end{bmatrix}=\Delta\boldsymbol{x}^{\mathrm{T}}\boldsymbol{D}_2\Delta\boldsymbol{x}+\Delta\boldsymbol{y}^{\mathrm{T}}\boldsymbol{D}_2\Delta\boldsymbol{y}\end{aligned}\tag{3.4}$$

式中:$\boldsymbol{\sigma}_k(\boldsymbol{x},\boldsymbol{y})=[\boldsymbol{\sigma}_k(\boldsymbol{x}_1)\cdots\boldsymbol{\sigma}_k(\boldsymbol{x}_n),\boldsymbol{\sigma}_k(\boldsymbol{y}_1)\cdots\boldsymbol{\sigma}_k(\boldsymbol{y}_n)]^{\mathrm{T}}\in\mathbf{R}^{2n}(k=1,2)$; $\boldsymbol{D}_1=\boldsymbol{D}_1^{\mathrm{T}}>0,\boldsymbol{D}_2=\boldsymbol{D}_2{}^{\mathrm{T}}>0$ 是已知的标准化矩阵。

假设 3.2 理想矩阵 $\boldsymbol{W}_1^*,\boldsymbol{W}_2^*,\boldsymbol{W}_3^*,\boldsymbol{W}_4^*$ 有界条件如下

$$\begin{aligned}&\boldsymbol{W}_1^*\boldsymbol{\Lambda}_1^{-1}\boldsymbol{W}_1^{*\mathrm{T}}\leqslant\bar{\boldsymbol{W}}_1\qquad \boldsymbol{W}_3^*\boldsymbol{\Lambda}_3^{-1}\boldsymbol{W}_3^{*\mathrm{T}}\leqslant\bar{\boldsymbol{W}}_3\\ &\boldsymbol{W}_2^*\boldsymbol{\Lambda}_2^{-1}\boldsymbol{W}_2^{*\mathrm{T}}\leqslant\bar{\boldsymbol{W}}_2\qquad \boldsymbol{W}_4^*\boldsymbol{\Lambda}_4^{-1}\boldsymbol{W}_4^{*\mathrm{T}}\leqslant\bar{\boldsymbol{W}}_4\end{aligned}\tag{3.5}$$

式中：$\boldsymbol{\Lambda}_1^{-1},\boldsymbol{\Lambda}_2^{-1},\boldsymbol{\Lambda}_3^{-1},\boldsymbol{\Lambda}_4^{-1}$是任意正定对称矩阵；$\bar{\boldsymbol{W}}_1,\bar{\boldsymbol{W}}_2,\bar{\boldsymbol{W}}_3,\bar{\boldsymbol{W}}_4$ 均为已知矩阵的上界。

正如第 2 章中假设的那样，系统(2.1)中的状态变量是完全可测的，而被测量的状态变量的数量仍然等于神经网络(3.2)中的状态变量的数量。辨识误差定义为

$$\begin{aligned}\Delta \boldsymbol{x} &= \boldsymbol{x} - \boldsymbol{x}_{nn}\\ \Delta \boldsymbol{y} &= \boldsymbol{y} - \boldsymbol{y}_{nn}\end{aligned} \tag{3.6}$$

由式(3.2)和式(3.3)可以得到误差动态方程为

$$\begin{aligned}\Delta\dot{\boldsymbol{x}} &= \boldsymbol{A}^*\Delta\boldsymbol{x} + \widetilde{\boldsymbol{A}}\boldsymbol{x}_{nn} + \boldsymbol{W}_1^*\tilde{\boldsymbol{\sigma}}_1 + \widetilde{\boldsymbol{W}}_1\boldsymbol{\sigma}_1(\boldsymbol{x}_{nn},\boldsymbol{y}_{nn}) + \widetilde{\boldsymbol{W}}_2\gamma(\boldsymbol{U})\\ \varepsilon\Delta\dot{\boldsymbol{y}} &= \boldsymbol{B}^*\Delta\boldsymbol{y} + \widetilde{\boldsymbol{B}}\boldsymbol{y}_{nn} + \boldsymbol{W}_3^*\tilde{\boldsymbol{\sigma}}_2 + \widetilde{\boldsymbol{W}}_3\boldsymbol{\sigma}_2(\boldsymbol{x}_{nn},\boldsymbol{y}_{nn}) + \widetilde{\boldsymbol{W}}_4\gamma(\boldsymbol{U})\end{aligned} \tag{3.7}$$

式中：$\widetilde{\boldsymbol{W}}_1=\boldsymbol{W}_1^*-\boldsymbol{W}_1,\widetilde{\boldsymbol{W}}_2=\boldsymbol{W}_2^*-\boldsymbol{W}_2,\widetilde{\boldsymbol{W}}_3=\boldsymbol{W}_3^*-\boldsymbol{W}_3,\widetilde{\boldsymbol{W}}_4=\boldsymbol{W}_4^*-\boldsymbol{W}_4$ 且 $\widetilde{\boldsymbol{A}}=\boldsymbol{A}^*-\boldsymbol{A},\widetilde{\boldsymbol{B}}=\boldsymbol{B}^*-\boldsymbol{B}$。

引理 3.1[1] $\boldsymbol{A}\in\mathbf{R}^{n\times n}$ 是一个 Hurwitz 矩阵，$\boldsymbol{R},\boldsymbol{Q}\in\mathbf{R}^{n\times n},\boldsymbol{R}=\boldsymbol{R}^{\mathrm{T}}>0,\boldsymbol{Q}=\boldsymbol{Q}^{\mathrm{T}}>0$ 如果$(\boldsymbol{A},\boldsymbol{R}^{1/2})$是可控的，则$(\boldsymbol{A},\boldsymbol{Q}^{1/2})$是可观察的，并且

$$\boldsymbol{A}^{\mathrm{T}}\boldsymbol{R}^{-1}\boldsymbol{A}-\boldsymbol{Q}\geqslant\frac{1}{4}(\boldsymbol{A}^{\mathrm{T}}\boldsymbol{R}^{-1}-\boldsymbol{R}^{-1}\boldsymbol{A})\boldsymbol{R}(\boldsymbol{A}^{\mathrm{T}}\boldsymbol{R}^{-1}-\boldsymbol{R}^{-1}\boldsymbol{A})^{\mathrm{T}}$$

满足时，黎卡提方程 $\boldsymbol{A}^{\mathrm{T}}\boldsymbol{X}+\boldsymbol{X}\boldsymbol{A}+\boldsymbol{X}\boldsymbol{R}\boldsymbol{X}+\boldsymbol{Q}=0$ 有唯一的正解 $\boldsymbol{X}=\boldsymbol{X}^{\mathrm{T}}>0$。

假设 3.3 矩阵 $\boldsymbol{A}^*,\boldsymbol{B}^*$ 为实际存在的理想矩阵，并定义

$$\begin{aligned}\boldsymbol{R}_x &= \bar{\boldsymbol{W}}_1 \qquad \boldsymbol{Q}_x = \boldsymbol{D}_1 + (1/\varepsilon)\boldsymbol{D}_3 + \boldsymbol{Q}_{x\mathrm{o}}\\ \boldsymbol{R}_y &= \bar{\boldsymbol{W}}_3 \qquad \boldsymbol{Q}_y = \boldsymbol{D}_3 + \varepsilon\boldsymbol{D}_1 + \boldsymbol{Q}_{y\mathrm{o}}\end{aligned}$$

如果选取合适的 $\boldsymbol{Q}_{x\mathrm{o}},\boldsymbol{Q}_{y\mathrm{o}}$ 满足引理 3.1 中的条件，则存在正定矩阵 $\boldsymbol{P}_x,\boldsymbol{P}_y$ 满足以下方程

$$\begin{aligned}\boldsymbol{A}^{*\mathrm{T}}\boldsymbol{P}_x + \boldsymbol{P}_x\boldsymbol{A}^* + \boldsymbol{P}_x\boldsymbol{R}_x\boldsymbol{P}_x + \boldsymbol{Q}_x &= 0\\ \boldsymbol{B}^{*\mathrm{T}}\boldsymbol{P}_y + \boldsymbol{P}_y\boldsymbol{B}^* + \boldsymbol{P}_y\boldsymbol{R}_y\boldsymbol{P}_y + \boldsymbol{Q}_y &= 0\end{aligned} \tag{3.8}$$

定理 3.1 考虑非线性系统(2.1)和辨识模型(3.2)，对于给定正常数 $k_{\mathrm{A}},k_{\mathrm{B}},k_1,k_2,k_3,k_4$，设计如下在线更新律

$$\begin{aligned}\dot{\boldsymbol{A}} &= k_{\mathrm{A}}\Delta\boldsymbol{x}\boldsymbol{x}_{nn}^{\mathrm{T}} & \dot{\boldsymbol{B}} &= (1/\varepsilon)k_{\mathrm{B}}\Delta\boldsymbol{y}\boldsymbol{y}_{nn}^{\mathrm{T}}\\ \dot{\boldsymbol{W}}_1 &= k_1\Delta\boldsymbol{x}\boldsymbol{\sigma}_1^{\mathrm{T}}(\boldsymbol{x}_{nn},\boldsymbol{y}_{nn}) & \dot{\boldsymbol{W}}_3 &= (1/\varepsilon)k_3\Delta\boldsymbol{y}\boldsymbol{\sigma}_2^{\mathrm{T}}(\boldsymbol{x}_{nn},\boldsymbol{y}_{nn})\\ \dot{\boldsymbol{W}}_2 &= k_2\Delta\boldsymbol{x}\boldsymbol{u}^{\mathrm{T}}\boldsymbol{\phi}_1^{\mathrm{T}}(\boldsymbol{x}_{nn},\boldsymbol{y}_{nn}) & \dot{\boldsymbol{W}}_4 &= (1/\varepsilon)k_4\Delta\boldsymbol{y}\boldsymbol{u}^{\mathrm{T}}\boldsymbol{\phi}_2^{\mathrm{T}}(\boldsymbol{x}_{nn},\boldsymbol{y}_{nn})\end{aligned} \tag{3.9}$$

可保证下列稳定特性

(1) $\Delta\boldsymbol{x},\Delta\boldsymbol{y},\boldsymbol{W}_{1,2,3,4},\boldsymbol{A},\boldsymbol{B}\in\boldsymbol{L}_\infty$ 且 $\Delta\boldsymbol{x},\Delta\boldsymbol{y}\in\boldsymbol{L}_2$；

(2) $\lim\limits_{t\to\infty}\Delta\boldsymbol{x}=0,\lim\limits_{t\to\infty}\Delta\boldsymbol{y}=0$ 且 $\lim\limits_{t\to\infty}\dot{\boldsymbol{W}}_i=0(i=1,\cdots,4)$。

证明：

考虑如下的李雅普诺夫函数

$$
\begin{aligned}
&\boldsymbol{V}_{\mathrm{I}}=\boldsymbol{V}_x+\boldsymbol{V}_y\\
&\boldsymbol{V}_x=\Delta\boldsymbol{x}^{\mathrm{T}}\boldsymbol{P}_x\Delta\boldsymbol{x}+\frac{1}{k_1}\mathrm{tr}\{\widetilde{\boldsymbol{W}}_1^{\mathrm{T}}\boldsymbol{P}_x\widetilde{\boldsymbol{W}}_1\}+\frac{1}{k_2}\mathrm{tr}\{\widetilde{\boldsymbol{W}}_2^{\mathrm{T}}\boldsymbol{P}_x\widetilde{\boldsymbol{W}}_2\}+\frac{1}{k_{\mathrm{A}}}\mathrm{tr}\{\widetilde{\boldsymbol{A}}^{\mathrm{T}}\boldsymbol{P}_x\widetilde{\boldsymbol{A}}\}\\
&\boldsymbol{V}_y=\Delta\boldsymbol{y}^{\mathrm{T}}\boldsymbol{P}_y\Delta\boldsymbol{y}+\frac{1}{k_3}\mathrm{tr}\{\widetilde{\boldsymbol{W}}_3^{\mathrm{T}}\boldsymbol{P}_y\widetilde{\boldsymbol{W}}_3\}+\frac{1}{k_4}\mathrm{tr}\{\widetilde{\boldsymbol{W}}_4^{\mathrm{T}}\boldsymbol{P}_y\widetilde{\boldsymbol{W}}_4\}+\frac{1}{k_{\mathrm{B}}}\mathrm{tr}\{\widetilde{\boldsymbol{B}}^{\mathrm{T}}\boldsymbol{P}_y\widetilde{\boldsymbol{B}}\}
\end{aligned}
\tag{3.10}
$$

因此，对式(3.10)求导并结合式(3.7)可以得到

$$
\begin{aligned}
\dot{\boldsymbol{V}}_x&=(\Delta\dot{\boldsymbol{x}}^{\mathrm{T}}\boldsymbol{P}_x\Delta\boldsymbol{x}+\Delta\boldsymbol{x}^{\mathrm{T}}\boldsymbol{P}_x\Delta\dot{\boldsymbol{x}})+\frac{2}{k_{\mathrm{A}}}\mathrm{tr}\{\dot{\widetilde{\boldsymbol{A}}}^{\mathrm{T}}\boldsymbol{P}_x\widetilde{\boldsymbol{A}}\}+\frac{2}{k_1}\mathrm{tr}\{\dot{\widetilde{\boldsymbol{W}}}_1^{\mathrm{T}}\boldsymbol{P}_x\widetilde{\boldsymbol{W}}_1\}+\\
&\quad\frac{2}{k_2}\mathrm{tr}\{\dot{\widetilde{\boldsymbol{W}}}_2^{\mathrm{T}}\boldsymbol{P}_x\widetilde{\boldsymbol{W}}_2\}\\
&=[\Delta\boldsymbol{x}^{\mathrm{T}}\boldsymbol{A}^{*\mathrm{T}}+\boldsymbol{x}_{nn}^{\mathrm{T}}\widetilde{\boldsymbol{A}}^{\mathrm{T}}+\tilde{\boldsymbol{\sigma}}_1^{\mathrm{T}}\boldsymbol{W}_1^{*\mathrm{T}}+\boldsymbol{\sigma}_1^{\mathrm{T}}(\boldsymbol{x}_{nn},\boldsymbol{y}_{nn})\widetilde{\boldsymbol{W}}_1^{\mathrm{T}}+\gamma(\boldsymbol{U})^{\mathrm{T}}\widetilde{\boldsymbol{W}}_2^{\mathrm{T}}]\boldsymbol{P}_x\Delta\boldsymbol{x}+\\
&\quad\Delta\boldsymbol{x}^{\mathrm{T}}\boldsymbol{P}_x[\boldsymbol{A}^*\Delta\boldsymbol{x}+\widetilde{\boldsymbol{A}}\boldsymbol{x}_{nn}+\boldsymbol{W}_1^*\tilde{\boldsymbol{\sigma}}_1+\widetilde{\boldsymbol{W}}_1\boldsymbol{\sigma}_1(\boldsymbol{x}_{nn},\boldsymbol{y}_{nn})+\widetilde{\boldsymbol{W}}_2\gamma(\boldsymbol{U})]+\\
&\quad\frac{2}{k_{\mathrm{A}}}\mathrm{tr}\{\dot{\widetilde{\boldsymbol{A}}}^{\mathrm{T}}\boldsymbol{P}_x\widetilde{\boldsymbol{A}}\}+\frac{2}{k_1}\mathrm{tr}\{\dot{\widetilde{\boldsymbol{W}}}_1^{\mathrm{T}}\boldsymbol{P}_x\widetilde{\boldsymbol{W}}_1\}+\frac{2}{k_2}\mathrm{tr}\{\dot{\widetilde{\boldsymbol{W}}}_2^{\mathrm{T}}\boldsymbol{P}_x\widetilde{\boldsymbol{W}}_2\}\\
&=\Delta\boldsymbol{x}^{\mathrm{T}}(\boldsymbol{A}^{*\mathrm{T}}\boldsymbol{P}_x+\boldsymbol{P}_x\boldsymbol{A}^*)\Delta\boldsymbol{x}+\boldsymbol{x}_{nn}^{\mathrm{T}}\widetilde{\boldsymbol{A}}^{\mathrm{T}}\boldsymbol{P}_x\Delta\boldsymbol{x}+\tilde{\boldsymbol{\sigma}}_1^{\mathrm{T}}\boldsymbol{W}_1^{*\mathrm{T}}\boldsymbol{P}_x\Delta\boldsymbol{x}+\\
&\quad\boldsymbol{\sigma}_1^{\mathrm{T}}(\boldsymbol{x}_{nn},\boldsymbol{y}_{nn})\widetilde{\boldsymbol{W}}_1^{\mathrm{T}}\boldsymbol{P}_x\Delta\boldsymbol{x}+\gamma(\boldsymbol{U})^{\mathrm{T}}\widetilde{\boldsymbol{W}}_2^{\mathrm{T}}\boldsymbol{P}_x\Delta\boldsymbol{x}+\Delta\boldsymbol{x}^{\mathrm{T}}\boldsymbol{P}_x\widetilde{\boldsymbol{A}}\boldsymbol{x}_{nn}+\\
&\quad\Delta\boldsymbol{x}^{\mathrm{T}}\boldsymbol{P}_x\boldsymbol{W}_1^*\tilde{\boldsymbol{\sigma}}_1+\Delta\boldsymbol{x}^{\mathrm{T}}\boldsymbol{P}_x\widetilde{\boldsymbol{W}}_1\boldsymbol{\sigma}_1(\boldsymbol{x}_{nn},\boldsymbol{y}_{nn})+\Delta\boldsymbol{x}^{\mathrm{T}}\boldsymbol{P}_x\widetilde{\boldsymbol{W}}_2\gamma(\boldsymbol{U})+\\
&\quad\frac{2}{k_{\mathrm{A}}}\mathrm{tr}\{\dot{\widetilde{\boldsymbol{A}}}^{\mathrm{T}}\boldsymbol{P}_x\widetilde{\boldsymbol{A}}\}+\frac{2}{k_1}\mathrm{tr}\{\dot{\widetilde{\boldsymbol{W}}}_1^{\mathrm{T}}\boldsymbol{P}_x\widetilde{\boldsymbol{W}}_1\}+\frac{2}{k_2}\mathrm{tr}\{\dot{\widetilde{\boldsymbol{W}}}_2^{\mathrm{T}}\boldsymbol{P}_x\widetilde{\boldsymbol{W}}_2\}\\
\dot{\boldsymbol{V}}_y&=(\Delta\dot{\boldsymbol{y}}^{\mathrm{T}}\boldsymbol{P}_y\Delta\boldsymbol{y}+\Delta\boldsymbol{y}^{\mathrm{T}}\boldsymbol{P}_y\Delta\dot{\boldsymbol{y}})+\frac{2}{k_{\mathrm{B}}}\mathrm{tr}\{\dot{\widetilde{\boldsymbol{B}}}^{\mathrm{T}}\boldsymbol{P}_y\widetilde{\boldsymbol{B}}\}+\frac{2}{k_3}\mathrm{tr}\{\dot{\widetilde{\boldsymbol{W}}}_3^{\mathrm{T}}\boldsymbol{P}_y\widetilde{\boldsymbol{W}}_3\}+\\
&\quad\frac{2}{k_4}\mathrm{tr}\{\dot{\widetilde{\boldsymbol{W}}}_4^{\mathrm{T}}\boldsymbol{P}_y\widetilde{\boldsymbol{W}}_4\}\\
&=(1/\varepsilon)[\Delta\boldsymbol{y}^{\mathrm{T}}\boldsymbol{B}^{*\mathrm{T}}+\boldsymbol{y}_{nn}^{\mathrm{T}}\widetilde{\boldsymbol{B}}^{\mathrm{T}}+\tilde{\boldsymbol{\sigma}}_2^{\mathrm{T}}\boldsymbol{W}_3^{*\mathrm{T}}+\boldsymbol{\sigma}_2^{\mathrm{T}}(\boldsymbol{x}_{nn},\boldsymbol{y}_{nn})\widetilde{\boldsymbol{W}}_3^{\mathrm{T}}+\\
&\quad\gamma(\boldsymbol{U})^{\mathrm{T}}\widetilde{\boldsymbol{W}}_4^{\mathrm{T}}]\boldsymbol{P}_y\Delta\boldsymbol{y}+(1/\varepsilon)\Delta\boldsymbol{y}^{\mathrm{T}}\boldsymbol{P}_y[\boldsymbol{B}^*\Delta\boldsymbol{y}+\widetilde{\boldsymbol{B}}\boldsymbol{y}_{nn}+\boldsymbol{W}_3^*\tilde{\boldsymbol{\sigma}}_2+\\
&\quad\widetilde{\boldsymbol{W}}_3\boldsymbol{\sigma}_2(\boldsymbol{x}_{nn},\boldsymbol{y}_{nn})+\widetilde{\boldsymbol{W}}_4\gamma(\boldsymbol{U})]+\frac{2}{k_{\mathrm{B}}}\mathrm{tr}\{\dot{\widetilde{\boldsymbol{B}}}^{\mathrm{T}}\boldsymbol{P}_y\widetilde{\boldsymbol{B}}\}+\frac{2}{k_3}\mathrm{tr}\{\dot{\widetilde{\boldsymbol{W}}}_3^{\mathrm{T}}\boldsymbol{P}_y\widetilde{\boldsymbol{W}}_3\}+\\
&\quad\frac{2}{k_4}\mathrm{tr}\{\dot{\widetilde{\boldsymbol{W}}}_4^{\mathrm{T}}\boldsymbol{P}_y\widetilde{\boldsymbol{W}}_4\}\\
&=(1/\varepsilon)\Delta\boldsymbol{y}^{\mathrm{T}}(\boldsymbol{B}^{*\mathrm{T}}\boldsymbol{P}_y+\boldsymbol{P}_y\boldsymbol{B}^*)\Delta\boldsymbol{y}+(1/\varepsilon)[\boldsymbol{y}_{nn}^{\mathrm{T}}\widetilde{\boldsymbol{B}}^{\mathrm{T}}\boldsymbol{P}_y\Delta\boldsymbol{y}+\tilde{\boldsymbol{\sigma}}_2^{\mathrm{T}}\boldsymbol{W}_3^{*\mathrm{T}}\boldsymbol{P}_y\Delta\boldsymbol{y}+\\
&\quad\boldsymbol{\sigma}_2^{\mathrm{T}}(\boldsymbol{x}_{nn},\boldsymbol{y}_{nn})\widetilde{\boldsymbol{W}}_3^{\mathrm{T}}\boldsymbol{P}_y\Delta\boldsymbol{y}+\gamma(\boldsymbol{U})^{\mathrm{T}}\widetilde{\boldsymbol{W}}_4^{\mathrm{T}}\boldsymbol{P}_y\Delta\boldsymbol{y}]+(1/\varepsilon)[\Delta\boldsymbol{y}^{\mathrm{T}}\boldsymbol{P}_y\widetilde{\boldsymbol{B}}\boldsymbol{y}_{nn}+\\
&\quad\Delta\boldsymbol{y}^{\mathrm{T}}\boldsymbol{P}_y\boldsymbol{W}_3^*\tilde{\boldsymbol{\sigma}}_2+\Delta\boldsymbol{y}^{\mathrm{T}}\boldsymbol{P}_y\widetilde{\boldsymbol{W}}_3\boldsymbol{\sigma}_2(\boldsymbol{x}_{nn},\boldsymbol{y}_{nn})+\Delta\boldsymbol{y}^{\mathrm{T}}\boldsymbol{P}_y\widetilde{\boldsymbol{W}}_4\gamma(\boldsymbol{U})]+\\
&\quad\frac{2}{k_{\mathrm{B}}}\mathrm{tr}\{\dot{\widetilde{\boldsymbol{B}}}^{\mathrm{T}}\boldsymbol{P}_y\widetilde{\boldsymbol{B}}\}+\frac{2}{k_3}\mathrm{tr}\{\dot{\widetilde{\boldsymbol{W}}}_3^{\mathrm{T}}\boldsymbol{P}_y\widetilde{\boldsymbol{W}}_3\}+\frac{2}{k_4}\mathrm{tr}\{\dot{\widetilde{\boldsymbol{W}}}_4^{\mathrm{T}}\boldsymbol{P}_y\widetilde{\boldsymbol{W}}_4\}
\end{aligned}
\tag{3.11}
$$

因为这里所有的项都是标量，进一步可得

$$\begin{aligned}\dot{V}_x &= \Delta x^{\mathrm{T}}(A^{*\mathrm{T}}P_x + P_x A^*)\Delta x + 2\Delta x^{\mathrm{T}}P_x W_1^* \tilde{\sigma} + 2\Delta x^{\mathrm{T}}P_x\tilde{A}x_{nn} + \\ &\quad 2\Delta x^{\mathrm{T}}P_x\widetilde{W}_1\sigma_1(x_{nn},y_{nn}) + 2\Delta x^{\mathrm{T}}P_x\widetilde{W}_2\gamma(U) + \frac{2}{k_{\mathrm{A}}}\mathrm{tr}\{\dot{\tilde{A}}^{\mathrm{T}}P_x\tilde{A}\} + \\ &\quad \frac{2}{k_1}\mathrm{tr}\{\dot{\widetilde{W}}_1^{\mathrm{T}}P_x\widetilde{W}_1\} + \frac{2}{k_2}\mathrm{tr}\{\dot{\widetilde{W}}_2^{\mathrm{T}}P_x\widetilde{W}_2\} \\ \dot{V}_y &= (1/\varepsilon)\Delta y^{\mathrm{T}}(B^{*\mathrm{T}}P_y + P_y B^*)\Delta y + (1/\varepsilon)2\Delta y^{\mathrm{T}}P_y W_3^*\tilde{\sigma}_2 + \\ &\quad (1/\varepsilon)2\Delta y^{\mathrm{T}}P_y\tilde{B}y_{nn} + (1/\varepsilon)2\Delta y^{\mathrm{T}}P_y\widetilde{W}_3\sigma_2(x,y) + \\ &\quad (1/\varepsilon)2\Delta y^{\mathrm{T}}P_y\widetilde{W}_4\phi_2(x,y) + \\ &\quad \frac{2}{k_{\mathrm{B}}}\mathrm{tr}\{\dot{\tilde{B}}^{\mathrm{T}}P_y\tilde{B}\} + \frac{2}{k_3}\mathrm{tr}\{\dot{\widetilde{W}}_3^{\mathrm{T}}P_y\widetilde{W}_3\} + \frac{2}{k_4}\mathrm{tr}\{\dot{\widetilde{W}}_4^{\mathrm{T}}P_y\widetilde{W}_4\}\end{aligned} \tag{3.12}$$

结合自适应更新律(3.9)，并考虑以下事实

$$\dot{\tilde{A}} = -\dot{A},\quad \dot{\tilde{B}} = -\dot{B},\quad \dot{\widetilde{W}}_{1,2,3,4} = -\dot{W}_{1,2,3,4}$$

$$2\Delta x^{\mathrm{T}}P_x\tilde{A}x_{nn} = 2\mathrm{tr}\{x_{nn}\Delta x^{\mathrm{T}}P_x\tilde{A}\}$$

$$2\Delta x^{\mathrm{T}}P_x\widetilde{W}_1\sigma_1(x_{nn},y_{nn}) = 2\mathrm{tr}\{\sigma_1(x_{nn},y_{nn})\Delta x^{\mathrm{T}}P_x\widetilde{W}_1\}$$

$$2\Delta x^{\mathrm{T}}P_x\widetilde{W}_2\gamma(U) = 2\mathrm{tr}\{\gamma(U)\Delta x^{\mathrm{T}}P_x\widetilde{W}_2\}$$

$$2\Delta y^{\mathrm{T}}P_y\tilde{B}y_{nn} = 2\mathrm{tr}\{y_{nn}\Delta y^{\mathrm{T}}P_y\tilde{B}\}$$

$$2\Delta y^{\mathrm{T}}P_y\widetilde{W}_3\sigma_2(x,y) = 2\mathrm{tr}\{\sigma_2(x,y)\Delta y^{\mathrm{T}}P_y\widetilde{W}_3\}$$

$$2\Delta y^{\mathrm{T}}P_y\widetilde{W}_4\phi_2(x,y) = 2\mathrm{tr}\{\phi_2(x,y)\Delta y^{\mathrm{T}}P_y\widetilde{W}_4\}$$

则式(3.12)进一步可改写为

$$\begin{aligned}\dot{V}_x &= \Delta x^{\mathrm{T}}(A^{*\mathrm{T}}P_x + P_x A^*)\Delta x + 2\Delta x^{\mathrm{T}}P_x W_1^*\tilde{\sigma} \\ &= 2\mathrm{tr}\left\{\left(x_{nn}\Delta x^{\mathrm{T}} + \frac{1}{k_{\mathrm{A}}}\dot{\tilde{A}}^{\mathrm{T}}\right)P_x\tilde{A}\right\} + 2\mathrm{tr}\left\{\left(\sigma_1(x_{nn},y_{nn})\Delta x^{\mathrm{T}} + \frac{1}{k_1}\dot{\widetilde{W}}_1^{\mathrm{T}}\right)P_x\widetilde{W}_1\right\} + \\ &\quad 2\mathrm{tr}\left\{\left(\gamma(U)\Delta x^{\mathrm{T}} + \frac{1}{k_2}\dot{\widetilde{W}}_1^{\mathrm{T}}\right)P_x\widetilde{W}_2\right\} \\ &= \Delta x^{\mathrm{T}}(A^{*\mathrm{T}}P_x + P_x A^*)\Delta x + 2\Delta x^{\mathrm{T}}P_x W_1^*\tilde{\sigma} \\ \dot{V}_y &= (1/\varepsilon)\Delta y^{\mathrm{T}}(B^{*\mathrm{T}}P_y + P_y B^*)\Delta y + (1/\varepsilon)2\Delta y^{\mathrm{T}}P_y W_3^*\tilde{\sigma}_2 \\ &\quad (1/\varepsilon)2\mathrm{tr}\left\{\left(y_{nn}\Delta y^{\mathrm{T}} + \frac{\varepsilon}{k_{\mathrm{B}}}\dot{\tilde{B}}^{\mathrm{T}}\right)P_y\tilde{B}\right\} + (1/\varepsilon)2\mathrm{tr}\left\{\left(\sigma_2(x,y)\Delta y^{\mathrm{T}} + \frac{\varepsilon}{k_3}\dot{\widetilde{W}}_3^{\mathrm{T}}\right)P_y\widetilde{W}_3\right\} + \\ &\quad (1/\varepsilon)2\mathrm{tr}\left\{\left(\phi_2(x,y)\Delta y^{\mathrm{T}} + \frac{\varepsilon}{k_4}\dot{\widetilde{W}}_4^{\mathrm{T}}\right)P_y\widetilde{W}_4\right\} \\ &= (1/\varepsilon)\Delta y^{\mathrm{T}}(B^{*\mathrm{T}}P_y + P_y B^*)\Delta y + (1/\varepsilon)2\Delta y^{\mathrm{T}}P_y W_3^*\tilde{\sigma}_2\end{aligned} \tag{3.13}$$

借用如下矩阵不等式

$$\boldsymbol{X}^{\mathrm{T}}\boldsymbol{Y}+(\boldsymbol{X}^{\mathrm{T}}\boldsymbol{Y})^{\mathrm{T}} \leqslant \boldsymbol{X}^{\mathrm{T}}\boldsymbol{\Lambda}^{-1}\boldsymbol{X}+\boldsymbol{Y}^{\mathrm{T}}\boldsymbol{\Lambda}\boldsymbol{Y} \tag{3.14}$$

其中：$\boldsymbol{X},\boldsymbol{Y}\in\mathbf{R}^{j\times k}$ 是任意矩阵，$\boldsymbol{\Lambda}\in\mathbf{R}^{j\times k}$ 是任意正定矩阵。并由假设 3.1 和假设 3.2 可得

$$\begin{aligned}
2\Delta\boldsymbol{x}^{\mathrm{T}}\boldsymbol{P}_x\boldsymbol{W}_1^*\tilde{\boldsymbol{\sigma}}_1 &\leqslant \Delta\boldsymbol{x}^{\mathrm{T}}\boldsymbol{P}_x\boldsymbol{W}_1^*\boldsymbol{\Lambda}_1^{-1}\boldsymbol{W}_1^*\boldsymbol{P}_x\Delta\boldsymbol{x}+\tilde{\boldsymbol{\sigma}}_1^{\mathrm{T}}\boldsymbol{\Lambda}_1\tilde{\boldsymbol{\sigma}}_1 \\
&\leqslant \Delta\boldsymbol{x}^{\mathrm{T}}\boldsymbol{P}_x\overline{\boldsymbol{W}}_1\boldsymbol{P}_x\Delta\boldsymbol{x}+\Delta\boldsymbol{x}^{\mathrm{T}}\boldsymbol{D}_1\Delta\boldsymbol{x}+\Delta\boldsymbol{y}^{\mathrm{T}}\boldsymbol{D}_1\Delta\boldsymbol{y} \\
2\Delta\boldsymbol{y}^{\mathrm{T}}\boldsymbol{P}_y\boldsymbol{W}_3^*\tilde{\boldsymbol{\sigma}}_2 &\leqslant \Delta\boldsymbol{y}^{\mathrm{T}}\boldsymbol{P}_y\boldsymbol{W}_3^*\boldsymbol{\Lambda}_3^{-1}\boldsymbol{W}_3^*\boldsymbol{P}_y\Delta\boldsymbol{y}+\tilde{\boldsymbol{\sigma}}_2^{\mathrm{T}}\boldsymbol{\Lambda}_3\tilde{\boldsymbol{\sigma}}_2 \\
&\leqslant \Delta\boldsymbol{y}^{\mathrm{T}}\boldsymbol{P}_y\overline{\boldsymbol{W}}_3\boldsymbol{P}_y\Delta\boldsymbol{y}+\Delta\boldsymbol{x}^{\mathrm{T}}\boldsymbol{D}_2\Delta\boldsymbol{x}+\Delta\boldsymbol{y}^{\mathrm{T}}\boldsymbol{D}_2\Delta\boldsymbol{y}
\end{aligned} \tag{3.15}$$

因此，由式(3.13)可得

$$\begin{aligned}
\dot{\boldsymbol{V}}_x &\leqslant \Delta\boldsymbol{x}^{\mathrm{T}}[\boldsymbol{A}^{*\mathrm{T}}\boldsymbol{P}_x+\boldsymbol{P}_x\boldsymbol{A}^*+\boldsymbol{P}_x\overline{\boldsymbol{W}}_1\boldsymbol{P}_x+\boldsymbol{D}_1+(1/\varepsilon)\boldsymbol{D}_3]\Delta\boldsymbol{x} \\
&=\Delta\boldsymbol{x}^{\mathrm{T}}[\boldsymbol{A}^{*\mathrm{T}}\boldsymbol{P}_x+\boldsymbol{P}_x\boldsymbol{A}^*+\boldsymbol{P}_x\overline{\boldsymbol{W}}_1\boldsymbol{P}_x+\boldsymbol{D}_1+ \\
&\quad (1/\varepsilon)\boldsymbol{D}_3+\boldsymbol{Q}_{xo}]\Delta\boldsymbol{x}-\Delta\boldsymbol{x}^{\mathrm{T}}\boldsymbol{Q}_{xo}\Delta\boldsymbol{x} \\
\dot{\boldsymbol{V}}_y &\leqslant (1/\varepsilon)\Delta\boldsymbol{y}^{\mathrm{T}}[\boldsymbol{B}^{*\mathrm{T}}\boldsymbol{P}_y+\boldsymbol{P}_y\boldsymbol{B}^*+\boldsymbol{P}_y\overline{\boldsymbol{W}}_3\boldsymbol{P}_y+\boldsymbol{D}_3+\varepsilon\boldsymbol{D}_1]\Delta\boldsymbol{y} \\
&=(1/\varepsilon)\Delta\boldsymbol{y}^{\mathrm{T}}[\boldsymbol{B}^{*\mathrm{T}}\boldsymbol{P}_y+\boldsymbol{P}_y\boldsymbol{B}^*+\boldsymbol{P}_y\overline{\boldsymbol{W}}_3\boldsymbol{P}_y+\boldsymbol{D}_3+\varepsilon\boldsymbol{D}_1+ \\
&\quad \boldsymbol{Q}_{yo}]\Delta\boldsymbol{y}-(1/\varepsilon)\Delta\boldsymbol{y}^{\mathrm{T}}\boldsymbol{Q}_{yo}\Delta\boldsymbol{y}
\end{aligned} \tag{3.16}$$

根据假设 3.3 可得

$$\begin{aligned}
\dot{\boldsymbol{V}}_x &=-\Delta\boldsymbol{x}^{\mathrm{T}}\boldsymbol{Q}_{xo}\Delta\boldsymbol{x}=-\|\Delta\boldsymbol{x}\|_{Q_x}^2\leqslant 0, \\
\dot{\boldsymbol{V}}_y &=-(1/\varepsilon)\Delta\boldsymbol{y}^{\mathrm{T}}\boldsymbol{Q}_{yo}\Delta y-(1/\varepsilon)\|\Delta\boldsymbol{y}\|_{Q_y}^2\leqslant 0 \\
\dot{\boldsymbol{V}} &=\dot{\boldsymbol{V}}_x+\dot{\boldsymbol{V}}_y\leqslant 0
\end{aligned} \tag{3.17}$$

其中：$\boldsymbol{V}_x,\boldsymbol{V}_y$ 为正定函数，可得 $\Delta\boldsymbol{x},\Delta\boldsymbol{y},\boldsymbol{W}_{1,2,3,4},\boldsymbol{A},\boldsymbol{B}\in\boldsymbol{L}_\infty$。

此外，$\boldsymbol{x}_{nn}=\Delta\boldsymbol{x}+\boldsymbol{x}$，$\boldsymbol{y}_{nn}=\Delta\boldsymbol{y}+\boldsymbol{y}$ 也是有界的。由误差动态方程(3.7)，可以得出 $\Delta\dot{\boldsymbol{x}},\Delta\dot{\boldsymbol{y}}\in\boldsymbol{L}_\infty$ 的结论。由于 $\boldsymbol{V}_x,\boldsymbol{V}_y$ 是时间的非递增函数，且有下界，则 $\boldsymbol{V}_x$，$\boldsymbol{V}_y$（$\lim\limits_{t\to\infty}\boldsymbol{V}_{x,y}=\boldsymbol{V}_{x,y}(\infty)$）的极限存在。通过 $\dot{\boldsymbol{V}}_x,\dot{\boldsymbol{V}}_y$ 两边从 0～∞积分可得

$$\begin{aligned}
\int_0^\infty \|\Delta\boldsymbol{x}\|_{Q_x}^2 &=[\boldsymbol{V}_x(0)-\boldsymbol{V}_x(\infty)]<\infty \\
\int_0^\infty \|\Delta\boldsymbol{y}\|_{Q_y}^2 &=\varepsilon[\boldsymbol{V}_y(0)-\boldsymbol{V}_y(\infty)]<\infty
\end{aligned} \tag{3.18}$$

这意味着 $\Delta\boldsymbol{x},\Delta\boldsymbol{y}\in\boldsymbol{L}_2$。因此 $\Delta\boldsymbol{x},\Delta\boldsymbol{y}\in L_2\cap L_\infty$ 且 $\Delta\dot{\boldsymbol{x}},\Delta\dot{\boldsymbol{y}}\in\boldsymbol{L}_\infty$，利用 Barbalat 引理，有 $\lim\limits_{t\to\infty}\Delta\boldsymbol{x}=0$，$\lim\limits_{t\to\infty}\Delta\boldsymbol{y}=0$。假设控制输入 $\boldsymbol{U}$ 和 $\boldsymbol{\sigma}_{1,2}(\cdot)$，$\boldsymbol{\phi}_{1,2}(\cdot)$ 是有界的，可以得到 $\lim\limits_{t\to\infty}\dot{\boldsymbol{W}}_{1,2}=0$，$\lim\limits_{t\to\infty}\dot{\boldsymbol{W}}_{3,4}=0$。

改进后的辨识结构如图 3-2 所示。

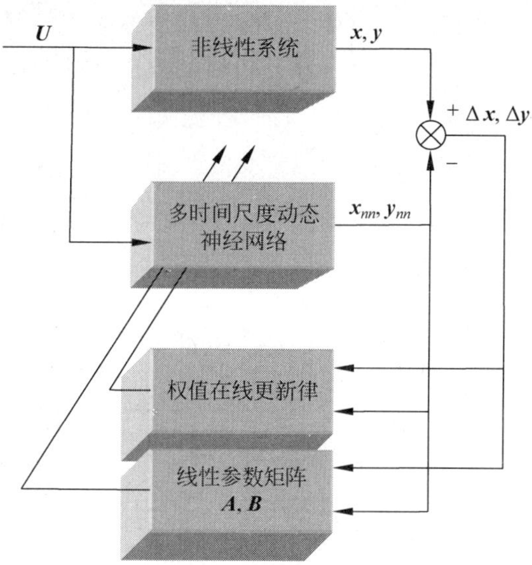

图 3-2 改进型辨识结构

3.1.2 具有有界未建模误差的非线性系统辨识

对于更一般和现实的情况，我们将考虑动态神经网络(3.2)与给定非线性系统(2.1)不完全匹配的情况。那么可以将建模误差定义为

$$\begin{aligned}\Delta \boldsymbol{f}_x &= \boldsymbol{f}_x - (\boldsymbol{A}^* \boldsymbol{x} + \boldsymbol{W}_1^* \boldsymbol{\sigma}_1(\boldsymbol{x},\boldsymbol{y}) + \boldsymbol{W}_2^* \gamma(\boldsymbol{U})) \\ \Delta \boldsymbol{f}_y &= (1/\varepsilon)(\boldsymbol{f}_y - (\boldsymbol{B}^* \boldsymbol{y} + \boldsymbol{W}_3^* \boldsymbol{\sigma}_2(\boldsymbol{x},\boldsymbol{y}) + \boldsymbol{W}_4^* \gamma(\boldsymbol{U})))\end{aligned} \tag{3.19}$$

非线性系统可以表示为

$$\begin{aligned}\dot{\boldsymbol{x}} &= \boldsymbol{A}^* \boldsymbol{x} + \boldsymbol{W}_1^* \boldsymbol{\sigma}_1(\boldsymbol{x},\boldsymbol{y}) + \boldsymbol{W}_2^* \gamma(\boldsymbol{U}) - \Delta \boldsymbol{f}_x \\ \varepsilon \dot{\boldsymbol{y}} &= \boldsymbol{B}^* \boldsymbol{y} + \boldsymbol{W}_3^* \boldsymbol{\sigma}_2(\boldsymbol{x},\boldsymbol{y}) + \boldsymbol{W}_4^* \gamma(\boldsymbol{U}) - \Delta \boldsymbol{f}_y\end{aligned} \tag{3.20}$$

式中：$\boldsymbol{W}_1^*,\boldsymbol{W}_2^*,\boldsymbol{W}_3^*,\boldsymbol{W}_4^*$ 是未知的理想矩阵；向量函数 $\Delta \boldsymbol{f}_x,\Delta \boldsymbol{f}_y$ 可以分别看作是建模误差和扰动，并假定 $\|\Delta \boldsymbol{f}_x\| \leqslant \Delta \bar{\boldsymbol{f}}_x$，$\|\Delta \boldsymbol{f}_y\| \leqslant \Delta \bar{\boldsymbol{f}}_y$ 有界，且 $\boldsymbol{A}^*,\boldsymbol{B}^*$ 是未知的理想矩阵。

若定义辨识误差与式(3.6)中相同，则误差动态方程为

$$\begin{aligned}\Delta \dot{\boldsymbol{x}} &= \boldsymbol{A}^* \Delta \boldsymbol{x} + \widetilde{\boldsymbol{A}} \boldsymbol{x}_{nn} + \boldsymbol{W}_1^* \tilde{\boldsymbol{\sigma}}_1 + \widetilde{\boldsymbol{W}}_1 \boldsymbol{\sigma}_1(\boldsymbol{x}_{nn},\boldsymbol{y}_{nn}) + \widetilde{\boldsymbol{W}}_2 \gamma(\boldsymbol{U}) + \Delta \boldsymbol{f}_x \\ \varepsilon \Delta \dot{\boldsymbol{y}} &= \boldsymbol{B}^* \Delta \boldsymbol{y} + \widetilde{\boldsymbol{B}} \boldsymbol{y}_{nn} + \boldsymbol{W}_3^* \tilde{\boldsymbol{\sigma}}_2 + \widetilde{\boldsymbol{W}}_3 \boldsymbol{\sigma}_2(\boldsymbol{x}_{nn},\boldsymbol{y}_{nn}) + \widetilde{\boldsymbol{W}}_4 \gamma(\boldsymbol{U}) + \Delta \boldsymbol{f}_y\end{aligned} \tag{3.21}$$

式中：$\widetilde{\boldsymbol{W}}_1 = \boldsymbol{W}_1^* - \boldsymbol{W}_1$，$\widetilde{\boldsymbol{W}}_2 = \boldsymbol{W}_2^* - \boldsymbol{W}_2$，$\widetilde{\boldsymbol{W}}_3 = \boldsymbol{W}_3^* - \boldsymbol{W}_3$，$\widetilde{\boldsymbol{W}}_4 = \boldsymbol{W}_4^* - \boldsymbol{W}_4$，$\widetilde{\boldsymbol{A}} = \boldsymbol{A}^* - \boldsymbol{A}$，$\widetilde{\boldsymbol{B}} = \boldsymbol{B}^* - \boldsymbol{B}$。

假设 3.4 矩阵 $\boldsymbol{A}^*,\boldsymbol{B}^*$ 为理想线性稳定矩阵。定义

$$\boldsymbol{R}_x=\bar{\boldsymbol{W}}_1+\boldsymbol{\Lambda}_2^{-1}\qquad \boldsymbol{Q}_x=\boldsymbol{D}_1+(1/\varepsilon)(S_y/S_x)\boldsymbol{D}_3+\boldsymbol{Q}_{xo}$$

$$\boldsymbol{R}_y=\bar{\boldsymbol{W}}_3+\boldsymbol{\Lambda}_4^{-1}\qquad \boldsymbol{Q}_y=\boldsymbol{D}_3+\varepsilon(S_x/S_y)\boldsymbol{D}_1+\boldsymbol{Q}_{yo}$$

其中：函数 S_x,S_y 定义为

$$S_x=\left[1-\frac{\boldsymbol{H}_x}{\|\boldsymbol{P}_x^{1/2}\Delta\boldsymbol{x}\|}\right]_+\qquad S_y=\left[1-\frac{\boldsymbol{H}_y}{\|\boldsymbol{P}_y^{1/2}\Delta\boldsymbol{y}\|}\right]_+ \tag{3.22}$$

其中：$[\,\cdot\,]_+=\max\{\,\cdot\,,0\}$，且

$$\begin{aligned}\boldsymbol{H}_x&=\left|\sqrt{\frac{\lambda_{\max}(\boldsymbol{P}_x)}{\lambda_{\min}(\boldsymbol{Q}_{xo})}(\lambda_{\max}(\boldsymbol{\Lambda}_2)\Delta\bar{\boldsymbol{f}}_x^2+\frac{\lambda_{\max}(\boldsymbol{D}_1)\boldsymbol{H}_y^2}{\lambda_{\min}(\boldsymbol{P}_y)})}\right|\\ \boldsymbol{H}_y&=\left|\sqrt{\frac{\lambda_{\max}(\boldsymbol{P}_y)}{\lambda_{\min}(\boldsymbol{Q}_{yo})}\left(\lambda_{\max}(\boldsymbol{\Lambda}_4)\Delta\bar{\boldsymbol{f}}_y^2+\frac{\lambda_{\max}(\boldsymbol{D}_3)\boldsymbol{H}_x^2}{\lambda_{\min}(\boldsymbol{P}_x)}\right)}\right|\end{aligned} \tag{3.23}$$

如果选取合适的 $\boldsymbol{Q}_{xo},\boldsymbol{Q}_{yo}$ 满足引理 3.1 中的条件，则存在矩阵 $\boldsymbol{P}_x,\boldsymbol{P}_y$ 满足以下方程

$$\begin{aligned}\boldsymbol{A}^{*\mathrm{T}}\boldsymbol{P}_x+\boldsymbol{P}_x\boldsymbol{A}^*+\boldsymbol{P}_x\boldsymbol{R}_x\boldsymbol{P}_x+\boldsymbol{Q}_x&=0\\ \boldsymbol{B}^{*\mathrm{T}}\boldsymbol{P}_y+\boldsymbol{P}_y\boldsymbol{B}^*+\boldsymbol{P}_y\boldsymbol{R}_y\boldsymbol{P}_y+\boldsymbol{Q}_y&=0\end{aligned} \tag{3.24}$$

定理 3.2 考虑非线性系统(2.1)和辨识模型(3.2)，设计多时间尺度动态神经网络的更新律为

$$\begin{aligned}&\dot{\boldsymbol{A}}=S_xk_{\mathrm{A}}\Delta\boldsymbol{x}\boldsymbol{x}_{nn}^{\mathrm{T}} && \dot{\boldsymbol{B}}=(1/\varepsilon)S_yk_{\mathrm{B}}\Delta\boldsymbol{y}\boldsymbol{y}_{nn}^{\mathrm{T}}\\ &\dot{\boldsymbol{W}}_1=S_xk_1\Delta\boldsymbol{x}\boldsymbol{\sigma}_1^{\mathrm{T}}(\boldsymbol{x}_{nn},\boldsymbol{y}_{nn}) && \dot{\boldsymbol{W}}_3=(1/\varepsilon)S_yk_3\Delta\boldsymbol{y}\boldsymbol{\sigma}_2^{\mathrm{T}}(\boldsymbol{x}_{nn},\boldsymbol{y}_{nn})\\ &\dot{\boldsymbol{W}}_2=S_xk_2\Delta\boldsymbol{x}\gamma(\boldsymbol{U})^{\mathrm{T}} && \dot{\boldsymbol{W}}_4=(1/\varepsilon)S_yk_4\Delta\boldsymbol{y}\,\gamma\,(\boldsymbol{U})^{\mathrm{T}}\end{aligned} \tag{3.25}$$

式中：$k_{\mathrm{A}},k_{\mathrm{B}},k_1,k_2,k_3,k_4$ 为正常数。

可保证下列稳定特性：

(1) $\Delta\boldsymbol{x},\Delta\boldsymbol{y},\boldsymbol{W}_{1,2,3,4},\boldsymbol{A},\boldsymbol{B}\in\boldsymbol{L}_\infty$ 和 $\lim\limits_{t\to\infty}\dot{\tilde{\boldsymbol{W}}}_{1,2}=0$，$\lim\limits_{t\to\infty}\dot{\tilde{\boldsymbol{W}}}_{3,4}=0$

(2) 识别误差满足以下跟踪性能

$$\begin{aligned}&\int_{\mathrm{o}}^{T}S_x\Delta\boldsymbol{x}^{\mathrm{T}}\boldsymbol{Q}_{xo}\Delta\boldsymbol{x}+(1/\varepsilon)\int_{\mathrm{o}}^{T}S_y\Delta\boldsymbol{y}^{\mathrm{T}}\boldsymbol{Q}_{yo}\Delta\boldsymbol{y}\\ &\leqslant\boldsymbol{V}_{\mathrm{o}}+T\left(\left(\lambda_{\max}(\boldsymbol{\Lambda}_2)\Delta\bar{\boldsymbol{f}}_x^2+\frac{\lambda_{\max}(\boldsymbol{D}_1)\boldsymbol{H}_y^2}{\lambda_{\min}(\boldsymbol{P}_y)}\right)+\right.\\ &\left.(1/\varepsilon)\left(\lambda_{\max}(\boldsymbol{\Lambda}_4)\Delta\bar{\boldsymbol{f}}_y^2+\frac{\lambda_{\max}(\boldsymbol{D}_3)\boldsymbol{H}_x^2}{\lambda_{\min}(\boldsymbol{P}_x)}\right)\right)\end{aligned} \tag{3.26}$$

证明：

考虑如下李雅普诺夫函数

$$\boldsymbol{V}=\boldsymbol{V}_x+\boldsymbol{V}_y$$

$$\boldsymbol{V}_x=[\|\boldsymbol{P}_x^{1/2}\Delta\boldsymbol{x}\|-\boldsymbol{H}_x]_+^2+\frac{1}{k_1}\mathrm{tr}\{\widetilde{\boldsymbol{W}}_1^{\mathrm{T}}\boldsymbol{P}_x\widetilde{\boldsymbol{W}}_1\}+\frac{1}{k_2}\mathrm{tr}\{\widetilde{\boldsymbol{W}}_2^{\mathrm{T}}\boldsymbol{P}_x\widetilde{\boldsymbol{W}}_2\}+\frac{1}{k_{\mathrm{A}}}\mathrm{tr}\{\widetilde{\boldsymbol{A}}^{\mathrm{T}}\boldsymbol{P}_x\widetilde{\boldsymbol{A}}\}$$

$$\boldsymbol{V}_y=[\|\boldsymbol{P}_y^{1/2}\Delta\boldsymbol{y}\|-\boldsymbol{H}_y]_+^2+\frac{1}{k_3}\mathrm{tr}\{\widetilde{\boldsymbol{W}}_3^{\mathrm{T}}\boldsymbol{P}_y\widetilde{\boldsymbol{W}}_3\}+\frac{1}{k_4}\mathrm{tr}\{\widetilde{\boldsymbol{W}}_4^{\mathrm{T}}\boldsymbol{P}_y\widetilde{\boldsymbol{W}}_4\}+\frac{1}{k_{\mathrm{B}}}\mathrm{tr}\{\widetilde{\boldsymbol{B}}^{\mathrm{T}}\boldsymbol{P}_y\widetilde{\boldsymbol{B}}\}$$

$$\tag{3.27}$$

对式(3.27)求导可得

$$\begin{aligned}\dot{\boldsymbol{V}}_x&=2[\|\boldsymbol{P}_x^{1/2}\Delta\boldsymbol{x}\|-\boldsymbol{H}_x]_+\frac{(\boldsymbol{P}_x^{1/2}\Delta\boldsymbol{x})^{\mathrm{T}}}{\|\boldsymbol{P}_x^{1/2}\Delta\boldsymbol{x}\|}\boldsymbol{P}_x^{1/2}\Delta\dot{\boldsymbol{x}}+\\&\quad\frac{2}{k_{\mathrm{A}}}\mathrm{tr}\{\dot{\widetilde{\boldsymbol{A}}}^{\mathrm{T}}\boldsymbol{P}_x\widetilde{\boldsymbol{A}}\}+\frac{2}{k_1}\mathrm{tr}\{\dot{\widetilde{\boldsymbol{W}}}_1^{\mathrm{T}}\boldsymbol{P}_x\widetilde{\boldsymbol{W}}_1\}+\frac{2}{k_{\mathrm{B}}}\mathrm{tr}\{\dot{\widetilde{\boldsymbol{W}}}_2^{\mathrm{T}}\boldsymbol{P}_x\widetilde{\boldsymbol{W}}_2\}\\&=2S_x\Delta\boldsymbol{x}^{\mathrm{T}}\boldsymbol{P}_x\Delta\dot{\boldsymbol{x}}+\frac{2}{k_{\mathrm{A}}}\mathrm{tr}\{\dot{\widetilde{\boldsymbol{A}}}^{\mathrm{T}}\boldsymbol{P}_x\widetilde{\boldsymbol{A}}\}+\frac{2}{k_1}\mathrm{tr}\{\dot{\widetilde{\boldsymbol{W}}}_1^{\mathrm{T}}\boldsymbol{P}_x\widetilde{\boldsymbol{W}}_1\}+\\&\quad\frac{2}{k_{\mathrm{B}}}\mathrm{tr}\{\dot{\widetilde{\boldsymbol{W}}}_2^{\mathrm{T}}\boldsymbol{P}_x\widetilde{\boldsymbol{W}}_2\}\end{aligned}\tag{3.28}$$

$$\begin{aligned}\dot{\boldsymbol{V}}_y&=2[\|\boldsymbol{P}_y^{1/2}\Delta\boldsymbol{y}\|-\boldsymbol{H}_y]_+\frac{(\boldsymbol{P}_y^{1/2}\Delta\boldsymbol{y})^{\mathrm{T}}}{\|\boldsymbol{P}_y^{1/2}\Delta\boldsymbol{y}\|}\boldsymbol{P}_y^{1/2}\Delta\dot{\boldsymbol{y}}\\&\quad+\frac{2}{k_{\mathrm{B}}}\mathrm{tr}\{\dot{\widetilde{\boldsymbol{B}}}^{\mathrm{T}}\boldsymbol{P}_y\widetilde{\boldsymbol{B}}\}+\frac{2}{k_3}\mathrm{tr}\{\dot{\widetilde{\boldsymbol{W}}}_3^{\mathrm{T}}\boldsymbol{P}_y\widetilde{\boldsymbol{W}}_3\}+\frac{2}{k_4}\mathrm{tr}\{\dot{\widetilde{\boldsymbol{W}}}_4^{\mathrm{T}}\boldsymbol{P}_y\widetilde{\boldsymbol{W}}_4\}\\&=2S_y\Delta\boldsymbol{y}^{\mathrm{T}}\boldsymbol{P}_y\Delta\dot{\boldsymbol{y}}+\frac{2}{k_{\mathrm{B}}}\mathrm{tr}\{\dot{\widetilde{\boldsymbol{B}}}^{\mathrm{T}}\boldsymbol{P}_y\widetilde{\boldsymbol{B}}\}+\frac{2}{k_3}\mathrm{tr}\{\dot{\widetilde{\boldsymbol{W}}}_3^{\mathrm{T}}\boldsymbol{P}_y\widetilde{\boldsymbol{W}}_3\}+\frac{2}{k_4}\mathrm{tr}\{\dot{\widetilde{\boldsymbol{W}}}_4^{\mathrm{T}}\boldsymbol{P}_y\widetilde{\boldsymbol{W}}_4\}\end{aligned}$$

由于神经网络的权值在线更新律为(3.25)，神经网络权值和矩阵的导数满足：$\dot{\boldsymbol{W}}_{1,2,3,4}=\dot{\widetilde{\boldsymbol{W}}}_{1,2,3,4}$，$\dot{\boldsymbol{A}}=\dot{\widetilde{\boldsymbol{A}}}$，$\dot{\boldsymbol{B}}=\dot{\widetilde{\boldsymbol{B}}}$，根据误差动态方程(3.21)，式(3.28)可变为

$$\begin{aligned}\dot{\boldsymbol{V}}_x&=S_x[\Delta\boldsymbol{x}^{\mathrm{T}}(\boldsymbol{A}^{*\mathrm{T}}\boldsymbol{P}_x+\boldsymbol{P}_x\boldsymbol{A}^*)\Delta\boldsymbol{x}+2\Delta\boldsymbol{x}^{\mathrm{T}}\boldsymbol{P}_x\boldsymbol{W}_1^*\tilde{\boldsymbol{\sigma}}_1+2\Delta\boldsymbol{x}^{\mathrm{T}}\boldsymbol{P}_x\Delta\boldsymbol{f}_x]\\\dot{\boldsymbol{V}}_y&=S_y(1/\varepsilon)[\Delta\boldsymbol{y}^{\mathrm{T}}(\boldsymbol{B}^{*\mathrm{T}}\boldsymbol{P}_y+\boldsymbol{P}_y\boldsymbol{B}^*)\Delta\boldsymbol{y}+2\Delta\boldsymbol{y}^{\mathrm{T}}\boldsymbol{P}_y\boldsymbol{W}_3^*\tilde{\boldsymbol{\sigma}}_2+\\&\quad 2\Delta\boldsymbol{y}^{\mathrm{T}}\boldsymbol{P}_y\Delta\boldsymbol{f}_y]\end{aligned}\tag{3.29}$$

根据矩阵不等式(3.14)、假设3.1和假设3.2，可得到

$$\begin{aligned}2\Delta\boldsymbol{x}^{\mathrm{T}}\boldsymbol{P}_x\boldsymbol{W}_1^*\tilde{\boldsymbol{\sigma}}_1&\leqslant\Delta\boldsymbol{x}^{\mathrm{T}}\boldsymbol{P}_x\boldsymbol{W}_1^*\boldsymbol{\Lambda}_1^{-1}\boldsymbol{W}_1^*\boldsymbol{P}_x\Delta\boldsymbol{x}+\tilde{\boldsymbol{\sigma}}_1^{\mathrm{T}}\boldsymbol{\Lambda}_1\tilde{\boldsymbol{\sigma}}_1\\&\leqslant\Delta\boldsymbol{x}^{\mathrm{T}}\boldsymbol{P}_x\overline{\boldsymbol{W}}_1\boldsymbol{P}_x\Delta\boldsymbol{x}+\Delta\boldsymbol{x}^{\mathrm{T}}\boldsymbol{D}_1\Delta\boldsymbol{x}+\Delta\boldsymbol{y}^{\mathrm{T}}\boldsymbol{D}_1\Delta\boldsymbol{y}\\2\Delta\boldsymbol{y}^{\mathrm{T}}\boldsymbol{P}_y\boldsymbol{W}_3^*\tilde{\boldsymbol{\sigma}}_2&\leqslant\Delta\boldsymbol{y}^{\mathrm{T}}\boldsymbol{P}_y\boldsymbol{W}_3^*\boldsymbol{\Lambda}_3^{-1}\boldsymbol{W}_3^*\boldsymbol{P}_y\Delta\boldsymbol{y}+\tilde{\boldsymbol{\sigma}}_2^{\mathrm{T}}\boldsymbol{\Lambda}_3\tilde{\boldsymbol{\sigma}}_2\\&\leqslant\Delta\boldsymbol{y}^{\mathrm{T}}\boldsymbol{P}_y\overline{\boldsymbol{W}}_3\boldsymbol{P}_y\Delta\boldsymbol{y}+\Delta\boldsymbol{y}^{\mathrm{T}}\boldsymbol{D}_2\Delta\boldsymbol{x}+\Delta\boldsymbol{y}^{\mathrm{T}}\boldsymbol{D}_2\Delta\boldsymbol{y}\end{aligned}\tag{3.30}$$

和

$$
\begin{aligned}
&2\Delta\boldsymbol{x}^{\mathrm{T}}\boldsymbol{P}_x\Delta\boldsymbol{f}_x \leqslant \Delta\boldsymbol{x}^{\mathrm{T}}\boldsymbol{P}_x\boldsymbol{\Lambda}_2^{-1}\boldsymbol{P}_x\Delta\boldsymbol{x}+\Delta\boldsymbol{f}_x^{\mathrm{T}}\boldsymbol{\Lambda}_2\Delta\boldsymbol{f}_x\\
&2(1/\varepsilon)\Delta\boldsymbol{y}^{\mathrm{T}}\boldsymbol{P}_y\Delta\boldsymbol{f}_y \leqslant (1/\varepsilon)(\Delta\boldsymbol{y}^{\mathrm{T}}\boldsymbol{P}_y\boldsymbol{\Lambda}_4^{-1}\boldsymbol{P}_y\Delta\boldsymbol{y}+\Delta\boldsymbol{f}_y^{\mathrm{T}}\boldsymbol{\Lambda}_4\Delta\boldsymbol{f}_y)
\end{aligned}
\tag{3.31}
$$

因此,由式(3.29)得

$$
\begin{aligned}
\dot{\boldsymbol{V}}_x \leqslant{}& S_x\Delta\boldsymbol{x}^{\mathrm{T}}[\boldsymbol{A}^{*\mathrm{T}}\boldsymbol{P}_x+\boldsymbol{P}_x\boldsymbol{A}^{*}+\boldsymbol{P}_x(\bar{\boldsymbol{W}}_1+\boldsymbol{\Lambda}_2^{-1})\boldsymbol{P}_x+\boldsymbol{D}_1]\Delta\boldsymbol{x}+\\
&S_x\Delta\boldsymbol{y}^{\mathrm{T}}\boldsymbol{D}_1\Delta\boldsymbol{y}+S_x\Delta\boldsymbol{f}_x^{\mathrm{T}}\boldsymbol{\Lambda}_2\Delta\boldsymbol{f}_x\\
\dot{\boldsymbol{V}}_y \leqslant{}& (1/\varepsilon)S_y\Delta\boldsymbol{y}^{\mathrm{T}}[\boldsymbol{B}^{*\mathrm{T}}\boldsymbol{P}_y+\boldsymbol{P}_y\boldsymbol{B}^{*}+\boldsymbol{P}_y(\bar{\boldsymbol{W}}_3+\boldsymbol{\Lambda}_4^{-1})\boldsymbol{P}_y+\\
&\boldsymbol{D}_3]\Delta\boldsymbol{y}+(1/\varepsilon)S_y\Delta\boldsymbol{x}^{\mathrm{T}}\boldsymbol{D}_3\Delta\boldsymbol{x}+(1/\varepsilon)S_y\Delta\boldsymbol{f}_y^{\mathrm{T}}\boldsymbol{\Lambda}_4\Delta\boldsymbol{f}_y
\end{aligned}
\tag{3.32}
$$

(1) 当识别误差均大于阈值时(即 $S_x>0, S_y>0$),可得

$$
\begin{aligned}
\dot{\boldsymbol{V}}_x \leqslant{}& S_x\Delta\boldsymbol{x}^{\mathrm{T}}[\boldsymbol{A}^{*\mathrm{T}}\boldsymbol{P}_x+\boldsymbol{P}_x\boldsymbol{A}^{*}+\boldsymbol{P}_x(\bar{\boldsymbol{W}}_1+\boldsymbol{\Lambda}_2^{-1})\boldsymbol{P}_x+\boldsymbol{D}_1+\\
&(1/\varepsilon)(S_y/S_x)\boldsymbol{D}_3+\boldsymbol{Q}_{xo}]\Delta\boldsymbol{x}-S_x\Delta\boldsymbol{x}^{\mathrm{T}}\boldsymbol{Q}_{xo}\Delta\boldsymbol{x}+\\
&S_x\Delta\boldsymbol{f}_x^{\mathrm{T}}\boldsymbol{\Lambda}_2\Delta\boldsymbol{f}_x\\
\dot{\boldsymbol{V}}_y \leqslant{}& (1/\varepsilon)S_y\Delta\boldsymbol{y}^{\mathrm{T}}[\boldsymbol{B}^{*\mathrm{T}}\boldsymbol{P}_y+\boldsymbol{P}_y\boldsymbol{B}^{*}+\boldsymbol{P}_y(\bar{\boldsymbol{W}}_3+\boldsymbol{\Lambda}_4^{-1})\boldsymbol{P}_y+\\
&\boldsymbol{D}_3+\varepsilon(S_x/S_y)\boldsymbol{D}_1+\boldsymbol{Q}_{yo}]\Delta\boldsymbol{y}-(1/\varepsilon)S_y\Delta\boldsymbol{y}^{\mathrm{T}}\boldsymbol{Q}_{yo}\Delta\boldsymbol{y}+\\
&(1/\varepsilon)S_y\Delta\boldsymbol{f}_y^{\mathrm{T}}\boldsymbol{\Lambda}_4\Delta\boldsymbol{f}_y
\end{aligned}
\tag{3.33}
$$

根据假设 3.4,可得

$$
\begin{aligned}
\dot{V}={}&\dot{\boldsymbol{V}}_x+\dot{\boldsymbol{V}}_y\\
\leqslant{}&-S_x(\Delta\boldsymbol{x}^{\mathrm{T}}\boldsymbol{Q}_{xo}\Delta\boldsymbol{x}-\Delta\boldsymbol{f}_x^{\mathrm{T}}\boldsymbol{\Lambda}_2\Delta\boldsymbol{f}_x)-\\
&(1/\varepsilon)S_y(\Delta\boldsymbol{y}^{\mathrm{T}}\boldsymbol{Q}_{yo}\Delta\boldsymbol{y}-\Delta\boldsymbol{f}_y^{\mathrm{T}}\boldsymbol{\Lambda}_4\Delta\boldsymbol{f}_y)\\
\leqslant{}&-S_x(\lambda_{\min}(\boldsymbol{Q}_{xo})\|\Delta\boldsymbol{x}\|^2-\lambda_{\max}(\boldsymbol{\Lambda}_2)\|\Delta\boldsymbol{f}_x\|^2)-\\
&(1/\varepsilon)S_y(\lambda_{\min}(\boldsymbol{Q}_{yo})\|\Delta\boldsymbol{y}\|^2-\lambda_{\max}(\boldsymbol{\Lambda}_4)\|\Delta\boldsymbol{f}_y\|^2)\\
\leqslant{}&-S_x(\lambda_{\min}(\boldsymbol{Q}_{xo})\|\Delta\boldsymbol{x}\|^2-\lambda_{\max}(\boldsymbol{\Lambda}_2)\Delta\bar{\boldsymbol{f}}_x^2)-\\
&(1/\varepsilon)S_y(\lambda_{\min}(\boldsymbol{Q}_{yo})\|\Delta\boldsymbol{y}\|^2-\lambda_{\max}(\boldsymbol{\Lambda}_4)\Delta\bar{\boldsymbol{f}}_y^2)\\
={}&-S_x\frac{\lambda_{\min}(\boldsymbol{Q}_{xo})}{\lambda_{\max}(\boldsymbol{P}_x)}\left(\lambda_{\max}(\boldsymbol{P}_x)\|\Delta\boldsymbol{x}\|^2-\frac{\lambda_{\max}(\boldsymbol{P}_x)}{\lambda_{\min}(\boldsymbol{Q}_{xo})}\lambda_{\max}(\boldsymbol{\Lambda}_2)\Delta\bar{\boldsymbol{f}}_x^2\right)-\\
&(1/\varepsilon)S_y\frac{\lambda_{\min}(\boldsymbol{Q}_{yo})}{\lambda_{\max}(\boldsymbol{P}_y)}\left(\lambda_{\max}(\boldsymbol{P}_y)\|\Delta\boldsymbol{y}\|^2-\frac{\lambda_{\max}(\boldsymbol{P}_y)}{\lambda_{\min}(\boldsymbol{Q}_{yo})}\lambda_{\max}(\boldsymbol{\Lambda}_4)\Delta\bar{\boldsymbol{f}}_y^2\right)\\
\leqslant{}&-S_x\frac{\lambda_{\min}(\boldsymbol{Q}_{xo})}{\lambda_{\max}(\boldsymbol{P}_x)}(\|\boldsymbol{P}_x^{1/2}\Delta\boldsymbol{x}\|^2-\boldsymbol{H}_x^2)-\\
&(1/\varepsilon)S_y\frac{\lambda_{\min}(\boldsymbol{Q}_{yo})}{\lambda_{\max}(\boldsymbol{P}_y)}(\|\boldsymbol{P}_y^{1/2}\Delta\boldsymbol{y}\|^2-\boldsymbol{H}_y^2)\leqslant 0
\end{aligned}
\tag{3.34}
$$

(2) 当 $\boldsymbol{Y}$ 的识别误差小于阈值时($S_x>0, S_y=0$)，有 $\|\boldsymbol{P}_y^{1/2}\Delta\boldsymbol{y}\|\leqslant \boldsymbol{H}_y$ 和 $\dot{\boldsymbol{V}}_y=0$，进一步可得

$$\begin{aligned}\dot{\boldsymbol{V}}=\dot{\boldsymbol{V}}_x \leqslant\; & S_x\Delta\boldsymbol{x}^{\mathrm{T}}[\boldsymbol{A}^{*\mathrm{T}}\boldsymbol{P}_x+\boldsymbol{P}_x\boldsymbol{A}^{*}+\boldsymbol{P}_x(\overline{\boldsymbol{W}}_1+\boldsymbol{\Lambda}_2^{-1})\boldsymbol{P}_x+\\ & \boldsymbol{D}_1+(1/\varepsilon)(S_y/S_x)\boldsymbol{D}_3+\boldsymbol{Q}_{xo}]\Delta\boldsymbol{x}-S_x\Delta\boldsymbol{x}^{\mathrm{T}}\boldsymbol{Q}_{xo}\Delta\boldsymbol{x}+\\ & S_x\Delta\boldsymbol{f}_x^{\mathrm{T}}\boldsymbol{\Lambda}_2\Delta\boldsymbol{f}_x+S_x\Delta\boldsymbol{y}^{\mathrm{T}}\boldsymbol{D}_1\Delta\boldsymbol{y}\end{aligned}\tag{3.35}$$

由假设 3.4 可得

$$\begin{aligned}\dot{\boldsymbol{V}}&\leqslant -S_x(\Delta\boldsymbol{x}^{\mathrm{T}}\boldsymbol{Q}_{xo}\Delta\boldsymbol{x}-\Delta\boldsymbol{f}_x^{\mathrm{T}}\boldsymbol{\Lambda}_2\Delta\boldsymbol{f}_x-\Delta\boldsymbol{y}^{\mathrm{T}}\boldsymbol{D}_1\Delta\boldsymbol{y})\\
&\leqslant -S_x(\lambda_{\min}(\boldsymbol{Q}_{xo})\|\Delta\boldsymbol{x}\|^2-\lambda_{\max}(\boldsymbol{\Lambda}_2)\|\Delta\boldsymbol{f}_x\|^2-\lambda_{\max}(\boldsymbol{D}_1)\|\Delta\boldsymbol{y}\|^2)\\
&\leqslant -S_x\left(\lambda_{\min}(\boldsymbol{Q}_{xo})\|\Delta\boldsymbol{x}\|^2-\lambda_{\max}(\boldsymbol{\Lambda}_2)\Delta\bar{\boldsymbol{f}}_x^2-\frac{\lambda_{\max}(\boldsymbol{D}_1)\boldsymbol{H}_y^2}{\lambda_{\min}(\boldsymbol{P}_y)}\right)\\
&=-S_x\frac{\lambda_{\min}(\boldsymbol{Q}_{xo})}{\lambda_{\max}(\boldsymbol{P}_x)}\Bigg(\lambda_{\max}(\boldsymbol{P}_x)\|\Delta\boldsymbol{x}\|^2-\\
&\quad\frac{\lambda_{\max}(\boldsymbol{P}_x)}{\lambda_{\min}(\boldsymbol{Q}_{xo})}\left(\lambda_{\max}(\boldsymbol{\Lambda}_2)\Delta\bar{\boldsymbol{f}}_x^2+\frac{\lambda_{\max}(\boldsymbol{D}_1)\boldsymbol{H}_y^2}{\lambda_{\min}(\boldsymbol{P}_y)}\right)\Bigg)\\
&\leqslant -S_x\frac{\lambda_{\min}(\boldsymbol{Q}_{xo})}{\lambda_{\max}(\boldsymbol{P}_x)}(\|\boldsymbol{P}_x^{1/2}\Delta\boldsymbol{x}\|^2-\boldsymbol{H}_x^2)\leqslant 0\end{aligned}\tag{3.36}$$

(3) 当 $\boldsymbol{X}$ 的识别误差小于阈值($S_x=0, S_y>0$)时，有 $\|\boldsymbol{P}_x^{1/2}\Delta\boldsymbol{x}\|\leqslant \boldsymbol{H}_x$ 和 $\dot{\boldsymbol{V}}_x=0$，则

$$\begin{aligned}\dot{\boldsymbol{V}}=\dot{\boldsymbol{V}}_y \leqslant\; & (1/\varepsilon)S_y\Delta\boldsymbol{y}^{\mathrm{T}}[\boldsymbol{B}^{*\mathrm{T}}\boldsymbol{P}_y+\boldsymbol{P}_y\boldsymbol{B}^{*}+\boldsymbol{P}_y(\overline{\boldsymbol{W}}_3+\boldsymbol{\Lambda}_4^{-1})\boldsymbol{P}_y+\\ & \boldsymbol{D}_3+\varepsilon(S_x/S_y)\boldsymbol{D}_1+\boldsymbol{Q}_{yo}]\Delta\boldsymbol{y}-(1/\varepsilon)S_y\Delta\boldsymbol{y}^{\mathrm{T}}\boldsymbol{Q}_{yo}\Delta\boldsymbol{y}+\\ & (1/\varepsilon)S_y\Delta\boldsymbol{f}_y^{\mathrm{T}}\boldsymbol{\Lambda}_4\Delta\boldsymbol{f}_y+(1/\varepsilon)S_y\Delta\boldsymbol{x}^{\mathrm{T}}\boldsymbol{D}_3\Delta\boldsymbol{x}\end{aligned}\tag{3.37}$$

由假设 3.4 可得

$$\begin{aligned}\dot{\boldsymbol{V}}&\leqslant -(1/\varepsilon)S_y(\Delta\boldsymbol{y}^{\mathrm{T}}\boldsymbol{Q}_{yo}\Delta\boldsymbol{y}-\Delta\boldsymbol{f}_y^{\mathrm{T}}\boldsymbol{\Lambda}_4\Delta\boldsymbol{f}_y-\Delta\boldsymbol{x}^{\mathrm{T}}\boldsymbol{D}_3\Delta\boldsymbol{x})\\
&\leqslant -(1/\varepsilon)S_y(\lambda_{\min}(\boldsymbol{Q}_{yo})\|\Delta\boldsymbol{y}\|^2-\lambda_{\max}(\boldsymbol{\Lambda}_4)\|\Delta\boldsymbol{f}_y\|^2-\lambda_{\max}(\boldsymbol{D}_3)\|\Delta\boldsymbol{x}\|^2)\\
&\leqslant -(1/\varepsilon)S_y\left(\lambda_{\min}(\boldsymbol{Q}_{yo})\|\Delta\boldsymbol{y}\|^2-\lambda_{\max}(\boldsymbol{\Lambda}_4)\Delta\bar{\boldsymbol{f}}_y^2-\frac{\lambda_{\max}(\boldsymbol{D}_3)\boldsymbol{H}_x^2}{\lambda_{\min}(\boldsymbol{P}_x)}\right)\\
&=-(1/\varepsilon)S_y\frac{\lambda_{\min}(\boldsymbol{Q}_{yo})}{\lambda_{\max}(\boldsymbol{P}_y)}\Bigg(\lambda_{\max}(\boldsymbol{P}_y)\|\Delta\boldsymbol{y}\|^2-\\
&\quad\frac{\lambda_{\max}(\boldsymbol{P}_y)}{\lambda_{\min}(\boldsymbol{Q}_{yo})}\left(\lambda_{\max}(\boldsymbol{\Lambda}_4)\Delta\bar{\boldsymbol{f}}_y^2+\frac{\lambda_{\max}(\boldsymbol{D}_3)\boldsymbol{H}_x^2}{\lambda_{\min}(\boldsymbol{P}_x)}\right)\Bigg)\\
&\leqslant -(1/\varepsilon)S_y\frac{\lambda_{\min}(\boldsymbol{Q}_{yo})}{\lambda_{\max}(\boldsymbol{P}_y)}(\|\boldsymbol{P}_y^{1/2}\Delta\boldsymbol{y}\|^2-\boldsymbol{H}_y^2)\leqslant 0\end{aligned}\tag{3.38}$$

(4) 当识别误差均小于阈值($S_x=0,S_y=0$)时,有 $\|\boldsymbol{P}_x^{1/2}\Delta\boldsymbol{x}\|\leqslant\boldsymbol{H}_x$, $\|\boldsymbol{P}_y^{1/2}\Delta\boldsymbol{y}\|\leqslant\boldsymbol{H}_y$ 和 $\dot{\boldsymbol{V}}=0$。由于 $\boldsymbol{V}=\boldsymbol{V}_x+\boldsymbol{V}_y$ 是正定的,可以使用更新律(3.25)来实现 $\dot{\boldsymbol{V}}=\dot{\boldsymbol{V}}_x+\dot{\boldsymbol{V}}_y\leqslant 0$。这意味着 $\Delta\boldsymbol{x},\Delta\boldsymbol{y},\boldsymbol{W}_{1,2,3,4},\boldsymbol{A},\boldsymbol{B}\in\boldsymbol{L}_\infty$。此外,$\boldsymbol{x}_{nn}=\Delta\boldsymbol{x}+\boldsymbol{x}$, $\boldsymbol{y}_{nn}=\Delta\boldsymbol{y}+\boldsymbol{y}$ 也是有界的。由误差动态方程(3.21),在误差和扰动有界的假设下,可以得到 $\Delta\dot{\boldsymbol{x}},\Delta\dot{\boldsymbol{y}}\in\boldsymbol{L}_\infty$。由于控制输入 $\gamma(\boldsymbol{U})$ 和 $\boldsymbol{\sigma}_{1,2}(\cdot)$是有界的,因此可以得出 $\lim\limits_{t\to\infty}\dot{\tilde{\boldsymbol{W}}}_{1,2}=0$, $\lim\limits_{t\to\infty}\dot{\tilde{\boldsymbol{W}}}_{3,4}=0$。

在情况(1)下,可得

$$\begin{aligned}\dot{\boldsymbol{V}}&\leqslant -S_x(\Delta\boldsymbol{x}^{\mathrm{T}}\boldsymbol{Q}_{xo}\Delta\boldsymbol{x}-\Delta\boldsymbol{f}_x^{\mathrm{T}}\boldsymbol{\Lambda}_2\Delta\boldsymbol{f}_x)-(1/\varepsilon)S_y(\Delta\boldsymbol{y}^{\mathrm{T}}\boldsymbol{Q}_{yo}\Delta\boldsymbol{y}-\Delta\boldsymbol{f}_y^{\mathrm{T}}\boldsymbol{\Lambda}_4\Delta\boldsymbol{f}_y)\\&\leqslant -S_x\Delta\boldsymbol{x}^{\mathrm{T}}\boldsymbol{Q}_{xo}\Delta\boldsymbol{x}+S_x\lambda_{\max}(\boldsymbol{\Lambda}_2)\|\Delta\boldsymbol{f}_x\|^2-(1/\varepsilon)S_y\Delta\boldsymbol{y}^{\mathrm{T}}\boldsymbol{Q}_{yo}\Delta\boldsymbol{y}+\\&\quad(1/\varepsilon)S_y\lambda_{\max}(\boldsymbol{\Lambda}_4)\|\Delta\boldsymbol{f}_y\|^2\\&\leqslant -S_x\Delta\boldsymbol{x}^{\mathrm{T}}\boldsymbol{Q}_{xo}\Delta\boldsymbol{x}+S_x\left(\lambda_{\max}(\boldsymbol{\Lambda}_2)\Delta\bar{\boldsymbol{f}}_x^2+\frac{\lambda_{\max}(\boldsymbol{D}_1)H_y^2}{\lambda_{\min}(\boldsymbol{P}_y)}\right)-\\&\quad(1/\varepsilon)S_y\Delta\boldsymbol{y}^{\mathrm{T}}\boldsymbol{Q}_{yo}\Delta\boldsymbol{y}+(1/\varepsilon)S_y\left(\lambda_{\max}(\boldsymbol{\Lambda}_4)\Delta\bar{\boldsymbol{f}}_y^2+\frac{\lambda_{\max}(\boldsymbol{D}_3)\boldsymbol{H}_x^2}{\lambda_{\min}(\boldsymbol{P}_x)}\right)\end{aligned}\tag{3.39}$$

在情况(2)下,可得

$$\begin{aligned}\dot{\boldsymbol{V}}&\leqslant -S_x(\Delta\boldsymbol{x}^{\mathrm{T}}\boldsymbol{Q}_{xo}\Delta\boldsymbol{x}-\Delta\boldsymbol{f}_x^{\mathrm{T}}\boldsymbol{\Lambda}_2\Delta\boldsymbol{f}_x-\Delta\boldsymbol{y}^{\mathrm{T}}\boldsymbol{D}_1\Delta\boldsymbol{y})\\&\leqslant -S_x\Delta\boldsymbol{x}^{\mathrm{T}}\boldsymbol{Q}_{xo}\Delta\boldsymbol{x}+S_x(\lambda_{\max}(\boldsymbol{\Lambda}_2)\|\Delta\boldsymbol{f}_x\|^2+\lambda_{\max}(\boldsymbol{D}_1)\|\Delta\boldsymbol{y}\|^2)\\&\leqslant -S_x\Delta\boldsymbol{x}^{\mathrm{T}}\boldsymbol{Q}_{xo}\Delta\boldsymbol{x}+S_x\left(\lambda_{\max}(\boldsymbol{\Lambda}_2)\Delta\bar{\boldsymbol{f}}_x^2+\frac{\lambda_{\max}(\boldsymbol{D}_1)\boldsymbol{H}_y^2}{\lambda_{\min}(\boldsymbol{P}_y)}\right)\end{aligned}\tag{3.40}$$

在情况(3)下,可得

$$\begin{aligned}\dot{\boldsymbol{V}}&\leqslant -(1/\varepsilon)S_y(\Delta\boldsymbol{y}^{\mathrm{T}}\boldsymbol{Q}_{yo}\Delta\boldsymbol{y}-\Delta\boldsymbol{f}_y^{\mathrm{T}}\boldsymbol{\Lambda}_4\Delta\boldsymbol{f}_y-\Delta\boldsymbol{x}^{\mathrm{T}}\boldsymbol{D}_3\Delta\boldsymbol{x})\\&\leqslant -(1/\varepsilon)S_y\Delta\boldsymbol{y}^{\mathrm{T}}\boldsymbol{Q}_{yo}\Delta\boldsymbol{y}+(1/\varepsilon)S_y(\lambda_{\max}(\boldsymbol{\Lambda}_4)\|\Delta\boldsymbol{f}_y\|^2+\\&\quad\lambda_{\max}(\boldsymbol{D}_3)\|\Delta\boldsymbol{x}\|^2)-(1/\varepsilon)S_y\Delta\boldsymbol{y}^{\mathrm{T}}\boldsymbol{Q}_{yo}\Delta\boldsymbol{y}+\\&\quad(1/\varepsilon)S_y\left(\lambda_{\max}(\boldsymbol{\Lambda}_4)\Delta\bar{\boldsymbol{f}}_y^2+\frac{\lambda_{\max}(\boldsymbol{D}_3)\boldsymbol{H}_x^2}{\lambda_{\min}(\boldsymbol{P}_x)}\right)\end{aligned}\tag{3.41}$$

通过上面的分析,我们可以得出式(3.39)在(1),(2),(3),(4)情况下李雅普诺夫函数的导数,因为 $0\leqslant S_x\leqslant 1$, $0\leqslant S_y\leqslant 1$,我们可以得到

$$\begin{aligned}\dot{\boldsymbol{V}}&\leqslant -S_x\Delta\boldsymbol{x}^{\mathrm{T}}\boldsymbol{Q}_{xo}\Delta\boldsymbol{x}+\left(\lambda_{\max}(\boldsymbol{\Lambda}_2)\Delta\bar{\boldsymbol{f}}_x^2+\frac{\lambda_{\max}(\boldsymbol{D}_1)\boldsymbol{H}_y^2}{\lambda_{\min}(\boldsymbol{P}_y)}\right)-\\&\quad(1/\varepsilon)S_y\Delta\boldsymbol{y}^{\mathrm{T}}\boldsymbol{Q}_{yo}\Delta\boldsymbol{y}+(1/\varepsilon)\left(\lambda_{\max}(\boldsymbol{\Lambda}_4)\Delta\bar{\boldsymbol{f}}_y^2+\frac{\lambda_{\max}(\boldsymbol{D}_3)\boldsymbol{H}_x^2}{\lambda_{\min}(\boldsymbol{P}_x)}\right)\end{aligned}\tag{3.42}$$

由于 $\boldsymbol{V}_x,\boldsymbol{V}_y$ 是时间的非递增函数且有界,所以 $\boldsymbol{V}_x(0),\boldsymbol{V}_y(0),\boldsymbol{V}_x(t),\boldsymbol{V}_y(t)$是有界的。因此通过对 $\dot{\boldsymbol{V}}$两边从 $0\sim T$ 积分,得到

$$\boldsymbol{V}_{\mathrm{T}}-\boldsymbol{V}_{\mathrm{o}}\leqslant-\int_{\mathrm{o}}^{\mathrm{T}}S_x\Delta\boldsymbol{x}^{\mathrm{T}}\boldsymbol{Q}_{x\mathrm{o}}\Delta\boldsymbol{x}+T\left(\lambda_{\max}(\boldsymbol{\Lambda}_2)\Delta\bar{\boldsymbol{f}}_x^2+\frac{\lambda_{\max}(\boldsymbol{D}_1)\boldsymbol{H}_y^2}{\lambda_{\min}(\boldsymbol{P}_y)}\right)-$$
$$(1/\varepsilon)\int_{\mathrm{o}}^{\mathrm{T}}S_y\Delta\boldsymbol{y}^{\mathrm{T}}\boldsymbol{Q}_{y\mathrm{o}}\Delta\boldsymbol{y}+(1/\varepsilon)T\left(\lambda_{\max}(\boldsymbol{\Lambda}_4)\Delta\bar{\boldsymbol{f}}_y^2+\frac{\lambda_{\max}(\boldsymbol{D}_3)H_x^2}{\lambda_{\min}(\boldsymbol{P}_x)}\right)\tag{3.43}$$

因此，以下不等式成立

$$\int_{\mathrm{o}}^{\mathrm{T}}S_x\Delta\boldsymbol{x}^{\mathrm{T}}\boldsymbol{Q}_{x\mathrm{o}}\Delta\boldsymbol{x}+(1/\varepsilon)\int_{\mathrm{o}}^{\mathrm{T}}S_y\Delta\boldsymbol{y}^{\mathrm{T}}\boldsymbol{Q}_{y\mathrm{o}}\Delta\boldsymbol{y}$$
$$\leqslant\boldsymbol{V}_{\mathrm{o}}-\boldsymbol{V}_{\mathrm{T}}+T\left(\lambda_{\max}(\boldsymbol{\Lambda}_2)\Delta\bar{\boldsymbol{f}}_x^2+\frac{\lambda_{\max}(\boldsymbol{D}_1)\boldsymbol{H}_y^2}{\lambda_{\min}(\boldsymbol{P}_y)}\right)+$$
$$(1/\varepsilon)T\left(\lambda_{\max}(\boldsymbol{\Lambda}_4)\Delta\bar{\boldsymbol{f}}_y^2+\frac{\lambda_{\max}(\boldsymbol{D}_3)\boldsymbol{H}_x^2}{\lambda_{\min}(\boldsymbol{P}_x)}\right)$$
$$\leqslant\boldsymbol{V}_{\mathrm{o}}+T\left(\left(\lambda_{\max}(\boldsymbol{\Lambda}_2)\Delta\bar{\boldsymbol{f}}_x^2+\frac{\lambda_{\max}(\boldsymbol{D}_1)\boldsymbol{H}_y^2}{\lambda_{\min}(\boldsymbol{P}_y)}\right)+\right.$$
$$\left.(1/\varepsilon)\left(\lambda_{\max}(\boldsymbol{\Lambda}_4)\Delta\bar{\boldsymbol{f}}_y^2+\frac{\lambda_{\max}(\boldsymbol{D}_3)\boldsymbol{H}_x^2}{\lambda_{\min}(\boldsymbol{P}_x)}\right)\right)\tag{3.44}$$

评论 3.1　S_x 和 S_y 是在建模误差出现时防止权值漂移到无穷大的死区函数。这就是所谓的参数漂移现象[2]。我们注意到，$\boldsymbol{H}_x$，$\boldsymbol{H}_y$ 是辨识误差的阈值。对于情况(1)，其中 $S_x>0$，$S_y>0$，即 $\|\boldsymbol{P}_x^{1/2}\Delta\boldsymbol{x}\|>\boldsymbol{H}_x$ $\|\boldsymbol{P}_y^{1/2}\Delta\boldsymbol{y}\|>\boldsymbol{H}_y$ 可以使用式(3.34)中较小的阈值，但我们将其扩展到 $\boldsymbol{H}_x$，$\boldsymbol{H}_y$ 统一整个辨识过程中所有可能的情况(1)，(2)，(3)，(4)的阈值。

3.1.3　在线辨识仿真结果

例 3.1　为了说明理论结果，我们使用与第 2 章中相同的非线性系统(2.23)进行仿真。使用相同的参数 $\alpha_1=-5$，$\alpha_2=-10$，$\beta_1=3$，$\beta_2=2$，$\boldsymbol{x}_2(0)=-5$，$\boldsymbol{x}_1(0)=-5$ 和相同的输入信号，其中 $\boldsymbol{u}_1$ 是一个正弦波($\boldsymbol{u}_1=8\sin 0.05t$)，$\boldsymbol{u}_2$ 是一个锯齿函数，振幅为 8，频率为 0.02Hz，选择时间尺度参数 ε 为 0.5。

选取 S 型激励函数 $\boldsymbol{\sigma}_{1,2}(\cdot)$ 为 $\dfrac{a}{1+\exp(-bx)}-c$，多时间尺度动态神经网络中每个 S 型激励函数的参数如表 3-1 所示。

表 3-1　S 型激励函数中的参数

	a	b	c
$\sigma_1(\cdot)$	2	2	0.5
$\sigma_2(\cdot)$	2	2	0.5

系统在线识别结果如图 3-3～图 3-6 所示。从图中可以看出，多时间尺度动态神经网络的状态变量能够准确、快速地跟踪非线性系统的状态变量。线性参数矩阵的特征值如图 3-7 所示。$\boldsymbol{A}$ 和 $\boldsymbol{B}$ 的特征值都普遍小于零，这意味着它们为稳定矩阵。状态变量 $\boldsymbol{x}_1$ 的 RMS 值为 0.049168，状态变量 $\boldsymbol{x}_2$ 的 RMS 值为 0.022158。辨识结果优于第 2 章中的辨识结果。

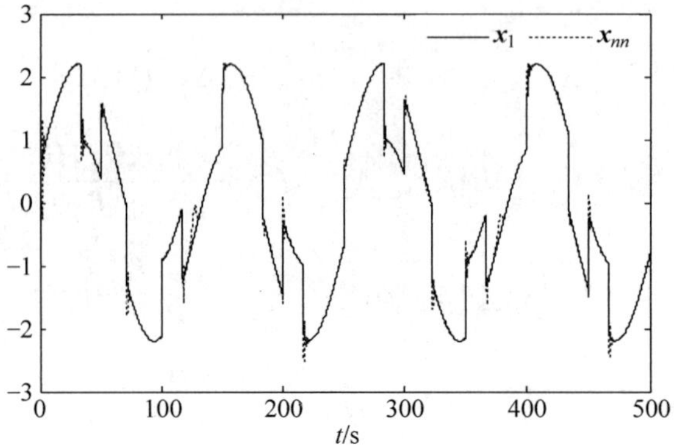

图 3-3 状态 $\boldsymbol{x}_1$ 的辨识结果

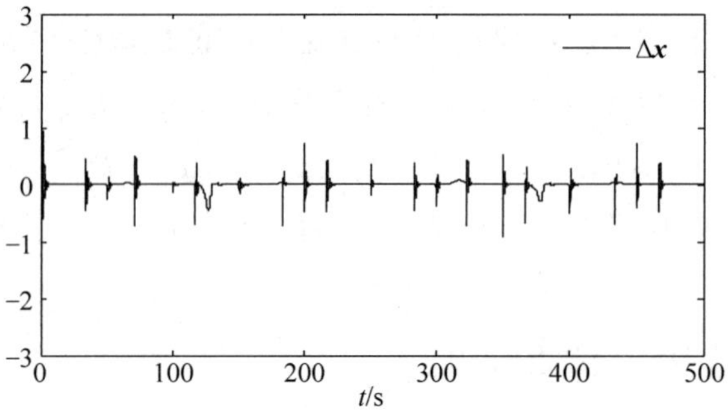

图 3-4 状态 $\boldsymbol{x}_1$ 的辨识误差

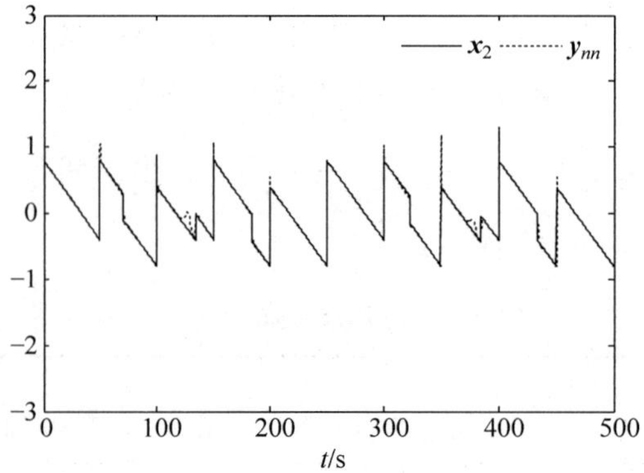

图 3-5 状态 $\boldsymbol{x}_2$ 的辨识结果

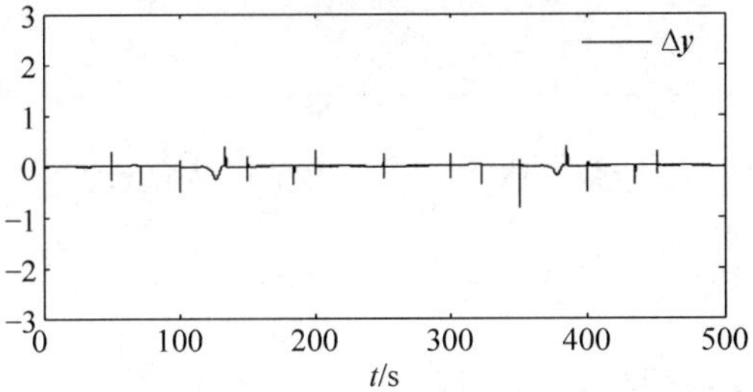

图 3-6 状态 $\boldsymbol{x}_2$ 的辨识误差

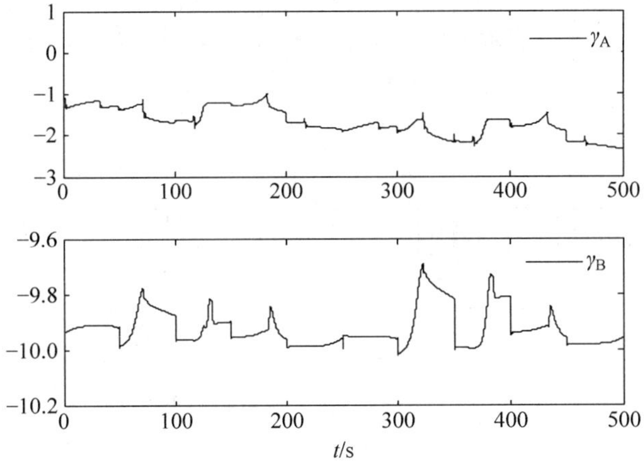

图 3-7 线性矩阵 $\boldsymbol{A}$,$\boldsymbol{B}$ 的特征值

例 3.2 考虑与第 2 章具有相同参数的 HH 系统(2.26),关注膜电位 E,并使用 ELF 外部电场 E_w 和式(2.27)的刺激电流 I_{ext} 作为控制输入。

Case Ⅰ $E_w=0, A_I=30\mu A/cm^2, f_I=10Hz, \varepsilon=0.2$。

实线是 HH 系统的实际状态变量(n,h,E,m),点线代表已辨识状态。图 3-8 中从上向下数第四幅图是膜电位的识别误差。图 3-9 为线性矩阵特征值。

Case Ⅱ $I_{ext}=0, A_E=10mV, f_E=115Hz, \varepsilon=0.2$。

实线是 HH 系统的实际状态变量(n,h,E,m),点线代表已辨识状态。图 3-10 中从上向下第四幅图是膜电位的识别误差。图 3-11 为线性矩阵特征值。

Case Ⅰ 中,状态变量的均方根值为 $RMS_n=0.333511$,$RMS_h=0.335092$,$RMS_V=0.639899$,$RMS_m=0.322476$。Case Ⅱ 中,系统处于相同频率的周期性峰值。状态变量的均方根值为 $RMS_n=0.140449$,$RMS_h=0.147785$,$RMS_V=0.784985$,$RMS_m=0.07245$。将时间尺度设为 $\varepsilon=0.2$。线性部分矩阵 $\boldsymbol{A}$ 和 $\boldsymbol{B}$ 的灵活性增强了多时间尺度动态神经网络的识别能力,即使是单层结构也足够强大,能够成功地辨识 HH 模型中复杂的电物理现象。

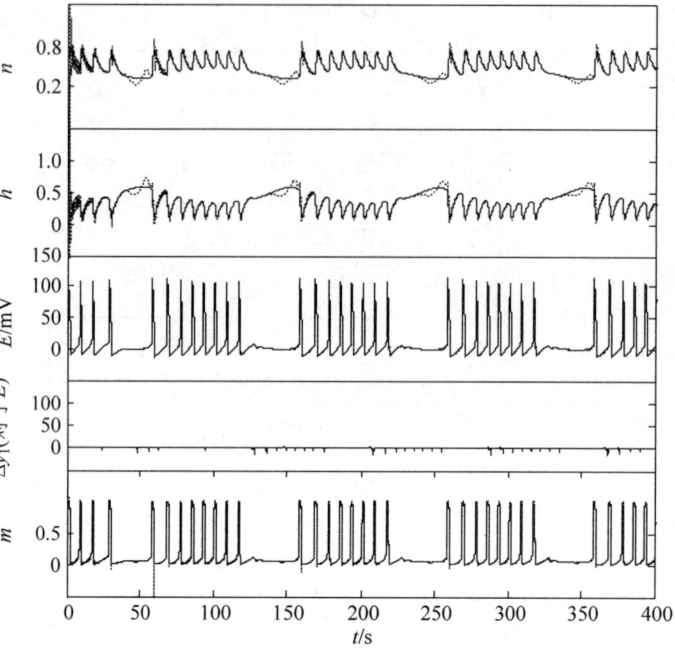

图 3-8　Case Ⅰ下的辨识结果

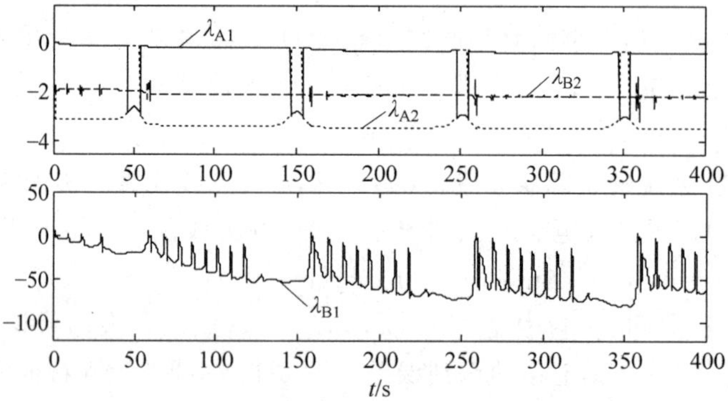

图 3-9　Case Ⅰ情况下线性矩阵 **A**,**B** 的特征值

两个非线性系统的仿真结果表明,多时间尺度动态神经网络能够在线跟踪非线性系统的状态变量。在两种系统辨识中,**A** 和 **B** 的特征值均收敛于稳定值。

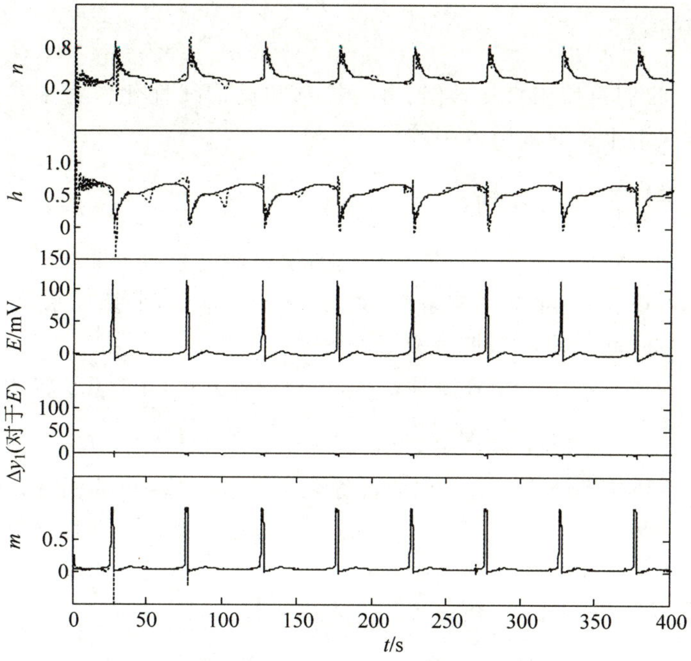

图 3-10 Case Ⅱ情况下的辨识结果

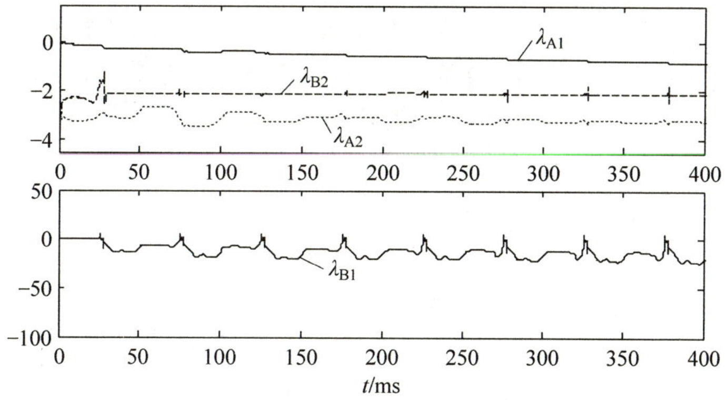

图 3-11 线性矩阵 $\boldsymbol{A}$,$\boldsymbol{B}$ 的特征值

3.2 基于改进型多时间尺度动态神经网络辨识模型的控制器

在本节中，我们将使用直接补偿、滑模控制和反馈线性化作为主要控制工具，基于3.1节的辨识结果来完成轨迹跟踪任务。

3.2.1 跟踪误差分析

如前所述，即使动态神经网络具有高超的学习能力来表征非线性动态过程，建模误差有时也不可避免，甚至会影响系统的稳定性。因此，该非线性系统可以用具有更新律(3.25)的多时间尺度动态神经网络表示

$$\begin{aligned}\dot{\boldsymbol{x}} &= \boldsymbol{A}\boldsymbol{x}_{nn} + \boldsymbol{W}_1\boldsymbol{\sigma}_1(\boldsymbol{x}_{nn},\boldsymbol{y}_{nn}) + \boldsymbol{W}_2\gamma(\boldsymbol{U}) + \Delta\boldsymbol{f}_x \\ \varepsilon\dot{\boldsymbol{y}} &= B\boldsymbol{y}_{nn} + \boldsymbol{W}_3\boldsymbol{\sigma}_2(\boldsymbol{x}_{nn},\boldsymbol{y}_{nn}) + \boldsymbol{W}_4\gamma(\boldsymbol{U}) + \Delta\boldsymbol{f}_y\end{aligned} \tag{3.45}$$

式中：模型误差和扰动 $\Delta\boldsymbol{f}_x$，$\Delta\boldsymbol{f}_y$ 仍假设界限为 $\|\Delta\boldsymbol{f}_x\| \leqslant \Delta\bar{\boldsymbol{f}}_x$，$\|\Delta\boldsymbol{f}_y\| \leqslant \Delta\bar{\boldsymbol{f}}_y$。并且 $\Delta\boldsymbol{x}$，$\Delta\boldsymbol{y}$ 和 $\boldsymbol{W}_{1,2,3,4}$ 以及3.1.1节中的其他稳定性属性一样也是有界的。

可以得到

$$\begin{aligned}\dot{\boldsymbol{x}} &= \boldsymbol{A}\boldsymbol{x} + \boldsymbol{W}_1\boldsymbol{\sigma}_1(\boldsymbol{x}_{nn},\boldsymbol{y}_{nn}) + \boldsymbol{W}_2\gamma(\boldsymbol{U}) + \boldsymbol{d}_x \\ \varepsilon\dot{\boldsymbol{y}} &= \boldsymbol{B}\boldsymbol{y} + \boldsymbol{W}_3\boldsymbol{\sigma}_2(\boldsymbol{x}_{nn},\boldsymbol{y}_{nn}) + \boldsymbol{W}_4\gamma(\boldsymbol{U}) + \boldsymbol{d}_y\end{aligned} \tag{3.46}$$

式中：$\boldsymbol{d}_x = \Delta\boldsymbol{f}_x + \boldsymbol{A}\boldsymbol{x}_{nn} - \boldsymbol{A}\boldsymbol{x} = \Delta\boldsymbol{f}_x - \boldsymbol{A}\Delta\boldsymbol{x}$，$\boldsymbol{d}_y = \Delta\boldsymbol{f}_y + \boldsymbol{B}\boldsymbol{y}_{nn} - \boldsymbol{B}\boldsymbol{y} = \Delta\boldsymbol{f}_y - \boldsymbol{B}\Delta\boldsymbol{y}$。如果 $\Delta\boldsymbol{f}_x$，$\Delta\boldsymbol{f}_y$ 和 $\Delta\boldsymbol{x}$，$\Delta\boldsymbol{y}$ 是有界的，那么 $\boldsymbol{d}_x$，$\boldsymbol{d}_y$ 也是有界的，即 $\|\boldsymbol{d}_x\| \leqslant \bar{\boldsymbol{d}}_x$，$\|\boldsymbol{d}_y\| \leqslant \bar{\boldsymbol{d}}_y$。

与第2章中一样，引入时间尺度参数，将期望时变轨迹定义为式(2.41)。由于改进型多时间尺度神经网络结构只包含神经网络本身的状态变量，因此改进型多时间尺度神经网络辨识和控制器的整体结构如图3-12所示。控制律是独立于实际系统的实际信号。

将状态跟踪误差定义为

$$\begin{aligned}\boldsymbol{E}_x &= \boldsymbol{x} - \boldsymbol{x}_{\mathrm{d}} \\ \boldsymbol{E}_y &= \boldsymbol{y} - \boldsymbol{y}_{\mathrm{d}}\end{aligned} \tag{3.47}$$

从而得到误差动态方程

$$\begin{aligned}\dot{\boldsymbol{E}}_x &= \boldsymbol{A}\boldsymbol{x}_{nn} + \boldsymbol{W}_1\boldsymbol{\sigma}_1(\boldsymbol{x}_{nn},\boldsymbol{y}_{nn}) + \boldsymbol{W}_2\gamma(\boldsymbol{U}) + \boldsymbol{d}_x - \boldsymbol{g}_x \\ \varepsilon\dot{\boldsymbol{E}}_y &= \boldsymbol{B}\boldsymbol{y}_{nn} + \boldsymbol{W}_3\boldsymbol{\sigma}_2(\boldsymbol{x}_{nn},\boldsymbol{y}_{nn}) + \boldsymbol{W}_4\gamma(\boldsymbol{U}) + \boldsymbol{d}_y - \boldsymbol{g}_y\end{aligned} \tag{3.48}$$

如果把辨识和控制看作一个完整的过程，那么可以通过生成最终的李雅普诺夫候选函数 $\boldsymbol{V} = \boldsymbol{V}_{\mathrm{I}} + \boldsymbol{V}_{\mathrm{C}}$ 来将该策略应用到实际应用中。因为已经在定理3.2中证明了 $\dot{\boldsymbol{V}}_{\mathrm{I}} \leqslant 0$ 及相关稳定性能。现在考虑跟踪的稳定性分析。

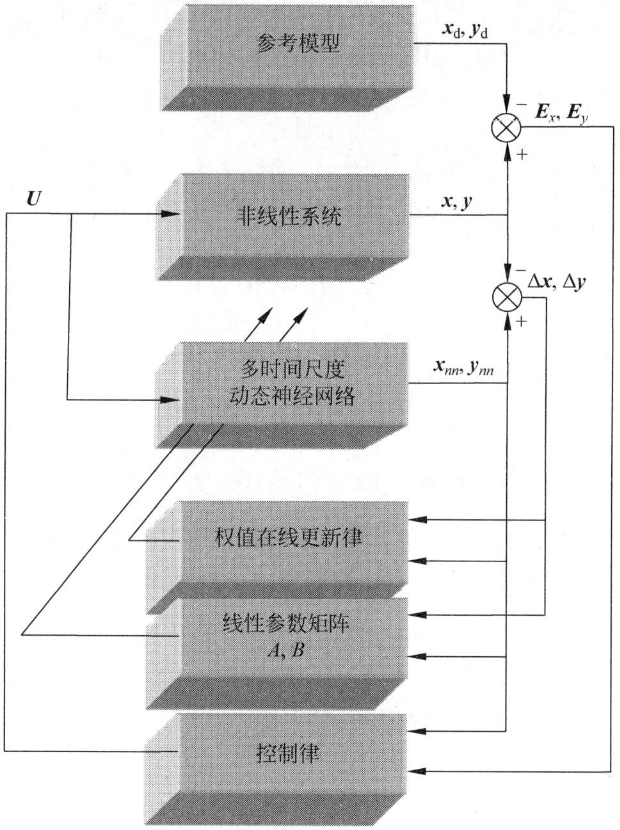

图 3-12　改进型多时间尺度动态神经网络辨识与控制结构

3.2.2　控制器设计

将控制动作 $\boldsymbol{U}$ 再次设计为

$$\boldsymbol{U}=\boldsymbol{u}_{\mathrm{L}}+\boldsymbol{u}_{\mathrm{f}} \tag{3.49}$$

式中：$\boldsymbol{u}_{\mathrm{L}}$ 是对已知非线性的补偿；$\boldsymbol{u}_{\mathrm{f}}$ 专门处理模型误差。

设计 $\boldsymbol{u}_{\mathrm{L}}$ 为

$$\begin{aligned}\boldsymbol{u}_{\mathrm{L}}&=\begin{bmatrix}\boldsymbol{W}_2\\(1/\varepsilon)\boldsymbol{W}_4\end{bmatrix}^{-1}\boldsymbol{u}_{\mathrm{L}}'\\ \boldsymbol{u}_{\mathrm{L}}'&=-\begin{bmatrix}A\boldsymbol{x}_{\mathrm{d}}\\(1/\varepsilon)\boldsymbol{B}\boldsymbol{y}_{\mathrm{d}}\end{bmatrix}-\begin{bmatrix}\boldsymbol{W}_1\boldsymbol{\sigma}_1(\boldsymbol{x}_{nn},\boldsymbol{y}_{nn})\\(1/\varepsilon)\boldsymbol{W}_3\boldsymbol{\sigma}_2(\boldsymbol{x}_{nn},\boldsymbol{y}_{nn})\end{bmatrix}+\begin{bmatrix}\boldsymbol{g}_x\\(1/\varepsilon)\boldsymbol{g}_y\end{bmatrix}\end{aligned} \tag{3.50}$$

$\boldsymbol{u}_{\mathrm{f}}$ 的作用是对未知的动态建模误差进行补偿。采用滑模控制方法完成这一任务。设计 $\boldsymbol{u}_{\mathrm{f}}$ 为

$$\boldsymbol{u}_{\mathrm{f}}=\begin{bmatrix}\boldsymbol{W}_2\\(1/\varepsilon)\boldsymbol{W}_4\end{bmatrix}^{-1}\boldsymbol{u}'_{\mathrm{f}}=\begin{bmatrix}\boldsymbol{W}_2\\(1/\varepsilon)\boldsymbol{W}_4\end{bmatrix}^{-1}\begin{bmatrix}\boldsymbol{u}'_{\mathrm{f}x}\\\boldsymbol{u}'_{\mathrm{f}y}\end{bmatrix}\tag{3.51}$$

首先将式(3.48)重写为

$$\begin{bmatrix}\dot{\boldsymbol{E}}_x\\\dot{\boldsymbol{E}}_y\end{bmatrix}=\begin{bmatrix}\boldsymbol{A}\boldsymbol{x}_{nn}\\(1/\varepsilon)\boldsymbol{B}\boldsymbol{y}_{nn}\end{bmatrix}+\begin{bmatrix}\boldsymbol{W}_1\boldsymbol{\sigma}_1(\boldsymbol{x}_{nn},\boldsymbol{y}_{nn})\\(1/\varepsilon)\boldsymbol{W}_3\boldsymbol{\sigma}_2(\boldsymbol{x}_{nn},\boldsymbol{y}_{nn})\end{bmatrix}+\begin{bmatrix}\boldsymbol{W}_2\\(1/\varepsilon)\boldsymbol{W}_4\end{bmatrix}\boldsymbol{U}+\begin{bmatrix}\boldsymbol{d}_x\\(1/\varepsilon)\boldsymbol{d}_y\end{bmatrix}-\begin{bmatrix}\boldsymbol{g}_x\\(1/\varepsilon)\boldsymbol{g}_y\end{bmatrix}\tag{3.52}$$

然后将式(3.50)代入式(3.52)得

$$\begin{bmatrix}\dot{\boldsymbol{E}}_x\\\dot{\boldsymbol{E}}_y\end{bmatrix}=\begin{bmatrix}\boldsymbol{A}\boldsymbol{E}_x\\(1/\varepsilon)\boldsymbol{B}\boldsymbol{E}_y\end{bmatrix}+\begin{bmatrix}\boldsymbol{W}_2\\(1/\varepsilon)\boldsymbol{W}_4\end{bmatrix}\boldsymbol{u}_{\mathrm{f}}+\begin{bmatrix}\boldsymbol{d}_x\\(1/\varepsilon)\boldsymbol{d}_y\end{bmatrix}\tag{3.53}$$

如果模型误差和扰动为零或可忽略,从控制的角度来看,它不会破坏系统的稳定性,$\boldsymbol{u}_{\mathrm{f}}$ 可以选择为零,使误差动力学收敛到原点。证明非常简单,因为 $\boldsymbol{A}$ 和 $\boldsymbol{B}$ 是稳定矩阵,而且 ε 是正的。

将式(3.51)代入式(3.53)得

$$\begin{aligned}\dot{\boldsymbol{E}}_x&=\boldsymbol{A}\boldsymbol{E}_x+\boldsymbol{u}'_{\mathrm{f}x}+\boldsymbol{d}_x\\\dot{\boldsymbol{E}}_y&=(1/\varepsilon)\boldsymbol{B}\boldsymbol{E}_y+\boldsymbol{u}'_{\mathrm{f}y}+(1/\varepsilon)\boldsymbol{d}_y\end{aligned}\tag{3.54}$$

(1) 直接补偿

如果辨识过程稳定,在 3.1.2 节中已验证了建模误差可以表示为 $\Delta\boldsymbol{f}_x=\dot{\boldsymbol{x}}-\dot{\boldsymbol{x}}_{nn}$,$\Delta\boldsymbol{f}_y=\dot{\boldsymbol{y}}-\dot{\boldsymbol{y}}_{nn}$。因此,如果所有真实信号的导数都是可用的,可以用该方法对动态建模误差进行补偿。

$$\begin{aligned}\boldsymbol{u}'_{\mathrm{f}}=\begin{bmatrix}\boldsymbol{u}'_{\mathrm{f}x}\\\boldsymbol{u}'_{\mathrm{f}y}\end{bmatrix}&=-\begin{bmatrix}\boldsymbol{d}_x\\(1/\varepsilon)\boldsymbol{d}_y\end{bmatrix}=-\begin{bmatrix}\Delta\boldsymbol{f}_x-\boldsymbol{A}\Delta\boldsymbol{x}\\(1/\varepsilon)(\Delta\boldsymbol{f}_y-\boldsymbol{B}\Delta\boldsymbol{y})\end{bmatrix}\\&=-\begin{bmatrix}\dot{\boldsymbol{x}}-\dot{\boldsymbol{x}}_{nn}-\boldsymbol{A}\Delta\boldsymbol{x}\\(1/\varepsilon)(\dot{\boldsymbol{y}}-\dot{\boldsymbol{y}}_{nn}-\boldsymbol{B}\Delta\boldsymbol{y})\end{bmatrix}\end{aligned}\tag{3.55}$$

定理 3.3 通过控制策略(3.55),可以保证控制误差全局渐近稳定,即 $\lim\limits_{t\to\infty}\boldsymbol{E}_x=0$,$\lim\limits_{t\to\infty}\boldsymbol{E}_y=0$。

证明

由式(3.54)和式(3.55)可知误差动态方程变为

$$\begin{aligned}\dot{\boldsymbol{E}}_x&=\boldsymbol{A}\boldsymbol{E}_x\\\dot{\boldsymbol{E}}_y&=(1/\varepsilon)\boldsymbol{B}\boldsymbol{E}_y\end{aligned}\tag{3.56}$$

因此,稳定性特征为$\lim\limits_{t\to\infty}\boldsymbol{E}_x=0$,$\lim\limits_{t\to\infty}\boldsymbol{E}_y=0$。

该控制器涉及矩阵逆,通过选择合适的更新律初值和激活函数参数,可以保证该控制器的非奇异性。

(2) 滑模补偿

在无法得到真实信号的导数的情况下,可以采用滑模技术对动态建模误差进行补偿,并假定$\boldsymbol{d}_x$,$\boldsymbol{d}_y$是有界的且$\|\boldsymbol{d}_x\|\leqslant\bar{\boldsymbol{d}}_x$,$\|\boldsymbol{d}_y\|\leqslant\bar{\boldsymbol{d}}_y$。则

$$\boldsymbol{u}'_{\mathrm{f}}=\begin{bmatrix}\boldsymbol{u}'_{\mathrm{f}x}\\ \boldsymbol{u}'_{\mathrm{f}y}\end{bmatrix}=\begin{bmatrix}-k_x\boldsymbol{P}_x^{-1}\operatorname{sign}(\boldsymbol{E}_x)\\ -(1/\varepsilon)\boldsymbol{P}_y^{-1}\operatorname{sign}(\boldsymbol{E}_y)\end{bmatrix}\tag{3.57}$$

其中:$k_x>\lambda_{\max}(\boldsymbol{P}_x)\bar{\boldsymbol{d}}_x$,$k_y>\lambda_{\max}(\boldsymbol{P}_y)\bar{\boldsymbol{d}}_y$,$\boldsymbol{P}_x$,$\boldsymbol{P}_y$为式(3.58)的解。

对于正定对称矩阵$\boldsymbol{Q}_x$,$\boldsymbol{Q}_y$,一定存在可以满足以下方程的矩阵$\boldsymbol{P}_x$,$\boldsymbol{P}_y$

$$\begin{aligned}\boldsymbol{A}^{\mathrm{T}}\boldsymbol{P}_x+\boldsymbol{P}_x\boldsymbol{A}&=-\boldsymbol{Q}_x\\ \boldsymbol{B}^{\mathrm{T}}\boldsymbol{P}_y+\boldsymbol{P}_y\boldsymbol{B}&=-\boldsymbol{Q}_y\end{aligned}\tag{3.58}$$

定理 3.4 采用控制策略(3.57),可以保证控制误差全局渐近稳定。即$\lim\limits_{t\to\infty}\boldsymbol{E}_x=0$,$\lim\limits_{t\to\infty}\boldsymbol{E}_y=0$。

证明:由于已经在定理3.2中证明$\dot{\boldsymbol{V}}_{\mathrm{I}}\leqslant0$和辨识稳定性的性质。现在考虑如下用于控制设计的李雅普诺夫候选函数

$$\boldsymbol{V}_{\mathrm{c}}=\boldsymbol{E}_x^{\mathrm{T}}\boldsymbol{P}_x\boldsymbol{E}_x+\boldsymbol{E}_y^{\mathrm{T}}\boldsymbol{P}_y\boldsymbol{E}_y\tag{3.59}$$

利用式(3.54)和式(3.57)得到李雅普诺夫候选函数(3.59)的导数为

$$\begin{aligned}\dot{\boldsymbol{V}}_{\mathrm{c}}&=\dot{\boldsymbol{E}}_x^{\mathrm{T}}\boldsymbol{P}_x\boldsymbol{E}_x+\boldsymbol{E}_x^{\mathrm{T}}\boldsymbol{P}_x\dot{\boldsymbol{E}}_x+\dot{\boldsymbol{E}}_y^{\mathrm{T}}\boldsymbol{P}_y\boldsymbol{E}_y+\boldsymbol{E}_y^{\mathrm{T}}\boldsymbol{P}_y\dot{\boldsymbol{E}}_y\\
&=(\boldsymbol{E}_x^{\mathrm{T}}\boldsymbol{A}^{\mathrm{T}}+\boldsymbol{u}'^{\mathrm{T}}_{\mathrm{f}x}+\boldsymbol{d}_x^{\mathrm{T}})\boldsymbol{P}_x\boldsymbol{E}_x+\boldsymbol{E}_x^{\mathrm{T}}\boldsymbol{P}_x(\boldsymbol{A}\boldsymbol{E}_x+\boldsymbol{u}'_{\mathrm{f}x}+\boldsymbol{d}_x)+\\
&\quad(1/\varepsilon)(\boldsymbol{E}_y^{\mathrm{T}}\boldsymbol{B}^{\mathrm{T}}+\varepsilon\boldsymbol{u}'^{\mathrm{T}}_{\mathrm{f}y}+\boldsymbol{d}_y^{\mathrm{T}})\boldsymbol{P}_y\boldsymbol{E}_y+(1/\varepsilon)\boldsymbol{E}_y^{\mathrm{T}}\boldsymbol{P}_y(\boldsymbol{B}\boldsymbol{E}_y+\varepsilon\boldsymbol{u}'_{\mathrm{f}y}+\boldsymbol{d}_y)\\
&=\boldsymbol{E}_x^{\mathrm{T}}(\boldsymbol{A}^{\mathrm{T}}\boldsymbol{P}_x+\boldsymbol{P}_x\boldsymbol{A})\boldsymbol{E}_x+2\boldsymbol{E}_x^{\mathrm{T}}\boldsymbol{P}_x\boldsymbol{u}'_{\mathrm{f}x}+2\boldsymbol{E}_x^{\mathrm{T}}\boldsymbol{P}_x\boldsymbol{d}_x+\\
&\quad(1/\varepsilon)\boldsymbol{E}_y^{\mathrm{T}}(\boldsymbol{B}^{\mathrm{T}}\boldsymbol{P}_y+\boldsymbol{P}_y\boldsymbol{B})\boldsymbol{E}_y+2\boldsymbol{E}_y^{\mathrm{T}}\boldsymbol{P}_y\boldsymbol{u}'_{\mathrm{f}y}+2(1/\varepsilon)\boldsymbol{E}_y^{\mathrm{T}}\boldsymbol{P}_y\boldsymbol{d}_y\\
&=-\boldsymbol{E}_x^{\mathrm{T}}\boldsymbol{Q}_{x\mathrm{o}}\boldsymbol{E}_x-2k_x|\boldsymbol{E}_x|+2\boldsymbol{E}_x^{\mathrm{T}}\boldsymbol{P}_x\boldsymbol{d}_x-(1/\varepsilon)\boldsymbol{E}_y^{\mathrm{T}}\boldsymbol{Q}_{y\mathrm{o}}\boldsymbol{E}_y-2(1/\varepsilon)k_y|\boldsymbol{E}_y|+\\
&\quad2(1/\varepsilon)\boldsymbol{E}_y^{\mathrm{T}}\boldsymbol{P}_y\boldsymbol{d}_y\\
&\leqslant-\boldsymbol{E}_x^{\mathrm{T}}\boldsymbol{Q}_{x\mathrm{o}}\boldsymbol{E}_x-2k_x\|\boldsymbol{E}_x\|+2\lambda_{\max}(\boldsymbol{P}_x)\|\boldsymbol{E}_x\|\|\boldsymbol{d}_x\|-(1/\varepsilon)\boldsymbol{E}_y^{\mathrm{T}}\boldsymbol{Q}_{y\mathrm{o}}\boldsymbol{E}_y-\\
&\quad2(1/\varepsilon)k_y\|\boldsymbol{E}_y\|+2(1/\varepsilon)\lambda_{\max}(\boldsymbol{P}_y)\|\boldsymbol{E}_y\|\|\boldsymbol{d}_y\|\\
&\leqslant-\boldsymbol{E}_x^{\mathrm{T}}\boldsymbol{Q}_{x\mathrm{o}}\boldsymbol{E}_x-2(k_x-\lambda_{\max}(\boldsymbol{P}_x)\bar{\boldsymbol{d}}_x)\|\boldsymbol{E}_x\|-(1/\varepsilon)\boldsymbol{E}_y^{\mathrm{T}}\boldsymbol{Q}_{y\mathrm{o}}\boldsymbol{E}_y-\\
&\quad2(1/\varepsilon)(k_y-\lambda_{\max}(\boldsymbol{P}_y)\bar{\boldsymbol{d}}_y)\|\boldsymbol{E}_y\|\leqslant0\end{aligned}$$

因此,有稳定性$\lim\limits_{t\to\infty}\boldsymbol{E}_x=0$,$\lim\limits_{t\to\infty}\boldsymbol{E}_y=0$。

(3) 能量函数补偿

在这种情况下,使用建模误差有界的假设。然后定义

$$\boldsymbol{u}'_{\mathrm{f}}=\begin{bmatrix}\boldsymbol{u}'_{\mathrm{f}x}\\ \boldsymbol{u}'_{\mathrm{fy}}\end{bmatrix}=\begin{bmatrix}-2\boldsymbol{R}_x^{-1}\boldsymbol{P}_x\boldsymbol{E}_x\\ -2(1/\varepsilon)\boldsymbol{R}_y^{-1}\boldsymbol{P}_y\boldsymbol{E}_y\end{bmatrix} \tag{3.60}$$

其中:$\boldsymbol{R}_x=\boldsymbol{R}_x^{\mathrm{T}}>0,\boldsymbol{R}_y=\boldsymbol{R}_y^{\mathrm{T}}>0$。

假设 3.5 由于矩阵 $\boldsymbol{A},\boldsymbol{B}$ 是 Hurwitz 矩阵。如果定义 $\boldsymbol{R}_x=\boldsymbol{\Lambda}_x^{-1},\boldsymbol{R}_y=\boldsymbol{\Lambda}_y^{-1}$,可以选择合适的 $\boldsymbol{Q}_x,\boldsymbol{Q}_y$ 满足引理 3.1 中的条件,那么存在矩阵 $\boldsymbol{P}_x,\boldsymbol{P}_y$ 满足以下方程

$$\begin{aligned}&\boldsymbol{A}^{\mathrm{T}}\boldsymbol{P}_x+\boldsymbol{P}_x\boldsymbol{A}+\boldsymbol{P}_x\boldsymbol{R}_x\boldsymbol{P}_x+\boldsymbol{Q}_x=0\\&\boldsymbol{B}^{\mathrm{T}}\boldsymbol{P}_y+\boldsymbol{P}_y\boldsymbol{B}+\boldsymbol{P}_y\boldsymbol{R}_y\boldsymbol{P}_y+\boldsymbol{Q}_y=0\end{aligned} \tag{3.61}$$

定理 3.5 通过控制策略(3.60)和假设 3.5,可以保证以下稳定性

$$\begin{aligned}&\|\boldsymbol{E}_x\|_{\boldsymbol{Q}_x}^2+\|\boldsymbol{u}'_{\mathrm{f}x}\|_{\boldsymbol{R}_x}^2\leqslant\|\boldsymbol{d}_x\|_{\boldsymbol{\Lambda}_x}^2+\limsup_{\tau\to\infty}\frac{1}{\tau}\int_0^\tau\Psi(\boldsymbol{u}'_{\mathrm{f}x})\mathrm{d}t\\&\|\boldsymbol{E}_y\|_{\boldsymbol{Q}_y}^2+\|\boldsymbol{u}'_{\mathrm{fy}}\|_{\boldsymbol{R}_y}^2\leqslant\frac{1}{\varepsilon}\|\boldsymbol{d}_y\|_{\boldsymbol{\Lambda}_y}^2+\limsup_{\tau\to\infty}\frac{1}{\tau}\int_0^\tau\Psi(\boldsymbol{u}'_{\mathrm{fy}})\mathrm{d}t\end{aligned} \tag{3.62}$$

式中:$\Psi(\boldsymbol{u}'_{\mathrm{f}x})=2\boldsymbol{E}_x^{\mathrm{T}}\boldsymbol{P}_x\boldsymbol{u}'_{\mathrm{f}x}+\boldsymbol{u}'^{\mathrm{T}}_{\mathrm{f}x}\boldsymbol{R}_x\boldsymbol{u}'_{\mathrm{f}x},\Psi(\boldsymbol{u}'_{\mathrm{fy}})=2\boldsymbol{E}_y^{\mathrm{T}}\boldsymbol{P}_y\boldsymbol{u}'_{\mathrm{fy}}+(1/\varepsilon)\boldsymbol{u}'^{\mathrm{T}}_{\mathrm{fy}}\boldsymbol{R}_y\boldsymbol{u}'_{\mathrm{fy}}$ 为能量函数。

证明:

由于已经在定理 3.2 中证明 $\dot{\boldsymbol{V}}_{\mathrm{I}}\leqslant 0$ 和相关辨识稳定性的性质。现在考虑用于控制目的的李雅普诺夫函数

$$\begin{aligned}&\boldsymbol{V}_{\mathrm{c}}=\boldsymbol{V}_x+\boldsymbol{V}_y\\&\boldsymbol{V}_x=\boldsymbol{E}_x^{\mathrm{T}}\boldsymbol{P}_x\boldsymbol{E}_x,\quad \boldsymbol{V}_y=\boldsymbol{E}_y^{\mathrm{T}}\boldsymbol{P}_y\boldsymbol{E}_y\end{aligned} \tag{3.63}$$

利用式(3.54)和式(3.60),得到李雅普诺夫函数(3.63)的导数为

$$\begin{aligned}\dot{\boldsymbol{V}}_x&=\dot{\boldsymbol{E}}_x^{\mathrm{T}}\boldsymbol{P}_x\boldsymbol{E}_x+\boldsymbol{E}_x^{\mathrm{T}}\boldsymbol{P}_x\dot{\boldsymbol{E}}_x\\&=(\boldsymbol{E}_x^{\mathrm{T}}\boldsymbol{A}^{\mathrm{T}}+\boldsymbol{u}'^{\mathrm{T}}_{\mathrm{f}x}+\boldsymbol{d}_x^{\mathrm{T}})\boldsymbol{P}_x\boldsymbol{E}_x+\boldsymbol{E}_x^{\mathrm{T}}\boldsymbol{P}_x(\boldsymbol{A}\boldsymbol{E}_x+\boldsymbol{u}'_{\mathrm{f}x}+\boldsymbol{d}_x)\\&=\boldsymbol{E}_x^{\mathrm{T}}(\boldsymbol{A}^{\mathrm{T}}\boldsymbol{P}_x+\boldsymbol{P}_x\boldsymbol{A})\boldsymbol{E}_x+2\boldsymbol{E}_x^{\mathrm{T}}\boldsymbol{P}_x\boldsymbol{u}'_{\mathrm{f}x}+2\boldsymbol{E}_x^{\mathrm{T}}\boldsymbol{P}_x\boldsymbol{d}_x\\\dot{\boldsymbol{V}}_y&=\dot{\boldsymbol{E}}_y^{\mathrm{T}}\boldsymbol{P}_y\boldsymbol{E}_y+\boldsymbol{E}_y^{\mathrm{T}}\boldsymbol{P}_y\dot{\boldsymbol{E}}_y\\&=(1/\varepsilon)(\boldsymbol{E}_y^{\mathrm{T}}\boldsymbol{B}^{\mathrm{T}}+\varepsilon\boldsymbol{u}'^{\mathrm{T}}_{\mathrm{fy}}+\boldsymbol{d}_y^{\mathrm{T}})\boldsymbol{P}_y\boldsymbol{E}_y+(1/\varepsilon)\boldsymbol{E}_y^{\mathrm{T}}\boldsymbol{P}_y(\boldsymbol{B}\boldsymbol{E}_y+\varepsilon\boldsymbol{u}'_{\mathrm{fy}}+\boldsymbol{d}_y)\\&=(1/\varepsilon)\boldsymbol{E}_y^{\mathrm{T}}(\boldsymbol{B}^{\mathrm{T}}\boldsymbol{P}_y+\boldsymbol{P}_y\boldsymbol{B})\boldsymbol{E}_y+2\boldsymbol{E}_y^{\mathrm{T}}\boldsymbol{P}_y\boldsymbol{u}'_{\mathrm{fy}}+2(1/\varepsilon)\boldsymbol{E}_y^{\mathrm{T}}\boldsymbol{P}_y\boldsymbol{d}_y\end{aligned} \tag{3.64}$$

由矩阵不等式(3.14)可得

$$\begin{aligned}&2\boldsymbol{E}_x^{\mathrm{T}}\boldsymbol{P}_x\boldsymbol{d}_x\leqslant\boldsymbol{E}_x^{\mathrm{T}}\boldsymbol{P}_x\boldsymbol{\Lambda}_x^{-1}\boldsymbol{P}_x\boldsymbol{E}_x+\boldsymbol{d}_x^{\mathrm{T}}\boldsymbol{\Lambda}_x\boldsymbol{d}_x\\&2(1/\varepsilon)\boldsymbol{E}_y^{\mathrm{T}}\boldsymbol{P}_y\boldsymbol{d}_y\leqslant(1/\varepsilon)(\boldsymbol{E}_y^{\mathrm{T}}\boldsymbol{P}_y\boldsymbol{\Lambda}_y^{-1}\boldsymbol{P}_y\boldsymbol{E}_y+\boldsymbol{d}_y^{\mathrm{T}}\boldsymbol{\Lambda}_y\boldsymbol{d}_y)\end{aligned} \tag{3.65}$$

因此由式(3.64)得

$$\begin{aligned}\dot{\boldsymbol{V}}_x &\leqslant \boldsymbol{E}_x^{\mathrm{T}}(\boldsymbol{A}^{\mathrm{T}}\boldsymbol{P}_x+\boldsymbol{P}_x\boldsymbol{A}+\boldsymbol{P}_x\boldsymbol{\Lambda}_x^{-1}\boldsymbol{P}_x+\boldsymbol{Q}_x)\boldsymbol{E}_x-\boldsymbol{E}_x^{\mathrm{T}}\boldsymbol{Q}_x\boldsymbol{E}_x+\\&\quad \boldsymbol{d}_x^{\mathrm{T}}\boldsymbol{\Lambda}_x\boldsymbol{d}_x+2\boldsymbol{E}_x^{\mathrm{T}}\boldsymbol{P}_x\boldsymbol{u}'_{\mathrm{f}x}\\&=-\boldsymbol{E}_x^{\mathrm{T}}\boldsymbol{Q}_x\boldsymbol{E}_x-\boldsymbol{u}'^{\mathrm{T}}_{\mathrm{f}x}\boldsymbol{R}_x\boldsymbol{u}'_{\mathrm{f}x}+\boldsymbol{d}_x^{\mathrm{T}}\boldsymbol{\Lambda}_x\boldsymbol{d}_x+2\boldsymbol{E}_x^{\mathrm{T}}\boldsymbol{P}_x\boldsymbol{u}'_{\mathrm{f}x}+\boldsymbol{u}'^{\mathrm{T}}_{\mathrm{f}x}\boldsymbol{R}_x\boldsymbol{u}'_{\mathrm{f}x}\\&=-\boldsymbol{E}_x^{\mathrm{T}}\boldsymbol{Q}_x\boldsymbol{E}_x-\boldsymbol{u}'^{\mathrm{T}}_{\mathrm{f}x}\boldsymbol{R}_x\boldsymbol{u}'_{\mathrm{f}x}+\boldsymbol{d}_x^{\mathrm{T}}\boldsymbol{\Lambda}_x\boldsymbol{d}_x+\Psi(\boldsymbol{u}'_{\mathrm{f}x})\\ \dot{\boldsymbol{V}}_y &\leqslant (1/\varepsilon)\boldsymbol{E}_y^{\mathrm{T}}(\boldsymbol{B}^{\mathrm{T}}\boldsymbol{P}_y+\boldsymbol{P}_y\boldsymbol{B}+\boldsymbol{P}_y\boldsymbol{\Lambda}_y^{-1}\boldsymbol{P}_y+\boldsymbol{Q}_y)\boldsymbol{E}_y-\\&\quad (1/\varepsilon)\boldsymbol{E}_y^{\mathrm{T}}\boldsymbol{Q}_y\boldsymbol{E}_y+(1/\varepsilon)\boldsymbol{d}_y^{\mathrm{T}}\boldsymbol{\Lambda}_y\boldsymbol{d}_y+2\boldsymbol{E}_y^{\mathrm{T}}\boldsymbol{P}_y\boldsymbol{u}'_{\mathrm{f}y}\\&=-(1/\varepsilon)\boldsymbol{E}_y^{\mathrm{T}}\boldsymbol{Q}_y\boldsymbol{E}_y-(1/\varepsilon)\boldsymbol{u}'^{\mathrm{T}}_{\mathrm{f}y}\boldsymbol{R}_y\boldsymbol{u}'_{\mathrm{f}y}+(1/\varepsilon)\boldsymbol{d}_y^{\mathrm{T}}\boldsymbol{\Lambda}_y\boldsymbol{d}_y+\\&\quad 2\boldsymbol{E}_y^{\mathrm{T}}\boldsymbol{P}_y\boldsymbol{u}'_{\mathrm{f}y}+(1/\varepsilon)\boldsymbol{u}'^{\mathrm{T}}_{\mathrm{f}y}\boldsymbol{R}_y\boldsymbol{u}'_{\mathrm{f}y}\\&=-(1/\varepsilon)\boldsymbol{E}_y^{\mathrm{T}}\boldsymbol{Q}_y\boldsymbol{E}_y-(1/\varepsilon)\boldsymbol{u}'^{\mathrm{T}}_{\mathrm{f}y}\boldsymbol{R}_y\boldsymbol{u}'_{\mathrm{f}y}+\\&\quad (1/\varepsilon)\boldsymbol{d}_y^{\mathrm{T}}\boldsymbol{\Lambda}_y\boldsymbol{d}_y+\Psi(\boldsymbol{u}'_{\mathrm{f}y})\end{aligned}\tag{3.66}$$

则式(3.66)可写为

$$\begin{aligned}&\boldsymbol{E}_x^{\mathrm{T}}\boldsymbol{Q}_x\boldsymbol{E}_x+\boldsymbol{u}'^{\mathrm{T}}_{\mathrm{f}x}\boldsymbol{R}_x\boldsymbol{u}'_{\mathrm{f}x}\leqslant \boldsymbol{d}_x^{\mathrm{T}}\boldsymbol{\Lambda}_x\boldsymbol{d}_x+\Psi(\boldsymbol{u}'_{\mathrm{f}x})-\dot{\boldsymbol{V}}_x\\&(1/\varepsilon)\boldsymbol{E}_y^{\mathrm{T}}\boldsymbol{Q}_y\boldsymbol{E}_y+(1/\varepsilon)\boldsymbol{u}'^{\mathrm{T}}_{\mathrm{f}y}\boldsymbol{R}_y\boldsymbol{u}'_{\mathrm{f}y}\leqslant(1/\varepsilon)\boldsymbol{d}_y^{\mathrm{T}}\boldsymbol{\Lambda}_y\boldsymbol{d}_y+\Psi(\boldsymbol{u}'_{\mathrm{f}y})-\dot{\boldsymbol{V}}_y\end{aligned}\tag{3.67}$$

然后对每一项从 $0\sim\tau$ 求积分,求积分的平均,然后求这些积分的上限,得到

$$\begin{aligned}&\|\boldsymbol{E}_x\|_{\boldsymbol{Q}_x}^2+\|\boldsymbol{u}'_{\mathrm{f}x}\|_{\boldsymbol{R}_x}^2\\&\leqslant\|\boldsymbol{d}_x\|_{\boldsymbol{\Lambda}_x}^2+\limsup_{\tau\to\infty}\frac{1}{\tau}\int_0^\tau\Psi(\boldsymbol{u}'_{\mathrm{f}x})\mathrm{d}t+\limsup_{\tau\to\infty}\left(-\frac{1}{\tau}\int_0^\tau\dot{\boldsymbol{V}}_x\mathrm{d}t\right)\\&\frac{1}{\varepsilon}\|\boldsymbol{E}_y\|_{\boldsymbol{Q}_y}^2+\frac{1}{\varepsilon}\|\boldsymbol{u}'_{\mathrm{f}y}\|_{\boldsymbol{R}_y}^2\\&\leqslant\frac{1}{\varepsilon}\|\boldsymbol{d}_y\|_{\boldsymbol{\Lambda}_y}^2+\limsup_{\tau\to\infty}\frac{1}{\tau}\int_0^\tau\Psi(\boldsymbol{u}'_{\mathrm{f}y})\mathrm{d}t+\limsup_{\tau\to\infty}\left(-\frac{1}{\tau}\int_0^\tau\dot{\boldsymbol{V}}_y\mathrm{d}t\right)\end{aligned}\tag{3.68}$$

其中

$$\|\boldsymbol{E}_x\|_{\boldsymbol{Q}_x}^2=\limsup_{\tau\to\infty}\frac{1}{\tau}\int_0^\tau\boldsymbol{E}_x^{\mathrm{T}}\boldsymbol{Q}_x\boldsymbol{E}_x\mathrm{d}t\qquad\|\boldsymbol{E}_y\|_{\boldsymbol{Q}_y}^2=\limsup_{\tau\to\infty}\frac{1}{\tau}\int_0^\tau\boldsymbol{E}_y^{\mathrm{T}}\boldsymbol{Q}_y\boldsymbol{E}_y\mathrm{d}t$$

$$\|\boldsymbol{u}'_{\mathrm{f}x}\|_{\boldsymbol{R}_x}^2=\limsup_{\tau\to\infty}\frac{1}{\tau}\int_0^\tau\boldsymbol{u}'^{\mathrm{T}}_{\mathrm{f}x}\boldsymbol{R}_x\boldsymbol{u}'_{\mathrm{f}x}\mathrm{d}t\qquad\|\boldsymbol{u}'_{\mathrm{f}y}\|_{\boldsymbol{R}_y}^2=\limsup_{\tau\to\infty}\frac{1}{\tau}\int_0^\tau\boldsymbol{u}'^{\mathrm{T}}_{\mathrm{f}y}\boldsymbol{R}_y\boldsymbol{u}'_{\mathrm{f}y}\mathrm{d}t$$

$$\|\Delta\boldsymbol{f}_x\|_{\boldsymbol{\Lambda}_x}^2=\limsup_{\tau\to\infty}\frac{1}{\tau}\int_0^\tau\boldsymbol{d}_x^{\mathrm{T}}\boldsymbol{\Lambda}_x\boldsymbol{d}_x\mathrm{d}t\qquad\|\Delta\boldsymbol{f}_y\|_{\boldsymbol{\Lambda}_y}^2=\limsup_{\tau\to\infty}\frac{1}{\tau}\int_0^\tau\boldsymbol{d}_y^{\mathrm{T}}\boldsymbol{\Lambda}_y\boldsymbol{d}_y\mathrm{d}t$$

考虑到李雅普诺夫函数 $\boldsymbol{V}_x,\boldsymbol{V}_y$ 总是正的,则有

$$\begin{aligned}&\limsup_{\tau\to\infty}\left(-\frac{1}{\tau}\int_0^\tau\dot{\boldsymbol{V}}_x\mathrm{d}t\right)=\limsup_{\tau\to\infty}\left(-\frac{1}{\tau}\boldsymbol{V}_x(\tau)+\frac{1}{\tau}\boldsymbol{V}_x(0)\right)\leqslant\limsup_{\tau\to\infty}\left(\frac{1}{\tau}\boldsymbol{V}_x(0)\right)=0\\&\limsup_{\tau\to\infty}\left(-\frac{1}{\tau}\int_0^\tau\dot{\boldsymbol{V}}_y\mathrm{d}t\right)=\limsup_{\tau\to\infty}\left(-\frac{1}{\tau}\boldsymbol{V}_y(\tau)+\frac{1}{\tau}\boldsymbol{V}_y(0)\right)\leqslant\limsup_{\tau\to\infty}\left(\frac{1}{\tau}\boldsymbol{V}_y(0)\right)=0\end{aligned}\tag{3.69}$$

因此，有稳定性式(3.62)。然后式(3.62)的右侧确定轨迹跟踪误差的阈值。现在的任务是最小化能量函数

$$\Psi(\boldsymbol{u}'_{fx})=2\boldsymbol{E}_x^{\mathrm{T}}\boldsymbol{P}_x\boldsymbol{u}'_{fx}+\boldsymbol{u}'^{\mathrm{T}}_{fx}\boldsymbol{R}_x\boldsymbol{u}'_{fx},\quad \Psi(\boldsymbol{u}'_{fy})=2\boldsymbol{E}_y^{\mathrm{T}}\boldsymbol{P}_y\boldsymbol{u}'_{fy}+(1/\varepsilon)\boldsymbol{u}'^{\mathrm{T}}_{fy}\boldsymbol{R}_y\boldsymbol{u}'_{fy}$$

如果选择

$$\begin{aligned}\boldsymbol{u}'_{fx}&=-2\boldsymbol{R}_x^{-1}\boldsymbol{P}_x\boldsymbol{E}_x\\ \boldsymbol{u}'_{fy}&=-2(1/\varepsilon)\boldsymbol{R}_y^{-1}\boldsymbol{P}_y\boldsymbol{E}_y\end{aligned}\tag{3.70}$$

则能量函数保持在0。

3.2.3 控制器仿真结果

在3.1节中的辨识算法之后，我们实现了所开发的控制律，它与滑模控制器构成反馈线性化。所需的轨迹由参考模型生成

$$\begin{aligned}\dot{\boldsymbol{x}}_d&=\boldsymbol{y}_d\\ \varepsilon\dot{\boldsymbol{y}}_d&=\sin\boldsymbol{x}_d\end{aligned}\tag{3.71}$$

初始值为 $\boldsymbol{x}_d(0)=1,\boldsymbol{y}_d(0)=0$。

将时间尺度设为 $\varepsilon=0.5$，从图3-13～图3-15可以看出，在3种不同的控制方法

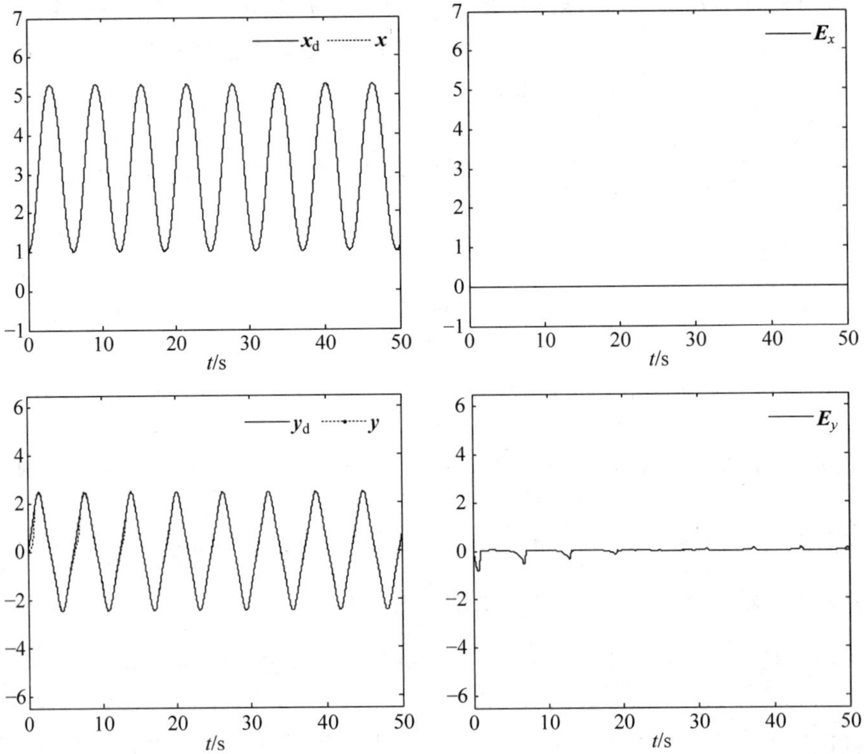

图3-13 采用直接补偿的轨迹跟踪结果

下，非线性系统的状态可以跟踪所期望的轨迹。虽然第一种方法需要真实信号导数的完整信息，但根据理论分析，该方法的跟踪性能最好，因为它可以直接补偿建模误差。其他方法在开始时干扰较大，但跟踪误差会被调整到稳定或低于阈值。因此，可以得出结论，我们所提出的辨识和控制算法可以保证非线性和不确定动态系统的跟踪稳定性。

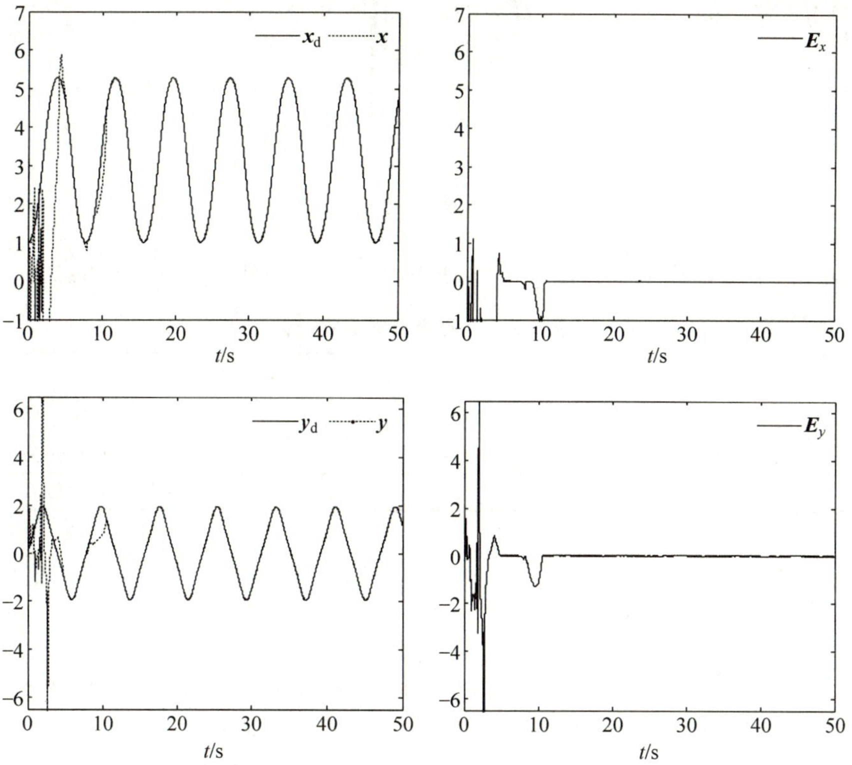

图 3-14 基于滑模补偿的轨迹跟踪结果

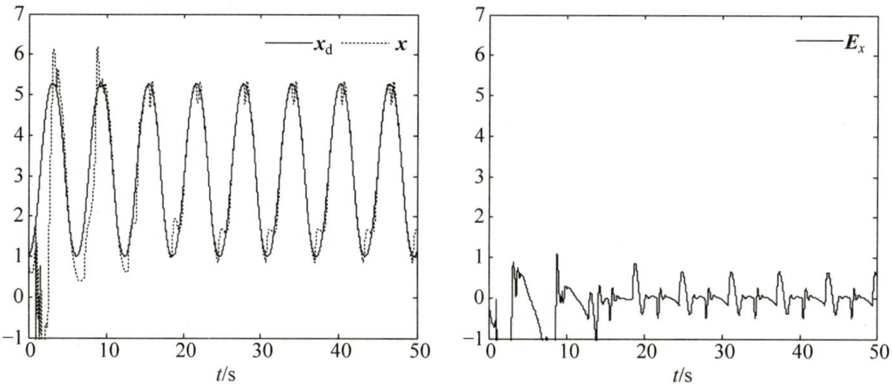

图 3-15 基于能量函数补偿的轨迹跟踪结果

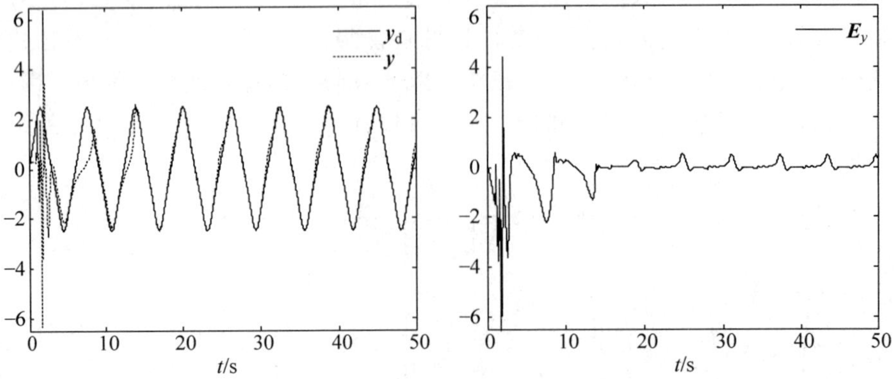

图 3-15(续)

此外,为了定量比较 3 种控制方法,我们在表 3-2 中列出了 RMS 信息。

表 3-2　控制策略的 RMS 值

	x	y
直接补偿	0.000895	0.102215
滑模补偿	1.361007	0.879036
能量函数补偿	0.997788	0.678837

3.3　本章小结

在本章中,我们提出了一种改进型多时间尺度动态神经网络非线性辨识与控制方法。设计了权值和线性矩阵部分在线辨识更新律,并提出了 3 种基于多时间尺度动态神经网络辨识模型的控制器。该控制器分别由反馈线性化、滑模控制和直接能量函数补偿 3 种经典控制方法组成,以处理未知的辨识误差和干扰。新的改进型多时间尺度动态神经网络结构简化了辨识和控制方案。仿真结果表明了所提辨识和控制算法的有效性。

参考文献

[1] Poznyak A S, Sanchez E N, Yu W. Differential Neural Networks for Robust Nonlinear Control. Identification, State Estimation and Trajectory Tracking[M]. Singapore: World Scientific, 2001.

[2] Ioannou P A, Sun J. Robust Adaptive Control[M]. Upper Saddle River: Prentice-Hall, 1996.

第 4 章

包含隐层的多时间尺度动态神经网络辨识与控制

大多数动态神经网络没有任何隐藏层[1-3]。众所周知，单层感知器的非线性逼近能力较差，因此在前馈网络中引入了多层感知器(MLP)[4]。一般来说，为了提高单层动态神经网络的非线性逼近能力，主要有两种方法：①使用高阶神经网络[5]。为了逼近复杂的非线性动力学，该神经网络包含多个非线性激励函数的互乘项，其权值的学习律设计类似于单层网络；②应用包含隐层的多层网络。额外的隐藏层可以提高神经网络的逼近能力。根据非线性逼近定理，如果隐藏层足够大，任何非线性函数的逼近误差都可以趋于任意小[6]。对于非线性系统，逼近问题被称为系统辨识，而非线性函数逼近定理不能保证辨识误差的稳定性[7]。正如文献[5,2,8]中所示，李雅普诺夫方法被证明是设计包含隐层的多层神经网络权值学习律和判定辨识误差稳定收敛的有效工具，本章将利用李雅普诺夫方法来分析包含隐层的多时间尺度神经网络辨识与控制问题。

在第 2 章和第 3 章中，基于多时间尺度动态神经网络的辨识与控制已经建立，但只包含单个输出层，为了提高辨识与控制性能，本章进一步拓展到包含隐层的多层多时间尺度神经网络的辨识与控制，因为额外的隐藏层提供了更复杂的非线性映射的输入和输出[9-13]，可以提高近似性能。本章提出了多时间尺度动态神经网络隐层和输出层的控制律，利用李雅普诺夫函数和奇异摄动理论证明了学习过程的稳定性。借用一般的自适应控制中使用的 e-修正[14]技术在自适应更新律中引入了参数估计和新的修正项，以保证辨识误差、跟踪误差和权值的有界性，确保整个学习过程的稳定性。此外，在包含隐层的多时间尺度神经网络辨识的基础上，还提出了奇异摄动技术与滑模方法相结合的在线自适应控制律，以解决辨识和控制过程中潜在的奇异性问题。最后给出了具体例子进行了仿真验证。

4.1 包含隐层的多时间尺度动态神经网络辨识方法

考虑如下一类多时间尺度非线性系统的辨识问题：

$$\begin{aligned} \dot{\boldsymbol{x}} &= \boldsymbol{f}_x(\boldsymbol{x},\boldsymbol{y},\boldsymbol{u},t) \\ \varepsilon\dot{\boldsymbol{y}} &= \boldsymbol{f}_y(\boldsymbol{x},\boldsymbol{y},\boldsymbol{u},t) \end{aligned} \tag{4.1}$$

式中：$\boldsymbol{x}\in\mathbf{R}^n$ 和 $\boldsymbol{y}\in\mathbf{R}^m$ 分别为慢的和快的时间尺度状态变量；$\boldsymbol{u}\in\mathbf{R}^{n+m}$ 为控制输入变量；$\varepsilon>0$ 为时间尺度因子；$\boldsymbol{f}_x(\cdot)$：$\mathbf{R}^{2n+2m}\to\mathbf{R}^n$，$\boldsymbol{f}_y(\cdot)$：$\mathbf{R}^{2n+2m}\to\mathbf{R}^m$ 为定义在紧集 $\Omega\in\mathbf{R}^{2n+2m}$ 中的未知光滑非线性函数。

为了辨识非线性动态系统(4.1)，采用如下包含隐层的多时间尺度动态神经网络

$$\begin{aligned} \dot{\boldsymbol{x}}_{nn} &= \boldsymbol{A}\boldsymbol{x}_{nn} + \boldsymbol{W}_1\boldsymbol{\sigma}_1(\boldsymbol{V}_1[\boldsymbol{x},\boldsymbol{y}]^{\mathrm{T}}) + \boldsymbol{W}_3\boldsymbol{\phi}_1(\boldsymbol{V}_3[\boldsymbol{x},\boldsymbol{y}]^{\mathrm{T}})\boldsymbol{u} \\ \varepsilon\dot{\boldsymbol{y}}_{nn} &= \boldsymbol{B}\boldsymbol{y}_{nn} + \boldsymbol{W}_2\boldsymbol{\sigma}_2(\boldsymbol{V}_2[\boldsymbol{x},\boldsymbol{y}]^{\mathrm{T}}) + \boldsymbol{W}_4\boldsymbol{\phi}_2(\boldsymbol{V}_4[\boldsymbol{x},\boldsymbol{y}]^{\mathrm{T}})\boldsymbol{u} \end{aligned} \tag{4.2}$$

式中：$\boldsymbol{x}_{nn}\in\mathbf{R}^n$，$\boldsymbol{y}_{nn}\in\mathbf{R}^m$ 是多时间尺度动态神经网络的慢状态变量和快状态变量；$\boldsymbol{W}_1\in\mathbf{R}^{n\times(n+m)}$，$\boldsymbol{W}_2\in\mathbf{R}^{m\times(n+m)}$，$\boldsymbol{W}_3=[\mathrm{diag}(\omega_{31},\cdots,\omega_{3n}),0]\in\mathbf{R}^{n\times(n+m)}$，$\boldsymbol{W}_4=[0,\mathrm{diag}(\omega_{41},\cdots,\omega_{4m})]\in\mathbf{R}^{m\times(n+m)}$ 为输出层权值；$\boldsymbol{V}_1,\boldsymbol{V}_2\in\mathbf{R}^{(n+m)\times(n+m)}$，$\boldsymbol{V}_3,\boldsymbol{V}_4\in\mathbf{R}^{(n+m)\times(n+m)}$ 为隐层权值；$\boldsymbol{\sigma}_i(\boldsymbol{V}_i[\boldsymbol{x},\boldsymbol{y}])=[\boldsymbol{\sigma}((\boldsymbol{V}_i[x,y])_1),\cdots,\sigma((\boldsymbol{V}_i[x,y])_q),\cdots,\boldsymbol{\sigma}((\boldsymbol{V}_i[x,y])_{n+m})]^{\mathrm{T}}\in\mathbf{R}^{(n+m)}$，$\boldsymbol{\phi}_i(\boldsymbol{V}_j[x,y])=\mathrm{diag}[\boldsymbol{\phi}((\boldsymbol{V}_j[x,y])_1),\cdots,\boldsymbol{\phi}((\boldsymbol{V}_j[x,y])_q),\cdots,\boldsymbol{\phi}((\boldsymbol{V}_j[x,y])_{n+m})]^{\mathrm{T}}\in\mathbf{R}^{(n+m)\times(n+m)}$ $(i=1,2;\ j=3,4)$，$(\boldsymbol{V}_i[x,y])_q$ 和 $(\boldsymbol{V}_j[x,y])_q$ 分别为 $\boldsymbol{V}_i[x,y]$ 和 $\boldsymbol{V}_j[x,y]$ 的第 q 个元素，在 $\boldsymbol{\sigma}(\cdot)$ 和 $\boldsymbol{\phi}(\cdot)$ 中元素的典型表示是如下形式的 Sigmoid 函数

$$\boldsymbol{\sigma}(\boldsymbol{z})=\frac{l_1}{1+\exp(-l_2\boldsymbol{z})}+l_3,\quad \boldsymbol{\phi}(\boldsymbol{z})=\frac{l_4}{1+\exp(-l_5\boldsymbol{z})}+l_6 \tag{4.3}$$

式中：l_1,l_2,l_3 可以被任意选取；l_4,l_5,l_6 选取的原则是要保证 $\phi_i^{-1}(V_j[x,y])$ $(i=1,2)$ 的存在；控制输入 $\boldsymbol{u}=[u_1,u_2,\cdots,u_q,\cdots,u_{n+m}]^{\mathrm{T}}\in\mathbf{R}^{(n+m)}$；$\boldsymbol{A}\in\mathbf{R}^{n\times n}$ 和 $\boldsymbol{B}\in\mathbf{R}^{m\times m}$ 为稳定矩阵。包含隐层的多时间尺度动态神经网络辨识结构如图 4-1 所示。

假设具有建模误差的非线性系统(4.1)的理想多时间尺度动态神经网络模型由如下方程式描述

$$\begin{aligned} \dot{\boldsymbol{x}} &= \boldsymbol{A}^*\boldsymbol{x} + \boldsymbol{W}_1^*\boldsymbol{\sigma}_1(\boldsymbol{V}_1^*[\boldsymbol{x},\boldsymbol{y}]^{\mathrm{T}}) + \boldsymbol{W}_3^*\boldsymbol{\phi}_1(\boldsymbol{V}_3^*[\boldsymbol{x},\boldsymbol{y}]^{\mathrm{T}})\boldsymbol{u} + \Delta\boldsymbol{f}_x \\ \varepsilon\dot{\boldsymbol{y}} &= \boldsymbol{B}^*\boldsymbol{y} + \boldsymbol{W}_2^*\boldsymbol{\sigma}_2(\boldsymbol{V}_2^*[\boldsymbol{x},\boldsymbol{y}]^{\mathrm{T}}) + \boldsymbol{W}_4^*\boldsymbol{\phi}_2(\boldsymbol{V}_4{}^*[\boldsymbol{x},\boldsymbol{y}]^{\mathrm{T}})\boldsymbol{u} + \Delta\boldsymbol{f}_y \end{aligned} \tag{4.4}$$

式中：$\boldsymbol{W}_1^*,\boldsymbol{W}_2^*,\boldsymbol{W}_3^*,\boldsymbol{W}_4^*,\boldsymbol{V}_1^*,\boldsymbol{V}_2^*,\boldsymbol{V}_3^*,\boldsymbol{V}_4^*$ 是未知的理想矩阵；$\boldsymbol{A}^*,\boldsymbol{B}^*$ 为理想线性

矩阵；向量函数 $\Delta \boldsymbol{f}_x, \Delta \boldsymbol{f}_y$ 为建模误差。

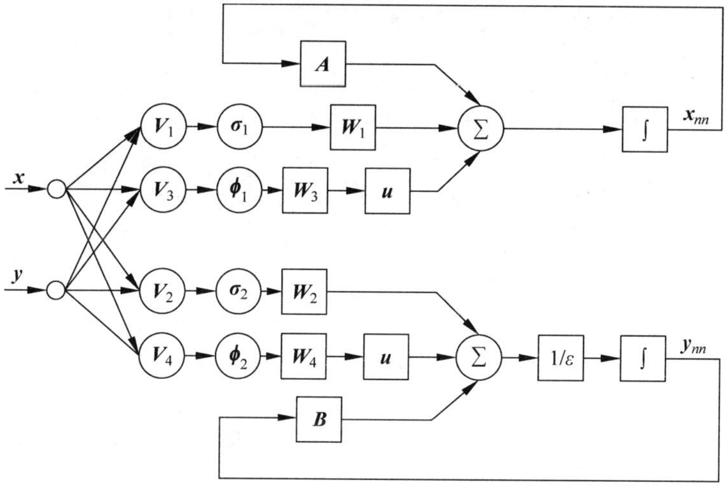

图 4-1 包含隐层的多时间尺度动态神经网络结构

假设 4.1 假设非线性系统(4.1)是有界输入和有界输出稳定的系统,即理想权值和建模误差的范围为

$$\|\boldsymbol{W}_1^*\|_F \leqslant \bar{\boldsymbol{W}}_1 \quad \|\boldsymbol{W}_3^*\|_F \leqslant \bar{\boldsymbol{W}}_3 \quad \|\boldsymbol{V}_1^*\|_F \leqslant \bar{\boldsymbol{V}}_1 \quad \|\boldsymbol{V}_3^*\|_F \leqslant \bar{\boldsymbol{V}}_3$$

$$\|\boldsymbol{W}_2^*\|_F \leqslant \bar{\boldsymbol{W}}_2 \quad \|\boldsymbol{W}_4^*\|_F \leqslant \bar{\boldsymbol{W}}_4 \quad \|\boldsymbol{V}_2^*\|_F \leqslant \bar{\boldsymbol{V}}_2 \quad \|\boldsymbol{V}_4^*\|_F \leqslant \bar{\boldsymbol{V}}_4$$

同时,为了便于标注,将权值矩阵定义为 $\boldsymbol{Z}_l^* = \mathrm{diag}[\boldsymbol{W}_l^*, \boldsymbol{V}_l^*]\,(l=1,2,3,4)$,因此,理想权值可以进一步限定为

$$\|\boldsymbol{Z}_1^*\|_F \leqslant \bar{\boldsymbol{Z}}_1 \quad \|\boldsymbol{Z}_3^*\|_F \leqslant \bar{\boldsymbol{Z}}_3$$

$$\|\boldsymbol{Z}_2^*\|_F \leqslant \bar{\boldsymbol{Z}}_2 \quad \|\boldsymbol{Z}_4^*\|_F \leqslant \bar{\boldsymbol{Z}}_4$$

其中：$\bar{\boldsymbol{W}}_{1,2,3,4}, \bar{\boldsymbol{V}}_{1,2,3,4}, \bar{\boldsymbol{Z}}_{1,2,3,4}$ 是先前已知的边界；$\|\cdot\|_F$ 表示 Frobenius 范数。

辨识误差的定义如下

$$\begin{aligned} \Delta \boldsymbol{x} &= \boldsymbol{x} - \boldsymbol{x}_{nn} \\ \Delta \boldsymbol{y} &= \boldsymbol{y} - \boldsymbol{y}_{nn} \end{aligned} \tag{4.5}$$

由式(4.2)和式(4.3)可以得到误差动态方程为

$$\begin{aligned} \Delta \dot{\boldsymbol{x}} = {} & \boldsymbol{A}^* \Delta \boldsymbol{x} + \tilde{\boldsymbol{A}} \boldsymbol{x}_{nn} + \boldsymbol{W}_1^* \tilde{\boldsymbol{\sigma}}_1 + \tilde{\boldsymbol{W}}_1 \boldsymbol{\sigma}_1(\boldsymbol{V}_1[\boldsymbol{x}, \boldsymbol{y}]^{\mathrm{T}}) + \boldsymbol{W}_3^* \tilde{\boldsymbol{\phi}}_1 \boldsymbol{u} + {} \\ & \tilde{\boldsymbol{W}}_3 \boldsymbol{\phi}_1(\boldsymbol{V}_3[\boldsymbol{x}, \boldsymbol{y}]^{\mathrm{T}})\boldsymbol{u} + \Delta \boldsymbol{f}_x \\ \varepsilon \Delta \dot{\boldsymbol{y}} = {} & \boldsymbol{B}^* \Delta \boldsymbol{y} + \tilde{\boldsymbol{B}} \boldsymbol{y}_{nn} + \boldsymbol{W}_2^* \tilde{\boldsymbol{\sigma}}_2 + \tilde{\boldsymbol{W}}_2 \boldsymbol{\sigma}_2(\boldsymbol{V}_2[\boldsymbol{x}, \boldsymbol{y}]^{\mathrm{T}}) + \boldsymbol{W}_4^* \tilde{\boldsymbol{\phi}}_2 \boldsymbol{u} + {} \\ & \tilde{\boldsymbol{W}}_4 \boldsymbol{\phi}_2(\boldsymbol{V}_4[\boldsymbol{x}, \boldsymbol{y}]^{\mathrm{T}})\boldsymbol{u} + \Delta \boldsymbol{f}_y \end{aligned} \tag{4.6}$$

式中：$\widetilde{\boldsymbol{A}}=\boldsymbol{A}^{*}-\boldsymbol{A}$，$\widetilde{\boldsymbol{B}}=\boldsymbol{B}^{*}-\boldsymbol{B}$，$\widetilde{\boldsymbol{W}}_{1,2,3,4}=\boldsymbol{W}_{1,2,3,4}^{*}-\boldsymbol{W}_{1,2,3,4}$，$\widetilde{\boldsymbol{\sigma}}_i=\boldsymbol{\sigma}_i(\boldsymbol{V}_i^{*}[\boldsymbol{x},\boldsymbol{y}]^{\mathrm{T}})-\boldsymbol{\sigma}_i(\boldsymbol{V}_i[\boldsymbol{x},\boldsymbol{y}]^{\mathrm{T}})$，$\widetilde{\boldsymbol{\phi}}_i=\boldsymbol{\phi}_i(\boldsymbol{V}_j^{*}[\boldsymbol{x},\boldsymbol{y}]^{\mathrm{T}})-\boldsymbol{\phi}_i(\boldsymbol{V}_j[\boldsymbol{x},\boldsymbol{y}]^{\mathrm{T}})$。

用泰勒公式，可以得到

$$\widetilde{\boldsymbol{\sigma}}_i=\boldsymbol{D}_{\boldsymbol{\sigma}_i}\widetilde{\boldsymbol{V}}_i[\boldsymbol{x},\boldsymbol{y}]^{\mathrm{T}}+\boldsymbol{O}(\widetilde{\boldsymbol{V}}_i[\boldsymbol{x},\boldsymbol{y}]^{\mathrm{T}})^2$$

$$\widetilde{\boldsymbol{\phi}}_i\boldsymbol{u}=\sum_{q=1}^{n+m}\boldsymbol{D}_{\boldsymbol{\phi}_{iq}}\widetilde{\boldsymbol{V}}_j[\boldsymbol{x},\boldsymbol{y}]^{\mathrm{T}}\boldsymbol{u}_q+\boldsymbol{O}(\widetilde{\boldsymbol{V}}_j[\boldsymbol{x},\boldsymbol{y}]^{\mathrm{T}})^2\boldsymbol{u}=\boldsymbol{D}_{\boldsymbol{\phi}_i}\widetilde{\boldsymbol{V}}_j[\boldsymbol{x},\boldsymbol{y}]^{\mathrm{T}}+\boldsymbol{O}(\widetilde{\boldsymbol{V}}_j[\boldsymbol{x},\boldsymbol{y}]^{\mathrm{T}})^2\boldsymbol{u}$$

$$\boldsymbol{D}_{\boldsymbol{\sigma}_i}=\frac{\partial\boldsymbol{\sigma}_i(\boldsymbol{V}_i[\boldsymbol{x},\boldsymbol{y}]^{\mathrm{T}})}{\partial(\boldsymbol{V}_i[\boldsymbol{x},\boldsymbol{y}]^{\mathrm{T}})}\qquad\boldsymbol{D}_{\boldsymbol{\phi}_i}=\sum_{q=1}^{n+m}\frac{\partial\boldsymbol{\phi}_{iq}((\boldsymbol{V}_j[\boldsymbol{x},\boldsymbol{y}]^{\mathrm{T}})_q)}{\partial(\boldsymbol{V}_j[\boldsymbol{x},\boldsymbol{y}]^{\mathrm{T}})_q}\boldsymbol{u}_q$$

式中：$\widetilde{\boldsymbol{V}}_i=\boldsymbol{V}_i^{*}-\boldsymbol{V}_i$，$\widetilde{\boldsymbol{V}}_j=\boldsymbol{V}_j^{*}-\boldsymbol{V}_j$；$\boldsymbol{u}_q$ 为 $\boldsymbol{u}=[\boldsymbol{u}_1,\boldsymbol{u}_2,\cdots,\boldsymbol{u}_q,\cdots,\boldsymbol{u}_{n+m}]^{\mathrm{T}}$ 中的第 q 项元素。

则系统辨识误差方程进一步可表示为

$$\begin{aligned}\Delta\dot{\boldsymbol{x}}=&\boldsymbol{A}^{*}\Delta\boldsymbol{x}+\widetilde{\boldsymbol{A}}\boldsymbol{x}_{nn}+\boldsymbol{W}_1\boldsymbol{D}_{\boldsymbol{\sigma}_1}\widetilde{\boldsymbol{V}}_1[\boldsymbol{x},\boldsymbol{y}]^{\mathrm{T}}-\widetilde{\boldsymbol{W}}_1\boldsymbol{D}_{\boldsymbol{\sigma}_1}\boldsymbol{V}_1[\boldsymbol{x},\boldsymbol{y}]^{\mathrm{T}}\\&+\widetilde{\boldsymbol{W}}_1\boldsymbol{\sigma}_1(\boldsymbol{V}_1[\boldsymbol{x},\boldsymbol{y}]^{\mathrm{T}})+\boldsymbol{W}_3\boldsymbol{D}_{\boldsymbol{\phi}_1}\widetilde{\boldsymbol{V}}_3[\boldsymbol{x},\boldsymbol{y}]^{\mathrm{T}}-\widetilde{\boldsymbol{W}}_3\boldsymbol{D}_{\boldsymbol{\phi}_1}\boldsymbol{V}_3[\boldsymbol{x},\boldsymbol{y}]^{\mathrm{T}}+\\&\widetilde{\boldsymbol{W}}_3\boldsymbol{\phi}_1(\boldsymbol{V}_3[\boldsymbol{x},\boldsymbol{y}]^{\mathrm{T}})\boldsymbol{u}+\xi_x\\\varepsilon\Delta\dot{\boldsymbol{y}}=&\boldsymbol{B}^{*}\Delta\boldsymbol{y}+\widetilde{\boldsymbol{B}}\boldsymbol{y}_{nn}+\boldsymbol{W}_2\boldsymbol{D}_{\boldsymbol{\sigma}_2}\widetilde{\boldsymbol{V}}_2[\boldsymbol{x},\boldsymbol{y}]^{\mathrm{T}}-\widetilde{\boldsymbol{W}}_2\boldsymbol{D}_{\boldsymbol{\sigma}_2}\boldsymbol{V}_2[\boldsymbol{x},\boldsymbol{y}]^{\mathrm{T}}+\\&\widetilde{\boldsymbol{W}}_2\boldsymbol{\sigma}_2(\boldsymbol{V}_2[\boldsymbol{x},\boldsymbol{y}]^{\mathrm{T}})+\boldsymbol{W}_4\boldsymbol{D}_{\phi_2}\widetilde{\boldsymbol{V}}_4[\boldsymbol{x},\boldsymbol{y}]^{\mathrm{T}}-\widetilde{\boldsymbol{W}}_4\boldsymbol{D}_{\phi_2}\boldsymbol{V}_4[\boldsymbol{x},\boldsymbol{y}]^{\mathrm{T}}+\\&\widetilde{\boldsymbol{W}}_4\boldsymbol{\phi}_2(\boldsymbol{V}_4[\boldsymbol{x},\boldsymbol{y}]^{\mathrm{T}})\boldsymbol{u}+\xi_y\end{aligned}\tag{4.7}$$

其中，外界干扰项如下

$$\begin{aligned}\xi_x=&\widetilde{\boldsymbol{W}}_1\boldsymbol{D}_{\boldsymbol{\sigma}_1}\boldsymbol{V}_1^{*}[\boldsymbol{x},\boldsymbol{y}]^{\mathrm{T}}+\widetilde{\boldsymbol{W}}_3\boldsymbol{D}_{\boldsymbol{\phi}_1}\boldsymbol{V}_3^{*}[\boldsymbol{x},\boldsymbol{y}]^{\mathrm{T}}+\boldsymbol{W}_1^{*}\boldsymbol{O}(\widetilde{\boldsymbol{V}}_1[\boldsymbol{x},\boldsymbol{y}]^{\mathrm{T}})^2+\\&\boldsymbol{W}_3^{*}\boldsymbol{O}(\widetilde{\boldsymbol{V}}_3[\boldsymbol{x},\boldsymbol{y}]^{\mathrm{T}})^2\boldsymbol{u}+\Delta\boldsymbol{f}_x\\\xi_y=&\widetilde{\boldsymbol{W}}_2\boldsymbol{D}_{\boldsymbol{\sigma}_2}\boldsymbol{V}_2^{*}[\boldsymbol{x},\boldsymbol{y}]^{\mathrm{T}}+\widetilde{\boldsymbol{W}}_4\boldsymbol{D}_{\boldsymbol{\phi}_2}\boldsymbol{V}_4^{*}[\boldsymbol{x},\boldsymbol{y}]^{\mathrm{T}}+\boldsymbol{W}_2^{*}\boldsymbol{O}(\widetilde{\boldsymbol{V}}_2[\boldsymbol{x},\boldsymbol{y}]^{\mathrm{T}})^2+\\&\boldsymbol{W}_4^{*}\boldsymbol{O}(\widetilde{\boldsymbol{V}}_4[\boldsymbol{x},\boldsymbol{y}]^{\mathrm{T}})^2\boldsymbol{u}+\Delta\boldsymbol{f}_y\end{aligned}\tag{4.8}$$

对于 Sigmoid、径向基函数和 tanh 激活函数，泰勒函数中的高阶项级数界限范围如下[15]

$$\begin{aligned}&\|\boldsymbol{O}(\widetilde{\boldsymbol{V}}_i[\boldsymbol{x},\boldsymbol{y}]^{\mathrm{T}})^2\|\leqslant\boldsymbol{C}_{i1}+\boldsymbol{C}_{i2}\|\widetilde{\boldsymbol{V}}_i\|_{\mathrm{F}}\|[\boldsymbol{x},\boldsymbol{y}]^{\mathrm{T}}\|\\&\|\boldsymbol{O}(\widetilde{\boldsymbol{V}}_j[\boldsymbol{x},\boldsymbol{y}]^{\mathrm{T}})^2\boldsymbol{u}\|\leqslant\boldsymbol{C}_{j1}\|\boldsymbol{u}\|+\boldsymbol{C}_{j2}\|\widetilde{\boldsymbol{V}}_j\|_{\mathrm{F}}\|[\boldsymbol{x},\boldsymbol{y}]^{\mathrm{T}}\|\|\boldsymbol{u}\|\end{aligned}\tag{4.9}$$

式中：$\boldsymbol{C}_{i1},\boldsymbol{C}_{i2},\boldsymbol{C}_{j1},\boldsymbol{C}_{j2}$ 为正常数。

评论 4.1　假定系统(4.1)为有界输入、有界输出稳定性系统。即 $\boldsymbol{U}$ 和 $\boldsymbol{x},\boldsymbol{y}$ 是有界的，则对于有界的非线性激励函数 $\boldsymbol{\sigma}_i(\cdot),\boldsymbol{\phi}_i(\cdot)$ 和有界的理想权值 $\boldsymbol{W}_{1,2,3,4}^*$，由式(4.3)可以推定 $\Delta\boldsymbol{f}_x,\Delta\boldsymbol{f}_y$ 也是有界的。

在假设 4.1 的基础上，利用式(4.9)，干扰项式(4.8)界限为

$$\begin{aligned}\|\xi_x\| &\leqslant \boldsymbol{C}_{x1}+\boldsymbol{C}_{x2}\|\widetilde{\boldsymbol{Z}}_1\|_{\mathrm{F}}+\boldsymbol{C}_{x3}\|\widetilde{\boldsymbol{Z}}_3\|_{\mathrm{F}}\\ \|\xi_y\| &\leqslant \boldsymbol{C}_{y1}+\boldsymbol{C}_{y2}\|\widetilde{\boldsymbol{Z}}_2\|_{\mathrm{F}}+\boldsymbol{C}_{y3}\|\widetilde{\boldsymbol{Z}}_4\|_{\mathrm{F}}\end{aligned}\tag{4.10}$$

式中：$\boldsymbol{C}_{x1},\boldsymbol{C}_{x2},\boldsymbol{C}_{x3},\boldsymbol{C}_{y1},\boldsymbol{C}_{y2},\boldsymbol{C}_{y3}$ 为正的常数；$\widetilde{\boldsymbol{Z}}_l=\boldsymbol{Z}_l^*-\boldsymbol{Z}_l$。

对于理想稳定矩阵 $\boldsymbol{A}^*,\boldsymbol{B}^*$ 和任意正定矩阵 $\boldsymbol{Q}_x,\boldsymbol{Q}_y$ 都存在正定矩阵 $\boldsymbol{P}_x,\boldsymbol{P}_y$ 方程

$$\begin{aligned}\boldsymbol{A}^{*\mathrm{T}}\boldsymbol{P}_x+\boldsymbol{P}_x\boldsymbol{A}^* &= -\boldsymbol{Q}_x\\ \boldsymbol{B}^{*\mathrm{T}}\boldsymbol{P}_y+\boldsymbol{P}_y\boldsymbol{B}^* &= -\boldsymbol{Q}_y\end{aligned}\tag{4.11}$$

重新将式(4.2)写为如下形式

$$\begin{bmatrix}\dot{\boldsymbol{x}}_{nn}\\ \dot{\boldsymbol{y}}_{nn}\end{bmatrix}=\begin{bmatrix}\boldsymbol{A}\boldsymbol{x}_{nn}\\ (1/\varepsilon)\boldsymbol{B}\boldsymbol{y}_{nn}\end{bmatrix}+\begin{bmatrix}\boldsymbol{W}_1\boldsymbol{\sigma}_1(\boldsymbol{V}_1[\boldsymbol{x};\ \boldsymbol{y}])\\ (1/\varepsilon)\boldsymbol{W}_2\boldsymbol{\sigma}_2(\boldsymbol{V}_2[\boldsymbol{x};\ \boldsymbol{y}])\end{bmatrix}+\begin{bmatrix}\boldsymbol{W}_3\boldsymbol{\phi}_1(V_3[\boldsymbol{x};\ \boldsymbol{y}])\\ (1/\varepsilon)\boldsymbol{W}_4\boldsymbol{\phi}_2((\boldsymbol{V}_4[\boldsymbol{x};\ \boldsymbol{y}])\end{bmatrix}\boldsymbol{u}\tag{4.12}$$

定义新的变量 $\boldsymbol{M}$

$$\boldsymbol{M}=\begin{bmatrix}\boldsymbol{W}_3\boldsymbol{\phi}_1(\boldsymbol{V}_3[\boldsymbol{x};\ \boldsymbol{y}])\\ (1/\varepsilon)\boldsymbol{W}_4\boldsymbol{\phi}_2(\boldsymbol{V}_4[\boldsymbol{x};\ \boldsymbol{y}])\end{bmatrix}\tag{4.13}$$

$\boldsymbol{M}$ 可以看作是系统的控制增益矩阵。为了避免控制器设计中潜在的奇异性问题，应该确保 $\det(\boldsymbol{M})\neq 0$。可以被证明存在足够小的常数 τ，如果 $|\boldsymbol{\omega}_{3i}|\geqslant\tau(i=1,2,\cdots,n)$ 和 $|\boldsymbol{\omega}_{4j}|\geqslant\tau(j=1,2,\cdots,m)$ 成立，则 $\boldsymbol{M}$ 将不存在等于零的特征值，所以有 $\det(\boldsymbol{M})\neq 0$。受文献[21]的启发，提出以下在线更新律。

(1) 当 $|\boldsymbol{\omega}_{3i}|=\tau(i=1,2,\cdots,n)$ 或者 $|\boldsymbol{\omega}_{4j}|=\tau(j=1,2,\cdots,m)$ 成立时，$\boldsymbol{W}_3$ 和 $\boldsymbol{W}_4$ 的在线更新律如下

$$\dot{\boldsymbol{\omega}}_{3i}=\begin{cases}\dot{\boldsymbol{W}}_{3i}, & \dot{\boldsymbol{W}}_{3i}\operatorname{sign}(\boldsymbol{\omega}_{3i})>0\\ 0, & \dot{\boldsymbol{W}}_{3i}\operatorname{sign}(\boldsymbol{\omega}_{3i})\leqslant 0\end{cases},\quad \dot{\boldsymbol{\omega}}_{4j}=\begin{cases}\dot{\boldsymbol{W}}_{4j}, & \boldsymbol{W}_{4j}\operatorname{sign}(\boldsymbol{\omega}_{4j})>0\\ 0, & \dot{\boldsymbol{W}}_{4j}\operatorname{sign}(\boldsymbol{\omega}_{4j})\leqslant 0\end{cases}\tag{4.14}$$

(2) 否则，更新律如下

$$\dot{\boldsymbol{\omega}}_{3i}=\dot{\boldsymbol{W}}_{3i},\quad \dot{\boldsymbol{\omega}}_{4j}=\dot{\boldsymbol{W}}_{4j}\tag{4.15}$$

式中：$\dot{\boldsymbol{\omega}}_{3i}$ 为 $\dot{\boldsymbol{W}}_3$ 中第 i 行的第 i 个元素；$\dot{\boldsymbol{\omega}}_{4j}$ 为 $\dot{\boldsymbol{W}}_4$ 中第 $(n+j)$ 行的第 j 个元素。神经网络权值的更新律如下

$$
\begin{aligned}
&\dot{\boldsymbol{A}} = s_x(k_A \Delta \boldsymbol{x}\boldsymbol{x}_{nn}^{\mathrm{T}}) \\
&\dot{\boldsymbol{W}}_1 = s_x\{\boldsymbol{K}_1\boldsymbol{P}_x\Delta\boldsymbol{x}\boldsymbol{\sigma}_1^{\mathrm{T}}(\boldsymbol{V}_1[\boldsymbol{x};\boldsymbol{y}]) - \boldsymbol{K}_1\boldsymbol{P}_x\Delta\boldsymbol{x}(\boldsymbol{V}_1[\boldsymbol{x};\boldsymbol{y}])^{\mathrm{T}}\boldsymbol{D}_{\sigma_1} - \\
&\qquad k_x\boldsymbol{K}_1\|\Delta\boldsymbol{x}\|\boldsymbol{W}_1\} \\
&\dot{\boldsymbol{W}}_3 = s_x\{\boldsymbol{K}_3\boldsymbol{P}_x[\boldsymbol{u}^{\mathrm{T}}\boldsymbol{\phi}_1(\boldsymbol{V}_3[\boldsymbol{x};\boldsymbol{y}])\Delta\boldsymbol{x}] - \\
&\qquad \boldsymbol{K}_3\boldsymbol{P}_x\Delta\boldsymbol{x}(\boldsymbol{V}_3[\boldsymbol{x};\boldsymbol{y}])^{\mathrm{T}}\boldsymbol{D}_{\phi_1} - k_x\boldsymbol{K}_3\|\Delta\boldsymbol{x}\|\boldsymbol{W}_3\} \\
&\dot{\boldsymbol{V}}_1 = s_x\{\boldsymbol{L}_1(\boldsymbol{W}_1\boldsymbol{D}_{\sigma_1})^{\mathrm{T}}\boldsymbol{P}_x\Delta\boldsymbol{x}[\boldsymbol{x};\boldsymbol{y}]^{\mathrm{T}} - k_x\boldsymbol{L}_1\|\Delta\boldsymbol{x}\|\boldsymbol{V}_1\} \\
&\dot{\boldsymbol{V}}_3 = s_x\{\boldsymbol{L}_3(\boldsymbol{W}_3\boldsymbol{D}_{\phi_1})^{\mathrm{T}}\boldsymbol{P}_x\Delta\boldsymbol{x}[\boldsymbol{x};\boldsymbol{y}]^{\mathrm{T}} - k_x\boldsymbol{L}_3\|\Delta\boldsymbol{x}\|\boldsymbol{V}_3\} \\
&\dot{\boldsymbol{B}} = s_y(\varepsilon^{-1}k_B\Delta\boldsymbol{y}\boldsymbol{y}_{nn}^{\mathrm{T}}) \\
&\dot{\boldsymbol{W}}_2 = s_y\{\varepsilon^{-1}\boldsymbol{K}_2\boldsymbol{P}_y\Delta\boldsymbol{y}\boldsymbol{\sigma}_2^{\mathrm{T}}(\boldsymbol{V}_2[\boldsymbol{x};\boldsymbol{y}]) - \\
&\qquad \varepsilon^{-1}\boldsymbol{K}_2\boldsymbol{P}_y(\boldsymbol{V}_2[\boldsymbol{x};\boldsymbol{y}])^{\mathrm{T}}\boldsymbol{D}_{\sigma_2} - k_y\boldsymbol{K}_2\|\Delta\boldsymbol{y}\|\boldsymbol{W}_2\} \\
&\dot{\boldsymbol{W}}_4 = s_y\{\varepsilon^{-1}\boldsymbol{K}_4\boldsymbol{P}_y\Delta\boldsymbol{y}[\boldsymbol{\phi}_2(\boldsymbol{V}_4[\boldsymbol{x};\boldsymbol{y}])\boldsymbol{u}]^{\mathrm{T}} - \\
&\qquad \varepsilon^{-1}\boldsymbol{K}_4\boldsymbol{P}_y\Delta\boldsymbol{y}(\boldsymbol{V}_4[\boldsymbol{x};\boldsymbol{y}])^{\mathrm{T}}\boldsymbol{D}_{\phi 2} - k_y\boldsymbol{K}_4\|\Delta\boldsymbol{y}\|\boldsymbol{W}_4\} \\
&\dot{\boldsymbol{V}}_2 = s_y\{\varepsilon^{-1}\boldsymbol{L}_2(\boldsymbol{W}_2\boldsymbol{D}_{\sigma_2})^{\mathrm{T}}\boldsymbol{P}_y\Delta\boldsymbol{y}[\boldsymbol{x};\boldsymbol{y}]^{\mathrm{T}} - k_y\boldsymbol{L}_2\|\Delta\boldsymbol{y}\|\boldsymbol{V}_2\} \\
&\dot{\boldsymbol{V}}_4 = s_y\{\varepsilon^{-1}\boldsymbol{L}_4(\boldsymbol{W}_4\boldsymbol{D}_{\phi_2})^{\mathrm{T}}\boldsymbol{P}_y\Delta\boldsymbol{y}[\boldsymbol{x};\boldsymbol{y}]^{\mathrm{T}} - k_y\boldsymbol{L}_4\|\Delta\boldsymbol{y}\|\boldsymbol{V}_4\}
\end{aligned}
\tag{4.16}
$$

其中

$$
s_x = \begin{cases} 1, & \|\Delta x\| \geqslant b_x \\ 0, & \|\Delta x\| < b_x \end{cases}, s_y = \begin{cases} 1, & \|\Delta y\| \geqslant b_y \\ 0, & \|\Delta y\| < b_y \end{cases} \tag{4.17}
$$

$\boldsymbol{L}_i(i=1,2,3,4)$，$\boldsymbol{K}_j(j=1,2)$为选定的正定矩阵，$\boldsymbol{K}_j(j=3,4)$为对角正定矩阵；$\boldsymbol{k}_A$，$\boldsymbol{k}_B$，$\boldsymbol{k}_x$，$\boldsymbol{k}_y$ 为正的常数；τ 为小的正常数；b_x，b_y 具体形式如下：

$$
b_x = \frac{2^{-1}(\boldsymbol{k}_x C_{x4}^2 + \boldsymbol{k}_x C_{x5}^2) + 2\|\boldsymbol{P}_x\| C_{x1}}{\lambda_{\min}(\boldsymbol{Q}_x)},
$$

$$
b_y = \frac{2^{-1}\varepsilon(\boldsymbol{k}_y C_{y4}^2 + \boldsymbol{k}_y C_{y5}^2) + 2\|\boldsymbol{P}_y\| C_{y1}}{\lambda_{\min}(\boldsymbol{Q}_y)}
$$

C_{x4}，C_{x5}，C_{y4}，C_{y5} 是稍后定义的正常量。

评论 4.2 在辨识过程的开始，选择 $\boldsymbol{W}_3$ 和 $\boldsymbol{W}_4$ 的初始值来满足条件$|\boldsymbol{\omega}_{3i}|>\tau$，$|\boldsymbol{\omega}_{4j}|>\tau$。根据式(4.14)和式(4.15)，如果$|\boldsymbol{\omega}_{3i}|=\tau$，$|\boldsymbol{\omega}_{4j}|=\tau$，则$\dot{\boldsymbol{\omega}}_{3i}\operatorname{sign}(\boldsymbol{\omega}_{3i})\geqslant 0$，$\dot{\boldsymbol{\omega}}_{4j}\operatorname{sign}(\boldsymbol{\omega}_{4j})\geqslant 0$，$|\boldsymbol{\omega}_{4j}|\geqslant\tau$ 永远成立，所以整个辨识过程满足$|\boldsymbol{\omega}_{3i}|\geqslant\tau$，$|\boldsymbol{\omega}_{4j}|\geqslant\tau$。因为$\boldsymbol{\phi}_1(\cdot)$和$\boldsymbol{\phi}_2(\cdot)$为对角矩阵，且通过选择合适的 l_4，l_5，l_6 可以确保$\boldsymbol{\phi}_1^{-1}(\cdot)$和$\boldsymbol{\phi}_2^{-1}(\cdot)$存在和 $\det(\boldsymbol{M})\neq 0$，避免了后续控制律设计中可能出现的奇异性问题。

定理 4.1　考虑非线性系统(4.1)和辨识模型(4.2),对于有界输入 $\boldsymbol{u}$ 和在式(4.14)、式(4.15)、式(4.16)和式(4.17)中提出的在线自适应更新律,辨识过程可以保证以下稳定性特性,即:$\Delta\boldsymbol{x},\Delta\boldsymbol{y},\boldsymbol{A},\boldsymbol{B},\boldsymbol{W}_i,\boldsymbol{V}_i\in\boldsymbol{L}_\infty$。

证明　第一种情况($s_x=1,s_y=1$)。考虑如下的李雅普诺夫函数

$$\begin{aligned}
\boldsymbol{V}_{\mathrm{I}} &= \boldsymbol{V}_x+\boldsymbol{V}_y\\
\boldsymbol{V}_x &= \Delta\boldsymbol{x}^{\mathrm{T}}\boldsymbol{P}_x\Delta\boldsymbol{x}+\mathrm{tr}\{\widetilde{\boldsymbol{W}}_1^{\mathrm{T}}\boldsymbol{K}_1^{-1}\widetilde{\boldsymbol{W}}_1\}+\mathrm{tr}\{\widetilde{\boldsymbol{W}}_3^{\mathrm{T}}\boldsymbol{K}_3^{-1}\widetilde{\boldsymbol{W}}_3\}+\\
&\quad\ \mathrm{tr}\{\widetilde{\boldsymbol{V}}_1^{\mathrm{T}}\boldsymbol{L}_1^{-1}\widetilde{\boldsymbol{V}}_1\}+\mathrm{tr}\{\widetilde{\boldsymbol{V}}_3^{\mathrm{T}}\boldsymbol{L}_3^{-1}\widetilde{\boldsymbol{V}}_3\}+k_{\mathrm{A}}^{-1}\mathrm{tr}\{\widetilde{\boldsymbol{A}}^{\mathrm{T}}\boldsymbol{P}_x\widetilde{\boldsymbol{A}}\}\\
\boldsymbol{V}_y &= \Delta\boldsymbol{y}^{\mathrm{T}}\boldsymbol{P}_y\Delta\boldsymbol{y}+\mathrm{tr}\{\widetilde{\boldsymbol{W}}_2^{\mathrm{T}}\boldsymbol{K}_2^{-1}\widetilde{\boldsymbol{W}}_2\}+\mathrm{tr}\{\widetilde{\boldsymbol{W}}_4^{\mathrm{T}}\boldsymbol{K}_4^{-1}\widetilde{\boldsymbol{W}}_4\}+\\
&\quad\ \mathrm{tr}\{\widetilde{\boldsymbol{V}}_2^{\mathrm{T}}\boldsymbol{L}_2^{-1}\widetilde{\boldsymbol{V}}_2\}+\mathrm{tr}\{\widetilde{\boldsymbol{V}}_4^{\mathrm{T}}\boldsymbol{L}_4^{-1}\widetilde{\boldsymbol{V}}_4\}+k_{\mathrm{B}}^{-1}\mathrm{tr}\{\widetilde{\boldsymbol{B}}^{\mathrm{T}}\boldsymbol{P}_y\widetilde{\boldsymbol{B}}\}
\end{aligned}\tag{4.18}$$

对式(4.18)求导并结合式(4.7)和式(4.11)可得

$$\begin{aligned}
\dot{\boldsymbol{V}}_x &= \boldsymbol{L}_{\mathrm{A}}+\boldsymbol{L}_{\mathrm{W1}}+\boldsymbol{L}_{\mathrm{W3}}+\boldsymbol{L}_{\mathrm{V1}}+\boldsymbol{L}_{\mathrm{V3}}-\\
&\quad\ \Delta\boldsymbol{x}^{\mathrm{T}}\boldsymbol{Q}_x\Delta\boldsymbol{x}+2\Delta\boldsymbol{x}^{\mathrm{T}}\boldsymbol{P}_x\xi_x\\
\dot{\boldsymbol{V}}_y &= \boldsymbol{L}_{\mathrm{B}}+\boldsymbol{L}_{\mathrm{W2}}+\boldsymbol{L}_{\mathrm{W4}}+\boldsymbol{L}_{\mathrm{V2}}+\boldsymbol{L}_{\mathrm{V4}}-\\
&\quad\ \varepsilon^{-1}\Delta\boldsymbol{y}^{\mathrm{T}}\boldsymbol{Q}_y\Delta\boldsymbol{y}+2\varepsilon^{-1}\Delta\boldsymbol{y}^{\mathrm{T}}\boldsymbol{P}_y\xi_y\\
\boldsymbol{L}_{\mathrm{A}} &= 2k_{\mathrm{A}}^{-1}\mathrm{tr}\{\dot{\widetilde{\boldsymbol{A}}}^{\mathrm{T}}\boldsymbol{P}_x\widetilde{\boldsymbol{A}}\}+2\Delta\boldsymbol{x}^{\mathrm{T}}\boldsymbol{P}_x\widetilde{\boldsymbol{A}}\boldsymbol{x}_{nn}\\
\boldsymbol{L}_{\mathrm{W1}} &= 2\mathrm{tr}\{\widetilde{\boldsymbol{W}}_1^{\mathrm{T}}\boldsymbol{K}_1^{-1}\widetilde{\boldsymbol{W}}_1\}+2\Delta\boldsymbol{x}^{\mathrm{T}}\boldsymbol{P}_x\widetilde{\boldsymbol{W}}_1\boldsymbol{\sigma}_1(\boldsymbol{V}_1[\boldsymbol{x},\boldsymbol{y}]^{\mathrm{T}})-\\
&\quad\ 2\Delta\boldsymbol{x}^{\mathrm{T}}\boldsymbol{P}_x\widetilde{\boldsymbol{W}}_1\boldsymbol{D}_{\sigma_1}\boldsymbol{V}_1[\boldsymbol{x},\boldsymbol{y}]^{\mathrm{T}}\\
\boldsymbol{L}_{\mathrm{W3}} &= 2\mathrm{tr}\{\dot{\widetilde{\boldsymbol{W}}}_3^{\mathrm{T}}\boldsymbol{K}_3^{-1}\widetilde{\boldsymbol{W}}_3\}+2\Delta\boldsymbol{x}^{\mathrm{T}}\boldsymbol{P}_x\widetilde{\boldsymbol{W}}_3\boldsymbol{\phi}_1(\boldsymbol{V}_3[\boldsymbol{x},\boldsymbol{y}]^{\mathrm{T}})\boldsymbol{u}-\\
&\quad\ 2\Delta\boldsymbol{x}^{\mathrm{T}}\boldsymbol{P}_x\widetilde{\boldsymbol{W}}_3\boldsymbol{D}_{\phi_1}\boldsymbol{V}_3[\boldsymbol{x},\boldsymbol{y}]^{\mathrm{T}}\\
\boldsymbol{L}_{\mathrm{V1}} &= 2\mathrm{tr}\{\dot{\widetilde{\boldsymbol{V}}}_1^{\mathrm{T}}\boldsymbol{L}_1^{-1}\widetilde{\boldsymbol{V}}_1\}+2\Delta\boldsymbol{x}^{\mathrm{T}}\boldsymbol{P}_x\boldsymbol{W}_1\boldsymbol{D}_{\sigma_1}\widetilde{\boldsymbol{V}}_1[\boldsymbol{x},\boldsymbol{y}]^{\mathrm{T}}\\
\boldsymbol{L}_{\mathrm{V3}} &= 2\mathrm{tr}\{\dot{\widetilde{\boldsymbol{V}}}_3^{\mathrm{T}}\boldsymbol{L}_3^{-1}\widetilde{\boldsymbol{V}}_3\}+2\Delta\boldsymbol{x}^{\mathrm{T}}\boldsymbol{P}_x\boldsymbol{W}_3\boldsymbol{D}_{\phi_1}\widetilde{\boldsymbol{V}}_3[\boldsymbol{x},\boldsymbol{y}]^{\mathrm{T}}\\
\boldsymbol{L}_{\mathrm{B}} &= 2k_{\mathrm{B}}^{-1}\mathrm{tr}\{\dot{\widetilde{\boldsymbol{B}}}^{\mathrm{T}}\boldsymbol{P}_y\widetilde{\boldsymbol{B}}\}+(2/\varepsilon)\Delta\boldsymbol{y}^{\mathrm{T}}\boldsymbol{P}_y\widetilde{\boldsymbol{B}}\boldsymbol{y}_{nn}\\
\boldsymbol{L}_{\mathrm{W2}} &= 2\mathrm{tr}\{\dot{\widetilde{\boldsymbol{W}}}_2^{\mathrm{T}}\boldsymbol{K}_2^{-1}\widetilde{\boldsymbol{W}}_2\}+2\varepsilon^{-1}\Delta\boldsymbol{y}^{\mathrm{T}}\boldsymbol{P}_y\widetilde{\boldsymbol{W}}_2\boldsymbol{\sigma}_2(\boldsymbol{V}_2[\boldsymbol{x},\boldsymbol{y}]^{\mathrm{T}})-\\
&\quad\ 2\varepsilon^{-1}\Delta\boldsymbol{y}^{\mathrm{T}}\boldsymbol{P}_y\widetilde{\boldsymbol{W}}_2\boldsymbol{D}_{\sigma_2}\boldsymbol{V}_2[\boldsymbol{x},\boldsymbol{y}]^{\mathrm{T}}\\
\boldsymbol{L}_{\mathrm{W4}} &= 2\mathrm{tr}\{\dot{\widetilde{\boldsymbol{W}}}_4^{\mathrm{T}}\boldsymbol{K}_4^{-1}\widetilde{\boldsymbol{W}}_4\}+2\varepsilon^{-1}\Delta\boldsymbol{y}^{\mathrm{T}}\boldsymbol{P}_y\widetilde{\boldsymbol{W}}_4\boldsymbol{\phi}_2(\boldsymbol{V}_4[\boldsymbol{x},\boldsymbol{y}]^{\mathrm{T}})\boldsymbol{u}-\\
&\quad\ 2\varepsilon^{-1}\Delta\boldsymbol{y}^{\mathrm{T}}\boldsymbol{P}_y\widetilde{\boldsymbol{W}}_4\boldsymbol{D}_{\phi_2}\boldsymbol{V}_4[\boldsymbol{x},\boldsymbol{y}]^{\mathrm{T}}\\
\boldsymbol{L}_{\mathrm{V2}} &= 2\mathrm{tr}\{\dot{\widetilde{\boldsymbol{V}}}_2^{\mathrm{T}}\boldsymbol{L}_2^{-1}\widetilde{\boldsymbol{V}}_2\}+(2/\varepsilon)\Delta\boldsymbol{y}^{\mathrm{T}}\boldsymbol{P}_y\boldsymbol{W}_2\boldsymbol{D}_{\sigma_2}\widetilde{\boldsymbol{V}}_2[\boldsymbol{x},\boldsymbol{y}]^{\mathrm{T}}\\
\boldsymbol{L}_{V4} &= 2\mathrm{tr}\{\dot{\widetilde{\boldsymbol{V}}}_4^{\mathrm{T}}\boldsymbol{L}_4^{-1}\widetilde{\boldsymbol{V}}_4\}+(2/\varepsilon)\Delta\boldsymbol{y}^{\mathrm{T}}\boldsymbol{P}_y\boldsymbol{W}_4\boldsymbol{D}_{\phi_2}\widetilde{\boldsymbol{V}}_4[\boldsymbol{x},\boldsymbol{y}]^{\mathrm{T}}
\end{aligned}\tag{4.19}$$

由在线更新律(4.16),可以得到

$$\begin{aligned}
\dot{\boldsymbol{V}}_x &= -\Delta\boldsymbol{x}^{\mathrm{T}}\boldsymbol{Q}_x\Delta\boldsymbol{x} + 2k_x\|\Delta\boldsymbol{x}\|\operatorname{tr}(\boldsymbol{W}_3^* - \widetilde{\boldsymbol{W}}_1)^{\mathrm{T}}\widetilde{\boldsymbol{W}}_1 + \\
&\quad 2k_x\|\Delta\boldsymbol{x}\|\operatorname{tr}(\boldsymbol{V}_1^* - \widetilde{\boldsymbol{V}}_1)^{\mathrm{T}}\widetilde{\boldsymbol{V}}_1 + 2k_x\|\Delta\boldsymbol{x}\|\operatorname{tr}(\boldsymbol{W}_3^* - \widetilde{\boldsymbol{W}}_3)^{\mathrm{T}}\widetilde{\boldsymbol{W}}_3 + \\
&\quad 2k_x\|\Delta\boldsymbol{x}\|\operatorname{tr}(\boldsymbol{V}_3^* - \widetilde{\boldsymbol{V}}_3)^{\mathrm{T}}\widetilde{\boldsymbol{V}}_3 + 2\Delta\boldsymbol{x}^{\mathrm{T}}\boldsymbol{P}_x\xi_x \\
&= -\Delta\boldsymbol{x}^{\mathrm{T}}\boldsymbol{Q}_x\Delta\boldsymbol{x} + 2k_x\|\Delta\boldsymbol{x}\|\operatorname{tr}(\boldsymbol{Z}_1^* - \widetilde{\boldsymbol{Z}}_1)^{\mathrm{T}}\widetilde{\boldsymbol{Z}}_1 + \\
&\quad 2k_x\|\Delta\boldsymbol{x}\|\operatorname{tr}(\boldsymbol{Z}_3^* - \widetilde{\boldsymbol{Z}}_3)^{\mathrm{T}}\widetilde{\boldsymbol{Z}}_3 + 2\Delta\boldsymbol{x}^{\mathrm{T}}\boldsymbol{P}_x\xi_x \\
\dot{\boldsymbol{V}}_y &= -(1/\varepsilon)\Delta\boldsymbol{y}^{\mathrm{T}}\boldsymbol{Q}_y\Delta\boldsymbol{y} + 2k_y\|\Delta\boldsymbol{y}\|\operatorname{tr}(\boldsymbol{W}_2^* - \widetilde{\boldsymbol{W}}_2)^{\mathrm{T}}\widetilde{\boldsymbol{W}}_2 + \\
&\quad 2k_y\|\Delta\boldsymbol{y}\|\operatorname{tr}(\boldsymbol{V}_2^* - \widetilde{\boldsymbol{V}}_2)^{\mathrm{T}}\widetilde{\boldsymbol{V}}_2 + 2k_y\|\Delta\boldsymbol{y}\|\operatorname{tr}(\boldsymbol{W}_4^* - \widetilde{\boldsymbol{W}}_4)^{\mathrm{T}}\widetilde{\boldsymbol{W}}_4 + \\
&\quad 2k_y\|\Delta\boldsymbol{y}\|\operatorname{tr}(\boldsymbol{V}_4^* - \widetilde{\boldsymbol{V}}_4)^{\mathrm{T}}\widetilde{\boldsymbol{V}}_4 + 2\varepsilon^{-1}\Delta\boldsymbol{y}^{\mathrm{T}}\boldsymbol{P}_y\xi_y \\
&= -\varepsilon^{-1}\Delta\boldsymbol{y}^{\mathrm{T}}\boldsymbol{Q}_y\Delta\boldsymbol{y} + 2k_y\|\Delta\boldsymbol{y}\|\operatorname{tr}(\boldsymbol{Z}_2^* - \widetilde{\boldsymbol{Z}}_2)^{\mathrm{T}}\widetilde{\boldsymbol{Z}}_2 + \\
&\quad 2k_y\|\Delta\boldsymbol{y}\|\operatorname{tr}(\boldsymbol{Z}_4^* - \widetilde{\boldsymbol{Z}}_4)^{\mathrm{T}}\widetilde{\boldsymbol{Z}}_4 + 2\varepsilon^{-1}\Delta\boldsymbol{y}^{\mathrm{T}}\boldsymbol{P}_y\xi_y
\end{aligned} \tag{4.20}$$

因为 $\operatorname{tr}(\boldsymbol{Z}^* - \widetilde{\boldsymbol{Z}})^{\mathrm{T}}\widetilde{\boldsymbol{Z}} = \langle\boldsymbol{Z}^*, \widetilde{\boldsymbol{Z}}\rangle_{\mathrm{F}} - \|\widetilde{\boldsymbol{Z}}\|_{\mathrm{F}}^2 \leqslant \|\widetilde{\boldsymbol{Z}}\|_{\mathrm{F}}\|\boldsymbol{Z}^*\|_{\mathrm{F}} - \|\widetilde{\boldsymbol{Z}}\|_{\mathrm{F}}^2$,并利用式(4.8),可得下面的不等式

$$\begin{aligned}
\dot{\boldsymbol{V}}_x &\leqslant -\lambda_{\min}(\boldsymbol{Q}_x)\|\Delta\boldsymbol{x}\|^2 + 2k_x\|\Delta\boldsymbol{x}\|\,\|\widetilde{\boldsymbol{Z}}_1\|_{\mathrm{F}}(\bar{\boldsymbol{Z}}_1 - \|\widetilde{\boldsymbol{Z}}_1\|_{\mathrm{F}}) + \\
&\quad 2k_x\|\Delta\boldsymbol{x}\|\,\|\widetilde{\boldsymbol{Z}}_3\|_{\mathrm{F}}(\bar{\boldsymbol{Z}}_3 - \|\widetilde{\boldsymbol{Z}}_3\|_{\mathrm{F}}) + 2\|\Delta\boldsymbol{x}\|\,\|\boldsymbol{P}_x\|\,\|\xi_x\| \\
&= -\|\Delta\boldsymbol{x}\|\boldsymbol{L}_x \\
\dot{\boldsymbol{V}}_y &\leqslant -(1/\varepsilon)\lambda_{\min}(\boldsymbol{Q}_y)\|\Delta\boldsymbol{y}\|^2 + 2k_y\|\Delta\boldsymbol{y}\|\,\|\widetilde{\boldsymbol{Z}}_2\|_{\mathrm{F}}(\bar{\boldsymbol{Z}}_2 - \|\widetilde{\boldsymbol{Z}}_2\|_{\mathrm{F}}) + \\
&\quad 2k_y\|\Delta\boldsymbol{y}\|\,\|\widetilde{\boldsymbol{Z}}_4\|_{\mathrm{F}}(\bar{\boldsymbol{Z}}_4 - \|\widetilde{\boldsymbol{Z}}_4\|_{\mathrm{F}}) + (2/\varepsilon)\|\Delta\boldsymbol{y}\|\,\|\boldsymbol{P}_y\|\,\|\xi_y\| \\
&= -(1/\varepsilon)\|\Delta\boldsymbol{y}\|\boldsymbol{L}_y
\end{aligned} \tag{4.21}$$

其中

$$\begin{aligned}
\boldsymbol{L}_x &= \lambda_{\min}(\boldsymbol{Q}_x)\|\Delta\boldsymbol{x}\| + 2k_x\|\widetilde{\boldsymbol{Z}}_1\|_{\mathrm{F}}(\|\widetilde{\boldsymbol{Z}}_1\|_{\mathrm{F}} - \bar{\boldsymbol{Z}}_1) - 2\|\boldsymbol{P}_x\|(C_{x1} + \\
&\quad C_{x2}\|\widetilde{\boldsymbol{Z}}_1\|_{\mathrm{F}}) + 2k_x\|\widetilde{\boldsymbol{Z}}_3\|_{\mathrm{F}}(\|\widetilde{\boldsymbol{Z}}_3\|_{\mathrm{F}} - \bar{\boldsymbol{Z}}_3) - 2C_{x3}\|\boldsymbol{P}_x\|\,\|\widetilde{\boldsymbol{Z}}_3\|_{\mathrm{F}} \\
\boldsymbol{L}_y &= \lambda_{\min}(\boldsymbol{Q}_y)\|\Delta\boldsymbol{y}\| + 2\varepsilon k_y\|\widetilde{\boldsymbol{Z}}_2\|_{\mathrm{F}}(\|\widetilde{\boldsymbol{Z}}_2\|_{\mathrm{F}} - \bar{\boldsymbol{Z}}_2) - 2\|\boldsymbol{P}_y\|(C_{y1} + \\
&\quad C_{y2}\|\widetilde{\boldsymbol{Z}}_2\|_{\mathrm{F}}) + 2\varepsilon k_y\|\widetilde{\boldsymbol{Z}}_4\|_{\mathrm{F}}(\|\widetilde{\boldsymbol{Z}}_4\|_{\mathrm{F}} - \bar{\boldsymbol{Z}}_4) - 2C_{y3}\|\boldsymbol{P}_y\|\,\|\widetilde{\boldsymbol{Z}}_4\|_{\mathrm{F}}
\end{aligned}$$

所以,$\dot{\boldsymbol{V}}_{\mathrm{I}}$ 为负只要 $\boldsymbol{L}_x$,$\boldsymbol{L}_y$ 为正。定义如下变量:

$$C_{x4} = \bar{\boldsymbol{Z}}_1 + \frac{\|\boldsymbol{P}_x\|C_{x2}}{k_x},\quad C_{x5} = \bar{\boldsymbol{Z}}_3 + \frac{\|\boldsymbol{P}_x\|C_{x3}}{k_x},$$

$$C_{y4} = \bar{\boldsymbol{Z}}_2 + \frac{\varepsilon^{-1}\|\boldsymbol{P}_y\|C_{y2}}{k_y},\quad C_{y5} = \bar{\boldsymbol{Z}}_4 + \frac{\varepsilon^{-1}\|\boldsymbol{P}_y\|C_{y3}}{k_y}。$$

$\boldsymbol{L}_x, \boldsymbol{L}_y$ 可以进一步被表示为

$$
\begin{aligned}
\boldsymbol{L}_x &= \lambda_{\min}(\boldsymbol{Q}_x)\|\Delta\boldsymbol{x}\| + 2k_x\|\widetilde{\boldsymbol{Z}}_1\|_F(\|\widetilde{\boldsymbol{Z}}_1\|_F - C_{x4}) - \\
&\quad 2\|\boldsymbol{P}_x\|C_{x1} + 2k_x\|\widetilde{\boldsymbol{Z}}_3\|_F(\|\widetilde{\boldsymbol{Z}}_3\|_F - C_{x5}) \\
&= 2k_x(\|\widetilde{\boldsymbol{Z}}_1\|_F - C_{x4}/2)^2 - k_xC_{x4}^2/2 + \lambda_{\min}(\boldsymbol{Q}_x)\|\Delta\boldsymbol{x}\| - \\
&\quad 2\|\boldsymbol{P}_x\|C_{x1} + 2k_x(\|\widetilde{\boldsymbol{Z}}_3\|_F - C_{x5}/2)^2 - k_xC_{x5}^2/2 \\
\boldsymbol{L}_y &= \lambda_{\min}(\boldsymbol{Q}_y)\|\Delta\boldsymbol{y}\| + 2\varepsilon k_y\|\widetilde{\boldsymbol{Z}}_2\|_F(\|\widetilde{\boldsymbol{Z}}_2\|_F - C_{y4}) - \\
&\quad 2\|\boldsymbol{P}_y\|C_{y1} + 2\varepsilon k_y\|\widetilde{\boldsymbol{Z}}_4\|_F(\|\widetilde{\boldsymbol{Z}}_4\|_F - C_{y5}) \\
&= 2\varepsilon k_y(\|\widetilde{\boldsymbol{Z}}_2\|_F - C_{y4}/2)^2 - \varepsilon k_yC_{y4}^2/2 - \\
&\quad 2\|\boldsymbol{P}_y\|C_{y1} + \lambda_{\min}(\boldsymbol{Q}_y)\|\Delta\boldsymbol{y}\| + \\
&\quad 2\varepsilon k_y\|\widetilde{\boldsymbol{Z}}_4\|_F(\|\widetilde{\boldsymbol{Z}}_4\|_F - C_{y5}/2)^2 - \varepsilon k_yC_{y5}^2/2
\end{aligned}
\tag{4.22}
$$

式(4.22)为正，当且仅当下面条件成立：

$$
\|\Delta\boldsymbol{x}\| > \frac{2^{-1}(k_xC_{x4}^2 + k_xC_{x5}^2) + 2\|\boldsymbol{P}_x\|C_{x1}}{\lambda_{\min}(\boldsymbol{Q}_x)} = b_x
$$

$$
\|\Delta\boldsymbol{y}\| > \frac{2^{-1}\varepsilon(k_yC_{y4}^2 + k_yC_{y5}^2) + 2\|\boldsymbol{P}_y\|C_{y1}}{\lambda_{\min}(\boldsymbol{Q}_y)} = b_y
$$

或

$$
\|\widetilde{\boldsymbol{Z}}_1\|_F > C_{x4}/2 + \sqrt{(C_{x4}^2 + C_{x5}^2)/4 + \|\boldsymbol{P}_x\|C_{x1}/k_x}
$$

$$
\|\widetilde{\boldsymbol{Z}}_3\|_F > C_{x5}/2 + \sqrt{(C_{x4}^2 + C_{x5}^2)/4 + \|\boldsymbol{P}_x\|C_{x1}/k_x}
$$

$$
\|\widetilde{\boldsymbol{Z}}_2\|_F > C_{y4}/2 + \sqrt{(C_{y4}^2 + C_{y5}^2)/4 + \varepsilon^{-1}\|\boldsymbol{P}_y\|C_{y1}/k_y}
$$

$$
\|\widetilde{\boldsymbol{Z}}_4\|_F > C_{y5}/2 + \sqrt{(C_{y4}^2 + C_{y5}^2)/4 + \varepsilon^{-1}\|\boldsymbol{P}_y\|C_{y1}/k_y}
$$

所以，$\dot{\boldsymbol{V}}_{\mathrm{I}}$ 为负。根据标准李雅普诺夫推广定理[15]，可以得到 $\|\Delta\boldsymbol{x}\|$，$\|\Delta\boldsymbol{y}\|$，$\|\widetilde{\boldsymbol{Z}}_1\|_F$，$\|\widetilde{\boldsymbol{Z}}_2\|_F$，$\|\widetilde{\boldsymbol{Z}}_3\|_F$，$\|\widetilde{\boldsymbol{Z}}_4\|_F$，进而表明 $\Delta\boldsymbol{x}, \Delta\boldsymbol{y}, \boldsymbol{W}_{1,2,3,4}, \boldsymbol{V}_{1,2,3,4}, \boldsymbol{A}, \boldsymbol{B} \in \boldsymbol{L}_\infty$。

第二种情况($s_x=0, s_y=0$)

当 $\|\Delta\boldsymbol{x}\| < b_x$，$\|\Delta\boldsymbol{y}\| < b_y$ 时，即 $s_x=0, s_y=0$，学习过程停止，式(4.16)中微分方程的所有右侧都等于零，并且多时间尺度动态神经网络的权重保持不变。因此辨识误差矩阵和权值矩阵保持有界，即 $\Delta\boldsymbol{x}, \Delta\boldsymbol{y}, \boldsymbol{W}_{1,2,3,4}, \boldsymbol{V}_{1,2,3,4}, \boldsymbol{A}, \boldsymbol{B} \in \boldsymbol{L}_\infty$。

第三种情况($s_x=0, s_y=1$ 或 $s_x=1, s_y=0$)

$\boldsymbol{A}, \boldsymbol{W}_1, \boldsymbol{W}_3, \boldsymbol{V}_1, \boldsymbol{V}_3$ 学习过程停止并保持一定数值不变。因为 $\|\Delta\boldsymbol{x}\| < b_x$，所以 $\Delta\boldsymbol{x}, \boldsymbol{A}, \boldsymbol{W}_1, \boldsymbol{W}_3, \boldsymbol{V}_1, \boldsymbol{V}_3 \in \boldsymbol{L}_\infty$。

考虑以下李雅普诺夫函数

$$\boldsymbol{V}_{\mathrm{I}}=\boldsymbol{V}_{y}=\Delta\boldsymbol{y}^{\mathrm{T}}\boldsymbol{P}_{y}\Delta\boldsymbol{y}+\mathrm{tr}\{\widetilde{\boldsymbol{W}}_{2}^{\mathrm{T}}\boldsymbol{K}_{2}^{-1}\widetilde{\boldsymbol{W}}_{2}\}+\mathrm{tr}\{\widetilde{\boldsymbol{W}}_{4}^{\mathrm{T}}\boldsymbol{K}_{4}^{-1}\widetilde{\boldsymbol{W}}_{4}\}+ \mathrm{tr}\{\widetilde{\boldsymbol{V}}_{2}^{\mathrm{T}}\boldsymbol{L}_{2}^{-1}\widetilde{\boldsymbol{V}}_{2}\}+\mathrm{tr}\{\widetilde{\boldsymbol{V}}_{4}^{\mathrm{T}}\boldsymbol{L}_{4}^{-1}\widetilde{\boldsymbol{V}}_{4}\}+k_{\mathrm{B}}^{-1}\mathrm{tr}\{\widetilde{\boldsymbol{B}}^{\mathrm{T}}\boldsymbol{P}_{y}\widetilde{\boldsymbol{B}}\} \tag{4.23}$$

用与第一种情况（$s_x=1,s_y=1$）相同的方法，可以证明 $\dot{\boldsymbol{V}}_{\mathrm{I}}$ 为负，只要如下其中一个条件被满足

$$\|\Delta\boldsymbol{y}\|>\frac{2^{-1}\varepsilon(k_yC_{y4}^2+k_yC_{y5}^2)+2\|\boldsymbol{P}_y\|C_{y1}}{\lambda_{\min}(\boldsymbol{Q}_y)}=b_y$$

或

$$\|\widetilde{\boldsymbol{Z}}_2\|_{\mathrm{F}}>C_{y4}/2+\sqrt{(C_{y4}^2+C_{y5}^2)/4+\varepsilon^{-1}\|\boldsymbol{P}_y\|C_{y1}/k_y}$$

$$\|\widetilde{\boldsymbol{Z}}_4\|_{\mathrm{F}}>C_{y5}/2+\sqrt{(C_{y4}^2+C_{y5}^2)/4+\varepsilon^{-1}\|\boldsymbol{P}_y\|C_{y1}/k_y}$$

其中：C_{y1},C_{y4},C_{y5} 与第一种情况（$s_x=1,s_y=1$）中相同。这表明 $\Delta\boldsymbol{y},\boldsymbol{B},\boldsymbol{W}_2,\boldsymbol{W}_4,\boldsymbol{V}_2,\boldsymbol{V}_4\in\boldsymbol{L}_\infty$。因此可以得出结论，当 $\|\Delta\boldsymbol{x}\|<b_x$ 且 $\|\Delta\boldsymbol{y}\|>b_y$ 时，满足条件 $\Delta\boldsymbol{x}$，$\Delta\boldsymbol{y},\boldsymbol{W}_{1,2,3,4},\boldsymbol{V}_{1,2,3,4},\boldsymbol{A},\boldsymbol{B}\in\boldsymbol{L}_\infty$。

通过相同分析，可以得到当 $\|\Delta\boldsymbol{x}\|>b_x$ 且 $\|\Delta\boldsymbol{y}\|<b_y$ 时，满足条件 $\Delta\boldsymbol{x},\Delta\boldsymbol{y}$，$\boldsymbol{W}_{1,2,3,4},\boldsymbol{V}_{1,2,3,4},\boldsymbol{A},\boldsymbol{B}\in\boldsymbol{L}_\infty$。

定理 4.2 在式(4.14)和式(4.15)中，$\dot{\boldsymbol{W}}_3$ 中第 i 行的第 i 个元素和 $\dot{\boldsymbol{W}}_4$ 中第($n+j$)行的第 j 个元素被用于更新 $\boldsymbol{W}_3$ 和 $\boldsymbol{W}_4$，当忽略 $\dot{\boldsymbol{W}}_3$ 和 $\dot{\boldsymbol{W}}_4$ 中的其他元素时，系统的稳定性不会受到影响。

证明

由式(4.19)有

$$\boldsymbol{L}_{\mathrm{W3}}=2\mathrm{tr}\{\dot{\widetilde{\boldsymbol{W}}}_3^{\mathrm{T}}\boldsymbol{K}_3^{-1}\widetilde{\boldsymbol{W}}_3\}+2\Delta\boldsymbol{x}^{\mathrm{T}}\boldsymbol{P}_x\widetilde{\boldsymbol{W}}_3\boldsymbol{\varphi}_1(\boldsymbol{V}_3[\boldsymbol{x};\ \boldsymbol{y}])\boldsymbol{u}-2\Delta\boldsymbol{x}^{\mathrm{T}}\boldsymbol{P}_x\widetilde{\boldsymbol{W}}_3\boldsymbol{D}_{\varphi_1}\boldsymbol{V}_3[\boldsymbol{x};\ \boldsymbol{y}]$$

$$\boldsymbol{L}_{\mathrm{W4}}=2\mathrm{tr}\{\dot{\widetilde{\boldsymbol{W}}}_4^{\mathrm{T}}\boldsymbol{K}_4^{-1}\widetilde{\boldsymbol{W}}_4\}+2\varepsilon^{-1}\Delta\boldsymbol{y}^{\mathrm{T}}\boldsymbol{P}_y\widetilde{\boldsymbol{W}}_4\boldsymbol{\varphi}_2(\boldsymbol{V}_4[\boldsymbol{x};\ \boldsymbol{y}])\boldsymbol{u}-2\varepsilon^{-1}\Delta\boldsymbol{y}^{\mathrm{T}}\boldsymbol{P}_y\widetilde{\boldsymbol{W}}_4\boldsymbol{D}_{\varphi_2}\boldsymbol{V}_4[\boldsymbol{x};\ \boldsymbol{y}]$$

因为 $\dot{\widetilde{\boldsymbol{W}}}_3=-\boldsymbol{W}_3,\dot{\widetilde{\boldsymbol{W}}}_4=-\boldsymbol{W}_4,\boldsymbol{L}_{\mathrm{W3}},\boldsymbol{L}_{\mathrm{W4}}$ 中的第一项可以写成如下形式：

$$2\mathrm{tr}\{\dot{\widetilde{\boldsymbol{W}}}_3^{\mathrm{T}}\boldsymbol{K}_3^{-1}\widetilde{\boldsymbol{W}}_3\}=-2\mathrm{tr}\{\dot{\boldsymbol{W}}_3^{\mathrm{T}}\boldsymbol{K}_3^{-1}\widetilde{\boldsymbol{W}}_3\}$$

$$2\mathrm{tr}\{\dot{\widetilde{\boldsymbol{W}}}_4^{\mathrm{T}}\boldsymbol{K}_4^{-1}\widetilde{\boldsymbol{W}}_4\}=-2\mathrm{tr}\{\dot{\boldsymbol{W}}_4^{\mathrm{T}}\boldsymbol{K}_4^{-1}\widetilde{\boldsymbol{W}}_4\}$$

因为 $\boldsymbol{K}_3,\boldsymbol{K}_4$ 为对角矩阵，且 $\widetilde{\boldsymbol{W}}_3=[\mathrm{diag}(\widetilde{\omega}_{31},\cdots,\widetilde{\omega}_{3n}),0]\in\mathbf{R}^{n\times(n+m)}$，$\widetilde{\boldsymbol{W}}_4=[0,\mathrm{diag}(\widetilde{\omega}_{41},\cdots,\widetilde{\omega}_{4n})]\in\mathbf{R}^{m\times(n+m)}$，可以证明

$$\mathrm{tr}\{\dot{\boldsymbol{W}}_3^{\mathrm{T}}\boldsymbol{K}_3^{-1}\widetilde{\boldsymbol{W}}_3\}=\sum_{i=1}^{n}\dot{W}_{3i}k_{3i}^{-1}\widetilde{\omega}_{3i}$$

$$\mathrm{tr}\{\dot{\boldsymbol{W}}_4^{\mathrm{T}}\boldsymbol{K}_4^{-1}\widetilde{\boldsymbol{W}}_4\}=\sum_{i=1}^{n}\dot{W}_{4i}k_{4i}^{-1}\widetilde{\omega}_{4i}$$

式中：$\dot{W}_{3i}$ 和$\tilde{\omega}_{3i}$ 分别是$\dot{\boldsymbol{W}}_3$ 和$\tilde{\boldsymbol{W}}_3$ 中第 i 行的第 i 个元素；$\dot{W}_{4i}$ 和$\tilde{\omega}_{4i}$ 分别是$\dot{\boldsymbol{W}}_4$ 和$\tilde{\boldsymbol{W}}_4$ 中第 $n+i$ 行的第 i 个元素；k_{3i}，k_{4i} 分别是$\boldsymbol{K}_3$，$\boldsymbol{K}_4$ 中第 i 个对角元素，这意味着只有 $\dot{W}_{3i}$ 和 $\dot{W}_{4i}$ 被包含在李雅普诺夫分析过程中。所以，式(4.14)和式(4.15)中通过 $\dot{W}_{3i}$ 和 $\dot{W}_{4i}$ 用来在线更新 $\boldsymbol{W}_3$ 和 $\boldsymbol{W}_4$ 将不影响系统的稳定性。

评论 4.3 因为权值更新律(4.16)中的 $\boldsymbol{K}_i$，$\boldsymbol{L}_i(i=1,2,3,4)$可以任意选择，学习过程动态神经网络不依赖于黎卡提方程(4.11)的解 $\boldsymbol{P}_x$，$\boldsymbol{P}_y$，可以选择 $\boldsymbol{Q}_x$，$\boldsymbol{Q}_y$ 使 b_x，b_y 尽可能小。

评论 4.4 权值更新律(4.16)中的 $\dot{W}_i$，$\dot{V}_i(i=1,2,3,4)$的第一项是多层感知器的反向传播，最后一项对应于标准自适应中使用的 e-修改[14]算法形式来保证有界参数估计。$\dot{W}_i(i=1,2,3,4)$中的第二项用于对所设计的在线自适应更新律(4.16)进行一些修正，以确保辨识误差的稳定性。

评论 4.5 当 ε 非常接近于零时，$\boldsymbol{W}_2$，$\boldsymbol{W}_4$，$\boldsymbol{V}_2$，$\boldsymbol{V}_4$ 都呈现高增益行为，导致辨识算法的不稳定性。但由于黎卡提方程(4.11)两边可以乘以任何正常数 α，即 $\boldsymbol{B}^{*\mathrm{T}}(\alpha\boldsymbol{P}_y)+(\alpha\boldsymbol{P}_y)\boldsymbol{B}^{*}=-\alpha\boldsymbol{Q}_y$，所以可以通过选择较小的 α，使得学习权值 $\boldsymbol{W}_2$，$\boldsymbol{W}_4$，$\boldsymbol{V}_2$，$\boldsymbol{V}_4$ 的增益不会变得太大。

现将包含隐层的多时间尺度动态神经网络非线性辨识方法综述如下。

步骤 1 构造具有多个时间尺度的动态多层神经网络(4.2)。然后选择两个合适的 Sigmoid 函数 $\sigma(\cdot)$和 $\phi(\cdot)$。因为没有初步的离线学习阶段，所以不需要提供稳定的初始权重。较好的选取方法是 $\boldsymbol{V}_1$，$\boldsymbol{V}_2$，$\boldsymbol{V}_3$，$\boldsymbol{V}_4$ 选为任意值，$\boldsymbol{W}_1$，$\boldsymbol{W}_2$ 选取为零，$\boldsymbol{W}_3$，$\boldsymbol{W}_4$ 满足$|\omega_{3i}|\geqslant\tau(i=1,2,\cdots,n)$，$|\omega_{4j}|\geqslant\tau(j=1,2,\cdots,m)$。

步骤 2 确定更新律(4.16)中的常量。选择 $\boldsymbol{Q}_x$，$\boldsymbol{Q}_y$ 使 b_x，b_y 尽可能小，选择在线更新增益 $\boldsymbol{K}_i(i=1,2)$，$\boldsymbol{L}_i(i=1,2,3,4)$为正定矩阵，选择 $\boldsymbol{K}_i(i=3,4)$为对角正定矩阵，k_A，k_B，k_x，k_y 为正的常数。

步骤 3 在线辨识。可以从被控对象得到系统状态，从神经网络(4.2)中得到多时间尺度动态神经网络的状态。然后利用辨识误差来更新神经网络中的权值。

4.2 包含隐层的多时间尺度动态神经网络辨识模型基础上的控制器

基于 4.1 节的辨识结果来研究跟踪问题。从 4.1 节可知，非线性系统可以用一个包含隐层的多时间尺度动态神经网络来表示

$$\begin{aligned}\dot{\boldsymbol{x}}&=\boldsymbol{A}\boldsymbol{x}+\boldsymbol{W}_1\boldsymbol{\sigma}_1(\boldsymbol{V}_1[\boldsymbol{x},\boldsymbol{y}]^{\mathrm{T}})+\boldsymbol{W}_3\boldsymbol{\phi}_1(\boldsymbol{V}_3[\boldsymbol{x},\boldsymbol{y}]^{\mathrm{T}})\boldsymbol{u}+\delta_x\\ \varepsilon\dot{\boldsymbol{y}}&=\boldsymbol{B}\boldsymbol{y}+\boldsymbol{W}_2\boldsymbol{\sigma}_2(\boldsymbol{V}_2[\boldsymbol{x},\boldsymbol{y}]^{\mathrm{T}})+\boldsymbol{W}_4\boldsymbol{\phi}_2(\boldsymbol{V}_4[\boldsymbol{x},\boldsymbol{y}]^{\mathrm{T}})\boldsymbol{u}+\delta_y\end{aligned}\tag{4.24}$$

式中：δ_x，δ_y 为建模误差。

控制目标是使系统状态跟踪期望的信号，这些信号是由如下一个非线性参考模型产生的

$$\begin{aligned}\dot{\boldsymbol{x}}_{\mathrm{d}} &= \boldsymbol{g}_x(\boldsymbol{x}_{\mathrm{d}}, \boldsymbol{y}_{\mathrm{d}}, t)\\ \varepsilon\dot{\boldsymbol{y}}_{\mathrm{d}} &= \boldsymbol{g}_y(\boldsymbol{x}_{\mathrm{d}}, \boldsymbol{y}_{\mathrm{d}}, t)\end{aligned} \tag{4.25}$$

跟踪误差定义如下

$$\begin{aligned}\boldsymbol{E}_x &= \boldsymbol{x} - \boldsymbol{x}_{\mathrm{d}}\\ \boldsymbol{E}_y &= \boldsymbol{y} - \boldsymbol{y}_{\mathrm{d}}\end{aligned} \tag{4.26}$$

则误差动态方程变成

$$\begin{aligned}\dot{\boldsymbol{E}}_x &= \boldsymbol{A}\boldsymbol{x} + \boldsymbol{W}_1\boldsymbol{\sigma}_1(\boldsymbol{V}_1[\boldsymbol{x}, \boldsymbol{y}]^{\mathrm{T}}) + \boldsymbol{W}_3\boldsymbol{\phi}_1(\boldsymbol{V}_3[\boldsymbol{x}, \boldsymbol{y}]^{\mathrm{T}})\boldsymbol{u} + \delta_x - \boldsymbol{g}_x\\ \varepsilon\dot{\boldsymbol{E}}_y &= \boldsymbol{B}\boldsymbol{y} + \boldsymbol{W}_2\boldsymbol{\sigma}_2(\boldsymbol{V}_2[\boldsymbol{x}, \boldsymbol{y}]^{\mathrm{T}}) + \boldsymbol{W}_4\boldsymbol{\phi}_2(\boldsymbol{V}_4[\boldsymbol{x}, \boldsymbol{y}]^{\mathrm{T}})\boldsymbol{u} + \delta_y - \boldsymbol{g}_y\end{aligned} \tag{4.27}$$

控制输入 $\boldsymbol{u}$ 由两部分组成

$$\boldsymbol{u} = \boldsymbol{u}_{\mathrm{L}} + \boldsymbol{u}_{\delta} \tag{4.28}$$

式中：$\boldsymbol{u}_{\mathrm{L}}$ 用来补偿未知非线性；$\boldsymbol{u}_{\delta}$ 用来处理建模误差，理想情况下可以认为等于零从而忽略其影响。设计 $\boldsymbol{u}_{\mathrm{L}}$ 如下

$$\begin{aligned}\boldsymbol{u}_{\mathrm{L}} &= \begin{bmatrix}\boldsymbol{W}_3\,\boldsymbol{\phi}_1(\boldsymbol{V}_3[\boldsymbol{x}, \boldsymbol{y}]^{\mathrm{T}})\\ (1/\varepsilon)\boldsymbol{W}_4\,\boldsymbol{\phi}_2(\boldsymbol{V}_4[\boldsymbol{x}, \boldsymbol{y}]^{\mathrm{T}})\end{bmatrix}^{-1}\boldsymbol{u}'_{\mathrm{L}}\\ \boldsymbol{u}'_{\mathrm{L}} &= -\begin{bmatrix}A\boldsymbol{x}_{\mathrm{d}}\\ (1/\varepsilon)\boldsymbol{B}\boldsymbol{y}_{\mathrm{d}}\end{bmatrix} - \begin{bmatrix}\boldsymbol{W}_1\,\boldsymbol{\sigma}_1(\boldsymbol{V}_1[\boldsymbol{x}, \boldsymbol{y}]^{\mathrm{T}})\\ (1/\varepsilon)\boldsymbol{W}_2\,\boldsymbol{\sigma}_2(\boldsymbol{V}_2[\boldsymbol{x}, \boldsymbol{y}]^{\mathrm{T}})\end{bmatrix} + \begin{bmatrix}\boldsymbol{g}_x\\ (1/\varepsilon)\boldsymbol{g}_y\end{bmatrix}\end{aligned} \tag{4.29}$$

式(4.27)可以进一步表示为

$$\begin{aligned}\begin{bmatrix}\dot{\boldsymbol{E}}_x\\ \dot{\boldsymbol{E}}_y\end{bmatrix} = &\begin{bmatrix}\boldsymbol{A}\boldsymbol{x}\\ (1/\varepsilon)\boldsymbol{B}\boldsymbol{y}\end{bmatrix} + \begin{bmatrix}\boldsymbol{W}_1\,\boldsymbol{\sigma}_1(\boldsymbol{V}_1[\boldsymbol{x}, \boldsymbol{y}]^{\mathrm{T}})\\ (1/\varepsilon)\boldsymbol{W}_2\,\boldsymbol{\sigma}_2(\boldsymbol{V}_2[\boldsymbol{x}, \boldsymbol{y}]^{\mathrm{T}})\end{bmatrix} +\\ &\begin{bmatrix}\boldsymbol{W}_3\,\boldsymbol{\phi}_1(\boldsymbol{V}_3[\boldsymbol{x}, \boldsymbol{y}]^{\mathrm{T}})\\ (1/\varepsilon)\boldsymbol{W}_4\,\boldsymbol{\phi}_2(\boldsymbol{V}_4[\boldsymbol{x}, \boldsymbol{y}]^{\mathrm{T}})\end{bmatrix}\boldsymbol{u} + \begin{bmatrix}\delta_x\\ (1/\varepsilon)\,\delta_y\end{bmatrix} - \begin{bmatrix}\boldsymbol{g}_x\\ (1/\varepsilon)\boldsymbol{g}_y\end{bmatrix}\end{aligned} \tag{4.30}$$

将式(4.29)代入式(4.27)可得

$$\begin{bmatrix}\dot{\boldsymbol{E}}_x\\ \dot{\boldsymbol{E}}_y\end{bmatrix} = \begin{bmatrix}\boldsymbol{A}\boldsymbol{E}_x\\ (1/\varepsilon)\boldsymbol{B}\boldsymbol{E}_y\end{bmatrix} + \begin{bmatrix}\boldsymbol{W}_3\,\boldsymbol{\phi}_1(\boldsymbol{V}_3[\boldsymbol{x}, \boldsymbol{y}]^{\mathrm{T}})\\ (1/\varepsilon)\boldsymbol{W}_4\,\boldsymbol{\phi}_2(\boldsymbol{V}_4[\boldsymbol{x}, \boldsymbol{y}]^{\mathrm{T}})\end{bmatrix}\boldsymbol{u}_{\mathrm{f}} + \begin{bmatrix}\delta_x\\ (1/\varepsilon)\,\delta_y\end{bmatrix} \tag{4.31}$$

$\boldsymbol{u}_{\delta}$ 的控制作用是补偿未知的动态建模误差。采用滑模控制的方法来完成任务。所以设计 $\boldsymbol{u}_{\delta}$ 如下

$$\boldsymbol{u}_{\delta} = \begin{bmatrix}\boldsymbol{W}_3\,\boldsymbol{\phi}_1(\boldsymbol{V}_3[\boldsymbol{x}, \boldsymbol{y}]^{\mathrm{T}})\\ (1/\varepsilon)\boldsymbol{W}_4\,\boldsymbol{\phi}_2(\boldsymbol{V}_4[\boldsymbol{x}, \boldsymbol{y}]^{\mathrm{T}})\end{bmatrix}^{-1}\boldsymbol{u}'_{\delta},\quad \boldsymbol{u}'_{\delta} = \begin{bmatrix}\boldsymbol{u}'_{\delta x}\\ \boldsymbol{u}'_{\delta y}\end{bmatrix} \tag{4.32}$$

$$\begin{aligned}\boldsymbol{u}'_{\delta x} &= -\boldsymbol{A}\boldsymbol{E}_x - \eta_x[\mathrm{sign}(e_{x1}), \cdots, \mathrm{sign}(e_{xn})]^{\mathrm{T}}\\ \boldsymbol{u}'_{\delta y} &= -(1/\varepsilon)\boldsymbol{B}\boldsymbol{E}_y - (1/\varepsilon)\eta_y[\mathrm{sign}(e_{y1}), \cdots, \mathrm{sign}(e_{ym})]^{\mathrm{T}},\end{aligned} \tag{4.33}$$

进一步将式(4.32)代入式(4.31)可得

$$\begin{aligned}\dot{\boldsymbol{E}}_x &= \boldsymbol{A}\boldsymbol{E}_x + \boldsymbol{u}'_{\mathrm{f}x} + \delta_x \\ \dot{\boldsymbol{E}}_y &= (1/\varepsilon)\boldsymbol{B}\boldsymbol{E}_y + \boldsymbol{u}'_{\mathrm{f}y} + (1/\varepsilon)\,\delta_y\end{aligned} \tag{4.34}$$

如果把4.1节和4.2节一起考虑，即把辨识和控制作为一个完整的过程，有以下定理：

定理4.3 考虑非线性系统(4.1)，在满足假设4.1条件下，辨识模型取式(4.2)，参考模型取式(4.25)，在线更新律取式(4.14)、式(4.15)、式(4.16)和式(4.17)，控制策略取式(4.28)、式(4.29)和式(4.32)，可以保证如下稳定性

(1) $\Delta\boldsymbol{x},\Delta\boldsymbol{y},\boldsymbol{W}_{1,2,3,4},\boldsymbol{V}_{1,2,3,4},\boldsymbol{A},\boldsymbol{B}\in L_\infty$；

(2) $\lim\limits_{t\to\infty}\boldsymbol{E}_x=0,\lim\limits_{t\to\infty}\boldsymbol{E}_y=0$。

证明

考虑以下李雅普诺夫函数

$$\boldsymbol{V}=\boldsymbol{V}_{\mathrm{I}}+\boldsymbol{V}_{\mathrm{C}}$$

在定理4.1中，已经证明$\dot{\boldsymbol{V}}_{\mathrm{I}}<0$，现在考虑控制的李雅普诺夫函数$\boldsymbol{V}_{\mathrm{C}}$

$$\boldsymbol{V}_{\mathrm{C}}=\boldsymbol{E}_x^{\mathrm{T}}\boldsymbol{E}_x+\boldsymbol{E}_y^{\mathrm{T}}\boldsymbol{E}_y \tag{4.35}$$

由式(4.34)，可以得到式(4.35)的微分形式如下

$$\begin{aligned}\dot{\boldsymbol{V}}_{\mathrm{C}} &= 2\boldsymbol{E}_x^{\mathrm{T}}\dot{\boldsymbol{E}}_x + 2\boldsymbol{E}_y^{\mathrm{T}}\dot{\boldsymbol{E}}_y \\ &= 2\boldsymbol{E}_x^{\mathrm{T}}(\boldsymbol{A}\boldsymbol{E}_x + \boldsymbol{u}'_{\delta x} + \delta_x) + 2\boldsymbol{E}_y^{\mathrm{T}}((1/\varepsilon)\boldsymbol{B}\boldsymbol{E}_y + \boldsymbol{u}'_{\delta y} + (1/\varepsilon)\,\delta_y) \\ &= -2\eta_x\,\|\boldsymbol{E}_x\| + 2\boldsymbol{E}_x^{\mathrm{T}}\delta_x - 2(1/\varepsilon)\eta_y\,\|\boldsymbol{E}_y\| + 2(1/\varepsilon)\Delta\boldsymbol{c}\boldsymbol{y}^{\mathrm{T}}\delta_y \\ &\leqslant -2\eta_x\,\|\boldsymbol{E}_x\| + 2\,\|\boldsymbol{E}_x\|\,\|\delta_x\| - 2(1/\varepsilon)\eta_y\,\|\boldsymbol{E}_y\| + \\ &\quad\ 2(1/\varepsilon)\,\|\boldsymbol{E}_y\|\,\|\delta_y\| \\ &= -2(\eta_x - \|\delta_x\|)\,\|\boldsymbol{E}_x\| - 2(1/\varepsilon)(\eta_y - \|\delta_y\|)\,\|\boldsymbol{E}_y\|\end{aligned}$$

如果选择$\eta_x>\bar{\delta}_x,\eta_y>\bar{\delta}_y,\bar{\delta}_x$和$\bar{\delta}_y$是辨识误差和干扰的边界，可以得到$\dot{\boldsymbol{V}}_{\mathrm{C}}<0$，进而可以得到$\lim\limits_{t\to\infty}\boldsymbol{E}_x=0,\lim\limits_{t\to\infty}\boldsymbol{E}_y=0$。

基于包含隐层的多时间尺度动态神经网络辨识与控制结构图如图4-2所示。

评论4.6 本书认为式(4.1)中的所有系统状态都是可测的。如果某些系统状态不能测量，可以通过设计观测器用来观察那些无法测量的系统状态。基于观测器的自适应控制律已经有大量研究[16,17]。然而，它们大多只考虑单一时间尺度的情况。基于观测器的多时间尺度系统辨识与控制将在下一章中重点介绍。

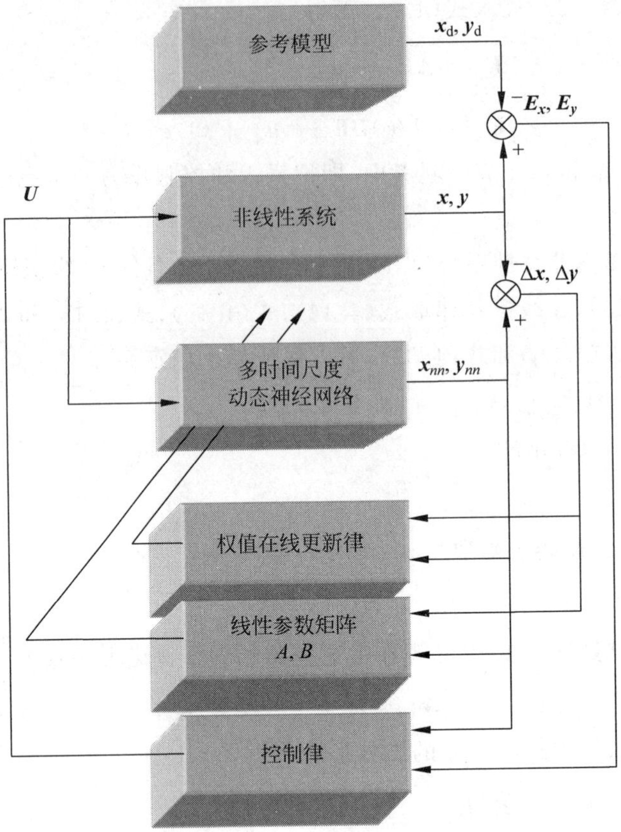

图 4-2 辨识与控制结构图

4.3 仿真验证

为验证上述辨识与控制方法，考虑与 3.1.3 节中相同的非线性系统

$$\begin{aligned} \dot{\boldsymbol{x}}_1 &= \alpha_1 \boldsymbol{x}_1 + \beta_1 \operatorname{sign}(\boldsymbol{x}_2) + u_1 \\ \varepsilon \dot{\boldsymbol{x}}_2 &= \alpha_2 \boldsymbol{x}_2 + \beta_2 \operatorname{sign}(\boldsymbol{x}_1) + u_2 \end{aligned} \tag{4.36}$$

式中：$\alpha_1=-5$，$\alpha_2=-10$，$\beta_1=3$，$\beta_2=2$，$\boldsymbol{x}_1(0)=1$，$\boldsymbol{x}_2(0)=0$。给定的非线性系统，即使是简单的，也足够有趣，因为它有多个孤立的平衡点。时间尺度因子选择为 0.2，Sigmoid 函数参数选择为 $l_1=2$，$l_2=-2$，$l_3=-0.5$，$l_4=0.2$，$l_5=-0.2$，$l_6=-0.05$。

1. 非线性辨识

包含隐层的多时间尺度动态神经网络的结构参数选择为 $\boldsymbol{A}\in\mathbf{R}$，$\boldsymbol{B}\in\mathbf{R}$，$\boldsymbol{W}_1,\boldsymbol{W}_2,\boldsymbol{W}_3,\boldsymbol{W}_4\in\mathbf{R}^2$，$\boldsymbol{V}_1,\boldsymbol{V}_2,\boldsymbol{V}_3,\boldsymbol{V}_4\in\mathbf{R}^{2\times2}$；$\boldsymbol{\sigma}_i(\cdot)\in\mathbf{R}^2$，$\boldsymbol{\phi}_i(\cdot)\in\mathbf{R}^{2\times2}(i=1,2)$。为了与第 3 章中的单层多时间尺度神经网络进行比较，这里选择了相同的输入信号：u_1 是一个

正弦波，u_2 是一个锯齿函数，振幅为 8，频率为 0.02Hz，以及相同的参数 $k_A = -1000$，$k_B = -200$，$\boldsymbol{K}_1 = -200\boldsymbol{I}$，$\boldsymbol{K}_2 = -100\boldsymbol{I}$，$\boldsymbol{K}_3 = \boldsymbol{K}_4 = -20\boldsymbol{I}$。此外，更新律(4.16)中的其他参数选择为 $\boldsymbol{L}_1 = \boldsymbol{L}_2 = -0.05\boldsymbol{I}$，$\boldsymbol{L}_3 = \boldsymbol{L}_4 = -0.5\boldsymbol{I}$，$k_x = k_y = 0.05$，$\tau = 0.05$。

辨识结果如图 4-3～图 4-6 所示。可以看出，与第 3 章中的单层多时间尺度动态神经网络中的辨识结果相比，包含隐层的多时间尺度动态神经网络能更准确、快速地跟踪非线性系统的动态特性。线性参数矩阵的特征值如图 4-7 所示。$\boldsymbol{A}$ 和 $\boldsymbol{B}$ 的特征值普遍小于零，这意味着它们在鉴定过程中保持稳定。图 4-8 显示了自回归滑动平均辨识模型(ARMAX)的辨识结果。可以看出，本章所提出的包含隐层的多时间尺度动态神经网络比 ARMAX 模型具有更好的性能。

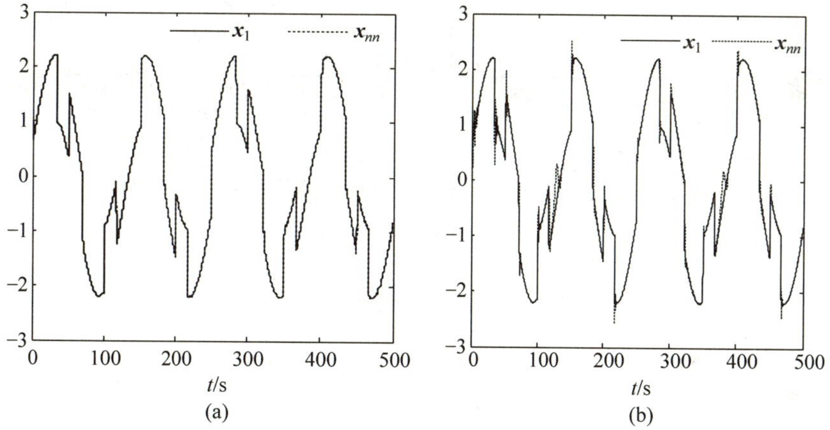

图 4-3　基于多时间尺度动态神经网络的状态 $\boldsymbol{x}_1$ 辨识结果

(a) 包含隐层；(b) 单层

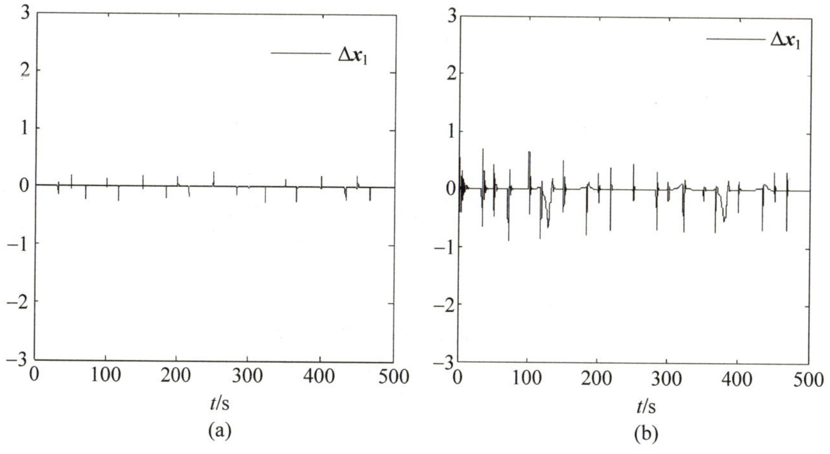

图 4-4　基于多时间尺度动态神经网络的状态 $\boldsymbol{x}_1$ 辨识误差

(a) 包含隐层；(b) 单层

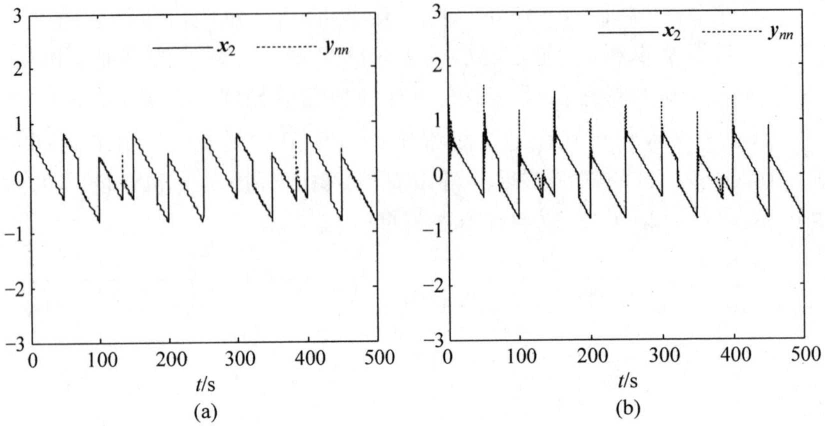

图 4-5　基于多时间尺度动态神经网络的状态 $\boldsymbol{x}_2$ 辨识结果

(a) 包含隐层；(b) 单层

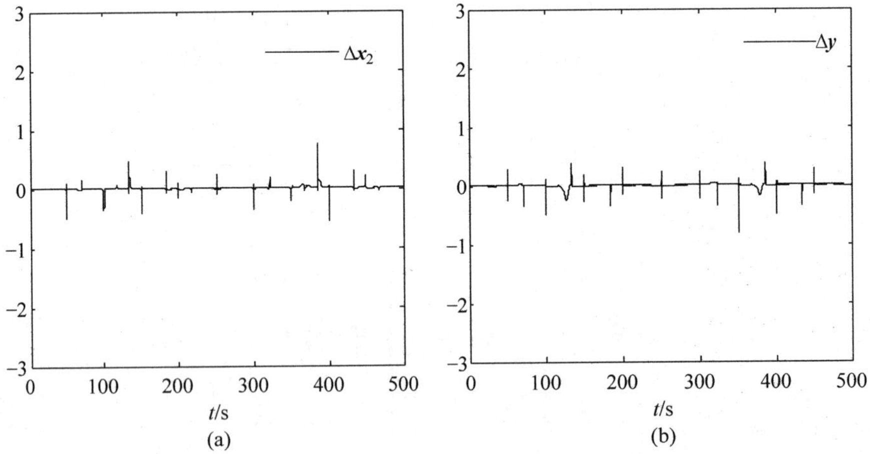

图 4-6　基于多时间尺度动态神经网络的状态 $\boldsymbol{x}_2$ 辨识误差

(a) 包含隐层；(b) 单层

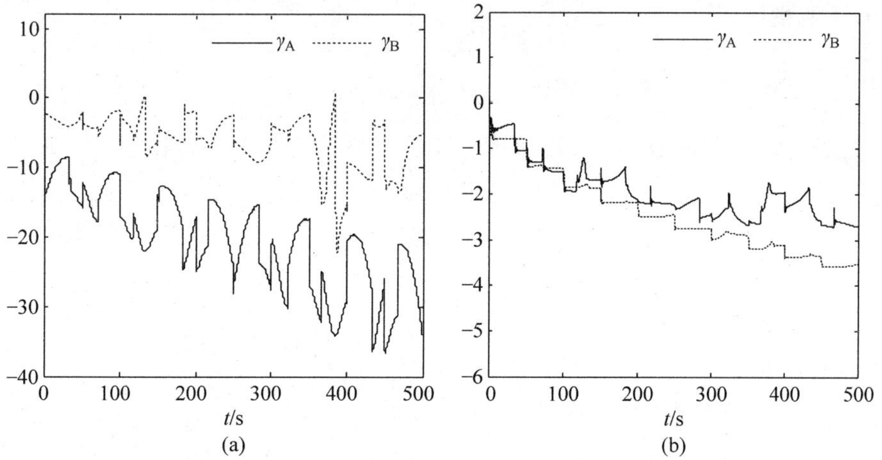

图 4-7　基于多时间尺度动态神经网络的 **A**、**B** 矩阵的特征值

（a）包含隐层；（b）单层

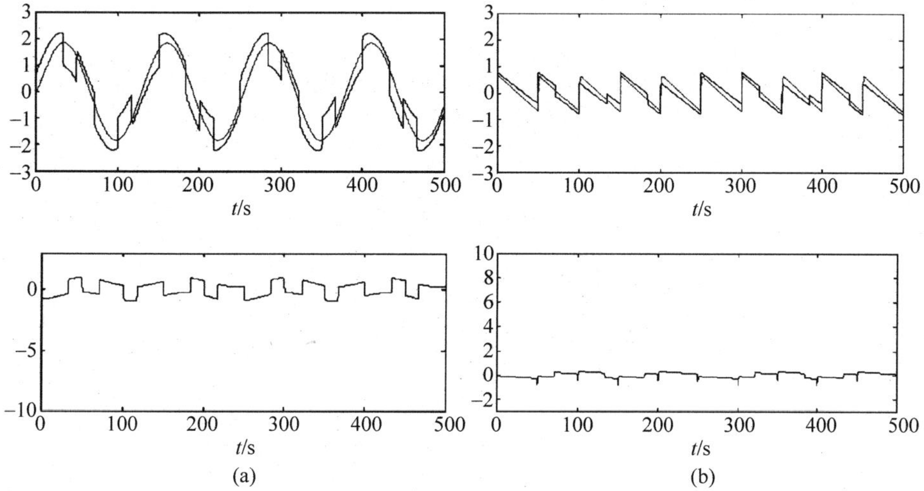

图 4-8　基于 AMRMAX 的状态及误差辨识结果

（a）状态 $\boldsymbol{x}_1$；（b）状态 $\boldsymbol{x}_2$

2. 轨迹跟踪

所需的轨迹由参考模型生成

$$\dot{\boldsymbol{x}}_d = \boldsymbol{y}_d$$

$$\varepsilon \dot{\boldsymbol{y}}_d = \sin \boldsymbol{x}_d$$

跟踪结果如图 4-9 所示。为了说明该算法的性能，采用了状态误差的均方根(RMS)性能指标

$$\mathrm{RMS}=\sqrt{\left(\sum_{i=1}^{n}\boldsymbol{e}^{2}(i)\right)/n}$$

式中：n 是仿真步骤的数目；$\boldsymbol{e}(i)$是第 i 步模型和系统中状态变量之间的差值。

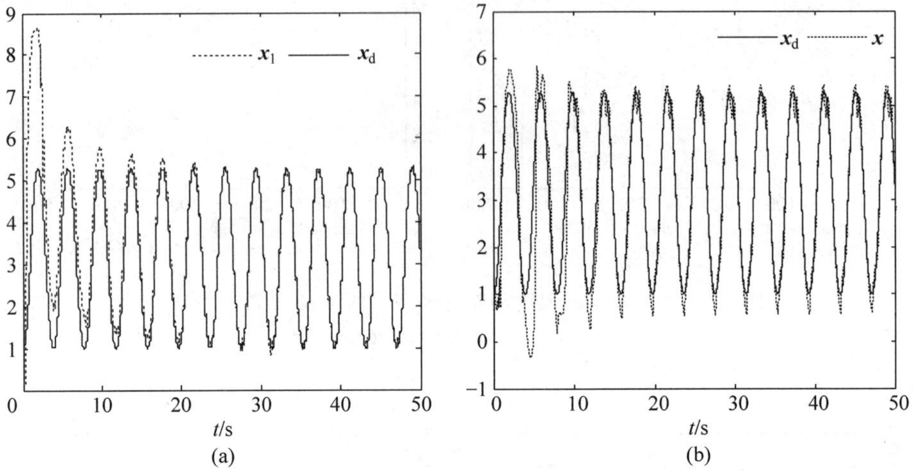

图 4-9 基于多时间尺度动态神经网络的状态 $\boldsymbol{x}_1$ 控制结果

(a) 包含隐层；(b) 单层

如表 4-1 所示，所有状态变量的均方根值表明，本章所提出的包含隐层的多时间尺度动态神经网络优于第 3 章中的单层多时间尺度动态神经网络。

表 4-1 状态变量的 RMS 值

	辨识 $\boldsymbol{x}$	辨识 $\boldsymbol{y}$	控制 $\boldsymbol{x}$	控制 $\boldsymbol{y}$
RMS(包含隐层)	0.0040	0.0002	0.0188	0.03298
RMS(单层)	0.1391	0.1166	1.3610	0.87903

从图 4-9～图 4-12，可以看到，通过使用辨识和控制方案，本章所提出的包含隐层的多时间尺度动态神经网络与第 3 章提出的单层多时间尺度动态神经网络相比，跟踪性能有所改善。同时，由图 4-9～图 4-11 可以看出，与状态 $\boldsymbol{x}_2$ 相比，状态 $\boldsymbol{x}_1$ 跟踪参考信号所需的时间相对较长，因为“小参数”加速了状态 $\boldsymbol{x}_2$ 的辨识和轨迹跟踪过程，从辨识和轨迹跟踪的结果可以看出，由于增加了隐层和采用了 e-修正方法，因此所提出的包含隐层的多时间尺度动态神经网络算法的辨识和控制性能都优于第 3 章提出的单层多时间尺度动态神经网络算法。

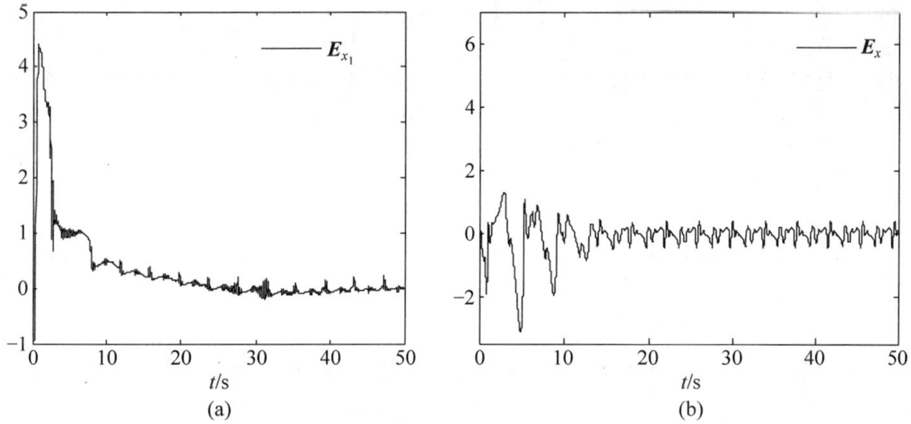

图 4-10 基于多时间尺度动态神经网络的状态 $\boldsymbol{x}_1$ 跟踪误差

(a) 包含隐层；(b) 单层

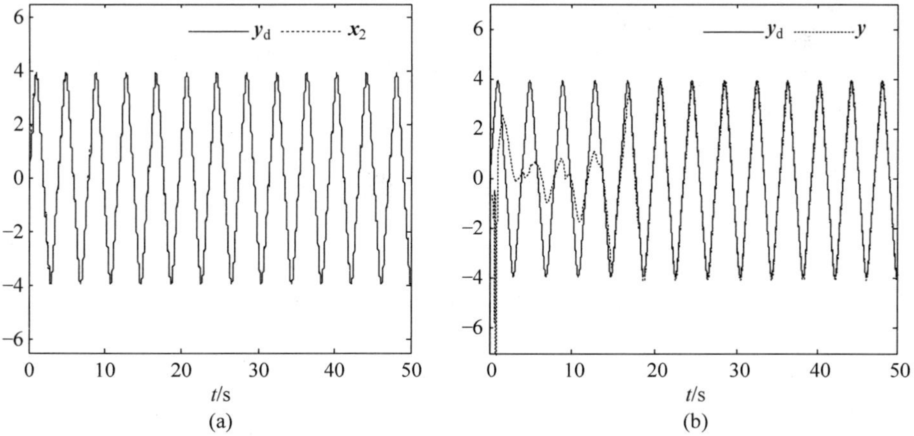

图 4-11 基于多时间尺度动态神经网络的状态 $\boldsymbol{x}_2$ 控制结果

(a) 包含隐层；(b) 单层

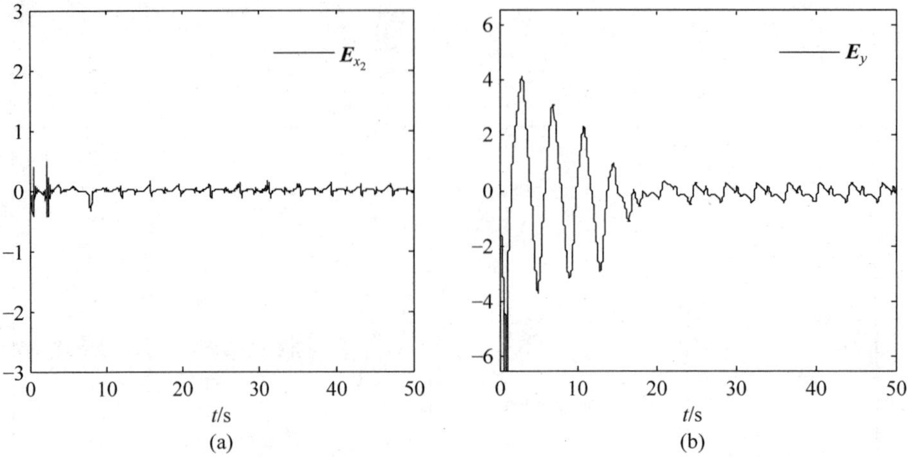

图 4-12 基于多时间尺度动态神经网络的状态 $\boldsymbol{x}_2$ 跟踪误差

(a) 包含隐层；(b) 单层

4.4 本章小结

本章提出了一种包含隐层的多时间尺度动态神经网络辨识及间接自适应控制方法。控制律由反馈线性化和基于滑模技术的补偿器构成，用来处理未知辨识误差和干扰。仿真结果表明，所提出的包含隐层的多时间尺度动态神经网络辨识与控制算法比第 3 章提出的单层多时间尺度动态神经网络方法要好，但两者都优于传统 ARMAX 辨识算法。

参考文献

[1] Poznyak A S, Yu W, Sanchez E N, et al. Nonlinear adaptive trajectory tracking using dynamic neural networks[J]. IEEE Trans Neural Networks, 1999, 10(5): 1402-1411.

[2] Rovithakis G A, Christodoulou M A. Adaptive control of unknown plants using dynamical neural networks[J]. IEEE Trans Systems Man Cybernet, 1994, 24: 400-412.

[3] Yu W, Poznyak A S. Indirect adaptive control via parallel dynamic neural networks[J]. IEE Proc. Control Theory and Applications, 1999, 146(1): 25-30.

[4] Haykin S. Neural Networks—A Comprehensive Foundation[M]. New York: Macmillan College Publication, 1994.

[5] Kosmatopoulos E B, Polycarpou M M, Christodoulou M A, et al. High-order neural network structures for identification of dynamical systems[J]. IEEE Trans Neural Networks, 1995, 6(2): 431-442.

[6] Hornik K, Stinchcombe M, White H. Universal approximation of an unknown mapping and its derivative using multilayer feedforward networks[J]. Neural Networks, 1990, 3: 551-560.

[7] Hunt K J,Sbarbaro D,Zbikowski R,et al. Neural networks for control systems a survey[J]. Automatica,1992,28: 1083-1112.

[8] Yu W,Li X. Multilayer dynamic neural networks for nonlinear system on-line identification [J]. Int J Control,2001,74(18): 1858-1864.

[9] Li X O, Yu W. Dynamic system identification via recurrent multilayer perceptions [J]. Information Sciences,2002,147(1~4): 45-63.

[10] Haykin S. Neural Networks: A Comprehensive Foundation[M]. New York: Macmillan College Publication,1994.

[11] Hornik K,Stinchcombe M,White H. Universal approximation of an unknown mapping and its derivative using multilayer feedforward networks[J]. Neural Networks, 1990,3(5): 551-560.

[12] Hunt K J,Sbarbaro D,Zbikowski R,et al. Neural networks for control systems-A survey[J]. Automatica,1992,28(6): 1083-1112.

[13] Lewis F L, Yesildirek A, Liu K. Multilayer neural-net robot controller with guaranteed tracking performance[J]. IEEE Transactions on Neural Networks,1996,7(2): 388-399.

[14] Narendra K S, Annaswamy A M. A new adaptive law for robust adaptation without persistent excitation[J]. IEEE Transactions on Automatic Control,1987,32(12): 134-145.

[15] Lewis F L, Dawson D M,Abdallah C T. Robot Manipulator Control: Theory and Practice, Revised and Expanded[M]. New York: Marcel Dekker,2004.

[16] Vargas J A R,Hemerly E M. Robust neural adaptive observer for MIMO nonlinear systems [C]//IEEE Conference on Systems,Man,and Cybernetics,1999: 1084-1089.

[17] Vargas J A R,Hemerly E M. Neural adaptive observer for general nonlinear systems[C]// American Control Conference,2000:708-712.

第5章

多时间尺度动态神经网络非线性观测器设计

在第 2～4 章的内容中，已经介绍了基于多时间尺度动态神经网络的非线性系统自适应辨识与控制方法。然而，它们都依赖于所有系统状态可知的情况下。对于实际应用来说，这是一个相当苛刻的要求。据我们所知，利用系统的输入和输出，通过多时间尺度动态神经网络设计非线性观测器的问题还没有相关文献报道。本章针对模型不确定的非线性动态系统，利用多时间尺度动态神经网络进行鲁棒自适应观测器设计。利用李雅普诺夫函数方法，提出了一种新的多时间尺度动态神经网络在线自适应更新律，并证明了在整个学习过程中，状态误差、输出估计误差和神经网络权值误差均一致最终有界于零点附近。此外，采用基于无源性的方法推导了所提出的多时间尺度动态神经网络观测器的鲁棒性。与其他不考虑时间尺度的非线性观测器相比，该观测器具有更快的收敛速度和更高的精度，而且不需要精确的系统模型和一些其他强约束（如严格正实（SPR）假设、非线性函数的 Lipschitz 或范数有界假设）。最后，通过实例仿真验证了上述方法的有效性。

5.1 多时间尺度动态神经网络非线性观测器

考虑如下一类模型不确定多时间尺度非线性系统[1]

$$
\begin{aligned}
\dot{\boldsymbol{x}}(t) &= \boldsymbol{f}_x(\boldsymbol{x}, \boldsymbol{y}, \boldsymbol{u}, t) \\
\varepsilon \dot{\boldsymbol{y}}(t) &= \boldsymbol{f}_y(\boldsymbol{x}, \boldsymbol{y}, \boldsymbol{u}, t) \\
\boldsymbol{z}(t) &= \begin{pmatrix} \boldsymbol{z}_1(t) \\ \boldsymbol{z}_2(t) \end{pmatrix} = \begin{pmatrix} \boldsymbol{C}_1 \boldsymbol{x}(t) \\ \boldsymbol{C}_2 \boldsymbol{y}(t) \end{pmatrix}
\end{aligned} \tag{5.1}
$$

式中：$\boldsymbol{x} \in \mathbf{R}^n$ 和 $\boldsymbol{y} \in \mathbf{R}^m$ 分别为慢的和快的状态变量；$\boldsymbol{f}_x$，$\boldsymbol{f}_y$ 为未知的非线性函数向量；$\boldsymbol{u} \in \mathbf{R}^p$ 为控制输入向量；$\boldsymbol{z} = (\boldsymbol{z}_1, \boldsymbol{z}_2)^{\mathrm{T}} \in \mathbf{R}^q$ 为输出向量；$\boldsymbol{C}_1$，$\boldsymbol{C}_2$ 是已知的输出矩

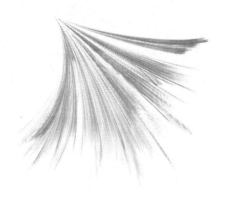

阵；$\varepsilon>0$ 为多时间尺度参数因子。

选择稳定矩阵 $\boldsymbol{A}$ 和 $\boldsymbol{B}$，则式(5.1)可以表示为

$$\begin{aligned}\dot{\boldsymbol{x}}(t)&=\boldsymbol{A}\boldsymbol{x}(t)+\boldsymbol{f}_{x1}(\boldsymbol{x},\boldsymbol{y},\boldsymbol{u},t)\\ \varepsilon\dot{\boldsymbol{y}}(t)&=\boldsymbol{B}\boldsymbol{y}(t)+\boldsymbol{f}_{y1}(\boldsymbol{x},\boldsymbol{y},\boldsymbol{u},t)\\ \boldsymbol{z}(t)&=\begin{pmatrix}\boldsymbol{z}_1(t)\\ \boldsymbol{z}_2(t)\end{pmatrix}=\begin{pmatrix}\boldsymbol{C}_1\boldsymbol{x}(t)\\ \boldsymbol{C}_2\boldsymbol{y}(t)\end{pmatrix}\end{aligned}\tag{5.2}$$

其中：$\boldsymbol{f}_{x1}(\boldsymbol{x},\boldsymbol{y},\boldsymbol{u},t)=\boldsymbol{f}_x(\boldsymbol{x},\boldsymbol{y},\boldsymbol{u},t)-\boldsymbol{A}\boldsymbol{x}(t)$，$\boldsymbol{f}_{y1}(\boldsymbol{x},\boldsymbol{y},\boldsymbol{u},t)=\boldsymbol{f}_y(\boldsymbol{x},\boldsymbol{y},\boldsymbol{u},t)-\boldsymbol{B}\boldsymbol{y}(t)$。

式(5.2)的理想形式如下

$$\begin{aligned}\dot{\boldsymbol{x}}(t)&=\boldsymbol{A}\boldsymbol{x}(t)+\boldsymbol{W}_1^*\boldsymbol{\sigma}_1(\boldsymbol{V}_1^*[\boldsymbol{X},\boldsymbol{u}^{\mathrm{T}}]^{\mathrm{T}})+\boldsymbol{\xi}_1\\ \varepsilon\dot{\boldsymbol{y}}(t)&=\boldsymbol{B}\boldsymbol{y}(t)+\boldsymbol{W}_2^*\boldsymbol{\sigma}_2(\boldsymbol{V}_2^*[\boldsymbol{X},\boldsymbol{u}^{\mathrm{T}}]^{\mathrm{T}})+\boldsymbol{\xi}_2\\ \boldsymbol{z}&=\begin{pmatrix}\boldsymbol{z}_1\\ \boldsymbol{z}_2\end{pmatrix}=\begin{pmatrix}\boldsymbol{C}_1\boldsymbol{x}\\ \boldsymbol{C}_2\boldsymbol{y}\end{pmatrix}\end{aligned}\tag{5.3}$$

式中：$\boldsymbol{W}_1^*\in\mathbf{R}^{n\times(n+m+p)}$，$\boldsymbol{W}_2^*\in\mathbf{R}^{m\times(n+m+p)}$；$\boldsymbol{V}_1^*\in\mathbf{R}^{(n+m+p)\times(n+m+p)}$，$\boldsymbol{V}_2^*\in\mathbf{R}^{(n+m+p)\times(n+m+p)}$是未知的理想常数矩阵；$\boldsymbol{X}=[\boldsymbol{x}^{\mathrm{T}},\boldsymbol{y}^{\mathrm{T}}]\in\mathbf{R}^{1\times(n+m)}$；$\boldsymbol{\xi}_1$，$\boldsymbol{\xi}_2$ 被认为是近似误差向量；激励函数$\boldsymbol{\sigma}_{1,2}(\cdot)\in\mathbf{R}^{(n+m+p)\times1}$ 通常选为如下 Sigmoid 函数

$$\boldsymbol{\sigma}_{1,2}(\cdot)=\frac{a}{(1+\mathrm{e}^{-b\boldsymbol{V}_{1,2}^*[\boldsymbol{X},\boldsymbol{u}^{\mathrm{T}}]^{\mathrm{T}}})-c}$$

式中：a，b，c 为设计的参数。

众所周知，Sigmoid 函数满足下列广义 Lipschitz 条件

$$0<\boldsymbol{\sigma}_1([\hat{\boldsymbol{X}},\boldsymbol{u}^{\mathrm{T}}]^{\mathrm{T}})\leqslant\bar{\boldsymbol{\sigma}}_1,\quad 0<\boldsymbol{\sigma}_2([\hat{\boldsymbol{X}},\boldsymbol{u}^{\mathrm{T}}]^{\mathrm{T}})\leqslant\bar{\boldsymbol{\sigma}}_2$$

$$\|\boldsymbol{\sigma}_1([\boldsymbol{X},\boldsymbol{u}^{\mathrm{T}}]^{\mathrm{T}})-\boldsymbol{\sigma}_1([\hat{\boldsymbol{X}},\boldsymbol{u}^{\mathrm{T}}]^{\mathrm{T}})\|\leqslant\lambda_{\sigma1}\|\boldsymbol{X}\|$$

$$\|\boldsymbol{\sigma}_2([\boldsymbol{X},\boldsymbol{u}^{\mathrm{T}}]^{\mathrm{T}})-\boldsymbol{\sigma}_2([\hat{\boldsymbol{X}},\boldsymbol{u}^{\mathrm{T}}]^{\mathrm{T}})\|\leqslant\lambda_{\sigma2}\|\boldsymbol{X}\|$$

式中：$\bar{\boldsymbol{\sigma}}_1$，$\bar{\boldsymbol{\sigma}}_2$ 是正定向量；$\lambda_{\sigma1}$，$\lambda_{\sigma2}$ 是正定常数。

假设 5.1 理想权值 $\boldsymbol{W}_{1,2}^*$ 和模型误差向量 $\xi_{1,2}$ 界限如下

$$\|\boldsymbol{W}_1^*\|_{\mathrm{F}}\leqslant\bar{\boldsymbol{W}}_1,\quad \bar{\boldsymbol{W}}_1>0,\quad \|\boldsymbol{W}_2^*\|_{\mathrm{F}}\leqslant\bar{\boldsymbol{W}}_2,\quad \bar{\boldsymbol{W}}_2>0$$

$$\|\boldsymbol{\xi}_1\|_{\mathrm{F}}\leqslant\bar{\boldsymbol{\xi}}_1,\quad \bar{\boldsymbol{\xi}}_1>0,\quad \|\boldsymbol{\xi}_2\|_{\mathrm{F}}\leqslant\bar{\boldsymbol{\xi}}_2,\quad \bar{\boldsymbol{\xi}}_2>0$$

评论 5.1 文献[2,3]表明，多层感知器(MLP)可以在紧集 Ω_z 上逼近任意精度的非线性函数，所以存在 $\boldsymbol{W}_1^*$，$\boldsymbol{W}_2^*$ 和 $\boldsymbol{V}_1^*$，$\boldsymbol{V}_2^*$ 使得如下不等式成立

$$\sup_{(\boldsymbol{X},\boldsymbol{u}^{\mathrm{T}})^{\mathrm{T}}\in\Omega_z}|\boldsymbol{f}_{x1}(\boldsymbol{x},\boldsymbol{y},\boldsymbol{u},t)-\boldsymbol{W}_1^*\boldsymbol{\sigma}_1(\boldsymbol{V}_1^*[\boldsymbol{X},\boldsymbol{u}^{\mathrm{T}}]^{\mathrm{T}})|\leqslant\boldsymbol{\xi}_1$$

$$\sup_{(\boldsymbol{X},\boldsymbol{u}^{\mathrm{T}})^{\mathrm{T}}\in\Omega_z}|\boldsymbol{f}_{y1}(\boldsymbol{x},\boldsymbol{y},\boldsymbol{u},t)-\boldsymbol{W}_2^*\boldsymbol{\sigma}_2(\boldsymbol{V}_2^*[\boldsymbol{X},\boldsymbol{u}^{\mathrm{T}}]^{\mathrm{T}})|\leqslant\boldsymbol{\xi}_2$$

因此，系统(5.3)可以任意小误差向量逼近非线性系统(5.2)，则

$$f_{x1}(x,y,u,t)=W_1^*\sigma_1(V_1^*[X,u^{\mathrm{T}}]^{\mathrm{T}})+\xi_1$$

$$f_{y1}(x,y,u,t)=W_2^*\sigma_2(V_2^*[X,u^{\mathrm{T}}]^{\mathrm{T}})+\xi_2$$

定义多时间尺度动态神经网络观测器如下

$$\begin{aligned}\dot{\hat{x}}(t)&=A\hat{x}(t)+\hat{W}_1\sigma_1(\hat{V}_1[\hat{X},u^{\mathrm{T}}]^{\mathrm{T}})+K_1(z_1-C_1\hat{x})\\ \varepsilon\dot{\hat{y}}(t)&=B\hat{y}(t)+\hat{W}_2\sigma_2(\hat{V}_2[\hat{X},u^{\mathrm{T}}]^{\mathrm{T}})+K_2(z_2-C_2\hat{y})\\ \hat{z}(t)&=\begin{pmatrix}\hat{z}_1(t)\\ \hat{z}_2(t)\end{pmatrix}=\begin{pmatrix}C_1\hat{x}(t)\\ C_2\hat{y}(t)\end{pmatrix}\end{aligned}\tag{5.4}$$

式中：$\hat{x}\in\mathbf{R}^n$，$\hat{y}\in\mathbf{R}^m$，$\hat{X}=[\hat{x}^{\mathrm{T}},\hat{y}^{\mathrm{T}}]^{\mathrm{T}}\in\mathbf{R}^{1\times(n+m)}$为观测器的状态；$K_1$，$K_2$ 表示观测器增益。为了便于稳定分析，这里取 $\hat{V}_{1,2}=I$，则式(5.4)成为一个单一的神经网络。我们将在随后稳定性证明中得出隐层不影响所提出的多时间尺度动态神经网络观测器的稳定性特性。多时间尺度动态神经网络观测器的结构如图 5-1 所示。

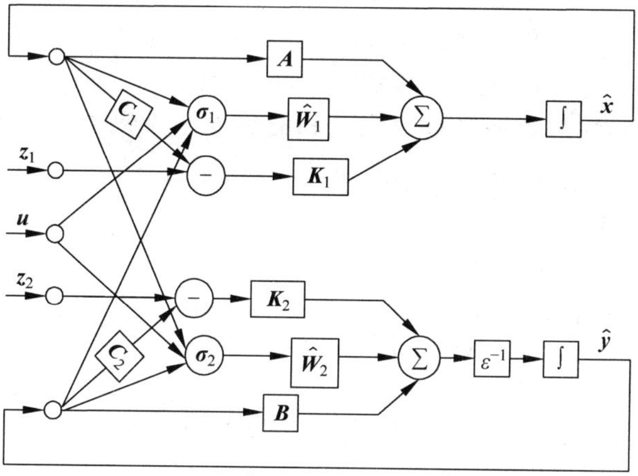

图 5-1 多时间尺度动态神经网络观测器的结构

假设 5.2 对于给定的矩阵 A，B 和观测器增益 K_1，K_2，存在正定矩阵 Q_x，Q_y，使得下列方程

$$\begin{aligned}(A-K_1C_1)^{\mathrm{T}}P_x+P_x(A-K_1C_1)+2\alpha P_x&=-Q_x\\ (B-K_2C_2)^{\mathrm{T}}P_y+P_y(B-K_2C_2)+2\beta P_y&=-Q_y\end{aligned}\tag{5.5}$$

有正定解 P_x，P_y。其中，$\alpha=\lambda_{\sigma1}\overline{W}_1$，$\beta=\varepsilon^{-1}\lambda_{\sigma2}\overline{W}_2$，$\alpha$，$\beta$ 将在随后的分析中给出解释。

状态估计误差定义如下

$$\begin{aligned}\tilde{x}&=x-\hat{x}\\ \tilde{y}&=y-\hat{y}\end{aligned}\tag{5.6}$$

由式(5.3)和式(5.4)可以得到状态估计误差动态方程

$$\begin{aligned}\dot{\tilde{\boldsymbol{x}}}(t)&=(\boldsymbol{A}-\boldsymbol{K}_1\boldsymbol{C}_1)\tilde{\boldsymbol{x}}+\boldsymbol{W}_1^*\boldsymbol{\sigma}_1([\boldsymbol{X},\boldsymbol{u}^{\mathrm{T}}]^{\mathrm{T}})+\xi_1-\hat{\boldsymbol{W}}_1\boldsymbol{\sigma}_1([\hat{\boldsymbol{X}},\boldsymbol{u}^{\mathrm{T}}]^{\mathrm{T}})\\&=(\boldsymbol{A}-\boldsymbol{K}_1\boldsymbol{C}_1)\tilde{\boldsymbol{x}}+\boldsymbol{W}_1^*\tilde{\boldsymbol{\sigma}}_1+\xi_1+\tilde{\boldsymbol{W}}_1\boldsymbol{\sigma}_1([\hat{\boldsymbol{X}},\boldsymbol{u}^{\mathrm{T}}]^{\mathrm{T}})\\ \varepsilon\dot{\tilde{\boldsymbol{y}}}(t)&=(\boldsymbol{B}-\boldsymbol{K}_2\boldsymbol{C}_2)\tilde{\boldsymbol{y}}+\boldsymbol{W}_2^*\boldsymbol{\sigma}_2([\boldsymbol{X},\boldsymbol{u}^{\mathrm{T}}]^{\mathrm{T}})+\xi_2-\hat{\boldsymbol{W}}_2\boldsymbol{\sigma}_2([\hat{\boldsymbol{X}},\boldsymbol{u}^{\mathrm{T}}]^{\mathrm{T}})\\&=(\boldsymbol{B}-\boldsymbol{K}_2\boldsymbol{C}_2)\tilde{\boldsymbol{y}}+\boldsymbol{W}_2^*\tilde{\boldsymbol{\sigma}}_2+\xi_2+\tilde{\boldsymbol{W}}_2\boldsymbol{\sigma}_2([\hat{\boldsymbol{X}},\boldsymbol{u}^{\mathrm{T}}]^{\mathrm{T}})\\ \tilde{\boldsymbol{z}}(t)&=\begin{pmatrix}\tilde{\boldsymbol{z}}_1(t)\\ \tilde{\boldsymbol{z}}_2(t)\end{pmatrix}=\begin{pmatrix}\boldsymbol{C}_1\tilde{\boldsymbol{x}}(t)\\ \boldsymbol{C}_2\tilde{\boldsymbol{y}}(t)\end{pmatrix}\end{aligned}\tag{5.7}$$

式中：$\tilde{\boldsymbol{W}}_{1,2}=\boldsymbol{W}_{1,2}^*-\hat{\boldsymbol{W}}_{1,2}$，$\tilde{\boldsymbol{\sigma}}_{1,2}=\boldsymbol{\sigma}_{1,2}([\boldsymbol{X},\boldsymbol{u}^{\mathrm{T}}]^{\mathrm{T}})-\boldsymbol{\sigma}_{1,2}([\hat{\boldsymbol{X}},\boldsymbol{u}^{\mathrm{T}}]^{\mathrm{T}})$。

定理 5.1 考虑非线性系统(5.1)和多时间尺度动态神经网络状态观测器模型(5.4)，设计如下的权值更新律

$$\begin{aligned}\dot{\hat{\boldsymbol{W}}}_1&=\frac{\boldsymbol{L}_1\boldsymbol{P}_x\boldsymbol{C}_1^{\mathrm{T}}\tilde{\boldsymbol{z}}_1\boldsymbol{\sigma}_1^{\mathrm{T}}(\hat{\boldsymbol{X}},\boldsymbol{u})-\lambda_1\|\tilde{\boldsymbol{z}}_1^{\mathrm{T}}\boldsymbol{C}_1\boldsymbol{P}_x\|\boldsymbol{L}_1\hat{\boldsymbol{W}}_1}{\|\boldsymbol{C}_1\|^2}\\ \dot{\hat{\boldsymbol{W}}}_2&=\frac{\varepsilon^{-1}\boldsymbol{L}_2\boldsymbol{P}_y\boldsymbol{C}_2^{\mathrm{T}}\tilde{\boldsymbol{z}}_2\boldsymbol{\sigma}_2^{\mathrm{T}}(\hat{\boldsymbol{X}},\boldsymbol{u})-\varepsilon^{-1}\lambda_2\|\tilde{\boldsymbol{z}}_2^{\mathrm{T}}\boldsymbol{C}_2\boldsymbol{P}_y\|\boldsymbol{L}_2\hat{\boldsymbol{W}}_2}{\|\boldsymbol{C}_2\|^2}\end{aligned}\tag{5.8}$$

可确保状态估计误差、神经网络权值误差和输出误差一致最终有界，即 $\tilde{\boldsymbol{x}},\tilde{\boldsymbol{y}}\in\boldsymbol{L}_\infty$，$\tilde{\boldsymbol{z}}\in\boldsymbol{L}_\infty$，$\tilde{\boldsymbol{W}}_{1,2}\in\boldsymbol{L}_\infty$。其中，$\boldsymbol{P}_x$，$\boldsymbol{P}_y$ 为方程(5.5)的解，$\boldsymbol{L}_1$，$\boldsymbol{L}_2$ 为给定的正定矩阵，λ_1，λ_2 为给定的正的常数。

证明：

考虑如下的李雅普诺夫函数

$$\begin{aligned}\boldsymbol{V}_{\mathrm{o}}&=\boldsymbol{V}_x+\boldsymbol{V}_y\\ \boldsymbol{V}_x&=\frac{1}{2}\tilde{\boldsymbol{x}}^{\mathrm{T}}\boldsymbol{P}_x\tilde{\boldsymbol{x}}+\frac{1}{2}\mathrm{tr}\{\tilde{\boldsymbol{W}}_1^{\mathrm{T}}\boldsymbol{L}_1^{-1}\tilde{\boldsymbol{W}}_1\}\\ \boldsymbol{V}_y&=\frac{1}{2}\tilde{\boldsymbol{y}}^{\mathrm{T}}\boldsymbol{P}_y\tilde{\boldsymbol{y}}+\frac{1}{2}\mathrm{tr}\{\tilde{\boldsymbol{W}}_2^{\mathrm{T}}\boldsymbol{L}_2^{-1}\tilde{\boldsymbol{W}}_2\}\end{aligned}\tag{5.9}$$

对式(5.9)求导并由式(5.7)可得

$$\begin{aligned}\dot{\boldsymbol{V}}_x=&\frac{1}{2}\tilde{\boldsymbol{x}}^{\mathrm{T}}\{\boldsymbol{P}_x(\boldsymbol{A}-\boldsymbol{K}_1\boldsymbol{C}_1)+(\boldsymbol{A}-\boldsymbol{K}_1\boldsymbol{C}_1)^{\mathrm{T}}\boldsymbol{P}_x\}\tilde{\boldsymbol{x}}+\\&\tilde{\boldsymbol{x}}^{\mathrm{T}}\boldsymbol{P}_x\boldsymbol{W}_1^*\tilde{\boldsymbol{\sigma}}_1+\tilde{\boldsymbol{x}}^{\mathrm{T}}\boldsymbol{P}_x\xi_1+\tilde{\boldsymbol{x}}^{\mathrm{T}}\boldsymbol{P}_x\tilde{\boldsymbol{W}}_1\boldsymbol{\sigma}_1([\hat{\boldsymbol{X}},\boldsymbol{u}^{\mathrm{T}}]^{\mathrm{T}})+\\&\mathrm{tr}\{\dot{\tilde{\boldsymbol{W}}}_1^{\mathrm{T}}\boldsymbol{L}_1^{-1}\tilde{\boldsymbol{W}}_1\}\\ \dot{\boldsymbol{V}}_y=&\frac{1}{2}\varepsilon^{-1}\tilde{\boldsymbol{y}}^{\mathrm{T}}\{\boldsymbol{P}_y(\boldsymbol{B}-\boldsymbol{K}_2\boldsymbol{C}_2)+(\boldsymbol{B}-\boldsymbol{K}_2\boldsymbol{C}_2)^{\mathrm{T}}\boldsymbol{P}_y\}\tilde{\boldsymbol{y}}+\\&\varepsilon^{-1}\tilde{\boldsymbol{y}}^{\mathrm{T}}\boldsymbol{P}_y\boldsymbol{W}_2^*\tilde{\boldsymbol{\sigma}}_2+\varepsilon^{-1}\tilde{\boldsymbol{y}}^{\mathrm{T}}\boldsymbol{P}_y\xi_2+\\&\varepsilon^{-1}\tilde{\boldsymbol{y}}^{\mathrm{T}}\boldsymbol{P}_y\tilde{\boldsymbol{W}}_2\boldsymbol{\sigma}_2([\hat{\boldsymbol{X}},\boldsymbol{u}^{\mathrm{T}}]^{\mathrm{T}})+\mathrm{tr}\{\dot{\tilde{\boldsymbol{W}}}_2^{\mathrm{T}}\boldsymbol{L}_2^{-1}\tilde{\boldsymbol{W}}_2\}\end{aligned}\tag{5.10}$$

因为多时间尺度动态神经网络状态观测器的权值由式(5.8)来更新，且权值的导数满足$\dot{\tilde{\boldsymbol{W}}}_{1,2}=-\dot{\hat{\boldsymbol{W}}}_{1,2}$，那么由式(5.10)可得

$$\begin{aligned}\dot{V}_x=&\frac{1}{2}\tilde{\boldsymbol{x}}^{\mathrm{T}}\{\boldsymbol{P}_x(\boldsymbol{A}-\boldsymbol{K}_1\boldsymbol{C}_1)+(\boldsymbol{A}-\boldsymbol{K}_1\boldsymbol{C}_1)^{\mathrm{T}}\boldsymbol{P}_x\}\tilde{\boldsymbol{x}}+\tilde{\boldsymbol{x}}^{\mathrm{T}}\boldsymbol{P}_x\boldsymbol{W}_1^*\tilde{\boldsymbol{\sigma}}_1+\\&\tilde{\boldsymbol{x}}^{\mathrm{T}}\left(\boldsymbol{I}-\frac{\boldsymbol{C}_1^{\mathrm{T}}\boldsymbol{C}_1}{\|\boldsymbol{C}_1\|^2}\right)\boldsymbol{P}_x\tilde{\boldsymbol{W}}_1\boldsymbol{\sigma}_1([\hat{\boldsymbol{X}},\boldsymbol{u}^{\mathrm{T}}]^{\mathrm{T}})+\tilde{\boldsymbol{x}}^{\mathrm{T}}\boldsymbol{P}_x\boldsymbol{\xi}_1+\\&\lambda_1\frac{\|\tilde{\boldsymbol{x}}^{\mathrm{T}}\boldsymbol{C}_1^{\mathrm{T}}\boldsymbol{C}_1\boldsymbol{P}_x\|}{\|\boldsymbol{C}_1\|^2}\mathrm{tr}\{\tilde{\boldsymbol{W}}_1^{\mathrm{T}}\hat{\boldsymbol{W}}_1\}\\\dot{V}_y=&\frac{1}{2}\varepsilon^{-1}\tilde{\boldsymbol{y}}^{\mathrm{T}}\{\boldsymbol{P}_y(\boldsymbol{B}-\boldsymbol{K}_2\boldsymbol{C}_2)+(\boldsymbol{B}-\boldsymbol{K}_2\boldsymbol{C}_2)^{\mathrm{T}}\boldsymbol{P}_y\}\tilde{\boldsymbol{y}}+\\&\varepsilon^{-1}\tilde{\boldsymbol{y}}^{\mathrm{T}}\boldsymbol{P}_y\boldsymbol{W}_2^*\tilde{\boldsymbol{\sigma}}_2+\varepsilon^{-1}\tilde{\boldsymbol{y}}^{\mathrm{T}}\left(\boldsymbol{I}-\frac{\boldsymbol{C}_2^{\mathrm{T}}\boldsymbol{C}_2}{\|\boldsymbol{C}_2\|^2}\right)\boldsymbol{P}_y\tilde{\boldsymbol{W}}_2\boldsymbol{\sigma}_2([\hat{\boldsymbol{X}},\boldsymbol{u}^{\mathrm{T}}]^{\mathrm{T}})+\\&\varepsilon^{-1}\tilde{\boldsymbol{y}}^{\mathrm{T}}\boldsymbol{P}_y\xi_2+\lambda_2\frac{\|\tilde{\boldsymbol{y}}^{\mathrm{T}}\boldsymbol{C}_2^{\mathrm{T}}\boldsymbol{C}_2\boldsymbol{P}_y\|}{\|\boldsymbol{C}_2\|^2}\mathrm{tr}\{\tilde{\boldsymbol{W}}_2^{\mathrm{T}}\hat{\boldsymbol{W}}_2\}\end{aligned}\tag{5.11}$$

从 Sigmoid 函数的性质和权值特性$\|\boldsymbol{W}_i^*\|\leqslant\bar{\boldsymbol{W}}_i$，$\mathrm{tr}\{\tilde{\boldsymbol{W}}_i^{\mathrm{T}}\hat{\boldsymbol{W}}_i\}<\|\tilde{\boldsymbol{W}}_i\|\bar{\boldsymbol{W}}_i-\|\tilde{\boldsymbol{W}}_i\|^2(i=1,2)$可得

$$\begin{aligned}\dot{V}_x\leqslant&\frac{1}{2}\tilde{\boldsymbol{x}}^{\mathrm{T}}\{\boldsymbol{P}_x(\boldsymbol{A}-\boldsymbol{K}_1\boldsymbol{C}_1)+(\boldsymbol{A}-\boldsymbol{K}_1\boldsymbol{C}_1)^{\mathrm{T}}\boldsymbol{P}_x\}\tilde{\boldsymbol{x}}+\\&\lambda_{\sigma1}\|\tilde{\boldsymbol{x}}^{\mathrm{T}}\boldsymbol{P}_x\|\bar{\boldsymbol{W}}_1\|\tilde{\boldsymbol{x}}\|+\tilde{\boldsymbol{x}}^{\mathrm{T}}\boldsymbol{P}_x\xi_1+\|\tilde{\boldsymbol{x}}^{\mathrm{T}}\boldsymbol{P}_x\|\|\tilde{\boldsymbol{W}}_1\|\bar{\boldsymbol{\sigma}}_1\\&+\lambda_1\|\tilde{\boldsymbol{x}}^{\mathrm{T}}\|\|\boldsymbol{P}_x\|(\|\tilde{\boldsymbol{W}}_1\|\bar{\boldsymbol{W}}_1-\|\tilde{\boldsymbol{W}}_1\|^2)\\\dot{V}_y\leqslant&\frac{1}{2}\varepsilon^{-1}\tilde{\boldsymbol{y}}^{\mathrm{T}}\{\boldsymbol{P}_y(\boldsymbol{B}-\boldsymbol{K}_2\boldsymbol{C}_2)+(\boldsymbol{B}-\boldsymbol{K}_2\boldsymbol{C}_2)^{\mathrm{T}}\boldsymbol{P}_y\}\tilde{\boldsymbol{y}}+\\&\varepsilon^{-1}\lambda_{\sigma2}\|\tilde{\boldsymbol{y}}^{\mathrm{T}}\boldsymbol{P}_y\|\bar{\boldsymbol{W}}_2\|\tilde{\boldsymbol{y}}\|+\varepsilon^{-1}\tilde{\boldsymbol{y}}^{\mathrm{T}}\boldsymbol{P}_y\boldsymbol{\xi}_2+\\&\varepsilon^{-1}\|\tilde{\boldsymbol{y}}^{\mathrm{T}}\boldsymbol{P}_y\|\|\tilde{\boldsymbol{W}}_2\|\bar{\boldsymbol{\sigma}}_2+\\&\lambda_2\|\tilde{\boldsymbol{y}}^{\mathrm{T}}\|\|\boldsymbol{P}_y\|(\|\tilde{\boldsymbol{W}}_2\|\bar{\boldsymbol{W}}_2-\|\tilde{\boldsymbol{W}}_2\|^2)\end{aligned}\tag{5.12}$$

定义$\alpha=\lambda_{\sigma1}\bar{\boldsymbol{W}}_1$，$\beta=\varepsilon^{-1}\lambda_{\sigma2}\bar{\boldsymbol{W}}_2$，由假设 5.2 可得

$$\begin{aligned}\dot{V}_x\leqslant&-\frac{1}{2}\lambda_{\min}(\boldsymbol{Q}_x)\|\tilde{\boldsymbol{x}}\|^2-\|\tilde{\boldsymbol{x}}\|\|\boldsymbol{P}_x\|\left[\lambda_1\left(\|\tilde{\boldsymbol{W}}_1\|-\frac{\|\lambda_1\bar{\boldsymbol{W}}_1+\bar{\boldsymbol{\sigma}}_1}{2\lambda_1}\right)^2\right]+\\&\|\tilde{\boldsymbol{x}}\|\|\boldsymbol{P}_x\|\left(\boldsymbol{\xi}_1+\frac{\|\lambda_1\bar{\boldsymbol{W}}_1+\bar{\boldsymbol{\sigma}}_1\|^2}{4\lambda_1}\right)\\\dot{V}_y\leqslant&-\frac{1}{2}\varepsilon^{-1}\lambda_{\min}(\boldsymbol{Q}_y)\|\tilde{\boldsymbol{y}}\|^2-\|\tilde{\boldsymbol{y}}\|\|\boldsymbol{P}_y\|\left[\lambda_2\left(\|\tilde{\boldsymbol{W}}_2\|-\frac{\varepsilon^{-1}\|\lambda_2\bar{\boldsymbol{W}}+\bar{\boldsymbol{\sigma}}_2}{2\lambda_2}\right)^2\right]+\\&\varepsilon^{-1}\|\tilde{\boldsymbol{y}}\|\|\boldsymbol{P}_y\|\left(\boldsymbol{\xi}_2+\frac{\varepsilon^{-1}\|\lambda_2\bar{\boldsymbol{W}}_2+\bar{\boldsymbol{\sigma}}_2\|^2}{4\lambda_2}\right)\end{aligned}\tag{5.13}$$

定义 $\mu_1=\|\lambda_1\bar{\boldsymbol{W}}_1+\bar{\boldsymbol{\sigma}}_1\|$，$\mu_2=\varepsilon^{-1}\|\lambda_2\bar{\boldsymbol{W}}_2+\bar{\boldsymbol{\sigma}}_2\|$，$\dot{\boldsymbol{V}}_x$ 和 $\dot{\boldsymbol{V}}_y$ 的负半正定性可以被保证，只要如下条件成立

$$\begin{aligned}\|\tilde{\boldsymbol{x}}\| &\geqslant \frac{2\|\boldsymbol{P}_x\|}{\lambda_{\min}(\boldsymbol{Q}_x)}\left(\boldsymbol{\xi}_1+\frac{\mu_1^2}{4\lambda_1}\right)=o_1\\ \|\tilde{\boldsymbol{y}}\| &\geqslant \frac{2\|\boldsymbol{P}_y\|}{\lambda_{\min}(\boldsymbol{Q}_y)}\left(\boldsymbol{\xi}_2+\frac{\varepsilon^{-1}\mu_2^2}{4\lambda_2}\right)=o_2\end{aligned} \tag{5.14}$$

或

$$\begin{aligned}\|\widetilde{\boldsymbol{W}}_1\| &\geqslant \frac{\mu_1}{2\lambda_1}+\sqrt{\boldsymbol{\xi}_1+\frac{\mu_1^2}{4\lambda_1}}\\ \|\widetilde{\boldsymbol{W}}_2\| &\geqslant \frac{\mu_2}{2\lambda_2}+\sqrt{\boldsymbol{\xi}_2+\frac{\varepsilon^{-1}\mu_2^2}{4\lambda_2}}\end{aligned} \tag{5.15}$$

所以，由式(5.14)和式(5.15)可知 $\dot{\boldsymbol{V}}_x$，$\dot{\boldsymbol{V}}_y$ 在两个紧集 o_1，o_2 外为负，根据定义 1 可知 $\|\tilde{\boldsymbol{x}}\|$，$\|\tilde{\boldsymbol{y}}\|$，$\|\widetilde{\boldsymbol{W}}_1\|$，$\|\widetilde{\boldsymbol{W}}_2\|$，即 $\tilde{\boldsymbol{x}},\tilde{\boldsymbol{y}}\in\boldsymbol{L}_\infty$；$\boldsymbol{W}_{1,2}\in\boldsymbol{L}_\infty$。这样由式(5.7)就可以得到一致最终有界的 $\|\tilde{\boldsymbol{z}}\|$，即 $\tilde{\boldsymbol{z}}\in\boldsymbol{L}_\infty$，定理 5.1 得证。

评论 5.2 在稳定性分析过程中，需要注意的是，$\widetilde{\boldsymbol{V}}$ 的有界性对所提出的神经观测器(5.4)和更新律(5.8)的稳定性没有影响，因为 $\boldsymbol{M}=\boldsymbol{\sigma}^{\mathrm{T}}(\hat{\boldsymbol{V}}[\hat{\boldsymbol{x}}^{\mathrm{T}},\boldsymbol{u}^{\mathrm{T}}]^{\mathrm{T}})\in\boldsymbol{L}_\infty$，无论 $\widetilde{\boldsymbol{V}}$ 的取值是多少。因此，隐层的权值可以固定。

评论 5.3 因为更新律(5.8)中的在线更新增益 $\boldsymbol{L}_{1,2}$，$\lambda_{1,2}$ 可以为任意的正定矩阵和常数，因此动态神经网络的学习过程不依赖于解方程(5.5)的解 $\boldsymbol{P}_x$，$\boldsymbol{P}_y$，可以选择 $\boldsymbol{Q}_x$，$\boldsymbol{Q}_y$ 使得 o_1，o_2 尽可能地小。当 $\|\tilde{\boldsymbol{x}}\|<o_1$ 或者 $\|\tilde{\boldsymbol{y}}\|<o_2$，停止学习过程(微分方程(5.8)的右边等于零)，权值保持一定的常数。观测器误差矩阵和权重矩阵保持有界。

评论 5.4 当 ε 非常接近于零，$\boldsymbol{W}_2$ 表现出高增益特性，这可能导致观测器算法的不稳定性。李雅普诺夫方程(5.5)两边可以乘以任意常数，即 $(\boldsymbol{B}-\boldsymbol{K}_2\boldsymbol{C}_2)^{\mathrm{T}}(\Gamma\boldsymbol{P}_y)+(\Gamma\boldsymbol{P}_y)(\boldsymbol{B}-\boldsymbol{K}_2\boldsymbol{C}_2)+2\beta(\Gamma\boldsymbol{P}_y)=-\Gamma\boldsymbol{Q}_y$，$\boldsymbol{W}_2$ 的在线增益变为 $(1/\varepsilon)\Gamma\boldsymbol{P}_y$。也可以选择 Γ 为一个趋近于零的较小的数，可以使在线学习增益 $(1/\varepsilon)\Gamma\boldsymbol{P}_y$ 不会变得太大。

基于多时间尺度动态神经网络的非线性观测器综述如下：

步骤 1 构建多时间尺度观测器(5.4)。选择线性稳定矩阵 $\boldsymbol{A}$，$\boldsymbol{B}$ 和激励函数 $\boldsymbol{\sigma}_{1,2}(\cdot)$，不需要离线学习，在线权值更新律按照式(5.8)。因此，不需要提供稳定的初始权值，$\boldsymbol{W}_{1,2}$ 可以选择为任意初值。

步骤 2 确定更新律(5.8)中的设计参数。可以选择 $\boldsymbol{Q}_x$，$\boldsymbol{Q}_y$ 使得 o_1，o_2 尽可能地小，选择线性矩阵 $\boldsymbol{A}$，$\boldsymbol{B}$，可以由式(5.5)得到 $\boldsymbol{P}_x$，$\boldsymbol{P}_y$，选择 $\boldsymbol{L}_{1,2}$ 为正定矩阵，$\lambda_{1,2}$ 为正的常数。

步骤 3　在线估计。可以从式(5.4)中得到系统的输入 $\boldsymbol{u}$ 和输出 $\boldsymbol{z}$，以及所提出的多时间尺度神经网络观测器，然后利用式(5.8)在线更新神经网络的权值。

多时间尺度动态神经网络的非线性观测器的整体架构如图 5-2 所示。

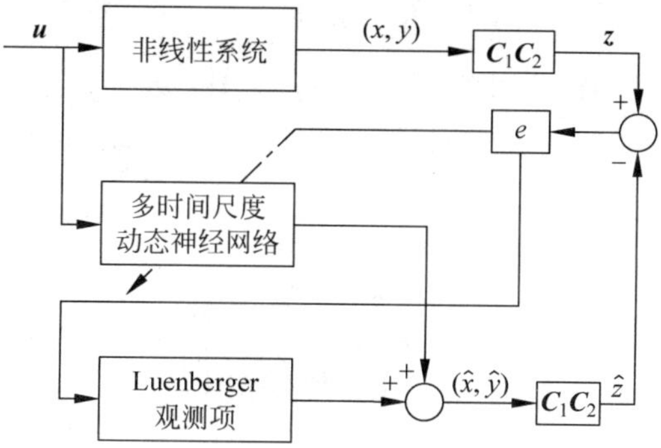

图 5-2　多时间尺度动态神经网络观测器框图

5.2　观测器的无源性特征

本节的主要关注点是分析所提出的神经网络观测器的鲁棒性。

定义 5.1[2]　对于非线性系统 $\dot{\boldsymbol{x}}=\boldsymbol{f}(\boldsymbol{x},\boldsymbol{u},t)$，$\boldsymbol{y}=\boldsymbol{h}(\boldsymbol{x},t)$，$\boldsymbol{x}(t)\in\mathbf{R}^n$，它的解被称为一致最终有界。如果存在一个紧集合 $\Omega\in\mathbf{R}^n$ 对所有的 $\boldsymbol{x}(t_0)=\boldsymbol{x}_0\in\Omega$，存在 $\delta>0$ 和 $t_0>0$，满足 $\|\boldsymbol{x}\|<\delta$，$\forall t\geqslant t_0$。

定义 5.2[5]　一个具有输入 $\boldsymbol{u}(t)$ 和输出 $\boldsymbol{y}(t)$ 的系统被称为被动系统，如果下列不等式成立

$$\dot{\boldsymbol{L}}(t)\leqslant \boldsymbol{y}^{\mathrm{T}}\boldsymbol{u}-\boldsymbol{g}(t)$$

$$\int_0^T \boldsymbol{y}^{\mathrm{T}}(\tau)\boldsymbol{u}(\tau)\mathrm{d}\tau\geqslant\int_0^{\mathrm{T}}\boldsymbol{g}(\tau)\mathrm{d}\tau-\gamma^2$$

式中：$\boldsymbol{L}(t)$ 为下限，$T\geqslant 0$ 且 $\gamma\geqslant 0$。

则一个系统是耗散的，如果它是被动的，还满足以下条件

$$\int_0^T \boldsymbol{y}^{\mathrm{T}}(\tau)\boldsymbol{u}(\tau)\mathrm{d}\tau\neq 0 \text{ implies}\int_0^{\infty}\boldsymbol{g}(\tau)\mathrm{d}\tau>0$$

状态严格无源性(state strict passivity，SSP)是指当 $\boldsymbol{g}(t)$ 是 $\|\boldsymbol{x}\|$ 的一元二次函数时，系统内部状态 $\boldsymbol{x}(t)$ 发生一种特殊的耗散性。然后根据输出和输入的内积，状态的 $\boldsymbol{L}_2$ 范数是有界的，不需要通常的可观测性假设，就可以得出系统的一些内部有界性质。

定义 5.3[6]　动态神经网络被定义为无源的，如果在误差公式中，在线学习保证了权值调节子系统的无源性。如果在误差公式中，动态调整的神经网络保证了权值调节子系统的 SSP，则将其定义为鲁棒神经网络。然后，不需要额外的 PE 条件或其

他的可观测性假设来保证权值的有界性。

将误差动态方程(5.7)改写为

$$\dot{\tilde{\boldsymbol{x}}}=(\boldsymbol{A}-\boldsymbol{K}_1\boldsymbol{C}_1)\tilde{\boldsymbol{x}}+\boldsymbol{\gamma}_1$$
$$\varepsilon\dot{\tilde{\boldsymbol{y}}}=(\boldsymbol{B}-\boldsymbol{K}_2\boldsymbol{C}_2)\tilde{\boldsymbol{y}}+\boldsymbol{\gamma}_2 \tag{5.16}$$

式中：$\boldsymbol{\gamma}_1=\boldsymbol{W}_1^*\tilde{\boldsymbol{\sigma}}_1+\boldsymbol{\xi}_1-\widetilde{\boldsymbol{W}}_1\boldsymbol{\sigma}_1([\hat{\boldsymbol{X}},\boldsymbol{u}^{\mathrm{T}}]^{\mathrm{T}})$，$\boldsymbol{\gamma}_2=\boldsymbol{W}_2^*\tilde{\boldsymbol{\sigma}}_2+\boldsymbol{\xi}_2-\widetilde{\boldsymbol{W}}_2\boldsymbol{\sigma}_2([\hat{\boldsymbol{X}},\boldsymbol{u}^{\mathrm{T}}]^{\mathrm{T}})$。因此，可以得到如图 5-3 所示的多时间尺度动态神经网络观测器的闭环误差系统。

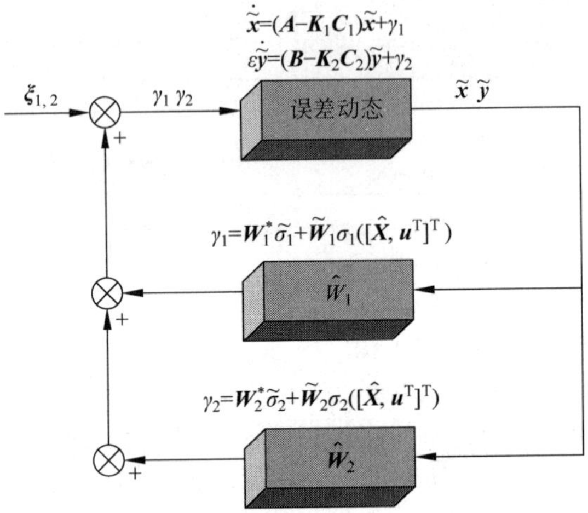

图 5-3 多时间尺度动态神经网络观测器的闭环误差

$$\begin{aligned}\dot{\tilde{\boldsymbol{x}}}&=(\boldsymbol{A}-\boldsymbol{K}_1\boldsymbol{C}_1)\tilde{\boldsymbol{x}}+\boldsymbol{W}_1^*\boldsymbol{\sigma}_1([\boldsymbol{X},\boldsymbol{u}^{\mathrm{T}}]^{\mathrm{T}})+\boldsymbol{\xi}_1-\hat{\boldsymbol{W}}_1\boldsymbol{\sigma}_1([\hat{\boldsymbol{X}},\boldsymbol{u}^{\mathrm{T}}]^{\mathrm{T}})\\&=(\boldsymbol{A}-\boldsymbol{K}_1\boldsymbol{C}_1)\tilde{\boldsymbol{x}}+\boldsymbol{W}_1^*\tilde{\boldsymbol{\sigma}}_1+\boldsymbol{\xi}_1+\widetilde{\boldsymbol{W}}_1\boldsymbol{\sigma}_1([\hat{\boldsymbol{X}},\boldsymbol{u}^{\mathrm{T}}]^{\mathrm{T}})\\\varepsilon\dot{\tilde{\boldsymbol{y}}}&=(\boldsymbol{B}-\boldsymbol{K}_2\boldsymbol{C}_2)\tilde{\boldsymbol{y}}+\boldsymbol{W}_2^*\boldsymbol{\sigma}_2([\boldsymbol{X},\boldsymbol{u}^{\mathrm{T}}]^{\mathrm{T}})+\boldsymbol{\xi}_2-\hat{\boldsymbol{W}}_2\boldsymbol{\sigma}_2([\hat{\boldsymbol{X}},\boldsymbol{u}^{\mathrm{T}}]^{\mathrm{T}})\\&=(\boldsymbol{B}-\boldsymbol{K}_2\boldsymbol{C}_2)\tilde{\boldsymbol{y}}+\boldsymbol{W}_2^*\tilde{\boldsymbol{\sigma}}_2+\boldsymbol{\xi}_2+\widetilde{\boldsymbol{W}}_2\boldsymbol{\sigma}_2([\hat{\boldsymbol{X}},\boldsymbol{u}^{\mathrm{T}}]^{\mathrm{T}})\end{aligned}$$

$$\tilde{\boldsymbol{z}}=\begin{pmatrix}\tilde{\boldsymbol{z}}_1\\\tilde{\boldsymbol{z}}_2\end{pmatrix}=\begin{pmatrix}\boldsymbol{C}_1\tilde{\boldsymbol{x}}\\\boldsymbol{C}_2\tilde{\boldsymbol{y}}\end{pmatrix}$$

对于误差动态子系统的无源性分析，考虑如下李雅普诺夫函数

$$\boldsymbol{L}_x=\tilde{\boldsymbol{x}}^{\mathrm{T}}\boldsymbol{P}_x\tilde{\boldsymbol{x}}$$
$$\boldsymbol{L}_y=\tilde{\boldsymbol{y}}^{\mathrm{T}}\boldsymbol{P}_y\tilde{\boldsymbol{y}}$$

则

$$\dot{\boldsymbol{L}}_x=\tilde{\boldsymbol{x}}^{\mathrm{T}}(2\boldsymbol{P}_x\boldsymbol{\gamma}_1)-\tilde{\boldsymbol{x}}^{\mathrm{T}}(\boldsymbol{Q}_x+2\alpha\boldsymbol{P}_x)\tilde{\boldsymbol{x}}$$
$$\dot{\boldsymbol{L}}_y=\tilde{\boldsymbol{y}}^{\mathrm{T}}(2\varepsilon^{-1}\boldsymbol{P}_y\boldsymbol{\gamma}_2)-\varepsilon^{-1}\tilde{\boldsymbol{y}}^{\mathrm{T}}(\boldsymbol{Q}_y+2\beta\boldsymbol{P}_y)\tilde{\boldsymbol{y}} \tag{5.17}$$

如果选择 $2\boldsymbol{P}_x\gamma_1$、$2\varepsilon^{-1}\boldsymbol{P}_y\gamma_2$ 为输入，$\tilde{\boldsymbol{x}}$、$\tilde{\boldsymbol{y}}$ 为输出，由定义 5.2 可知误差动态方

程(5.16)从 $2\boldsymbol{P}_x\gamma_1 \sim \tilde{\boldsymbol{x}}$，从 $2\varepsilon^{-1}\boldsymbol{P}_y\gamma_2 \sim \tilde{\boldsymbol{y}}$ 为 SSP 系统，对于 $\tilde{x}^{\mathrm{T}}(\boldsymbol{Q}_x + 2\alpha\boldsymbol{P}_x)\tilde{\boldsymbol{x}} \geqslant 0$ 和 $\varepsilon^{-1}\tilde{\boldsymbol{y}}^{\mathrm{T}}(\boldsymbol{Q}_y + 2\beta\boldsymbol{P}_y)\tilde{\boldsymbol{y}} \geqslant 0$。

对于多时间尺度动态神经网络权值更新的无源性分析，考虑如下李雅普诺夫函数

$$
\begin{aligned}
\boldsymbol{L}_{\mathrm{W}1} &= \frac{1}{2}\mathrm{tr}\{\widetilde{\boldsymbol{W}}_1^{\mathrm{T}}\boldsymbol{L}_1^{-1}\widetilde{\boldsymbol{W}}_1\} \\
\boldsymbol{L}_{\mathrm{W}2} &= \frac{1}{2}\mathrm{tr}\{\widetilde{\boldsymbol{W}}_2^{\mathrm{T}}\boldsymbol{L}_2^{-1}\widetilde{\boldsymbol{W}}_2\}
\end{aligned}
\tag{5.18}
$$

对式(5.18)求导并结合式(5.8)可得

$$
\begin{aligned}
\dot{\boldsymbol{L}}_{\mathrm{W}1} &= -\tilde{\boldsymbol{x}}^{\mathrm{T}}\left(\frac{\boldsymbol{C}_1^{\mathrm{T}}\boldsymbol{C}_1}{\|\boldsymbol{C}_1\|^2}\right)\boldsymbol{P}_x\widetilde{\boldsymbol{W}}_1\boldsymbol{\sigma}_1([\hat{\boldsymbol{x}}^{\mathrm{T}},\boldsymbol{u}^{\mathrm{T}}]^{\mathrm{T}}) + \lambda_1\frac{\|\tilde{\boldsymbol{x}}^{\mathrm{T}}\boldsymbol{C}_1^{\mathrm{T}}\boldsymbol{C}_1\boldsymbol{P}_x\|}{\|\boldsymbol{C}_1\|^2}\mathrm{tr}\{\widetilde{\boldsymbol{W}}_1^{\mathrm{T}}\hat{\boldsymbol{W}}_1\} \\
&= -\tilde{\boldsymbol{x}}^{\mathrm{T}}\boldsymbol{P}_x\widetilde{\boldsymbol{W}}_1\boldsymbol{\sigma}_1([\hat{\boldsymbol{X}},\boldsymbol{u}^{\mathrm{T}}]^{\mathrm{T}}) + \lambda_1\|\tilde{\boldsymbol{x}}^{\mathrm{T}}\boldsymbol{P}_x\|\mathrm{tr}\{\widetilde{\boldsymbol{W}}_1^{\mathrm{T}}\hat{\boldsymbol{W}}_1\} \\
&\leqslant \|\tilde{\boldsymbol{x}}^{\mathrm{T}}\|(-\|\boldsymbol{P}_x\|\|\widetilde{\boldsymbol{W}}_1\|\bar{\boldsymbol{\sigma}}_1) - \lambda_1\|\tilde{\boldsymbol{x}}^{\mathrm{T}}\|\|\boldsymbol{P}_x\|(\|\widetilde{\boldsymbol{W}}_1\|^2 - \|\widetilde{\boldsymbol{W}}_1\|\overline{\boldsymbol{W}}_1) \\
&\leqslant \|\tilde{\boldsymbol{x}}^{\mathrm{T}}\|(-\|\boldsymbol{P}_x\|\|\widetilde{\boldsymbol{W}}_1\|\bar{\boldsymbol{\sigma}}_1 + \lambda_1\overline{\boldsymbol{W}}_1^2) - \\
&\quad\ \lambda_1\|\tilde{x}^{\mathrm{T}}\|\|\boldsymbol{P}_x\|(\|\widetilde{\boldsymbol{W}}_1\| - 2^{-1}\overline{\boldsymbol{W}}_1)^2 \\
\dot{\boldsymbol{L}}_{\mathrm{W}2} &= -\varepsilon^{-1}\tilde{\boldsymbol{y}}^{\mathrm{T}}\left(\frac{\boldsymbol{C}_2^{\mathrm{T}}\boldsymbol{C}_2}{\|\boldsymbol{C}_2\|^2}\right)\boldsymbol{P}_y\widetilde{\boldsymbol{W}}_2\boldsymbol{\sigma}_2([\hat{\boldsymbol{x}}^{\mathrm{T}},\boldsymbol{u}^{\mathrm{T}}]^{\mathrm{T}}) + \lambda_2\frac{\|\tilde{\boldsymbol{y}}^{\mathrm{T}}\boldsymbol{C}_2^{\mathrm{T}}\boldsymbol{C}_2\boldsymbol{P}_y\|}{\|\boldsymbol{C}_2\|^2}\mathrm{tr}\{\widetilde{\boldsymbol{W}}_2^{\mathrm{T}}\hat{\boldsymbol{W}}_2\} \\
&= -\varepsilon^{-1}\tilde{\boldsymbol{y}}^{\mathrm{T}}\boldsymbol{P}_y\widetilde{\boldsymbol{W}}_2\boldsymbol{\sigma}_2([\hat{\boldsymbol{X}},\boldsymbol{u}^{\mathrm{T}}]^{\mathrm{T}}) + \lambda_2\|\tilde{\boldsymbol{y}}^{\mathrm{T}}\boldsymbol{P}_y\|\mathrm{tr}\{\widetilde{\boldsymbol{W}}_2^{\mathrm{T}}\hat{\boldsymbol{W}}_2\} \\
&\leqslant \varepsilon^{-1}\|\tilde{\boldsymbol{y}}^{\mathrm{T}}\|(-\|\boldsymbol{P}_y\|\|\widetilde{\boldsymbol{W}}_2\|\bar{\boldsymbol{\sigma}}_2 + \varepsilon\lambda_2\overline{\boldsymbol{W}}_2^2) - \\
&\quad\ \lambda_2\|\tilde{\boldsymbol{y}}^{\mathrm{T}}\|\|\boldsymbol{P}_y\|(\|\widetilde{\boldsymbol{W}}_2\| - 2^{-1}\overline{\boldsymbol{W}}_2)^2
\end{aligned}
\tag{5.19}
$$

由式(5.19)可以看到 $\dot{\boldsymbol{L}}_{\mathrm{W}1}$、$\dot{\boldsymbol{L}}_{\mathrm{W}2}$ 具有和定义 5.2 相同的形式并且最后一项具有 $\|\widetilde{\boldsymbol{W}}_1\|$，$\|\widetilde{\boldsymbol{W}}_2\|$ 的二次项，所以可以得到所设计的在线更新律(5.8)使得 $-\|\boldsymbol{P}_x\|\|\widetilde{\boldsymbol{W}}_1\|\bar{\boldsymbol{\sigma}}_1 + \lambda_1\overline{\boldsymbol{W}}_1^2 \sim \tilde{\boldsymbol{x}}$ 和 $-\|\boldsymbol{P}_y\|\|\widetilde{\boldsymbol{W}}_2\|\bar{\boldsymbol{\sigma}}_2 + \varepsilon\lambda_2\overline{\boldsymbol{W}}_2^2 \sim \tilde{\boldsymbol{y}}$ 都为 SSP 映射。

评论 5.5　需要注意的是，图 5-3 中误差动态系统和权值调整子系统都保证了闭环系统的 SSP。根据定义 5.3，所提出的多时间尺度动态神经网络的观测器是鲁棒的。内部状态的范数传递给每个模块的功率是有界的，因此输入输出信号的有界性保证了状态有界而不需要任何可观测性要求。

5.3　仿真验证

为了验证所提出的多时间尺度动态神经网络观测器的有效性，本节给出了具体的仿真实例。

例 5.1 为了便于比较，这里使用了文献[7,8]中使用的非线性系统

$$\left\{\begin{aligned}\begin{bmatrix}\dot{\boldsymbol{x}}_1(t)\\ \dot{\boldsymbol{x}}_2(t)\\ \dot{\boldsymbol{x}}_3(t)\end{bmatrix}&=\begin{bmatrix}-1.8 & 0.2 & -0.5\\ -0.3 & -2.6 & 0.9\\ -0.3 & 0.7 & -2.4\end{bmatrix}\begin{bmatrix}\boldsymbol{x}_1(t)\\ \boldsymbol{x}_2(t)\\ \boldsymbol{x}_3(t)\end{bmatrix}+\\ &\quad\begin{bmatrix}0.5\cos(\boldsymbol{x}_2(t)+\boldsymbol{x}_3(t))\\ 0\\ -0.6\cos(\boldsymbol{x}_1(t)-\boldsymbol{x}_2(t))\end{bmatrix}+\\ &\quad\begin{bmatrix}0.04 & -0.01 & -0.01\\ 0.01 & -0.03 & 0.02\\ 0.01 & -0.01 & 0.05\end{bmatrix}\begin{bmatrix}\boldsymbol{x}_1(t-\tau)\\ \boldsymbol{x}_2(t-\tau)\\ \boldsymbol{x}_3(t-\tau)\end{bmatrix}\\ \boldsymbol{y}(t)&=\begin{bmatrix}1 & 0 & 0\\ 0 & 1 & 0\\ 0 & 0 & 1\end{bmatrix}\begin{bmatrix}\boldsymbol{x}_1(t)\\ \boldsymbol{x}_2(t)\\ \boldsymbol{x}_3(t)\end{bmatrix}\end{aligned}\right. \tag{5.20}$$

其中：$\tau(t)=|0.4\sin(t)|$。

所提出的神经网络观测器(5.4)和权值更新律(5.8)将用于估计系统(5.20)的状态。为了与文献[7,8]进行公平比较，只考虑一个时间尺度($\varepsilon=1$)，可以选择状态为$\boldsymbol{x}=(x_1,x_2)^{\mathrm{T}}$，$\boldsymbol{y}=(x_3,0)^{\mathrm{T}}$，初始条件$\boldsymbol{x}(0)=[0,0,0]^{\mathrm{T}}$，$\hat{\boldsymbol{x}}(0)=[-2,3,2]^{\mathrm{T}}$，仿真参数如下：

$$\boldsymbol{A}=\boldsymbol{B}=\begin{vmatrix}-1 & 0\\ 0 & -1\end{vmatrix},\quad \boldsymbol{C}_1=\begin{vmatrix}1 & 0\\ 0 & 1\end{vmatrix},\quad \boldsymbol{C}_2=\begin{vmatrix}1 & 0\\ 0 & 0\end{vmatrix},$$

$$\boldsymbol{K}_1=\boldsymbol{K}_2=\begin{vmatrix}800 & 0\\ 0 & 800\end{vmatrix},\quad \boldsymbol{P}_x=\boldsymbol{P}_y=\begin{vmatrix}0.3 & -0.033\\ -0.033 & 0.3\end{vmatrix}$$

$$\boldsymbol{L}_1=\boldsymbol{L}_2=\boldsymbol{I},\quad \boldsymbol{\sigma}_1(\cdot)=\frac{0.2}{(1+\mathrm{e}^{-0.2x})-0.5},$$

$$\boldsymbol{\sigma}_2(\cdot)=\frac{0.2}{(1+\mathrm{e}^{-0.2x})-0.05},\quad \lambda_1=\lambda_2=0.01。$$

图 5-4 的仿真结果表明，所提出的神经网络观测器具有比文献[7-8]更好的暂态性能和更短的持续时间，达到了与文献[7-8]相当的稳态性能。此外，值得一提的是，在文献[8]中假定精确的系统模型是已知的，这在本章中是不需要的。文献[8]中基于高阶神经网络的观测器存在随维数增加而灾变增加的问题，而且文献[7-8]都没有考虑实际非线性系统中存在不同时间尺度的问题。

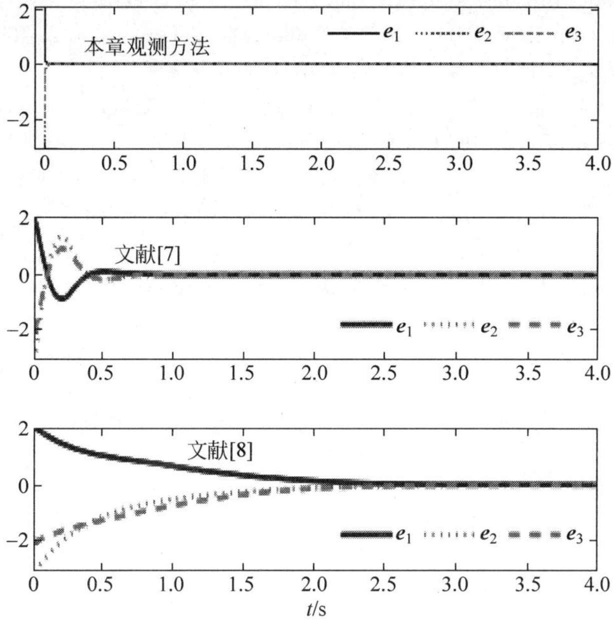

图 5-4　观测误差比较结果(见文后彩图)

5.4　本章小结

本章提出了一种新的基于不同时间尺度神经网络的非线性系统鲁棒观测器。本章的主要贡献在于提出了一种新的多时间尺度神经网络模型在线更新算法,并证明了所提出的权值调整算法能够保证估计误差和权值误差的一致最终有界性。动态权值调整系统的 SSP 特性证明了该观测器的鲁棒性。仿真结果表明,在不考虑时间尺度的情况下,与文献[7-8]相比,该神经网络观测器算法具有更好的收敛性。此外,值得注意的是,本章提出的观测器的设计不需要精确的系统模型或其他非线性系统的限制性假设,而这些假设通常是观测器设计所需要的。基于观测器的结果,可以对控制策略进行进一步的研究。

参考文献

[1] Kokotovic P V,Khalil H,O' Reilly J. Singular Perturbation Methods in Control: Analysis and Design[M]. New York: Academic Press,1986.

[2] AIoannou P,Sun J. Robust Adaptive Control[M]. Prentice Hall PTR,1996.

[3] Nielsen R H. Theory of the backpropagation neural network[C]//International Joint Conference on Neural Networks,1989: 593-605.

[4] Cybenko G. Approximation by superposition of sigmoidal functions[J]. Math Control Sig

Syst. Mathematics of Control Signals and Systems, 1989, 2(4): 303-314.

[5] Lewis F L, Dawson D M, Abdallah C T. Robot Manipulator Control: Theory and Practice, Revised and Expanded[M]. New York: Marcel Dekker, 2004.

[6] Lewis F L, Yesildirek A, Liu K. Multilayer Neural-Net Robot Controller with Guaranteed Tracking Performance[J]. IEEE Transactions on Neural Networks, 1996, 7(2): 388-398.

[7] Na J, Herrmann G, Ren X M, et al. Adaptive memoryless observer design for nonlinear time-delay systems[C]//IEEE International Conference on Control and Automation, Christchurch, 2009: 1949-1954.

[8] Wang Z D, Goodall D P, Burnham K J. On designing observers for time-delay systems with nonlinear disturbances[J]. Int. J. Contr, 2002, 75(11): 803-811.

第6章

基于多时间尺度动态神经网络的自学习最优控制

奇异摄动理论一般用来解决具有快慢不同时间尺度的动态系统的控制问题。文献[1-4]首次将奇异摄动理论应用于求解连续时间域的最优调节器问题,基本思想是将系统分解为不同的时间尺度,从而简化系统结构,然后采用不同的控制方法对分解后的系统进行控制器设计。从那时起,研究者提出了许多基于奇异摄动理论的最优控制方法,如线性多参数奇摄动系统的近最优控制[5]、线性系统和非线性系统的无限时域二次最优控制[6]、离散时间奇摄动系统的最优控制[7],在这方面更详细的研究总结在文献[8]。然而,具有降维特性的奇异摄动方法是建立在参数化模型精确的基础上的,这对实际应用有着相当严格的要求。此外,由不同时间尺度引起的高阶病态微分方程是这类系统的共同特点,也给控制器的设计带来很大挑战。因此,能够在线实时设计最优控制器是非常重要的,而无需完全了解控制对象的动力学模型。

相比之下,自适应动态规划也被称为近似动态规划,被引入到非线性系统的自学习控制中[9]。该方法克服了对精确模型的需要,实现了最优控制。现有关于基于自适应动态规划的非线性控制器设计的研究,如基于时间的最优控制[10]、基于数据的迭代最优学习控制[11-12]、最优跟踪控制[13]、逆分布协同最优控制[14]和未知非仿射非线性系统的最优控制[15],主要集中在离散时间系统上,而如果将研究扩展到连续时间系统,就对证明算法的稳定性和收敛性以及保证算法的在线实现等方面提出了挑战。同时,对连续时间系统的离散化通常是不精确的,特别是对于高维系统,离散化阻碍了学习过程。因此,针对连续非线性系统,文献[16]提出了一种基于神经网络的近似最优控制器。然而,状态反馈控制律是通过离线求解哈密顿-雅可比-贝尔曼(HJB)方程得到的。在此基础上,文献[17]提出了一种在线策略迭代算法来求解非线性连续时间无限时域最优控制问题,该问题涉及执行神经网络和评价神经网络的同步更新。而且,文献[18]扩展了文献[17]中的思想,设计了一种新的ACI(Actor-critic-Identification,简称ACI,即:执行-评价-辨识)结构来近似求解HJB方程,而不需要精确的系统动力学模型。然而,在算法中需要知道系统的输入动态。文献[19]基于 ACI 结构,提出了考虑约束输入的未知非线性系统的自学习最优控制方法。近年来,文献[20]提出了采用简化的 ACI 结构的最优控制方法,即只使用评价神经网络来逼近 HJB 方程的解并计算最优控制律,该方法简化了结构,减少了计算负担。

基于自适应动态规划的控制方法结合了自适应控制和最优控制的原理,极大地提高了求解最优控制问题的计算能力。最近,针对偏微分方程系统,文献[21]提出了基于自适应动态规划的鲁棒控制方法,该方法使用了对应于不同时间尺度的降阶模型。然而,采用降阶模型进行控制器设计可能会影响控制器的精度,且存在未知动力学模型时变得不可用的问题。事实上,最近的研究表明,不同时间尺度的动态神经网络可以对神经活动水平的短期记忆和长期记忆的无监督突触修改动力学进行建模,并已被证明是对不同时间尺度非线性系统建模的一种有效工具[22-24]。

针对上述问题,本章提出了一种新的基于自适应动态规划的具有 ACI 结构的非线性系统自学习最优控制方法。在本书第 3 章所介绍的改进型多时间尺度动态神经网络辨识方法的基础上,采用针对权值和线性矩阵的在线更新律,以代替一般的神经网络非线性辨识方法中线性矩阵预先已知的假设[25]。此外,受文献[26]的启发,建立了一种考虑神经逼近误差和未知扰动的临界神经网络参数估计方法,以使贝尔曼误差最小化,从而代替常用的最小二乘法[17]或梯度法[16,18],获得 HJB 方程的在线近似解。最后,基于辨识出的动态模型和估计的最优成本函数,设计出最优控制动作,并用李雅普诺夫方法证明了整个闭环系统的稳定性。仿真实例验证了该方法的有效性。

6.1 自学习最优控制问题

考虑如下一类多时间尺度非线性系统

$$\begin{aligned}\dot{\boldsymbol{x}} &= \boldsymbol{f}_x(\boldsymbol{x},\boldsymbol{y},\boldsymbol{u},t)\\ \varepsilon\dot{\boldsymbol{y}} &= \boldsymbol{f}_y(\boldsymbol{x},\boldsymbol{y},\boldsymbol{u},t)\end{aligned}\tag{6.1}$$

式中:$\boldsymbol{x}\in\mathbf{R}^n$ 和 $\boldsymbol{y}\in\mathbf{R}^m$ 分别为慢的和快的时间尺度状态变量;$\boldsymbol{u}\in\mathbf{R}^p$ 为控制输入变量;$\varepsilon>0$ 为时间尺度因子;$\boldsymbol{f}_x(\cdot),\boldsymbol{f}_y(\cdot)$ 为未知非线性函数。为了便于分析,标记 $\boldsymbol{X}=\begin{bmatrix}\boldsymbol{x}\\ \boldsymbol{y}\end{bmatrix}$,$\boldsymbol{f}(\cdot)=\begin{bmatrix}\boldsymbol{f}_x(\cdot)\\ \varepsilon^{-1}\boldsymbol{f}_y(\cdot)\end{bmatrix}$。

最优调节器问题的设计目标是设计一个使系统(6.1)稳定的最优控制器,并使如下无穷时域性能代价函数最小化

$$\boldsymbol{V}(\boldsymbol{X})=\int_t^{\infty}\boldsymbol{r}(\boldsymbol{X}(\tau),\boldsymbol{u}(\tau))\mathrm{d}\tau\tag{6.2}$$

其中,具有对称性的正定矩阵 $\boldsymbol{Q}$ 和 $\boldsymbol{R}$ 构成的效用函数定义为 $\boldsymbol{r}(\boldsymbol{x},\boldsymbol{u})=\boldsymbol{X}^{\mathrm{T}}\boldsymbol{Q}\boldsymbol{X}+$

$\boldsymbol{u}^{\mathrm{T}}\boldsymbol{R}\boldsymbol{u}$。

定义 6.1[27]　在紧集 $\Omega\in\mathbf{R}^n$ 上定义了关于系统(6.1)的可容许控制 $\boldsymbol{u}$，记为 $\boldsymbol{u}\in\Psi(\Omega)$，如果 $\boldsymbol{u}$ 在 Ω 中是连续的，且 $\boldsymbol{u}(0)=0$，则 $\boldsymbol{u}$ 使得系统(6.1)在 Ω 域里稳定，且对于 $\forall\boldsymbol{X}_0\in\Omega$，$\boldsymbol{V}(\boldsymbol{X}_0)$是有界的。

定义 6.2[28]　一个函数 $\lambda:\mathbf{R}_{\geqslant 0}\to\mathbf{R}_{\geqslant 0}$ 被称为 κ_{∞} 函数，如果它是连续的、严格递增的、无界的且满足 $\lambda(0)=0$。然后对一般非线性系统 $\dot{\boldsymbol{X}}=\boldsymbol{f}(\boldsymbol{X},\boldsymbol{u})$进行输入到状态稳定(ISS)李雅谱诺夫函数设计，其中 $\boldsymbol{X}\in\mathbf{R}^n$，$\boldsymbol{u}\in\mathbf{R}^m$，$\boldsymbol{f}:\mathbf{R}^n\times\mathbf{R}^m\to\mathbf{R}^n$，定义一个平滑的函数 $\boldsymbol{L}$，存在 $\alpha,\beta\in\kappa_{\infty}$ 使得满足条件 $\dot{\boldsymbol{L}}\leqslant-\alpha(\|\boldsymbol{X}\|)+\beta(\|\boldsymbol{u}\|)$。$\|\cdot\|$ 表示欧几里德范数。

引理 6.1[28]　一个系统是 ISS 当且仅当它可获得一个 ISS-Lyapunow 函数，反之亦然。如果一个系统是状态稳定的输入系统，当输入有界时，系统的行为应该保持有界。

从基本最优控制理论出发，将系统(6.1)的哈密顿量定义为

$$\boldsymbol{H}(\boldsymbol{X},\boldsymbol{u},\boldsymbol{V})=\boldsymbol{V}_X^{\mathrm{T}}[\boldsymbol{f}(\boldsymbol{X},\boldsymbol{u})]+\boldsymbol{X}^{\mathrm{T}}\boldsymbol{Q}\boldsymbol{X}+\boldsymbol{u}^{\mathrm{T}}\boldsymbol{R}\boldsymbol{u} \tag{6.3}$$

式中，$\boldsymbol{V}_X\triangleq\dfrac{\partial\boldsymbol{V}(\boldsymbol{X})}{\partial\boldsymbol{X}}$表示成本函数 $\boldsymbol{V}(\boldsymbol{X})$关于 $\boldsymbol{X}$ 的偏导数。

最优成本函数 $\boldsymbol{V}^*(\boldsymbol{X})$表示如下

$$\boldsymbol{V}^*(\boldsymbol{X})=\min_{u\in\Psi(\Omega)}\int_t^{\infty}\boldsymbol{r}(\boldsymbol{X}(\tau),\boldsymbol{u}(\tau))\mathrm{d}\tau \tag{6.4}$$

它满足 HJB 方程

$$0=\min_{u\in\Psi(\Omega)}[\boldsymbol{H}(\boldsymbol{X},\boldsymbol{u},\boldsymbol{V}_X^*)]=\boldsymbol{V}_X^{*\mathrm{T}}[\boldsymbol{f}(\boldsymbol{X},\boldsymbol{u})]+\boldsymbol{X}^{\mathrm{T}}\boldsymbol{Q}\boldsymbol{X}+\boldsymbol{u}^{\mathrm{T}}\boldsymbol{R}\boldsymbol{u} \tag{6.5}$$

其中，$\boldsymbol{V}_X^*\triangleq\dfrac{\partial\boldsymbol{V}^*(\boldsymbol{X})}{\partial\boldsymbol{X}}$。基于式(6.5)右侧存在最小值且唯一的假设，通过求解$\partial\boldsymbol{H}(\boldsymbol{X},\boldsymbol{u},\boldsymbol{V}_X^*)/\partial\boldsymbol{u}=0$，容许最优控制 $\boldsymbol{u}^*$ 的反馈形式可以表示为

$$\boldsymbol{u}^*=-\frac{1}{2}\boldsymbol{R}^{-1}\left(\frac{\partial\boldsymbol{f}(\boldsymbol{X},\boldsymbol{u})}{\partial\boldsymbol{u}}\right)^{\mathrm{T}}\boldsymbol{V}_X^* \tag{6.6}$$

HJB 方程(6.5)可根据式(6.6)改写为

$$\begin{aligned}0=&\boldsymbol{V}_X^{*\mathrm{T}}\left(f\left(\boldsymbol{X},-\frac{1}{2}\boldsymbol{R}^{-1}\left(\frac{\partial\boldsymbol{f}(\boldsymbol{X},\boldsymbol{u})}{\partial\boldsymbol{u}}\right)^{\mathrm{T}}\boldsymbol{V}_X^*\right)\right)+\boldsymbol{X}^{\mathrm{T}}\boldsymbol{Q}\boldsymbol{X}-\\&\frac{1}{4}\boldsymbol{V}_X^{*\mathrm{T}}\left(\frac{\partial\boldsymbol{f}(\boldsymbol{X},\boldsymbol{u})}{\partial\boldsymbol{u}}\right)\boldsymbol{R}^{-1}\left(\frac{\partial\boldsymbol{f}(\boldsymbol{X},\boldsymbol{u})}{\partial\boldsymbol{u}}\right)^{\mathrm{T}}\boldsymbol{V}_X^*\end{aligned} \tag{6.7}$$

理论上，通过求解式(6.7)可以得到最优的成本函数 $\boldsymbol{V}^*(X)$。然而，由于多时间尺度参数小而导致模型具有不确定性、高维性和病态性，使得用解析方法求解不同时间尺度非线性系统的高阶非线性偏微分方程变得困难。因此，由于 $\boldsymbol{V}^*(\boldsymbol{X})$的不可用性，不能通过求解方程(6.6)得到容许最优控制 $\boldsymbol{u}^*$。本章将通过引入新的 ACI 结构来解决这个问题，具体步骤如下：

(1) 建立多时间尺度动态神经网络辨识器，以获取不同时间尺度非线性系统的

模型信息；

(2) 基于多时间尺度动态神经网络辨识器和自适应动态规划方法设计自学习最优控制器。

评论 6.1 许多实际系统可以建模为系统(6.1)，如电力系统[29]、柔性连杆机器人动力学[30]、视觉伺服系统[31]、生理学分形动力学[32]、非生物过程结构生态系统[33]、牲畜运动网络和疾病动力学[34]，混合动力电动汽车的能量管理[35]和车辆悬挂系统[36]。在过去的几十年中，这类系统的最优控制得到了广泛的研究[1-8]，其中控制器的设计是基于闭环分解技术，并且在不同的时间尺度上由降阶代数黎卡提方程求解。然而，当模型信息未知时，这种分解方法可能无法对系统进行适当的逼近，而本章给出了一种求解方法。

6.2 多时间尺度动态神经网络模型辨识

采用如下多时间尺度动态神经网络模型来近似非线性系统(6.1)

$$\begin{aligned}\dot{\hat{x}} &= \boldsymbol{A}\hat{\boldsymbol{x}} + \boldsymbol{W}_1\boldsymbol{\sigma}_1(\boldsymbol{V}_1[\hat{\boldsymbol{X}}]) + \boldsymbol{W}_2\boldsymbol{\phi}_1(\boldsymbol{V}_2[\hat{\boldsymbol{X}}])\boldsymbol{u}\\ \varepsilon\dot{\hat{y}} &= \boldsymbol{B}\hat{\boldsymbol{y}} + \boldsymbol{W}_3\boldsymbol{\sigma}_2(\boldsymbol{V}_3[\hat{\boldsymbol{X}}]) + \boldsymbol{W}_4\boldsymbol{\phi}_2(\boldsymbol{V}_4[\hat{\boldsymbol{X}}])\boldsymbol{u}\end{aligned} \tag{6.8}$$

式中：$\hat{\boldsymbol{X}}=[\hat{x},\hat{y}]^{\mathrm{T}}$，$\hat{x}\in\mathbf{R}^n$，$\hat{y}\in\mathbf{R}^m$ 为多时间尺度动态神经网络的状态；$\boldsymbol{W}_{1,2}\in\mathbf{R}^{n\times(n+m)}$，$\boldsymbol{W}_{3,4}\in\mathbf{R}^{m\times(n+m)}$ 为输出层权值；$\boldsymbol{V}_i\in\mathbf{R}^{(n+m)\times(n+m)}$ $(i=1,2,3,4)$为隐层权值；$\boldsymbol{A}\in\mathbf{R}^{n\times n}$，$\boldsymbol{B}\in\mathbf{R}^{m\times m}$ 是多时间尺度动态神经网络线性矩阵；$\boldsymbol{u}=(\boldsymbol{u}_1,\boldsymbol{u}_2,\cdots,\boldsymbol{u}_p,0,\cdots,0)^{\mathrm{T}}\in\mathbf{R}^{n+m}$ 为控制输入；激励函数$\boldsymbol{\sigma}(\cdot)$和$\boldsymbol{\phi}(\cdot)$选取 Sigmoid 函数$\boldsymbol{\sigma}(\cdot)=a/(1+\mathrm{e}^{-bx})-c$，其中 a,b,c 为选定常数。

在理想情况下，非线性系统(6.1)可以用多时间尺度动态神经网络表示如下：

$$\begin{aligned}\dot{\boldsymbol{x}} &= \boldsymbol{A}^*\boldsymbol{x} + \boldsymbol{W}_1^*\boldsymbol{\sigma}_1(\hat{\boldsymbol{X}}) + \boldsymbol{W}_2^*\boldsymbol{u} + \boldsymbol{\xi}_1\\ \varepsilon\dot{\boldsymbol{y}} &= \boldsymbol{B}^*\boldsymbol{y} + \boldsymbol{W}_3^*\boldsymbol{\sigma}_2(\hat{\boldsymbol{X}}) + \boldsymbol{W}_4^*\boldsymbol{u} + \boldsymbol{\xi}_2\end{aligned} \tag{6.9}$$

式中：$\boldsymbol{A}^*$，$\boldsymbol{B}^*$，$\boldsymbol{W}_i^*$ $(i=1,2,3,4)$为实际存在的理想矩阵，且 $\boldsymbol{W}_i^*$ 满足有界条件 $\boldsymbol{W}_i^*\boldsymbol{\Lambda}_i^{-1}\boldsymbol{W}_i^{*\mathrm{T}}\leqslant\overline{\boldsymbol{W}}_i$ $(i=1,2,3,4)$，$\boldsymbol{\Lambda}_i^{-1}$是正定矩阵，$\overline{\boldsymbol{W}}_i$ 表示权重的上界；$\boldsymbol{\xi}_1$，$\boldsymbol{\xi}_2$ 被视为建模误差或干扰。注意式(6.9)为式(6.8)在假定 $\boldsymbol{V}_{1,2,3,4}=\boldsymbol{\phi}_{1,2}(\cdot)=\boldsymbol{I}_{(n+m)\times(n+m)}$ 情况下的简化形式，其中 $\boldsymbol{I}_{(n+m)\times(n+m)}$ 表示$(m+n)\times(m+n)$的单位矩阵。

定义辨识误差为 $\Delta\boldsymbol{x}=[\Delta\boldsymbol{x},\Delta\boldsymbol{y}]^{\mathrm{T}}=[\boldsymbol{x}-\hat{\boldsymbol{x}},\boldsymbol{y}-\hat{\boldsymbol{y}}]^{\mathrm{T}}$，则由式(6.8)和式(6.9)，可以得到辨识误差动态方程为

$$\begin{aligned}\Delta\dot{\boldsymbol{x}} &= \boldsymbol{A}^*\Delta\boldsymbol{x} + \widetilde{\boldsymbol{A}}\hat{\boldsymbol{x}} + \boldsymbol{W}_1^*\tilde{\boldsymbol{\sigma}}_1 + \widetilde{\boldsymbol{W}}_1\boldsymbol{\sigma}_1(\hat{\boldsymbol{X}}) + \widetilde{\boldsymbol{W}}_2\boldsymbol{u} + \boldsymbol{\xi}_1\\ \varepsilon\Delta\dot{\boldsymbol{y}} &= \boldsymbol{B}^*\Delta\boldsymbol{y} + \widetilde{\boldsymbol{B}}\hat{\boldsymbol{y}} + \boldsymbol{W}_3^*\tilde{\boldsymbol{\sigma}}_2 + \widetilde{\boldsymbol{W}}_3\boldsymbol{\sigma}_2(\hat{\boldsymbol{X}}) + \widetilde{\boldsymbol{W}}_4\boldsymbol{u} + \boldsymbol{\xi}_2\end{aligned} \tag{6.10}$$

式中：$\widetilde{\boldsymbol{A}}=\boldsymbol{A}^{*}-\boldsymbol{A}$；$\widetilde{\boldsymbol{B}}=\boldsymbol{B}^{*}-\boldsymbol{B}$；$\widetilde{\boldsymbol{W}}_i=\boldsymbol{W}_i^{*}-\boldsymbol{W}_i(i=1,2,3,4)$。

选择如下的李雅普诺夫函数

$$\begin{aligned}
\boldsymbol{L}_{\mathrm{I}}&=\boldsymbol{L}_1+\boldsymbol{L}_2\\
\boldsymbol{L}_1&=\Delta\boldsymbol{x}^{\mathrm{T}}\boldsymbol{P}_1\Delta\boldsymbol{x}+k_2^{-1}\mathrm{tr}\{\widetilde{\boldsymbol{W}}_1^{\mathrm{T}}\boldsymbol{P}_1\widetilde{\boldsymbol{W}}_1\}+k_3^{-1}\mathrm{tr}\{\widetilde{\boldsymbol{W}}_2^{\mathrm{T}}\boldsymbol{P}_1\widetilde{\boldsymbol{W}}_2\}+\\
&\quad k_1^{-1}\mathrm{tr}\{\widetilde{\boldsymbol{A}}^{\mathrm{T}}\boldsymbol{P}_1\widetilde{\boldsymbol{A}}\}\\
\boldsymbol{L}_2&=\Delta\boldsymbol{y}^{\mathrm{T}}\boldsymbol{P}_2\Delta\boldsymbol{y}+k_5^{-1}\mathrm{tr}\{\widetilde{\boldsymbol{W}}_3^{\mathrm{T}}\boldsymbol{P}_2\widetilde{\boldsymbol{W}}_3\}+k_6^{-1}\mathrm{tr}\{\widetilde{\boldsymbol{W}}_4^{\mathrm{T}}\boldsymbol{P}_2\widetilde{\boldsymbol{W}}_4\}+\\
&\quad k_4^{-1}\mathrm{tr}\{\widetilde{\boldsymbol{B}}^{\mathrm{T}}\boldsymbol{P}_2\widetilde{\boldsymbol{B}}\}
\end{aligned}\tag{6.11}$$

由式(6.11)可以得到多时间尺度动态神经网络的在线更新律，如定理 6.1 所述。

定理 6.1 设计如式(6.8)所示的多时间尺度动态神经网络辨识模型的在线权值更新律

$$\begin{aligned}
\dot{\boldsymbol{A}}&=-k_1\Delta\boldsymbol{x}\hat{\boldsymbol{x}}^{\mathrm{T}} & \dot{\boldsymbol{B}}&=-(1/\varepsilon)k_4\Delta\boldsymbol{y}\hat{\boldsymbol{y}}^{\mathrm{T}}\\
\dot{\boldsymbol{W}}_1&=-k_2\Delta\boldsymbol{x}\,\boldsymbol{\sigma}_1^{\mathrm{T}}(\hat{\boldsymbol{X}}) & \dot{\boldsymbol{W}}_3&=-(1/\varepsilon)k_5\Delta\boldsymbol{y}\,\boldsymbol{\sigma}_2^{\mathrm{T}}(\hat{\boldsymbol{X}})\\
\dot{\boldsymbol{W}}_2&=-k_3\Delta\boldsymbol{x}\boldsymbol{u}^{\mathrm{T}} & \dot{\boldsymbol{W}}_4&=-(1/\varepsilon)k_6\Delta\boldsymbol{y}\boldsymbol{u}^{\mathrm{T}}
\end{aligned}\tag{6.12}$$

式中，$k_l(l=1,2,3,4,5,6)$为正的常数。则多时间尺度动态神经网络辨识模型可确保如下稳定性特性：

(1) 理想情况下，即$\boldsymbol{\xi}_1,\boldsymbol{\xi}_2=0,\boldsymbol{W}_i(i=1,2,3,4),\boldsymbol{A},\boldsymbol{B}\in\boldsymbol{L}_\infty$；$\Delta\boldsymbol{x},\Delta\boldsymbol{y}\in\boldsymbol{L}_2\cap\boldsymbol{L}_\infty$；$\lim\limits_{t\to\infty}\Delta\boldsymbol{x},\Delta\boldsymbol{y}=0$；

(2) 有界建模误差和干扰下，即$\boldsymbol{\xi}_j\leqslant\bar{\boldsymbol{\xi}}_j(j=1,2),\Delta\boldsymbol{x},\Delta\boldsymbol{y},\boldsymbol{W}_i(i=1,2,3,4),\boldsymbol{A},\boldsymbol{B}\in\boldsymbol{L}_\infty$。

评论 6.2 本书第 2 章、第 3 章和第 4 章分别介绍了基于多时间尺度动态神经网络进行非线性系统辨识的不同情况。这里考虑了如方程(6.9)所示的最简单的单层结构多时间尺度动态神经网络辨识模型，以减少该方法的在线计算时间。此外，通过用多时间尺度动态神经网络辨识模型本身的状态变量代替非线性系统的实际状态信号，改进了辨识器结构，使系统更加稳定。定理 6.1 的详细证明见本书第 3 章。此外，需要指出的是，我们同时给出了多时间尺度动态神经网络的权值和线性矩阵的在线更新律，实现了真正的黑盒辨识，而不是一般基于动态神经网络辨识方法中往往基于线性部分矩阵是已知的 Hurwitz 矩阵的假设。因此，所设计的多时间尺度动态神经网络辨识提高了辨识性能，使控制器的实现更加方便。

6.3 自学习最优控制方法

在本节我们提出了一种基于上述多时间尺度动态神经网络辨识模型的自学习最优控制方法。所提出的控制系统的框图如图 6-1 所示。

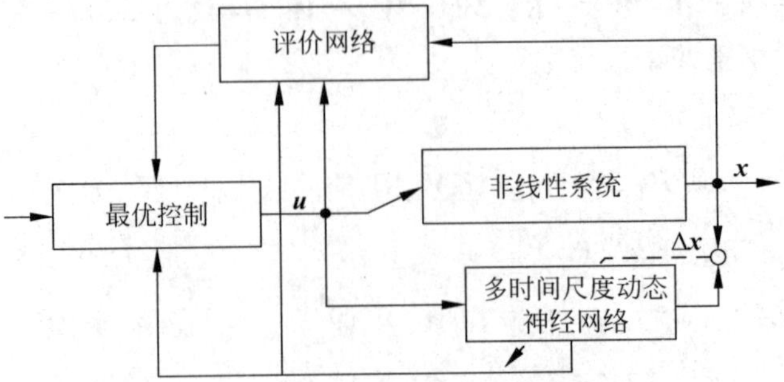

图 6-1 自学习最优控制框图

从 6.2 节可知，非线性系统(6.1)可以用如下具有更新律(6.12)的多时间尺度动态神经网络辨识模型表示

$$\begin{aligned}\dot{\boldsymbol{x}} &= \boldsymbol{A}\hat{\boldsymbol{x}} + \boldsymbol{W}_1\boldsymbol{\sigma}_1(\hat{\boldsymbol{X}}) + \boldsymbol{W}_2\boldsymbol{u} + \boldsymbol{\xi}_1 \\ \varepsilon\dot{\boldsymbol{y}} &= \boldsymbol{B}\hat{\boldsymbol{y}} + \boldsymbol{W}_3\boldsymbol{\sigma}_2(\hat{\boldsymbol{X}}) + \boldsymbol{W}_4\boldsymbol{u} + \boldsymbol{\xi}_2\end{aligned} \tag{6.13}$$

进一步改写式(6.13)为

$$\begin{aligned}\dot{\boldsymbol{x}} &= \boldsymbol{A}\boldsymbol{x} + \boldsymbol{W}_1\boldsymbol{\sigma}_1(\hat{\boldsymbol{X}}) + \boldsymbol{W}_2\boldsymbol{u} + \boldsymbol{\xi}_3 \\ \varepsilon\dot{\boldsymbol{y}} &= \boldsymbol{B}\boldsymbol{y} + \boldsymbol{W}_3\boldsymbol{\sigma}_2(\hat{\boldsymbol{X}}) + \boldsymbol{W}_4\boldsymbol{u} + \boldsymbol{\xi}_4\end{aligned} \tag{6.14}$$

式中：$\boldsymbol{\xi}_3=\boldsymbol{\xi}_1+\boldsymbol{A}\hat{\boldsymbol{x}}-\boldsymbol{A}\boldsymbol{x}=\boldsymbol{\xi}_1-\boldsymbol{A}\Delta\boldsymbol{x}$，$\boldsymbol{\xi}_4=\boldsymbol{\xi}_2+\boldsymbol{B}\hat{\boldsymbol{y}}-\boldsymbol{B}\boldsymbol{y}=\boldsymbol{\xi}_2-\boldsymbol{B}\Delta\boldsymbol{y}$。

根据文献[12]中的最优调节器问题，设计一个允许的控制策略 $\boldsymbol{u}$，以保证与(6.14)相关的无限时域代价函数(6.2)最小。因此，式(6.14)的哈密顿量定义为

$$\boldsymbol{H}(\boldsymbol{X},\boldsymbol{u},\boldsymbol{V}) = \boldsymbol{V}_X^{\mathrm{T}}\begin{bmatrix}\boldsymbol{A}\boldsymbol{x} + \boldsymbol{W}_1\boldsymbol{\sigma}_1(\hat{\boldsymbol{X}}) + \boldsymbol{W}_2\boldsymbol{u} + \boldsymbol{\xi}_3 \\ \varepsilon^{-1}(\boldsymbol{B}\boldsymbol{y} + \boldsymbol{W}_3\boldsymbol{\sigma}_2(\hat{\boldsymbol{X}}) + \boldsymbol{W}_4\boldsymbol{u} + \boldsymbol{\xi}_4)\end{bmatrix} + \boldsymbol{X}^{\mathrm{T}}\boldsymbol{Q}\boldsymbol{X} + \boldsymbol{u}^{\mathrm{T}}\boldsymbol{R}\boldsymbol{u} \tag{6.15}$$

然后，HJB 方程(6.5)变成

$$\min_{u\in\Psi(\Omega)}[\boldsymbol{H}(\boldsymbol{X},\boldsymbol{u},\boldsymbol{V}^*)] = \boldsymbol{V}_X^{*\mathrm{T}}\begin{bmatrix}\boldsymbol{A}\boldsymbol{x} + \boldsymbol{W}_1\boldsymbol{\sigma}_1(\hat{\boldsymbol{X}}) + \boldsymbol{W}_2\boldsymbol{u} + \boldsymbol{\xi}_3 \\ \varepsilon^{-1}(\boldsymbol{B}\boldsymbol{y} + \boldsymbol{W}_3\boldsymbol{\sigma}_2(\hat{\boldsymbol{X}}) + \boldsymbol{W}_4\boldsymbol{u} + \boldsymbol{\xi}_4)\end{bmatrix} + \boldsymbol{X}^{\mathrm{T}}\boldsymbol{Q}\boldsymbol{X} + \boldsymbol{u}^{\mathrm{T}}\boldsymbol{R}\boldsymbol{u} = 0 \tag{6.16}$$

容许最优控制 $\boldsymbol{u}^*$ 可以通过求解$\partial\boldsymbol{H}(\boldsymbol{X},\boldsymbol{u},\boldsymbol{V}_x^*)/\partial\boldsymbol{u}=0$ 获得

$$\boldsymbol{u}^* = -\frac{1}{2}\boldsymbol{R}^{-1}\boldsymbol{W}^{\mathrm{T}}\frac{\partial\boldsymbol{V}^*(\boldsymbol{X})}{\partial\boldsymbol{X}} \tag{6.17}$$

式中：$\boldsymbol{W}=\begin{bmatrix}\boldsymbol{W}_2 \\ \varepsilon^{-1}\boldsymbol{W}_4\end{bmatrix}$；$\boldsymbol{V}^*(\boldsymbol{X})$是 HJB 方程 $\boldsymbol{H}(\boldsymbol{X},\boldsymbol{u}^*,\boldsymbol{V}_X^*)=0$ 的解，通过将式(6.17)代入式(6.16)得到。

由式(6.16)可知 $\boldsymbol{u}^*$ 取决于最优价值函数 $\boldsymbol{V}^*(\boldsymbol{X})$。然而,求解非线性偏微分 HJB 方程 $\boldsymbol{H}(\boldsymbol{X},\boldsymbol{u}^*,\boldsymbol{V}_X^*)=0$ 以得到 $\boldsymbol{V}^*(\boldsymbol{X})$是一个困难的问题。通常的方法是通过一个 NN 得到近似解,如参考文献[10-14]所示。因此,使用单层神经网络来近似最优成本函数,可得

$$\boldsymbol{V}^*(\boldsymbol{X})=\boldsymbol{W}_c^{*\mathrm{T}}\boldsymbol{\psi}(\boldsymbol{X})+\boldsymbol{\xi}_5 \tag{6.18}$$

式中:$\boldsymbol{W}_c^*\in\mathbf{R}^I$ 是理想权值;$\boldsymbol{\psi}(\boldsymbol{X})\in\mathbf{R}^I$,$I$ 是神经元的数量;$\boldsymbol{\xi}_5$ 是近似误差,假设有界,即 $\|\boldsymbol{\xi}_5\|\leqslant\bar{\boldsymbol{\xi}}_5$。

$\boldsymbol{V}^*(\boldsymbol{X})$对 $\boldsymbol{X}$ 的偏导数为

$$\frac{\partial\boldsymbol{V}^*(\boldsymbol{X})}{\partial\boldsymbol{X}}=\nabla\boldsymbol{\psi}^{\mathrm{T}}(\boldsymbol{X})\boldsymbol{W}_c^*+\nabla\boldsymbol{\xi}_5 \tag{6.19}$$

其中,$\nabla\boldsymbol{\psi}(\boldsymbol{X})=\dfrac{\partial\boldsymbol{\psi}(\boldsymbol{X})}{\partial\boldsymbol{X}}$和$\nabla\boldsymbol{\xi}_5=\dfrac{\partial\boldsymbol{\xi}_5}{\partial\boldsymbol{X}}$$\boldsymbol{\psi}(\boldsymbol{X})$和$\boldsymbol{\xi}_5$ 关于 $\boldsymbol{X}$ 的偏导数。

假设 6.1 理想权值 $\boldsymbol{W}_c^*$,激励函数$\boldsymbol{\psi}(\boldsymbol{X})$和它的偏导数$\nabla\boldsymbol{\psi}(\boldsymbol{X})$都是有界的,即 $\|\boldsymbol{W}_c\|\leqslant\bar{\boldsymbol{W}}_c$,$\|\boldsymbol{\psi}(\boldsymbol{x})\|\leqslant\bar{\boldsymbol{\psi}}_1$,$\|\nabla\boldsymbol{\psi}(\boldsymbol{x})\|\leqslant\bar{\boldsymbol{\psi}}_2$。

将式(6.19)代入式(6.17),得到

$$\boldsymbol{u}^*=-\frac{1}{2}\boldsymbol{R}^{-1}\boldsymbol{W}^{\mathrm{T}}(\nabla\boldsymbol{\psi}^{\mathrm{T}}(\boldsymbol{X})\boldsymbol{W}_c^*+\nabla\boldsymbol{\xi}_5) \tag{6.20}$$

在实际实现中,评价 NN 表示为

$$\boldsymbol{V}(\boldsymbol{X})=\boldsymbol{W}_c^{\mathrm{T}}\boldsymbol{\psi}(\boldsymbol{X}) \tag{6.21}$$

式中,$\boldsymbol{W}_c$ 为理想 $\boldsymbol{W}_c^*$ 的估计值。

最后,由式(6.20)和式(6.21)得到近似最优控制

$$\boldsymbol{u}=-\frac{1}{2}\boldsymbol{R}^{-1}\boldsymbol{W}^{\mathrm{T}}\nabla\boldsymbol{\psi}^{\mathrm{T}}(\boldsymbol{X})\boldsymbol{W}_c \tag{6.22}$$

评论 6.3 现有的自适应最优控制方法大多是基于对偶神经网络结构[16-18,21],分别用临界神经网络和动作神经网络来逼近最优成本函数和最优控制策略,但计算量大,实现复杂。在下面的分析中,我们将直接从单个评价神经网络而不是 AC 双网络来计算最优控制行为。

从式(6.16)和式(6.19)可以得到

$$0=\boldsymbol{W}_c^{*\mathrm{T}}\nabla\boldsymbol{\psi}(\boldsymbol{X})\begin{bmatrix}\boldsymbol{A}\boldsymbol{x}+\boldsymbol{W}_1\boldsymbol{\sigma}_1(\hat{\boldsymbol{X}})+\boldsymbol{W}_2\boldsymbol{u}\\ \varepsilon^{-1}(\boldsymbol{B}\boldsymbol{y}+\boldsymbol{W}_3\boldsymbol{\sigma}_2(\hat{\boldsymbol{X}})+\boldsymbol{W}_4\boldsymbol{u})\end{bmatrix}+ \boldsymbol{X}^{\mathrm{T}}\boldsymbol{Q}\boldsymbol{X}+\boldsymbol{u}^{\mathrm{T}}\boldsymbol{R}\boldsymbol{u}+\boldsymbol{\xi}_{\mathrm{HJB}} \tag{6.23}$$

式中,$\boldsymbol{\xi}_{\mathrm{HJB}}=\boldsymbol{W}_c^{*\mathrm{T}}\nabla\boldsymbol{\psi}(\boldsymbol{X})\begin{bmatrix}\boldsymbol{\xi}_3\\ \boldsymbol{\xi}_4\end{bmatrix}+\nabla\boldsymbol{\xi}_5\begin{bmatrix}\boldsymbol{A}\boldsymbol{x}+\boldsymbol{W}_1\boldsymbol{\sigma}_1(\hat{\boldsymbol{X}})+\boldsymbol{W}_2\boldsymbol{u}+\boldsymbol{\xi}_3\\ \varepsilon^{-1}(\boldsymbol{B}\boldsymbol{y}+\boldsymbol{W}_3\boldsymbol{\sigma}_2(\hat{\boldsymbol{X}})+\boldsymbol{W}_4\boldsymbol{u}+\boldsymbol{\xi}_4)\end{bmatrix}$是由于多时间尺度辨识误差$\boldsymbol{\xi}_3$,$\boldsymbol{\xi}_4$ 而导致的 HJB 方程残差,评价 NN 的近似误差为$\nabla\boldsymbol{\xi}_5$.

为便于分析，式(6.23)可进一步写成一般辨识形式：

$$\boldsymbol{Y} = -\boldsymbol{W}_{c}^{*\mathrm{T}}\bar{\boldsymbol{X}} - \boldsymbol{\xi}_{\mathrm{HJB}} \tag{6.24}$$

式中：$\bar{\boldsymbol{X}} = \nabla\boldsymbol{\psi}(\boldsymbol{X})\begin{bmatrix} A\boldsymbol{x}_1 + \boldsymbol{W}_1\boldsymbol{\sigma}_1(\hat{\boldsymbol{X}}) + \boldsymbol{W}_2\boldsymbol{u} \\ \varepsilon^{-1}(\boldsymbol{B}\boldsymbol{y} + \boldsymbol{W}_3\boldsymbol{\sigma}_2(\hat{\boldsymbol{X}}) + \boldsymbol{W}_4\boldsymbol{u}) \end{bmatrix}$；$\boldsymbol{Y} = \boldsymbol{X}^{\mathrm{T}}\boldsymbol{Q}\boldsymbol{X} + \boldsymbol{u}^{\mathrm{T}}\boldsymbol{R}\boldsymbol{u}$。

评论 6.4 如式(6.23)所示，HJB 方程的残差$\boldsymbol{\xi}_{\mathrm{HJB}}$是由于多时间尺度动态神经网络辨识误差(6.10)和 NN 近似误差(6.19)导致的。如定理 6.1 所描述，对于精确建模，辨识误差可收敛到零。由文献[9]可知，随着隐层节点数的增加，临界神经网络逼近误差将收敛到零。当 HJB 方程的残差为零时，通过使用基于最小二乘法的学习规则可以得到理想权值 $\boldsymbol{W}_{c}^{*}$ 的估计值 $\boldsymbol{W}_{c} = -(\bar{\boldsymbol{X}}\bar{\boldsymbol{X}}^{\mathrm{T}})^{-1}\bar{\boldsymbol{X}}\boldsymbol{Y}^{\mathrm{T}}$。然而，$\boldsymbol{\xi}_{\mathrm{HJB}}$ 并不总是等于零，且基于最小二乘法的闭环系统的稳定性分析也很难进行。文献[20,26]证明了与传统的由观测器误差驱动的观测器方法相比，考虑参数误差信息的自适应估计方法可以大大提高收敛速度。受这些研究的启发，我们在下面的分析中建立了一个考虑参数估计误差和未知干扰的鲁棒学习律，而不是常用的最小二乘法[17]或梯度法[16,18]。

定义 $\boldsymbol{X}_{\mathrm{f}}$，$\boldsymbol{Y}_{\mathrm{f}}$ 和$\boldsymbol{\xi}_{\mathrm{HJBf}}$ 的滤波变量如下

$$\begin{cases} \eta\dot{\boldsymbol{Y}}_{\mathrm{f}} + \boldsymbol{Y}_{\mathrm{f}} = \boldsymbol{Y}, \boldsymbol{Y}_{\mathrm{f}}(0) = 0 \\ \eta\dot{\boldsymbol{X}}_{\mathrm{f}} + \boldsymbol{X}_{\mathrm{f}} = \bar{\boldsymbol{X}}, \boldsymbol{X}_{\mathrm{f}}(0) = 0 \\ \eta\dot{\boldsymbol{\xi}}_{\mathrm{HJBf}} + \boldsymbol{\xi}_{\mathrm{HJBf}} = \boldsymbol{\xi}_{\mathrm{HJB}}, \boldsymbol{\xi}_{\mathrm{HJBf}}(0) = 0 \end{cases} \tag{6.25}$$

式中：η 为滤波参数。需要指出的是虚拟的滤波变量$\boldsymbol{\xi}_{\mathrm{HJBf}}$ 只是用来分析之用。

定义辅助递归滤波变量 $\boldsymbol{E} \in \mathbf{R}^{l\times l}$ 和 $\boldsymbol{F} \in \mathbf{R}^{l}$ 如下：

$$\begin{cases} \dot{\boldsymbol{E}}(t) = -\eta\boldsymbol{E}(t) + \boldsymbol{X}_{\mathrm{f}}\boldsymbol{X}_{\mathrm{f}}^{\mathrm{T}}, \quad \boldsymbol{E}(0) = 0 \\ \dot{\boldsymbol{F}}(t) = -\eta\boldsymbol{F}(t) + \boldsymbol{X}_{\mathrm{f}}[(\boldsymbol{Y} - \boldsymbol{Y}_{\mathrm{f}})/\eta], \quad \boldsymbol{F}(0) = 0 \end{cases} \tag{6.26}$$

式中：η 为给定的正的常数。

由式(6.26)的解可导出为

$$\begin{cases} \boldsymbol{E}(t) = \int_0^t e^{-\eta(t-r)}\boldsymbol{X}_{\mathrm{f}}(r)\boldsymbol{X}_{\mathrm{f}}^{\mathrm{T}}(r)\mathrm{d}r \\ \boldsymbol{F}(t) = \int_0^t e^{-\eta(t-r)}\boldsymbol{X}_{\mathrm{f}}(r)[(\boldsymbol{Y}(r) - \boldsymbol{Y}_{\mathrm{f}}(r))/\eta]\mathrm{d}r \end{cases} \tag{6.27}$$

另一个辅助变量 $\boldsymbol{M}$ 被定义为

$$\boldsymbol{M} = \boldsymbol{E}(t)\boldsymbol{W}_{c} + \boldsymbol{F}(t) \tag{6.28}$$

设计如下在线自适应更新律 $\boldsymbol{W}_{c}$

$$\dot{\boldsymbol{W}}_{c} = -\mu\boldsymbol{M} \tag{6.29}$$

式中：μ 为在线更新增益。

定理 6.2 对于具有式(6.22)中给出的自学习最优控制信号 $\boldsymbol{u}$ 和自学习更新律(6.12)和(6.29)的系统(6.1)，式(6.22)中的自学习最优控制 $\boldsymbol{u}$ 收敛到式(6.20)中

理想最优解 $\boldsymbol{u}^*$ 附近的一个小邻域，价值函数权值误差 $\widetilde{\boldsymbol{W}}_c=\boldsymbol{W}_c^*-\boldsymbol{W}_c$ 收敛到 0 附近的紧集，在整个学习的过程中，闭环系统的一致最终有界(UUB)稳定性得到保证。

证明：定义如下的李雅普诺夫函数

$$\boldsymbol{L}=\boldsymbol{L}_I+\boldsymbol{L}_o+\boldsymbol{L}_c \tag{6.30}$$

式中，$\boldsymbol{L}_I$ 由式(6.11)定义。利用更新律(6.12)并根据事实 $\dot{\tilde{\boldsymbol{A}}}=-\dot{\boldsymbol{A}}$，$\dot{\tilde{\boldsymbol{B}}}=-\dot{\boldsymbol{B}}$，$\dot{\tilde{\boldsymbol{W}}}_i=-\dot{\boldsymbol{W}}_i$ ($i=1,2,3,4$)可以得到 $\boldsymbol{L}_I$ 的时间导数如下

$$\begin{aligned}
\dot{\boldsymbol{L}}_1&=\Delta\boldsymbol{x}_1^{\mathrm{T}}(\boldsymbol{A}^{*\mathrm{T}}\boldsymbol{P}_1+\boldsymbol{P}_1\boldsymbol{A}^*)\Delta\boldsymbol{x}+2\Delta\boldsymbol{x}^{\mathrm{T}}\boldsymbol{P}_1\boldsymbol{W}_1^*\tilde{\boldsymbol{\sigma}}_1+2\Delta\boldsymbol{x}^{\mathrm{T}}\boldsymbol{P}_1\boldsymbol{\xi}_1\\
\dot{\boldsymbol{L}}_2&=(1/\varepsilon)[\Delta\boldsymbol{y}^{\mathrm{T}}(\boldsymbol{B}^{*\mathrm{T}}\boldsymbol{P}_2+\boldsymbol{P}_2\boldsymbol{B}^*)\Delta\boldsymbol{y}+2\Delta\boldsymbol{y}^{\mathrm{T}}\boldsymbol{P}_2\boldsymbol{W}_2^*\tilde{\boldsymbol{\sigma}}_2+2\Delta\boldsymbol{y}^{\mathrm{T}}\boldsymbol{P}_2\boldsymbol{\xi}_2]
\end{aligned} \tag{6.31}$$

由文献[37]可得如下矩阵不等式

$$\boldsymbol{X}^{\mathrm{T}}\boldsymbol{Y}+(\boldsymbol{X}^{\mathrm{T}}\boldsymbol{Y})^{\mathrm{T}}\leqslant\boldsymbol{X}^{\mathrm{T}}\boldsymbol{\Lambda}^{-1}\boldsymbol{X}+\boldsymbol{Y}^{\mathrm{T}}\boldsymbol{\Lambda}\boldsymbol{Y} \tag{6.32}$$

式中：$\boldsymbol{X},\boldsymbol{Y}\in\mathbf{R}^{j\times k}$ 为任意矩阵；$\boldsymbol{\Lambda}\in\mathbf{R}^{j\times k}$ 为任意正定矩阵。

由文献[35]可知，如果激励函数 $\boldsymbol{\sigma}(\cdot)$ 选择 Sigmoid 函数，那么它满足一般的 Lipschitz 特性：$\tilde{\boldsymbol{\sigma}}_1^{\mathrm{T}}\boldsymbol{\Lambda}_1\tilde{\boldsymbol{\sigma}}_1<\Delta\boldsymbol{x}^{\mathrm{T}}\boldsymbol{D}_1\Delta\boldsymbol{x}$，$\tilde{\boldsymbol{\sigma}}_2^{\mathrm{T}}\boldsymbol{\Lambda}_2\tilde{\boldsymbol{\sigma}}_2<\Delta\boldsymbol{x}^{\mathrm{T}}\boldsymbol{D}_2\Delta\boldsymbol{x}$，其中，$\tilde{\boldsymbol{\sigma}}_{1,2}=\boldsymbol{\sigma}_{1,2}(\boldsymbol{x})-\boldsymbol{\sigma}_{1,2}(\hat{\boldsymbol{x}})$，$\boldsymbol{D}_1=\boldsymbol{D}_1^{\mathrm{T}}>0$，$\boldsymbol{D}_2=\boldsymbol{D}_2^{\mathrm{T}}>0$ 是正定矩阵。根据这个事实和式(6.32)，可以得到

$$\begin{aligned}
2\Delta\boldsymbol{x}_1^{\mathrm{T}}\boldsymbol{P}_1\boldsymbol{W}_1^*\tilde{\boldsymbol{\sigma}}_1&\leqslant\Delta\boldsymbol{x}^{\mathrm{T}}\boldsymbol{P}_1\boldsymbol{W}_1^*\boldsymbol{\Lambda}_1^{-1}\boldsymbol{W}_1^*\boldsymbol{P}_1\Delta\boldsymbol{x}+\tilde{\boldsymbol{\sigma}}_1^{\mathrm{T}}\boldsymbol{\Lambda}_1\tilde{\boldsymbol{\sigma}}_1\\
&\leqslant\Delta\boldsymbol{x}^{\mathrm{T}}\boldsymbol{P}_1\bar{\boldsymbol{W}}_1\boldsymbol{P}_1\Delta\boldsymbol{x}+\Delta\boldsymbol{x}^{\mathrm{T}}\boldsymbol{D}_1\Delta\boldsymbol{x}\\
2\Delta\boldsymbol{y}^{\mathrm{T}}\boldsymbol{P}_2\boldsymbol{W}_3^*\tilde{\boldsymbol{\sigma}}_2&\leqslant\Delta\boldsymbol{y}^{\mathrm{T}}\boldsymbol{P}_2\boldsymbol{W}_3^*\boldsymbol{\Lambda}_2^{-1}\boldsymbol{W}_3^*\boldsymbol{P}_2\Delta\boldsymbol{y}+\tilde{\boldsymbol{\sigma}}_2^{\mathrm{T}}\boldsymbol{\Lambda}_2\tilde{\boldsymbol{\sigma}}_2\\
&\leqslant\Delta\boldsymbol{y}^{\mathrm{T}}\boldsymbol{P}_2\bar{\boldsymbol{W}}_3\boldsymbol{P}_2\Delta\boldsymbol{y}+\Delta\boldsymbol{y}^{\mathrm{T}}\boldsymbol{D}_2\Delta\boldsymbol{y}\\
2\Delta\boldsymbol{x}^{\mathrm{T}}\boldsymbol{P}_1\boldsymbol{\xi}_1&\leqslant\Delta\boldsymbol{x}^{\mathrm{T}}\boldsymbol{P}_1\boldsymbol{\Lambda}_{\xi_1}^{-1}\boldsymbol{P}_1\Delta\boldsymbol{x}+\boldsymbol{\xi}_1^{\mathrm{T}}\boldsymbol{\Lambda}_{\xi_1}^{-1}\boldsymbol{\xi}_1\\
2\Delta\boldsymbol{y}^{\mathrm{T}}\boldsymbol{P}_2\boldsymbol{\xi}_2&\leqslant\Delta\boldsymbol{y}^{\mathrm{T}}\boldsymbol{P}_2\boldsymbol{\Lambda}_{\xi_2}^{-1}\boldsymbol{P}_2\Delta\boldsymbol{y}+\boldsymbol{\xi}_2^{\mathrm{T}}\boldsymbol{\Lambda}_{\xi_2}^{-1}\boldsymbol{\xi}_2
\end{aligned} \tag{6.33}$$

通过将式(6.33)替换为式(6.31)，得到

$$\begin{aligned}
\dot{\boldsymbol{L}}_1\leqslant&\Delta\boldsymbol{x}^{\mathrm{T}}(\boldsymbol{A}^{*\mathrm{T}}\boldsymbol{P}_1+\boldsymbol{P}_1\boldsymbol{A}^*+\boldsymbol{P}_1\bar{\boldsymbol{W}}_1\boldsymbol{P}_1+\boldsymbol{D}_1+\boldsymbol{Q}_{10})\Delta\boldsymbol{x}-\\
&\Delta\boldsymbol{x}^{\mathrm{T}}\boldsymbol{Q}_{10}\Delta\boldsymbol{x}+\Delta\boldsymbol{x}^{\mathrm{T}}\boldsymbol{P}_1\boldsymbol{\Lambda}_{\xi_1}\boldsymbol{P}_1\Delta\boldsymbol{x}+\Delta\xi_1^{\mathrm{T}}\boldsymbol{\Lambda}_{\xi_1}^{-1}\Delta\xi_1\\
\dot{\boldsymbol{L}}_2\leqslant&(1/\varepsilon)[\Delta\boldsymbol{y}^{\mathrm{T}}(\boldsymbol{B}^{*\mathrm{T}}\boldsymbol{P}_2+\boldsymbol{P}_2\boldsymbol{B}^*+\boldsymbol{P}_2\bar{\boldsymbol{W}}_3\boldsymbol{P}_2+\\
&\boldsymbol{D}_2+\varepsilon\boldsymbol{Q}_{20})\Delta\boldsymbol{y}-\Delta\boldsymbol{y}^{\mathrm{T}}\boldsymbol{Q}_{20}\Delta\boldsymbol{y}+\Delta\boldsymbol{x}^{\mathrm{T}}\boldsymbol{P}_2\boldsymbol{\Lambda}_{\xi_2}\boldsymbol{P}_2\Delta\boldsymbol{y}+\\
&\Delta\boldsymbol{\xi}_2^{\mathrm{T}}\boldsymbol{\Lambda}_{\xi_2}^{-1}\Delta\boldsymbol{\xi}_2]
\end{aligned} \tag{6.34}$$

由文献[35]可知，通过选择合适的 $\boldsymbol{Q}_{10}$，$\boldsymbol{Q}_{20}$，黎卡提方程 $\boldsymbol{A}^{*\mathrm{T}}\boldsymbol{P}_1+\boldsymbol{P}_1\boldsymbol{A}^*+\boldsymbol{P}_1\bar{\boldsymbol{W}}_1\boldsymbol{P}_1+\boldsymbol{D}_1+\boldsymbol{Q}_{10}=0$，$\boldsymbol{B}^{*\mathrm{T}}\boldsymbol{P}_2+\boldsymbol{P}_2\boldsymbol{B}^*+\boldsymbol{P}_2\bar{\boldsymbol{W}}_3\boldsymbol{P}_2+\boldsymbol{D}_2+\varepsilon\boldsymbol{Q}_{20}=0$ 存在正定解。

因此式(6.34)可写为

$$\begin{aligned}
\dot{\boldsymbol{L}}_1&\leqslant-\Delta\boldsymbol{x}^{\mathrm{T}}\boldsymbol{Q}_{10}\Delta\boldsymbol{x}+\Delta\boldsymbol{x}^{\mathrm{T}}\boldsymbol{P}_1\boldsymbol{\Lambda}_{\xi_1}^{-1}\boldsymbol{P}_1\Delta\boldsymbol{x}+\Delta\xi_1^{\mathrm{T}}\boldsymbol{\Lambda}_{\xi_1}^{-1}\Delta\boldsymbol{\xi}_1\\
\dot{\boldsymbol{L}}_2&\leqslant-(1/\varepsilon)\Delta\boldsymbol{y}^{\mathrm{T}}\boldsymbol{Q}_{20}\Delta\boldsymbol{y}+(1/\varepsilon)\Delta\boldsymbol{y}^{\mathrm{T}}\boldsymbol{P}_2\boldsymbol{\Lambda}_{\xi_2}^{-1}\boldsymbol{P}_2\Delta\boldsymbol{y}+(1/\varepsilon)\Delta\boldsymbol{\xi}_2^{\mathrm{T}}\boldsymbol{\Lambda}_{\xi_2}^{-1}\Delta\boldsymbol{\xi}_2
\end{aligned} \tag{6.35}$$

理想情况下，即$\boldsymbol{\xi}_1,\boldsymbol{\xi}_2=0$，式(6.35)可进一步可表示为

$$\begin{aligned}\dot{\boldsymbol{L}}_1&\leqslant-\Delta\boldsymbol{x}^{\mathrm{T}}\boldsymbol{Q}_{10}\Delta\boldsymbol{x}\leqslant-\lambda_{\min}(\boldsymbol{Q}_{10})\|\Delta\boldsymbol{x}\|_{\boldsymbol{Q}_{10}}^2\leqslant 0\\ \dot{\boldsymbol{L}}_2&\leqslant-(1/\varepsilon)\Delta\boldsymbol{y}^{\mathrm{T}}\boldsymbol{Q}_{20}\Delta\boldsymbol{y}\leqslant-(1/\varepsilon)\lambda_{\min}(\boldsymbol{Q}_{20})\|\Delta\boldsymbol{y}\|_{\boldsymbol{Q}_{20}}^2\leqslant 0\end{aligned}\tag{6.36}$$

由式(6.36)可得$\boldsymbol{L}_1=\boldsymbol{L}_1+\boldsymbol{L}_2\leqslant0$，进而可得$\Delta\boldsymbol{x},\Delta\boldsymbol{y},\boldsymbol{W}_i(i=1,2,3,4),\boldsymbol{A},\boldsymbol{B}\in\boldsymbol{L}_\infty$。进一步，由误差动态方程式(6.10)可得$\Delta\dot{\boldsymbol{x}},\Delta\dot{\boldsymbol{y}}\in\boldsymbol{L}_\infty$。通过对式(6.36)两边从0到$\infty$积分可得

$$\int_0^\infty[-\lambda_{\min}(\boldsymbol{Q}_{10})\|\Delta\boldsymbol{x}\|_{\boldsymbol{Q}_{10}}^2]\leqslant\boldsymbol{V}_1(0)-\boldsymbol{V}_1(\infty)<\infty$$

$$\int_0^\infty[-\lambda_{\min}(\boldsymbol{Q}_{20})\|\Delta\boldsymbol{y}\|_{\boldsymbol{Q}_{20}}^2]\leqslant\varepsilon[\boldsymbol{V}_2(0)-\boldsymbol{V}_2(\infty)]<\infty$$

于是可得$\Delta\boldsymbol{x},\Delta\boldsymbol{y}\in\boldsymbol{L}_2$。因为$\Delta\boldsymbol{x},\Delta\boldsymbol{y}\in\boldsymbol{L}_2\cap\boldsymbol{L}_\infty$且$\Delta\dot{\boldsymbol{x}},\Delta\dot{\boldsymbol{y}}\in\boldsymbol{L}_\infty$，利用 Barbalat 引理可得$\lim\limits_{t\to\infty}\Delta\boldsymbol{x}=0$，$\lim\limits_{t\to\infty}\Delta\boldsymbol{y}=0$。

对于有界建模误差和干扰，即$\boldsymbol{\xi}_1\leqslant\bar{\boldsymbol{\xi}}_1,\boldsymbol{\xi}_2\leqslant\bar{\boldsymbol{\xi}}_2$，式(6.35)可以表示为

$$\begin{aligned}\dot{\boldsymbol{L}}_1&\leqslant-\Delta\boldsymbol{x}^{\mathrm{T}}\boldsymbol{Q}_{10}\Delta\boldsymbol{x}+\Delta\boldsymbol{x}^{\mathrm{T}}\boldsymbol{P}_1\boldsymbol{\Lambda}_{\xi_1}^{-1}\boldsymbol{P}_1\Delta\boldsymbol{x}+\Delta\boldsymbol{\xi}_1^{\mathrm{T}}\boldsymbol{\Lambda}_{\xi_1}^{-1}\Delta\boldsymbol{\xi}_1\\ &\leqslant-\alpha_1(\|\Delta\boldsymbol{x}\|)+\beta_1(\|\boldsymbol{\xi}_1\|)\\ \dot{\boldsymbol{L}}_2&\leqslant-(1/\varepsilon)[\Delta\boldsymbol{y}^{\mathrm{T}}\boldsymbol{Q}_{20}\Delta\boldsymbol{y}-\Delta\boldsymbol{y}^{\mathrm{T}}\boldsymbol{P}_2\boldsymbol{\Lambda}_{\xi_2}^{-1}\boldsymbol{P}_2\Delta\boldsymbol{y}-\Delta\boldsymbol{\xi}_2^{\mathrm{T}}\boldsymbol{\Lambda}_{\xi_2}^{-1}\Delta\boldsymbol{\xi}_2]\\ &\leqslant-\alpha_2(\|\Delta\boldsymbol{y}\|)+\beta_2(\|\boldsymbol{\xi}_2\|)\end{aligned}\tag{6.37}$$

式中：$\alpha_1(\|\Delta\boldsymbol{x}\|)=(\lambda_{\min}(\boldsymbol{Q}_{10})-\lambda_{\max}(\boldsymbol{P}_1\boldsymbol{\Lambda}_{\xi_1}\boldsymbol{P}_1))\|\Delta\boldsymbol{x}\|^2$，$\beta_1(\|\boldsymbol{\xi}_1\|)=\lambda_{\max}(\boldsymbol{\Lambda}_{\xi_1}^{-1})\|\boldsymbol{\xi}_1\|^2$，$\alpha_2(\|\Delta\boldsymbol{y}\|)=(1/\varepsilon)(\lambda_{\min}(\boldsymbol{Q}_{20})-\lambda_{\max}(\boldsymbol{P}_2\boldsymbol{\Lambda}_{\xi_2}\boldsymbol{P}_2))\|\Delta\boldsymbol{y}\|^2$，$\beta_2(\|\boldsymbol{\xi}_2\|)=(1/\varepsilon)\lambda_{\max}(\boldsymbol{\Lambda}_{\xi_2}^{-1})\|\boldsymbol{\xi}_2\|^2$。

可以选择正定矩阵$\boldsymbol{\Lambda}_{\xi_1},\boldsymbol{\Lambda}_{\xi_2}$使得$\lambda_{\max}(\boldsymbol{P}_1\boldsymbol{\Lambda}_{\xi_1}\boldsymbol{P}_1)\leqslant\lambda_{\min}(\boldsymbol{Q}_{10})$成立，从定义6.2可知$\boldsymbol{L}_1,\boldsymbol{L}_2$满足ISS特性。利用引理6.1，将辨识误差(6.10)的动态输入到状态稳定，这意味着如果建模误差$\boldsymbol{\xi}_1,\boldsymbol{\xi}_2$是有界的，则更新律(6.12)可使辨识过程稳定，即$\boldsymbol{W}_i(i=1,2,3,4),\Delta\boldsymbol{x},\Delta\boldsymbol{y},\boldsymbol{A},\boldsymbol{B}\in\boldsymbol{L}_\infty$。

评论 6.5 假设系统(6.1)中存储的能量是有界的，即状态变量和输出变量是物理有界的，因此建模误差也可以假定为有界的(类似分析见文献[37-39])。与常用的鲁棒自适应律如死区法、σ-修正法和 e-修正法不同，本章提出的网络训练不需要建模误差的上界。

从式(6.11)和式(6.37)，得到如下不等式

$$\begin{aligned}\dot{\boldsymbol{L}}_I\leqslant&-\Delta\boldsymbol{x}^{\mathrm{T}}\boldsymbol{Q}_{10}\Delta\boldsymbol{x}+\Delta\boldsymbol{x}^{\mathrm{T}}\boldsymbol{P}_1\boldsymbol{\Lambda}_{\xi_1}^{-1}\boldsymbol{P}_1\Delta\boldsymbol{x}+\Delta\boldsymbol{\xi}_1^{\mathrm{T}}\boldsymbol{\Lambda}_{\xi_1}^{-1}\Delta\boldsymbol{\xi}_1-\\ &(1/\varepsilon)[\Delta\boldsymbol{y}^{\mathrm{T}}\boldsymbol{Q}_{20}\Delta\boldsymbol{y}-\Delta\boldsymbol{y}^{\mathrm{T}}\boldsymbol{P}_2\boldsymbol{\Lambda}_{\xi_2}^{-1}\boldsymbol{P}_2\Delta\boldsymbol{y}-\Delta\boldsymbol{\xi}_2^{\mathrm{T}}\boldsymbol{\Lambda}_{\xi_2}^{-1}\Delta\boldsymbol{\xi}_2]\end{aligned}\tag{6.38}$$

选择李雅普诺夫函数$\boldsymbol{L}_{\mathrm{o}}$如下

$$\boldsymbol{L}_{\mathrm{o}}=\frac{1}{2}\widetilde{\boldsymbol{W}}_{\mathrm{c}}^{\mathrm{T}}\mu^{-1}\widetilde{\boldsymbol{W}}_{\mathrm{c}} \tag{6.39}$$

从式(6.27)和式(6.28)可以得到

$$\boldsymbol{M}=\boldsymbol{E}(t)\boldsymbol{W}_{\mathrm{c}}+\boldsymbol{F}(t)=-\boldsymbol{E}(t)\widetilde{\boldsymbol{W}}_{\mathrm{c}}+\boldsymbol{\zeta}_{\mathrm{f}} \tag{6.40}$$

式中，$\boldsymbol{\zeta}_{\mathrm{f}}=-\int_0^t e^{-\eta(t-r)}\boldsymbol{X}_{\mathrm{f}}\boldsymbol{\xi}_{\mathrm{HJBf}}\mathrm{d}r$ 有界于 $\|\boldsymbol{\zeta}_{\mathrm{f}}\|\leqslant\bar{\boldsymbol{\zeta}}_{\mathrm{f}}$。

从文献[26]可知，PE 条件可以保证式(6.27)中定义的矩阵是正定的，即 $\lambda_{\min}(\boldsymbol{E})>\boldsymbol{\sigma}>0$。则基于 $\dot{\widetilde{\boldsymbol{W}}}_{\mathrm{c}}=-\dot{\boldsymbol{W}}_{\mathrm{c}}$，式(6.39)的导数计算如下

$$\begin{aligned}\dot{\boldsymbol{L}}_{\mathrm{o}}&=\widetilde{\boldsymbol{W}}_{\mathrm{c}}^{\mathrm{T}}\mu^{-1}\dot{\widetilde{\boldsymbol{W}}}_{\mathrm{c}}\\&=-\boldsymbol{E}(t)\widetilde{\boldsymbol{W}}_{\mathrm{c}}^{\mathrm{T}}\widetilde{\boldsymbol{W}}_{\mathrm{c}}+\widetilde{\boldsymbol{W}}_{\mathrm{c}}^{\mathrm{T}}\boldsymbol{\zeta}_{\mathrm{f}}\leqslant-\|\widetilde{\boldsymbol{W}}_{\mathrm{c}}\|(\boldsymbol{\sigma}\|\widetilde{\boldsymbol{W}}_{\mathrm{c}}\|-\bar{\boldsymbol{\zeta}}_{\mathrm{f}})\end{aligned} \tag{6.41}$$

可以从式(6.41)中得出结论，$\widetilde{\boldsymbol{W}}_{\mathrm{c}}$ 收敛到紧集 Ω：$\{\|\widetilde{\boldsymbol{W}}_{\mathrm{c}}\|\leqslant\bar{\boldsymbol{\zeta}}_{\mathrm{f}}/\boldsymbol{\sigma}\}$。

由基本不等式 $ab\leqslant a^2\delta/2+b^2/2\delta(\delta>0)$，可以把式(6.41)改写为

$$\dot{\boldsymbol{L}}_{\mathrm{o}}\leqslant-\left(\boldsymbol{\sigma}-\frac{1}{2\delta}\right)\|\widetilde{\boldsymbol{W}}_{\mathrm{c}}\|^2+\frac{\delta\bar{\boldsymbol{\zeta}}_{\mathrm{f}}^2}{2} \tag{6.42}$$

定义 $\boldsymbol{L}_{\mathrm{c}}$ 如下

$$\boldsymbol{L}_{\mathrm{c}}=\Gamma(\boldsymbol{x}^{\mathrm{T}}\boldsymbol{x}+\boldsymbol{y}^{\mathrm{T}}\boldsymbol{y})+\kappa\boldsymbol{V}(\boldsymbol{X}) \tag{6.43}$$

式中：$\boldsymbol{V}^*(\boldsymbol{X})$为最优成本函数(6.4)，且 $\Gamma,\kappa>0$ 为正常数。

式(6.43)的时间导数可由式(6.14)和式(6.18)推导如下

$$\begin{aligned}\dot{\boldsymbol{L}}_{\mathrm{c}}=&2\Gamma\boldsymbol{x}^{\mathrm{T}}[\boldsymbol{A}\boldsymbol{x}+\boldsymbol{W}_1\boldsymbol{\sigma}_1(\hat{\boldsymbol{X}})+\boldsymbol{W}_2\boldsymbol{u}+\boldsymbol{\xi}_3]+\\&2\Gamma\boldsymbol{y}^{\mathrm{T}}[\varepsilon^{-1}(\boldsymbol{B}\boldsymbol{y}+\boldsymbol{W}_3\boldsymbol{\sigma}_2(\hat{\boldsymbol{X}})+\boldsymbol{W}_4\boldsymbol{u}+\boldsymbol{\xi}_4)]+\\&\kappa(-\boldsymbol{X}^{\mathrm{T}}\boldsymbol{Q}\boldsymbol{X}-\boldsymbol{u}^{\mathrm{T}}\boldsymbol{R}\boldsymbol{u})\\\leqslant&-[\kappa\lambda_{\min}(\boldsymbol{Q})-2\Gamma(\lambda_{\min}(\boldsymbol{A})+1/2)-\Gamma(\|\boldsymbol{W}_2^{\mathrm{T}}\boldsymbol{R}^{-1}\boldsymbol{W}\nabla\boldsymbol{\psi}\|+\\&\|\boldsymbol{W}_2^{\mathrm{T}}\boldsymbol{R}^{-1}\boldsymbol{W}^{\mathrm{T}}\|+2)]\|\boldsymbol{x}\|^2-\{\kappa\lambda_{\min}(\boldsymbol{Q})-\\&2\Gamma\varepsilon^{-1}[(\lambda_{\min}(\boldsymbol{B})+1/2)-\Gamma(\|\boldsymbol{W}_4^{\mathrm{T}}\boldsymbol{R}^{-1}\boldsymbol{W}\nabla\boldsymbol{\psi}\|+\\&\|\boldsymbol{W}_4^{\mathrm{T}}\boldsymbol{R}^{-1}\boldsymbol{W}^{\mathrm{T}}\|+2)]\}\|\boldsymbol{y}\|^2+\frac{1}{4}\Gamma(\|\boldsymbol{W}_2^{\mathrm{T}}\boldsymbol{R}^{-1}\boldsymbol{W}\nabla\boldsymbol{\psi}\|+\\&\varepsilon^{-1}\|\boldsymbol{W}_4^{\mathrm{T}}\boldsymbol{R}^{-1}\boldsymbol{W}\nabla\boldsymbol{\psi}\|)\|\widetilde{\boldsymbol{W}}_{\mathrm{c}}\|+\frac{1}{2}\Gamma(\|\boldsymbol{W}_2^{\mathrm{T}}\boldsymbol{R}^{-1}\boldsymbol{W}\|+\\&\varepsilon^{-1}\|\boldsymbol{W}_4^{\mathrm{T}}\boldsymbol{R}^{-1}\boldsymbol{W}\|)\nabla\boldsymbol{\xi}_5^{\mathrm{T}}\nabla\boldsymbol{\xi}_5+\lambda_{\max}(\boldsymbol{\Lambda}_{\xi_3}^{-1})\|\boldsymbol{\xi}_3\|^2+\\&\lambda_{\max}(\boldsymbol{\Lambda}_{\xi_4}^{-1})\varepsilon^{-1}\|\boldsymbol{\xi}_4\|^2+[\kappa\lambda_{\min}(\boldsymbol{R})-\Gamma(\|\boldsymbol{W}_2\|^2+\\&\varepsilon^{-1}\|\boldsymbol{W}_4\|^2)]\|\boldsymbol{u}^*\|^2\end{aligned} \tag{6.44}$$

由式(6.14)可以得到，对于有界的$\boldsymbol{\xi}_j$，可得$\Delta\boldsymbol{x}$，$\Delta\boldsymbol{y}$，$\boldsymbol{\xi}_m(m=3,4)$也是有界的，即$\xi_m \leqslant \bar{\xi}_m$。则从式(6.38)、式(6.42)和式(6.44)可得$\boldsymbol{L}$的导数为$\dot{\boldsymbol{L}}=\dot{\boldsymbol{L}}_{\mathrm{I}}+\dot{\boldsymbol{L}}_{\mathrm{o}}+\dot{\boldsymbol{L}}_{\mathrm{c}}$，并且满足如下不等式

$$\begin{aligned}
\dot{\boldsymbol{L}} \leqslant & -[\lambda_{\min}(\boldsymbol{Q}_{10})-\lambda_{\max}(\boldsymbol{P}_1\boldsymbol{\Lambda}_{\xi_1}\boldsymbol{P}_1)]\|\Delta\boldsymbol{x}\|^2-(1/\varepsilon)[\lambda_{\min}(\boldsymbol{Q}_{20})- \\
& \lambda_{\max}(\boldsymbol{P}_2\boldsymbol{\Lambda}_{\xi_2}\boldsymbol{P}_2)]\|\Delta\boldsymbol{y}\|^2-[\kappa\lambda_{\min}(Q)-2\Gamma(\lambda_{\min}(\boldsymbol{A})+1/2)- \\
& \Gamma(\|\boldsymbol{W}_2^{\mathrm{T}}\boldsymbol{R}^{-1}\boldsymbol{W}\nabla\boldsymbol{\psi}\|+\|\boldsymbol{W}_2^{\mathrm{T}}\boldsymbol{R}^{-1}\boldsymbol{W}^{\mathrm{T}}\|+2)]\|\boldsymbol{x}\|^2- \\
& \{\kappa\lambda_{\min}(\boldsymbol{Q})-2\Gamma\varepsilon^{-1}[(\lambda_{\min}(\boldsymbol{B})+1/2)-\Gamma(\|\boldsymbol{W}_4^{\mathrm{T}}\boldsymbol{R}^{-1}\boldsymbol{W}\nabla\boldsymbol{\psi}\|+ \\
& \|\boldsymbol{W}_4^{\mathrm{T}}\boldsymbol{R}^{-1}\boldsymbol{W}^{\mathrm{T}}\|+2)]\}\|\boldsymbol{y}\|^2-\Big[\boldsymbol{\sigma}-\frac{1}{2\delta}-\frac{1}{4}\Gamma(\|\boldsymbol{W}_2^{\mathrm{T}}\boldsymbol{R}^{-1}\boldsymbol{W}\nabla\boldsymbol{\psi}\|+ \\
& \varepsilon^{-1}\|\boldsymbol{W}_4^{\mathrm{T}}\boldsymbol{R}^{-1}\boldsymbol{W}\nabla\boldsymbol{\psi}\|)\Big]\|\widetilde{\boldsymbol{W}}_{\mathrm{c}}\|^2+\frac{1}{2}\Gamma(\|\boldsymbol{W}_2^{\mathrm{T}}\boldsymbol{R}^{-1}\boldsymbol{W}\|+ \\
& \varepsilon^{-1}\|\boldsymbol{W}_4^{\mathrm{T}}\boldsymbol{R}^{-1}\boldsymbol{W}\|)\|\nabla\bar{\boldsymbol{\xi}}_5\|^2+\lambda_{\max}(\boldsymbol{\Lambda}_{\xi_3}^{-1})\|\bar{\boldsymbol{\xi}}_3\|^2+ \\
& \lambda_{\max}(\boldsymbol{\Lambda}_{\xi_4}^{-1})\varepsilon^{-1}\|\bar{\boldsymbol{\xi}}_4\|^2+[\kappa\lambda_{\min}(\boldsymbol{R})-\Gamma(\|\boldsymbol{W}_2\|^2+ \\
& \varepsilon^{-1}\|\boldsymbol{W}_4\|^2)]\|\boldsymbol{u}^*\|^2+\frac{\delta\bar{\boldsymbol{\zeta}}_{\mathrm{f}}^2}{2}
\end{aligned} \tag{6.45}$$

选择满足以下条件的合适参数

$$\lambda_{\min}(\boldsymbol{Q}_{10})>\lambda_{\max}(\boldsymbol{P}_1\boldsymbol{\Lambda}_{\xi_1}\boldsymbol{P}_1),\lambda_{\min}(\boldsymbol{Q}_{20})>\lambda_{\max}(\boldsymbol{P}_2\boldsymbol{\Lambda}_{\xi_2}\boldsymbol{P}_2)$$

$$\kappa>\max\left\{\begin{array}{l}
\dfrac{\Gamma(\|\boldsymbol{W}_2\|^2+\|\boldsymbol{W}_4\|^2)}{\lambda_{\min}(\boldsymbol{R})}, \\
\dfrac{-2\Gamma(\lambda_{\min}(\boldsymbol{A})+1/2)-\Gamma(\|\boldsymbol{W}_2^{\mathrm{T}}\boldsymbol{R}^{-1}\boldsymbol{W}\nabla\boldsymbol{\psi}\|+\|\boldsymbol{W}_2^{\mathrm{T}}\boldsymbol{R}^{-1}\boldsymbol{W}^{\mathrm{T}}\|+2)}{\lambda_{\min}(\boldsymbol{Q})} \\
\dfrac{-2\Gamma\varepsilon^{-1}[(\lambda_{\min}(\boldsymbol{B})+1/2)-\Gamma(\|\boldsymbol{W}_4^{\mathrm{T}}\boldsymbol{R}^{-1}\boldsymbol{W}\nabla\boldsymbol{\psi}\|+\|\boldsymbol{W}_4^{\mathrm{T}}\boldsymbol{R}^{-1}\boldsymbol{W}^{\mathrm{T}}\|+2)]}{\lambda_{\min}(\boldsymbol{Q})}
\end{array}\right\},$$

$$\Gamma<\frac{4\boldsymbol{\sigma}\delta-2}{\delta\|\boldsymbol{W}_2^{\mathrm{T}}\boldsymbol{R}^{-1}\boldsymbol{W}\nabla\boldsymbol{\psi}+\varepsilon^{-1}\|\boldsymbol{W}_4^{\mathrm{T}}\boldsymbol{R}^{-1}\boldsymbol{W}\nabla\boldsymbol{\psi}\|\|} \tag{6.46}$$

则式(6.45)可进一步表示为

$$\dot{\boldsymbol{L}} \leqslant -h_1\|\Delta\boldsymbol{x}\|^2-h_2\|\Delta\boldsymbol{y}\|^2-h_3\|\widetilde{\boldsymbol{W}}_{\mathrm{c}}\|^2-h_4\|\boldsymbol{x}\|^2-h_5\|\boldsymbol{y}\|^2+\boldsymbol{\vartheta} \tag{6.47}$$

式中，

$$h_1=\lambda_{\min}(\boldsymbol{Q}_{10})-\lambda_{\max}(\boldsymbol{P}_1\boldsymbol{\Lambda}_{\xi_1}\boldsymbol{P}_1),$$

$$h_2=\lambda_{\min}(\boldsymbol{Q}_{20})-\lambda_{\max}(\boldsymbol{P}_2\boldsymbol{\Lambda}_{\xi_2}\boldsymbol{P}_2),$$

$$h_3=\sigma-\frac{1}{2\delta}-\frac{1}{4}\Gamma(\|\boldsymbol{W}_2^{\mathrm{T}}\boldsymbol{R}^{-1}\boldsymbol{W}\nabla\boldsymbol{\psi}\|+\varepsilon^{-1}\|\boldsymbol{W}_2^{\mathrm{T}}\boldsymbol{R}^{-1}W\nabla\boldsymbol{\psi}\|),$$

$$h_4=\kappa\lambda_{\min}(\boldsymbol{Q})-2\Gamma(\lambda_{\min}(\boldsymbol{A})+1/2)-\Gamma(\|\boldsymbol{W}_2^{\mathrm{T}}\boldsymbol{R}^{-1}\boldsymbol{W}\nabla\boldsymbol{\psi}\|+\|\boldsymbol{W}_2^{\mathrm{T}}\boldsymbol{R}^{-1}\boldsymbol{W}^{\mathrm{T}}\|+2),$$

$$h_5=\kappa\lambda_{\min}(\boldsymbol{Q})-2\Gamma\varepsilon^{-1}[(\lambda_{\min}(\boldsymbol{B})+1/2)-\Gamma(\|\boldsymbol{W}_4^{\mathrm{T}}\boldsymbol{R}^{-1}\boldsymbol{W}\nabla\boldsymbol{\psi}\|+\|\boldsymbol{W}_4^{\mathrm{T}}\boldsymbol{R}^{-1}\boldsymbol{W}^{\mathrm{T}}\|+2)],$$

$$\boldsymbol{\vartheta}=\frac{1}{2}\Gamma(\|\boldsymbol{W}_2^{\mathrm{T}}\boldsymbol{R}^{-1}\boldsymbol{W}\|+\varepsilon^{-1}\|\boldsymbol{W}_4^{\mathrm{T}}\boldsymbol{R}^{-1}\boldsymbol{W}\|)\|\nabla\bar{\xi}_5\|^2+\lambda_{\max}(\boldsymbol{\Lambda}_{\xi_3}^{-1})\|\bar{\boldsymbol{\xi}}_3\|^2+\lambda_{\max}(\boldsymbol{\Lambda}_{\xi_4}^{-1})\varepsilon^{-1}\|\bar{\boldsymbol{\xi}}_4\|^2+\frac{\delta\bar{\boldsymbol{\zeta}}_{\mathrm{f}}^2}{2}$$

由此可得条件(6.46)中都是正的常量。

那么，$\dot{\boldsymbol{L}}<0$ 只要满足以下条件：

$$\begin{aligned}&\|\Delta\boldsymbol{x}\|>\sqrt{\boldsymbol{\vartheta}/h_1},\quad\|\Delta\boldsymbol{y}\|>\sqrt{\boldsymbol{\vartheta}/h_2},\quad\|\widetilde{\boldsymbol{W}}_{\mathrm{c}}\|>\sqrt{\boldsymbol{\vartheta}/h_3},\\&\|\boldsymbol{x}\|>\sqrt{\boldsymbol{\vartheta}/h_3},\quad\|\boldsymbol{y}\|>\sqrt{\boldsymbol{\vartheta}/h_4}\end{aligned}\tag{6.48}$$

这表示辨识误差 $\|\Delta\boldsymbol{x}\|$，$\|\Delta\boldsymbol{y}\|$，系统状态 $\|\boldsymbol{x}\|$，$\|\boldsymbol{y}\|$ 和评价网络权值误差 $\|\widetilde{\boldsymbol{W}}_{\mathrm{c}}\|$ 都是有界的。

此外，我们有

$$\hat{\boldsymbol{u}}-\boldsymbol{u}^*=\frac{1}{2}\boldsymbol{R}^{-1}\boldsymbol{W}^{\mathrm{T}}\nabla\boldsymbol{\varphi}^{\mathrm{T}}\widetilde{\boldsymbol{W}}_{\mathrm{c}}+\frac{1}{2}\boldsymbol{R}^{-1}\boldsymbol{W}^{\mathrm{T}}\nabla\boldsymbol{\xi}_5\tag{6.49}$$

则式(6.49)上界的稳态为

$$\lim_{t\to\infty}\|\hat{\boldsymbol{u}}-\boldsymbol{u}^*\|\leqslant\frac{1}{2}\|\boldsymbol{R}^{-1}\boldsymbol{W}^{\mathrm{T}}\|(\|\nabla\boldsymbol{\varphi}^{\mathrm{T}}\|\|\widetilde{\boldsymbol{W}}_{\mathrm{c}}\|+\nabla\bar{\boldsymbol{\xi}}_5)\leqslant\boldsymbol{\zeta}\tag{6.50}$$

其中：$\boldsymbol{\zeta}$ 取决于多时间尺度动态神经网络辨识误差和评价 NN 近似误差 $\widetilde{\boldsymbol{W}}_{\mathrm{c}}$。

6.4 仿真验证

例 6.1 考虑如下的非线性系统

$$\begin{aligned}\dot{\boldsymbol{x}}&=\boldsymbol{f}_x(\boldsymbol{x},\boldsymbol{y})\\\varepsilon\dot{\boldsymbol{y}}&=\boldsymbol{f}_y(\boldsymbol{x},\boldsymbol{y},\boldsymbol{u})\end{aligned}\tag{6.51}$$

其中：$\boldsymbol{f}_x(\boldsymbol{x},\boldsymbol{y})=-\boldsymbol{x}+\boldsymbol{y}$；$\boldsymbol{f}_y(\boldsymbol{x},\boldsymbol{y},\boldsymbol{u})=-0.5\boldsymbol{x}-0.5\boldsymbol{x}_y(1-(\cos2\boldsymbol{x}+2)^2)+\cos(2\boldsymbol{x})+2\boldsymbol{u}$。

目的是设计一个无模型最优控制器来稳定系统(6.51)并最小化性能评价函数 $\boldsymbol{V}=\int_t^{\infty}\left(\begin{bmatrix}\boldsymbol{x}\\\boldsymbol{y}\end{bmatrix}^{\mathrm{T}}\boldsymbol{Q}\begin{bmatrix}\boldsymbol{x}\\\boldsymbol{y}\end{bmatrix}+\boldsymbol{u}^{\mathrm{T}}\boldsymbol{R}\boldsymbol{u}\right)\mathrm{d}\tau$。为了与现有的基于近似动态规划的具有 ACI 结构的最优控制方法进行比较[18]，我们选择了完全相同的非线性模型(6.51)和相同的

参数：$\varepsilon=1$，$\boldsymbol{R}=1$，$\boldsymbol{Q}=\begin{bmatrix}1 & 0\\0 & 1\end{bmatrix}$，选择状态分量的二次向量作为评价神经网络基集，即 $\boldsymbol{\psi}(x)=[\boldsymbol{x}^2,\boldsymbol{xy},\boldsymbol{y}^2]$。由文献[18]可知，如果我们选择系统(6.51)的最优成本函数为 $\boldsymbol{V}^*=0.5\boldsymbol{x}^2+\boldsymbol{y}^2$，则神经网络的理想权值和最优控制律为 $\boldsymbol{W}_c^*=[0.5,0,1]^{\mathrm{T}}$ 和 $\boldsymbol{u}^*(\boldsymbol{x})=-(\cos 2\boldsymbol{x}+2)\boldsymbol{y}$。这些已知信息将用于验证所提出的自学习最优控制方法。为了保证评价神经网络估计方法的PE条件，在所设计控制律中叠加了一种由不同频率的正弦信号组成的小信号 $n(t)=\sin^2 t\cos t+\sin^2 2t\cos 0.1t+\sin^2 5t+\sin^2(-1.2t)\cos 0.5t$。

对所提出的最优控制方法(方法1)和文献[18]中提出的最优控制方法(方法2)进行了仿真比较，仿真结果如图6-2所示。从图6-2可以看出，当两种方法的A点(在零点附近±2%的范围内)出现时，调节时间分别约为3s(方法1)和5s(方法2)。这表明方法1比方法2具有更好的性能和更快的收敛速度。这是由于所提出的自学习最优控制方法中使用了性能更好的多时间尺度动态神经网络辨识方法和参数误差驱动的新的评价NN，而在文献[18]和大多数现有的自学习最优控制方法中，采用了一般的神经网络辨识方法，且评价NN多采用梯度学习在线更新律。

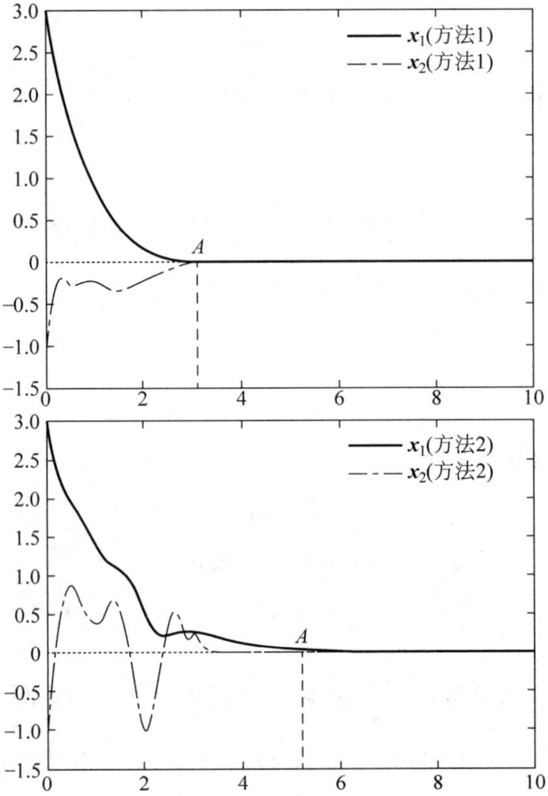

图6-2 状态收敛过程

6.5　本章小结

本章研究了具有不同时间尺度的未知非线性系统的自学习最优控制问题。解决这一问题的常用奇异摄动理论(SPT)是基于精确简化的系统模型,这在实际应用中很难得到。为了克服这一困难,提出了一种基于动态规划的简化ACI结构的自学习最优控制算法。提出了一种新的基于李雅普诺夫函数的多时间尺度动态神经网络辨识方法,该辨识方法通过设计适当的李雅普诺夫函数得到了一种新的更新律。此外,设计了一种考虑神经网络权值估计误差信息的改进自适应规则的临界神经网络,与常用的梯度法相比,具有更快的收敛速度。利用李雅普诺夫方法保证了闭环系统在最优控制附近的指数收敛性和UUB稳定性。仿真实例说明了该方法的有效性。

参考文献

[1] Kokotovic P V, Khalil H K, O'Reilly J. Singular perturbation methods in control: analysis and design[M]. Society for Industrial and Applied Mathematics, 1999.

[2] Kokotovic P V, Omalley R E, Sannuti P. Singular perturbations and order reduction in control theory—An overview[J]. Automatical, 1976, 12: 123-132.

[3] Kokotovic P V, Sannuti P. Singular perturbation method for reducing model order in optimal control design[J]. IEEE Trans on Autom Control, 1968, 13: 377-384.

[4] Sannuti P, Kokotovic P V. Near optimum design of linear systems by singular perturbation method[J]. IEEE Trans on Autom Control, 1969, 14: 15-22.

[5] Mukaidania H, Hua X, Mizukami K. New results for near-optimal control of linear multi parameter singularly perturbed systems[J]. Automatica, 2003, 39: 2157-2167.

[6] Fridman E. A descriptor system approach to nonlinear singularly perturbed optimal control problem[J]. Automatica, 2001, 37: 543-549.

[7] Bidani M, Radhy N E, Bensassi B. Optimal control of discrete-time singularly perturbed systems[J]. International Journal of Control, 2002, 75(13): 955-966.

[8] Zhang Y, Subbaram D, Cai C X, et al. Singular perturbations and time scales in control theories and applications[J]. International Journal of Information and Systems Sciences, 2014, 9(1): 1-36.

[9] Lewis F L, Liu D. Approximate dynamic programming and reinforcement learning for feedback control[M]. NJ: Wiley, 2013.

[10] Xiao G Y, Zhang H, Luo Y H. Online optimal control of unknown discrete-time nonlinear systems by using time-based adaptive dynamic programming[J]. Neurocomputing, 2015, 16: 5163-170.

[11] Wei Q L, Liu D. Adaptive dynamic programming for optimal tracking control of unknown nonlinear systems with application to coal gasification[J]. IEEE transactions on automation science and engineering, 2014, 11(4): 1020-1036.

[12] Yan P F, Liu D, Wang D, et al. Data-driven controller design for general MIMO nonlinear systems via virtual reference feedback tuning and neural networks[J]. Neurocomputing, 2016,171: 815-825.

[13] Wei Q L, Liu D. Neural-network-based adaptive optimal tracking control scheme for discrete-time nonlinear systems with approximation errors[J]. Neurocomputing, 2015, 149: 106-115.

[14] Zhang H, Feng T, YangG H, et al Distributed cooperative optimal control for multi agent systems on directed graphs: An inverse optimal approach[J]. IEEE transactions on Cybernetics[J], 2015, 45 (7): 1315-1326.

[15] Zhang X, Zhang H, Sun Q Y, et al. Adaptive dynamic programming-based optimal control of unknown nonaffine nonlinear discrete-time systems with proof of convergence[J]. Neurocomputing, 2012, 91: 48-55.

[16] Abu-Khalaf M, Lewis F L. Nearly optimal control laws for non linear systems with saturating actuators using a neural network HJB approach[J]. Automatica, 2005, 41(5): 79-791.

[17] Vamvoudakis K G, Lewis F L. Online actor critic algorithm to solve the continuous-time infinite horizon optimal control problem[C]//Proc. Int. Joint Conf. on Neural Networks, 2009: 3180-3187.

[18] Bhash S, Kamalapurkar R, Johnson M, et al. A novel actor-critic-identifier architecture for approximate optimal control of uncertain nonlinear systems[J]. Automatica, 2013, 49(1): 82-92.

[19] Modares H, Lewis F L, Naghibi-Sistani M B. Adaptive optimal control of unknown constrained-input systems using policy iteration and neural networks[J]. IEEE Transactions on Neural Networks and Learning Systems, 2013, 24(10): 1513-1525.

[20] Lv Y F, Na J, Yang Q, et al. Online adaptive optimal control for continuous-time nonlinear systems with completely unknown dynamics [J]. International Journal of Control, 2016, 89(1): 99-112.

[21] Mukaidania H, Hua X, Mizukami K. New results for near-optimal control of linear multi parameter singularly perturbed systems[J]. Automatica, 2003, 39: 2157-2167.

[22] Meyer-Bäse A, Botella D, Rybarska-Rusinek L. Stochastic stability analysis of competitive neural networks with different time-scales[J]. Neurocomputing, 2013, 118: 115-118.

[23] Zheng D D, Xie W F. Identification for nonlinear singularly perturbed system using recurrent high-order multi-time scales neural network [C]//American control conference, 2015, 1824-1829.

[24] Fu Z J, Xie W F, Luo W D. Robust on-line nonlinear systems identification using multilayer dynamic neural networks with two-time scales[J]. Neurocomputing, 2013, 113: 16-26.

[25] Zhang H, Cui L, Zhang X, et al. Data-driven robust approximate optimal tracking control for unknown general nonlinear systems using adaptive dynamic programming method[J]. IEEE Transactions on Neural Networks and Learning Systems, 2011, 22(12): 2226-2236 .

[26] Na J, Yang J, Wu X, et al. Robust adaptive parameter estimation of sinusoidal signals[J]. Automatica, 2015, 53: 376-384.

[27] Yang X, Liu D, Wang D. Reinforcement learning for adaptive optimal control of unknown continuous-time nonlinear systems with input constraints [J]. International Journal of

Control,2014,87(3): 553-566.

[28] Sontag E D,Wang Y. On characterization of the input-to-state stability property[J]. System and Control Letters,1995,24: 351-359.

[29] Lin J,Lewis F L. Fuzzy controller for flexible-link robot arm by reduced-order techniques [J]. IEE Proceedings on Control Theory and Applications,2002,149(3): 177-187.

[30] Sim T P,Hong G S,Lim K B. Multi rate predictor control scheme for visual servo control [J]. IEE Proceedings on Control Theory and Applications,2002,149(2): 117-124.

[31] Goldberger A L, Amaral L A N, Hausdorff J M, et al. Fractal dynamics in physiology: Alterations with disease and aging[J]. Proceedings of the National Academy of Sciences of the United States of America,2002,99: 2466-2472.

[32] Holling C S. Cross-scale morphology,geometry,and dynamics of ecosystems[J]. Ecological Monographs,1992,62(4): 447-502.

[33] Kao R R,Green D M,Johnson J,et al. Disease dynamics over very different time-scales: Foot-and-mouth disease and scrapie on the network of livestock movements in the UK[J]. Journal of the Royal Society Interface,2007,4: 907-916.

[34] Josevski M, Abel D. Multi-time scale model predictive control framework for energy management of hybrid electric vehicles[C]//53rd IEEE Conference on Decision and Control, 2014: 2523-2528.

[35] Poznyak A S,Sanchez E N,Yu W. Differential neural networks for robust nonlinear control [M]. World Scientific,2001.

[36] Ando Y,Suzuki M. Control of active suspension systems using the singular perturbation method[J]. Control Engineering Practice,1996,4(3): 287-293.

[37] Yu W,Li X. Some new results on system identification with dynamic neural networks[J]. IEEE Transactions on Neural Networks and Learning Systems,2001,12(2): 412-417.

[38] Jagannathan S,Lewis F L. Identification of nonlinear dynamical systems using multilayered neural networks[J]. Automatica,1996,32(12): 1707-1712.

[39] Rovithakis G A,Christodoulou M A. Adaptive control of unknown plants using dynamical neural networks[J]. IEEE Trans Syst,Man,Cybern,1994,24: 400-412.

第2篇

车辆工程中的应用

第7章

发动机怠速模型辨识

7.1　发动机怠速模型

汽车的运行工况复杂，且变化频繁，若在交通拥挤、车辆众多的城市中行驶时，汽车经常处于怠速工况，约有相当部分的燃油消耗于此[1]。因此，对发动机的怠速加以有效控制，对提高发动机经济性能指标有很大的影响。由于进气、排气的波动性和燃烧过程的随机性，发动机的怠速有随机的、天然的转速浮动，因此对怠速系统无法建立精确数学模型，且怠速工作过程的非线性、时变性、复杂性使得对怠速模型进行辨识变得十分困难[2-4]。为了克服已有辨识方法无法对发动机怠速系统进行建模、无法实现模型辨识的不足，在第4章基础上，本章提出了一种有效实现模型辨识的标准型递归动态神经网络发动机怠速模型辨识方法。

首先对发动机模型进行数学建模。以某1.6L四缸燃油喷射发动机为例，建立数学模型如下[5]：

$$
\begin{aligned}
&\dot{P}=k_{\mathrm{p}}(\dot{m}_{\mathrm{ai}}-\dot{m}_{\mathrm{ao}})\\
&\dot{N}=k_{\mathrm{N}}(T_{\mathrm{i}}-T_{\mathrm{L}})\\
&\dot{m}_{\mathrm{ai}}=(1+k_{\mathrm{m1}}\theta+k_{\mathrm{m2}}\theta^{2})g(P)\\
&\dot{m}_{\mathrm{ao}}=-k_{\mathrm{m3}}N-k_{\mathrm{mA}}P+k_{\mathrm{m5}}NP+k_{\mathrm{m6}}NP^{2}
\end{aligned}
\tag{7.1}
$$

式中：$g(P)=\begin{cases}1, & P\leqslant 50.6625\\ 0.0197\sqrt{101.325P-P^{2}}, & P\geqslant 50.6625;\end{cases}$

$$
T_{\mathrm{i}}=-39.22+325024m_{\mathrm{ao}}-0.0112\delta^{2}+0.635\delta+\frac{2\pi}{60}(0.0216+6.75\times10^{-4}\delta)N-\left(\frac{2\pi}{60}\right)^{2}1.02\times10^{-4}N^{2};
$$

$T_L=\left(\frac{N}{263.17}\right)^2+T_d$；$m_{ao}=\dot{m}_{ao}(t-\tau)/(120N)$；

$k_P=42.4$；$k_N=54.26$；$k_{m1}=0.907$；$k_{m2}=0.0998$；

$k_{m3}=5.968\times10^{-4}$；$k_{m4}=5.341\times10^{-4}$；

$k_{m5}=1.757\times10^{-6}$；$\tau=45/N$。

系统输出为进气歧管压力 P(kPa)和发动机转速 N(r/min)；系统输入为节气门角度 θ(度)和点火提前角 δ(度)，$\dot{m}_{ai}$，$\dot{m}_{ao}$ 为流入、流出歧管的空气流量；发动机转矩为 T_i，负载转矩为 T_L；外界不确定转矩扰动为 T_d；$g(P)$为歧管压力函数。所以可以得到发动机系统的状态方程：

$$\dot{\boldsymbol{x}}(t)=\begin{pmatrix}\dot{\boldsymbol{x}}_1\\ \dot{\boldsymbol{x}}_2\end{pmatrix}=\begin{pmatrix}\boldsymbol{f}_1(\boldsymbol{x},\boldsymbol{u},t)\\ \boldsymbol{f}_2(\boldsymbol{x},\boldsymbol{u},t)\end{pmatrix}\tag{7.2}$$

式中：$\boldsymbol{x}_1=P$，$\boldsymbol{x}_2=N$，$\boldsymbol{u}=(\theta,\delta)^{\mathrm{T}}$ 为可测变量；$\begin{pmatrix}\boldsymbol{f}_1(\boldsymbol{x},\boldsymbol{u},t)\\ \boldsymbol{f}_2(\boldsymbol{x},\boldsymbol{u},t)\end{pmatrix}$为未知函数。为了完成前期理论上的计算，确定相关参数，选择相关输入为 $\delta=30\sin(t/2)$，θ 为幅值 20、频率 0.5Hz 的锯齿波函数，T_d 为幅值 20、频率 0.25Hz 的方波函数。

7.2 包含隐层的动态神经网络辨识方法

为了利用多时间尺度动态神经网络的非线性逼近能力以提高辨识性能，这里利用第 4 章中所提出的包含隐层的多时间尺度动态神经网络辨识方法，时间尺度系数 $\varepsilon=1$，可以得到如下的对于方程(7.2)的辨识模型

$$\dot{\hat{\boldsymbol{x}}}=\boldsymbol{A}\hat{\boldsymbol{x}}+\boldsymbol{W}_1\boldsymbol{\sigma}(\boldsymbol{V}_1\boldsymbol{x})+\boldsymbol{W}_2\boldsymbol{\phi}(\boldsymbol{V}_2\boldsymbol{x})\boldsymbol{\delta}(\boldsymbol{u})\tag{7.3}$$

式中：$\hat{\boldsymbol{x}}\in\mathbf{R}^n$ 是识别状态；$\boldsymbol{A}\in\mathbf{R}^{n\times n}$ 是线性矩阵；$\boldsymbol{W}_1,\boldsymbol{W}_2\in\mathbf{R}^{n\times m}$ 是输出层的权重；$\boldsymbol{V}_1,\boldsymbol{V}_2\in\mathbf{R}^{m\times n}$ 是隐层的权重；$\boldsymbol{\sigma}(\cdot)$和$\boldsymbol{\phi}(\cdot)$是激活函数，$\boldsymbol{\sigma}(\cdot)=\dfrac{a_1}{(1+e^{-b_1(\hat{x})})-c_1}$，$\boldsymbol{\phi}(\cdot)=\dfrac{a_2}{(1+e^{-b_2(\hat{x})})-c_2}$。为简单分析，假设可微分输入输出函数$\delta(\cdot)$：$\mathbf{R}^p\to\mathbf{R}^n$ 为单位矩阵 $\boldsymbol{I}$。$\boldsymbol{u}=[\boldsymbol{u}_1,\boldsymbol{u}_2,\cdots,\boldsymbol{u}_p,0,\cdots,0]^{\mathrm{T}}\in\mathbf{R}^m$ 是控制输入向量。

通过设计李雅普诺夫函数：

$$\dot{\boldsymbol{L}}=\boldsymbol{L}_{\mathrm{A}}+\boldsymbol{L}_{\mathrm{W1}}+\boldsymbol{L}_{\mathrm{W2}}+\boldsymbol{L}_{\mathrm{V_1}}+\boldsymbol{L}_{\mathrm{V_2}}-\boldsymbol{e}^{\mathrm{T}}\boldsymbol{Q}\boldsymbol{e}+2\boldsymbol{e}^{\mathrm{T}}\boldsymbol{P}\xi\tag{7.4}$$

其中

$$\boldsymbol{L}_{\mathrm{A}}=2\lambda_{\mathrm{A}}^{-1}\mathrm{tr}\{\dot{\tilde{\boldsymbol{A}}}^{\mathrm{T}}\boldsymbol{P}\tilde{\boldsymbol{A}}\}+2\boldsymbol{e}^{\mathrm{T}}\boldsymbol{P}\tilde{\boldsymbol{A}}\hat{\boldsymbol{x}}$$

$$\boldsymbol{L}_{\mathrm{W1}}=2\mathrm{tr}\{\tilde{\boldsymbol{W}}_1^{\mathrm{T}}\lambda_1^{-1}\tilde{\boldsymbol{W}}_1\}+2\boldsymbol{e}^{\mathrm{T}}\boldsymbol{P}\tilde{\boldsymbol{W}}_1\boldsymbol{\sigma}(\boldsymbol{V}_1\boldsymbol{x})-2\boldsymbol{e}^{\mathrm{T}}\boldsymbol{P}\tilde{\boldsymbol{W}}_1\boldsymbol{D}_{\sigma}\boldsymbol{V}_1\boldsymbol{x}$$

$$\boldsymbol{L}_{\mathrm{W2}}=2\mathrm{tr}\{\dot{\tilde{\boldsymbol{W}}}_2^{\mathrm{T}}\lambda_2^{-1}\tilde{\boldsymbol{W}}_2\}+2\boldsymbol{e}^{\mathrm{T}}\boldsymbol{P}\tilde{\boldsymbol{W}}_2\boldsymbol{\phi}(\boldsymbol{V}_2\boldsymbol{x})\boldsymbol{u}-2\boldsymbol{e}^{\mathrm{T}}\boldsymbol{P}\tilde{\boldsymbol{W}}_2\boldsymbol{D}_{\phi}\boldsymbol{V}_2\boldsymbol{x}$$

$$L_{V_1}=2\mathrm{tr}\{\dot{\hat{\boldsymbol{V}}}_1^{\mathrm{T}}\lambda_3^{-1}\widetilde{\boldsymbol{V}}_1\}+2\boldsymbol{e}^{\mathrm{T}}\boldsymbol{P}\boldsymbol{W}_1\boldsymbol{D}_\sigma\widetilde{\boldsymbol{V}}_1\boldsymbol{x}$$

$$L_{V_2}=2\mathrm{tr}\{\dot{\hat{\boldsymbol{V}}}_2^{\mathrm{T}}\lambda_4^{-1}\widetilde{\boldsymbol{V}}_2\}+2\boldsymbol{e}^{\mathrm{T}}\boldsymbol{P}\boldsymbol{W}_2\boldsymbol{D}_\phi\widetilde{\boldsymbol{V}}_2\boldsymbol{x}$$

可以得到如下的自适应学习律：

$$\begin{cases}\dot{\boldsymbol{A}}=s(\lambda_A\boldsymbol{e}\hat{\boldsymbol{x}}^{\mathrm{T}})\\ \dot{\boldsymbol{W}}_1=s\{\lambda_1\boldsymbol{P}\boldsymbol{e}\boldsymbol{\sigma}^{\mathrm{T}}(\boldsymbol{V}_1\boldsymbol{x})-\lambda_1\boldsymbol{P}\boldsymbol{e}(\boldsymbol{V}_1\boldsymbol{x})^{\mathrm{T}}\boldsymbol{D}_\sigma-k\lambda_1\|\boldsymbol{e}\|\boldsymbol{W}_1\}\\ \dot{\boldsymbol{W}}_2=s\{\lambda_2\boldsymbol{P}\boldsymbol{e}[\boldsymbol{\phi}(\boldsymbol{V}_2\boldsymbol{x})\boldsymbol{u}]^{\mathrm{T}}-\lambda_2\boldsymbol{P}\boldsymbol{e}(\boldsymbol{V}_2\boldsymbol{x})^{\mathrm{T}}\boldsymbol{D}_\phi-k\lambda_2\|\boldsymbol{e}\|\boldsymbol{W}_2\}\\ \dot{\boldsymbol{V}}_1=s\{\lambda_3(\boldsymbol{W}_1\boldsymbol{D}_\sigma)^{\mathrm{T}}\boldsymbol{P}\boldsymbol{e}\boldsymbol{x}-k\lambda_3\|\boldsymbol{e}\|\boldsymbol{V}_1\}\\ \dot{\boldsymbol{V}}_2=s\{\lambda_4(\boldsymbol{W}_2\boldsymbol{D}_\phi)^{\mathrm{T}}\boldsymbol{P}\boldsymbol{e}\boldsymbol{x}-k\lambda_4\|\boldsymbol{e}\|\boldsymbol{V}_2\}\end{cases}\tag{7.5}$$

式中：$\lambda_A,k,\lambda_{1,2,3,4}$ 为给定的正的常数，$s=\begin{cases}1, & \|\boldsymbol{e}\|>\widetilde{\omega}\\ 0, & \|\boldsymbol{e}\|\leqslant\widetilde{\omega}\end{cases}$。

上述学习律(7.5)可以保证以下稳定性特性，即

$$\boldsymbol{e},\boldsymbol{A},\boldsymbol{W}_{1,2},\boldsymbol{V}_{1,2}\in \boldsymbol{L}_\infty,\lim_{t\to\infty}\dot{\widetilde{\boldsymbol{W}}}_{1,2}=0,\lim_{t\to\infty}\dot{\widetilde{\boldsymbol{V}}}_{1,2}=0$$

由于神经网络的辨识过程是根据所设计的自适应学习律在线完成，不需要离线学习，所以所提出的标准型递归神经网络辨识模型的所有参数初值都不需要提前给定，可以给它们以任意初值。一般的递归神经网络模型都需要给定合适的初值，特别是动态回归矩阵 $\boldsymbol{A}$ 需要通过试凑或离线学习方式获得，针对动态回归矩阵 $\boldsymbol{M}$ 我们也设计了在线自适应学习律，大大提高了学习的准确性。

选择恰当的在线自适应学习律调节参数 $\lambda_A,k,\lambda_{1,2,3,4}$。$\lambda_A,k,\lambda_{1,2,3,4}$ 取大的值将加快在线学习过程，但是可能引起过度学习使得权值偏离理想值，带来系统的不稳定。应该采取的选取原则是在保证系统稳定的前提下 $\lambda_A,k,\lambda_{1,2,3,4}$ 可以适当地选得大一些。通过设计恰当的李雅普诺夫函数，借助输入稳定性 ISS 理论和无源性理论可证明所提辨识算法的鲁棒性，不需要一般鲁棒自适应控制中的死区函数、e-修正或者 σ-修正方法，大大简化了在线自适应学习律。

所提出的针对发动机怠速模型的神经网络辨识框图如图 7-1 所示。

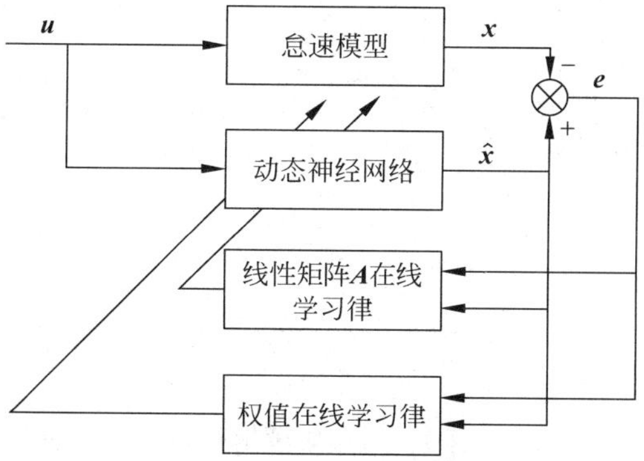

图 7-1　发动机怠速模型辨识框图

7.3 结果分析

为了进一步说明包含隐层的动态神经网络辨识方法的性能更好，我们与第 3 章中的单层动态神经网络辨识算法进行比较，针对发动机怠速模型(7.2)，提出单层动态神经网络辨识模型(7.6)及其在线学习律(7.7)。

$$\dot{\hat{\boldsymbol{x}}}=\boldsymbol{A}\hat{\boldsymbol{x}}+\boldsymbol{W}_1\boldsymbol{\sigma}(\hat{\boldsymbol{x}})+\boldsymbol{W}_2\boldsymbol{\phi}(\hat{\boldsymbol{x}})\delta(\boldsymbol{u}) \tag{7.6}$$

$$\begin{cases}\dot{\boldsymbol{A}}=\eta_1\boldsymbol{e}\hat{\boldsymbol{x}}^{\mathrm{T}}\\ \dot{\boldsymbol{W}}_1=\eta_2\boldsymbol{e}\,\boldsymbol{\sigma}^{\mathrm{T}}(\hat{\boldsymbol{x}})\\ \dot{\boldsymbol{W}}_2=\eta_3\,\boldsymbol{\phi}(\hat{\boldsymbol{x}})\delta(\boldsymbol{u})\boldsymbol{e}^{\mathrm{T}}\end{cases} \tag{7.7}$$

式中：η_1,η_2,η_3 表示在线学习增益。

具体仿真参数如下：

对于单层动态神经网络辨识算法：$a=2,b=2,c=0.5,\eta_1=1,\eta_2=\eta_3=200$。

对于包含隐层的动态神经网络辨识算法：$a=2,b=2,c=0.5,\lambda_{\mathrm{A}}=-1000,k=0.05,\lambda_1=-200\boldsymbol{I},\lambda_2=-100\boldsymbol{I},\lambda_3=\lambda_4=-0.05\boldsymbol{I}$。

将单层动态神经网络辨识算法(方法 1)、包含隐层的动态神经网络辨识算法(方法 2)与文献[5]中的方法(方法 3)比较，后者不考虑线性矩阵的在线更新律(即假设线性矩阵 **A** 已知先验)。比较辨识结果如图 7-2～图 7-5 所示。可以看出，包含隐层的动态神经网络辨识算法(方法 2)比使用单层动态神经网络辨识算法(方法 1)更准确，并且两者都表现出比文献[5]中的方法(方法 3)更好的性能。原因是文献[5]中

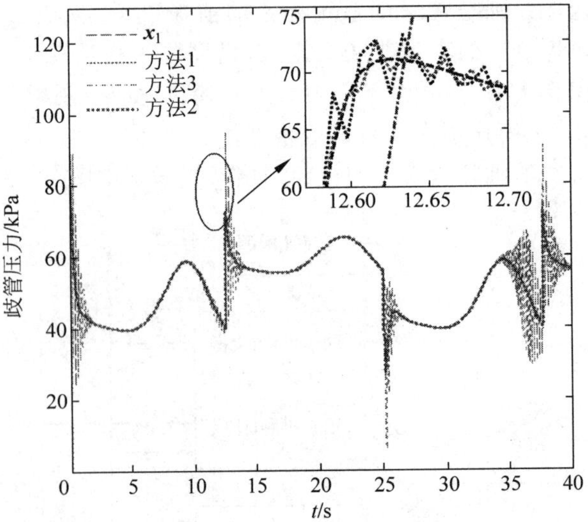

图 7-2 歧管压力辨识结果(见文后彩图)

线性矩阵 **A** 的常数值会因实际系统中线性矩阵 **A** 的时变而影响辨识结果的准确性。而单层动态神经网络辨识算法和包含隐层的动态神经网络辨识算法的线性矩阵 **A** 都可以实现在线更新，从而大大提高了辨识结果的准确性。

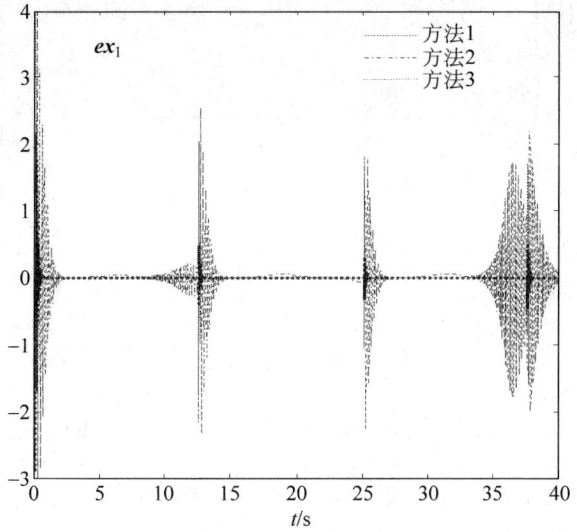

图 7-3　歧管压力误差辨识结果(见文后彩图)

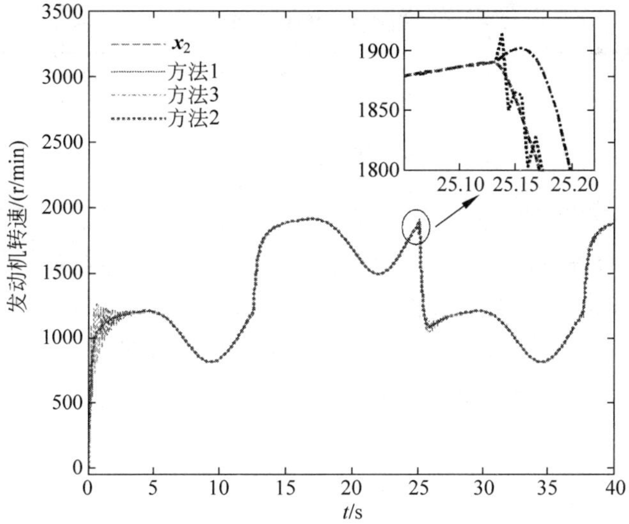

图 7-4　发动机转速辨识结果(见文后彩图)

为了进一步进行比较，采用了均方根(RMS)性能指标：

$$\mathrm{RMS}=\sqrt{\left(\sum_{i=1}^{n}\boldsymbol{e}^2(i)\right)\Big/n} \tag{7.8}$$

式中：n 是仿真步数；$\boldsymbol{e}(i)$是模型和系统在第 i 步的状态变量之间的差异。

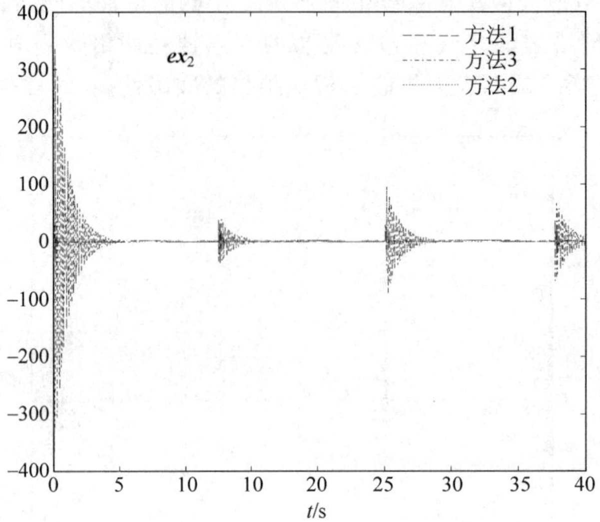

图 7-5 发动机转速辨识误差(见文后彩图)

上述辨识过程的 RMS 值如表 7-1 所示。包含隐层的动态神经网络辨识算法的 RMS 值小于单层动态神经网络辨识算法的 RMS 值，并且两者都小于文献[5]的 RMS 值，这进一步证明包含隐层的动态神经网络辨识算法的性能更好。

表 7-1 RMS 数值

	x_1	x_2
单层	0.00032	0.64917
多层	0.00012	0.00179
文献[5]	0.05467	4.58098

从整个学习过程可以看出，单层动态神经网络辨识算法和包含隐层的动态神经网络辨识算法实际上是一种黑盒识别方法，只是基于非线性系统的状态和输入，不需要精确的物理模型。此外，可以通过设置不同的学习律来调整收敛速度，保证整个学习过程的鲁棒性。这些优点使它们更便于实际应用。

7.4 本章小结

本章针对发动机怠速模型辨识问题，提出了单层动态神经网络辨识算法和包含隐层的动态神经网络辨识算法。不同于基于神经网络的一般识别方法，它们对线性部分矩阵 **A** 假设为已知的 Hurwitz 矩阵，这对于黑盒非线性系统有时是不现实的。本章为权值和线性部分矩阵 **A** 都设计了在线更新律，发动机怠速系统的仿真结果表明，采用包含隐层的动态神经网络辨识算法比采用单层动态神经网络辨识算法更准确，并且与一般动态神经网络辨识方法（线性矩阵 **A** 提前给定）相比，两者都显示了改进的性能。

参考文献

[1] Heywood J B. Internal Combustion Engine Fundamentals[M]. New York: McGraw-Hill, 1988.

[2] Daw C S, Finney C A, Kennel M B, et al. Connolly. Observing and modeling nonlinear dynamics in an internal combustion engine[J]. Physical Review E,1998,57: 2811-2819.

[3] Yin J,Fu Y,Chen B, et al. Application of adaptive idle speed control on V2 engine[J]. SAE International Journal of Engines,2016,9(1): 458-465.

[4] Kang E,Hong S,Sunwoo M. Idle speed controller based on active disturbance rejection control in diesel engines[J]. International Journal of Automotive Technology,2016,17(6): 937-945.

[5] Li X, Yu W. Dynamic system identification via recurrent multilayer perceptrons [J]. Information Sciences,2002,147: 45-63.

第8章

电驱动系统模型辨识

直流电机和感应电机是电驱动系统常用的驱动电机。系统参数及外界扰动带来的不确定性给控制器的设计带来困难。尤其是感应电动机，因其刚性好、运行免维护、成本相对较低，而在工业中得到广泛应用。与换向直流电机不同，感应电动机可以在腐蚀性或易挥发的环境中使用，因为没有腐蚀或火花的风险。然而，由于感应电动机是一个高阶、非线性、强耦合的系统，因此对感应电动机的研究是一个具有理论挑战性的问题，通常很难获得准确可靠的数学模型。因此，在考虑系统控制之前，系统辨识就显得非常重要和必要。

近年来，奇异摄动理论被应用于电机控制领域，简化了控制器的设计，取得了较好的控制效果。文献[1]利用分时奇异摄动理论设计了一种自适应磁链观测算法；文献[2]利用高阶离散神经网络设计了一种感应电机观测器，该算法充分利用动态神经网络的优点，可以不需要知道电机的精确数学模型，取得了一定的效果；Alvarez-Gallegos 等[3]提出了一种基于摄动分时理论的滑模控制器，并以直流电机为例，验证了所提算法的正确性；Hofmann 等[4]把感应电机分成电气、机械两个状态进行研究，设计了分时观测器，并提出了一种矢量控制方法；Djemai 等[5]对感应电机快、慢两个部分分别设计控制器，然后再叠加成一个复合控制器，简化了设计过程；基于摄动理论，Vasquez-Lopez 等[6]设计了一种降阶的 PM 步进电机控制器；Mezouar 等[7]结合摄动理论和滑模控制理论设计了一种感应电机控制器，并进行了仿真分析。本章将利用第 4 章中的多层多时间尺度动态神经网络非线性辨识方法以及第 2 章的单层多时间尺度动态神经网络辨识算法来实现对直流电机和交流电机的辨识。同时，为了进一步提高学习速率，提出了基于基于滑模学习律的多时间尺度感应电机辨识方法。

8.1 直流电机模型辨识

本节将采用第4章中的多层多时间尺度动态神经网络非线性辨识方法来实现对直流电机的模型辨识。直流电机建模可分为电气和机械两个快慢不同的双时间尺度子系统。众所周知,电气系统的时间常数远小于机械系统的时间常数。因此,电气子系统是快速子系统,机械系统是慢速子系统。直流电机模型[8]如下式所示:

$$\begin{aligned}\dot{\omega}_r &= i_r \\ \varepsilon \dot{i}_r &= -\omega_r - i_r + u_r\end{aligned} \tag{8.1}$$

式中:ω_r 与电机速度有关;i_r 与电路电流有关;ε 与时间尺度有关;u_r 与电路的输入电压有关。

仿真参数选择为:时间尺度系数 $\varepsilon=0.5$,输入信号 $u_r=3\sin 0.5t$,非线性激励函数 $\sigma_{1,2}(\cdot)$和 $\varphi_{1,2}(\cdot)$选择为 $1/(1+\mathrm{e}^{-x})$。

在线识别结果和识别误差如图8-1～图8-7所示。为了说明所提算法的辨识性能,采用了状态误差的性能指标均方根(RMS):

$$\mathrm{RMS}=\sqrt{\left(\sum_{i=1}^{n}\boldsymbol{e}^{2}(i)\right)\Big/ n}$$

采用第4章中包含隐层的辨识方法,对于状态变量 ω_r,RMS值为0.0062,状态变量 i_r 的RMS值为0.0045。采用第2章的单层多时间尺度动态神经网络辨识算法,对于状态变量 ω_r,RMS值为0.02324,状态变量 i_r 的RMS值为0.04108。两个状态变量的RMS值表明第4章包含隐层的多时间尺度动态神经网络辨识方法(方法1)比第2章的单层多时间尺度动态神经网络辨识算法(方法2)具有更好的性能。从图8-2和图8-4中的识别误差中进一步可以看到,包含隐层的多时间尺度动态神经网络辨识方法能更准确地辨识直流电机的快慢动态。

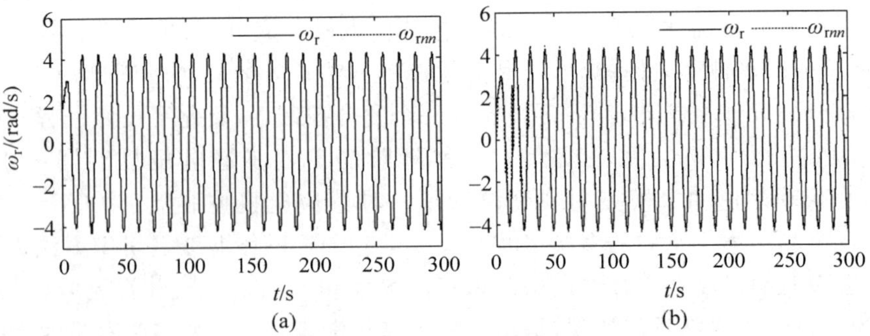

图8-1 转速 ω_r 辨识结果

(a) 方法1;(b) 方法2

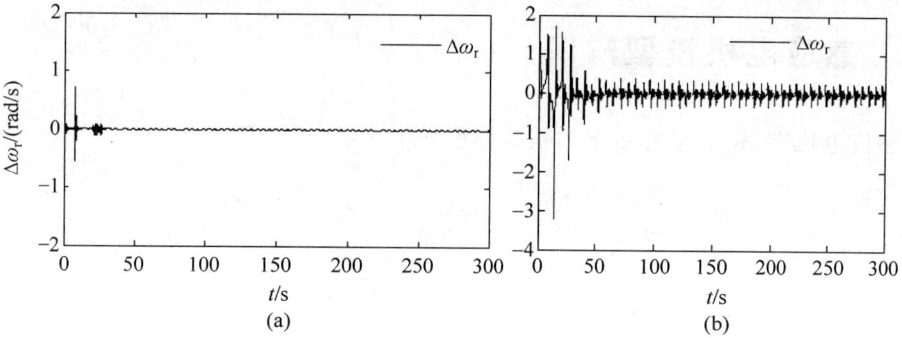

图 8-2 转速 ω_r 辨识误差结果

(a) 方法 1；(b) 方法 2

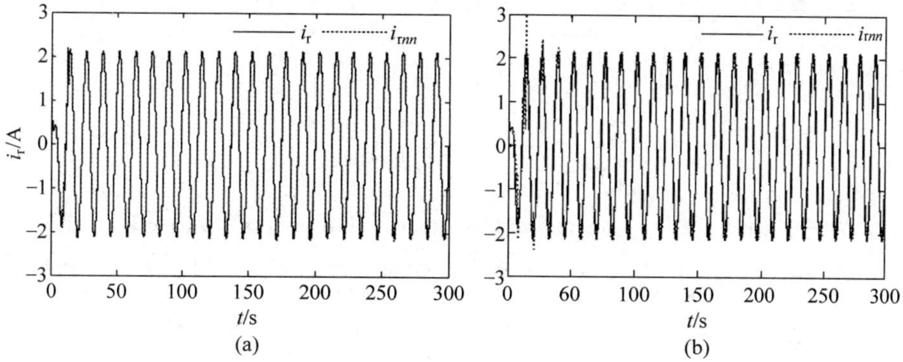

图 8-3 电流 i_r 辨识结果

(a) 方法 1；(b) 方法 2

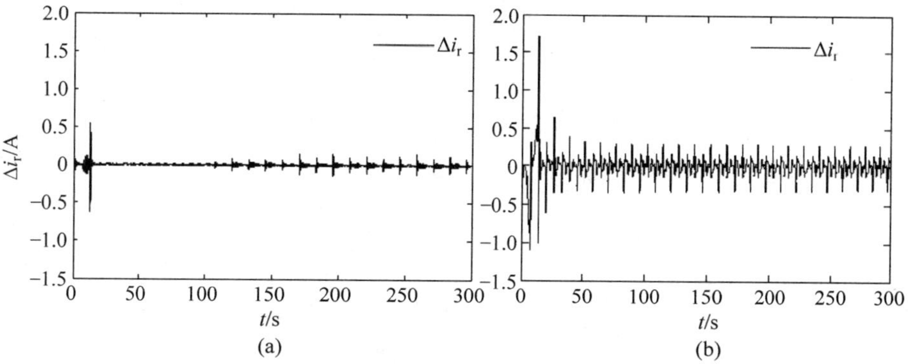

图 8-4 电流 i_r 辨识误差结果

(a) 方法 1；(b) 方法 2

8.2 感应电机模型辨识

感应电机在(α,β)坐标系下的数学模型如下所示[9]

$$
\begin{aligned}
&\frac{\mathrm{d}\psi_\alpha}{\mathrm{d}t}=-\frac{1}{\tau}\psi_\alpha-\omega\psi_\beta+\frac{L_\mathrm{m}}{\tau}i_\alpha\\
&\frac{\mathrm{d}\psi_\beta}{\mathrm{d}t}=-\frac{1}{\tau}\psi_\beta+\omega\psi_\alpha+\frac{L_\mathrm{m}}{\tau}i_\beta\\
&\frac{\mathrm{d}i_\alpha}{\mathrm{d}t}=\frac{1}{\sigma L_\mathrm{s}}\left(-\frac{L_\mathrm{m}}{L_\mathrm{r}}\frac{\mathrm{d}\psi_\alpha}{\mathrm{d}t}-R_\mathrm{s}i_\alpha+u_\alpha\right)\\
&\frac{\mathrm{d}i_\beta}{\mathrm{d}t}=\frac{1}{\sigma L_\mathrm{s}}\left(-\frac{L_\mathrm{m}}{L_\mathrm{r}}\frac{\mathrm{d}\psi_\beta}{\mathrm{d}t}-R_\mathrm{s}i_\beta+u_\beta\right)\\
&\frac{\mathrm{d}\omega}{\mathrm{d}t}=\frac{P}{J}(T-T_\mathrm{L})\\
&T=\frac{3P}{2}\frac{L_\mathrm{m}}{L_\mathrm{r}}(i_\beta\psi_\alpha-i_\alpha\psi_\beta)
\end{aligned}
\tag{8.2}
$$

式中：ω 为转子角速；$\psi^\mathrm{T}=[\psi_\alpha,\psi_\beta]$，$\boldsymbol{i}^\mathrm{T}=[i_\alpha,i_\beta]$和 $\boldsymbol{u}^\mathrm{T}=[u_\alpha,u_\beta]$是转子磁链、定子电流、定子电压；$T$ 和 T_1 是电磁转矩和负载转矩；J 是转动惯量；P 是极对数；$\eta=R_\mathrm{r}/L_\mathrm{r}$，$\sigma=1-L_\mathrm{m}^2/(L_\mathrm{s}L_\mathrm{r})$，$\beta=L_\mathrm{m}/(\sigma L_\mathrm{s}L_\mathrm{r})$，$\gamma=(1/\sigma L_\mathrm{s})(R_\mathrm{s}+R_\mathrm{r}(L_\mathrm{m}/L_\mathrm{r})^2)$；$R_\mathrm{r}$ 和 R_s 为转子电阻和定子电阻；L_r 和 L_s 为转子电感和定子电感；L_m 为互感。

根据奇异摄动理论[10]，记 $\boldsymbol{x}=(\omega,\psi_\alpha,\psi_\beta)^\mathrm{T}$，$\boldsymbol{y}=(i_\alpha,i_\beta)^\mathrm{T}$，由感应电机在$(\alpha,\beta)$坐标系下的数学方程可以得到：

$$
\begin{aligned}
&\dot{x}_1=\alpha_\mathrm{T}\alpha_\omega(y_2x_2-y_1x_3)-\alpha_\mathrm{T}T_\mathrm{L}\\
&\dot{x}_2=-\alpha_\mathrm{r}x_2-x_1x_3+L_\mathrm{m}\alpha_\mathrm{r}y_1\\
&\dot{x}_3=-\alpha_\mathrm{r}x_3+x_1x_2+L_\mathrm{m}\alpha_\mathrm{r}y_2\\
&\varepsilon\dot{y}_1=\mu\alpha_\mathrm{r}x_2+\mu x_1x_3-R_\lambda y_1+u_{\mathrm{s}\alpha}\\
&\varepsilon\dot{y}_2=\mu\alpha_\mathrm{r}x_3-\mu x_1x_2-R_\lambda y_2+u_{\mathrm{s}\beta}
\end{aligned}
\tag{8.3}
$$

式中：$\alpha_\mathrm{r}=\dfrac{R_\mathrm{r}}{L_\mathrm{r}}$，$\alpha_\mathrm{T}=\dfrac{P}{J}$，$\alpha_\omega=\dfrac{3PL_\mathrm{m}}{2L_\mathrm{r}}$，$\mu=\dfrac{L_\mathrm{m}}{L_\mathrm{r}}$，$R_\lambda=R_\mathrm{s}+\dfrac{L_\mathrm{m}^2R_\mathrm{r}}{L_\mathrm{r}^2}$，$\varepsilon=\sigma L_\mathrm{s}$。

进一步可以写成如下形式的状态方程：

$$
\begin{aligned}
&\dot{\boldsymbol{x}}=\boldsymbol{f}_1(\boldsymbol{x},\boldsymbol{y},\boldsymbol{u},t)\\
&\varepsilon\dot{\boldsymbol{y}}=\boldsymbol{f}_2(\boldsymbol{x},\boldsymbol{y},\boldsymbol{u},t)
\end{aligned}
\tag{8.4}
$$

式中：$\boldsymbol{x}=(x_1,x_2,x_3)^{\mathrm{T}}\in\mathbf{R}^3$，$\boldsymbol{y}=(y_1,y_2)^{\mathrm{T}}\in\mathbf{R}^2$，$\boldsymbol{u}=[u_\alpha u_\beta]$。

感应电机参数如表 8-1 所示。

表 8-1 感应电机参数

$L_s=0.2941\mathrm{H}$	$P=2$
$L_r=0.2898\mathrm{H}$	$J=0.1284\mathrm{N\cdot m\cdot s^2}$
$L_m=0.2838\mathrm{H}$	$R_s=1.85\Omega$
$R_r=2.658\Omega$	$T_L=5\mathrm{N\cdot m}$

本节将采用第 4 章中的多层多时间尺度动态神经网络非线性辨识方法来实现对感应电机的模型辨识(方法 1)，并给出了与第 2 章的单层多时间尺度动态神经网络辨识算法(方法 2)的比较结果。

图 8-5～图 8-13 中的结果表明，由于添加了隐层，与方法 2 相比，所提出的辨识方法 1 的性能得到了改进。表 8-2 中所有状态变量的均方根值表明所提出的神经网络辨识方法 1 比方法 2 具有更好的性能。

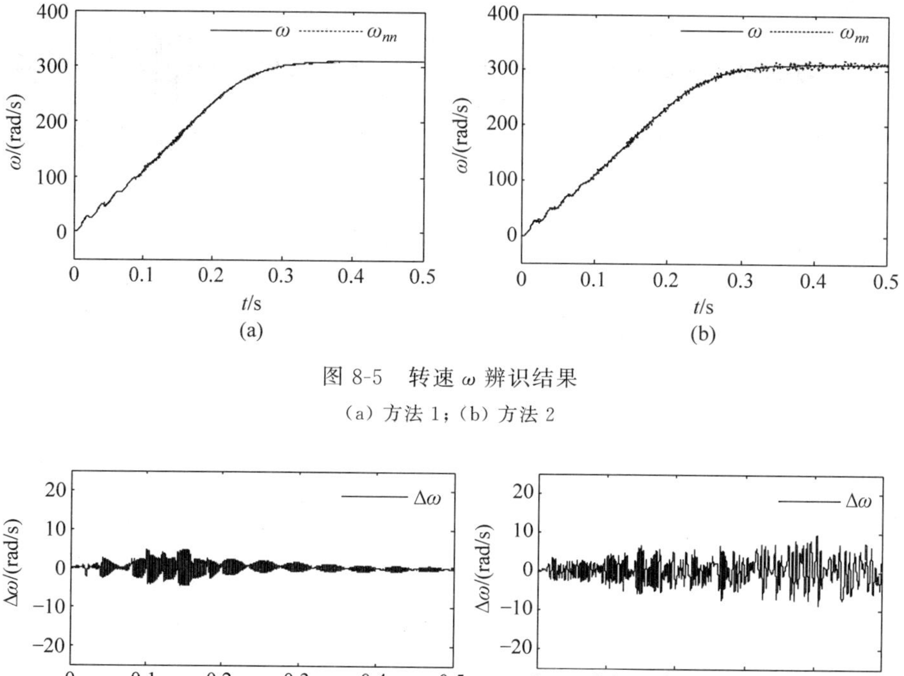

图 8-5 转速 ω 辨识结果

(a) 方法 1；(b) 方法 2

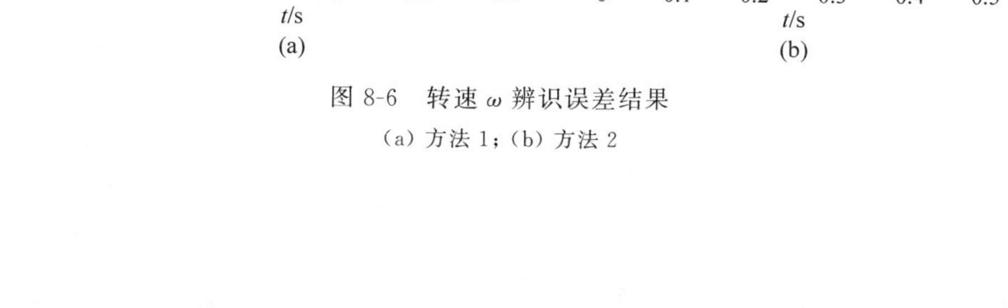

图 8-6 转速 ω 辨识误差结果

(a) 方法 1；(b) 方法 2

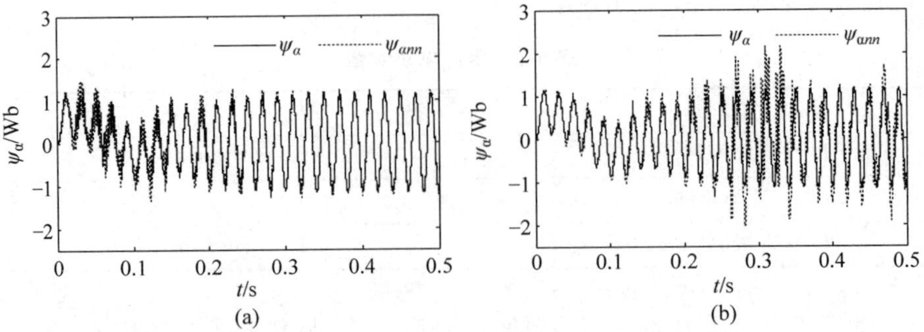

图 8-7　ψ_α 辨识结果

(a) 方法 1；(b) 方法 2

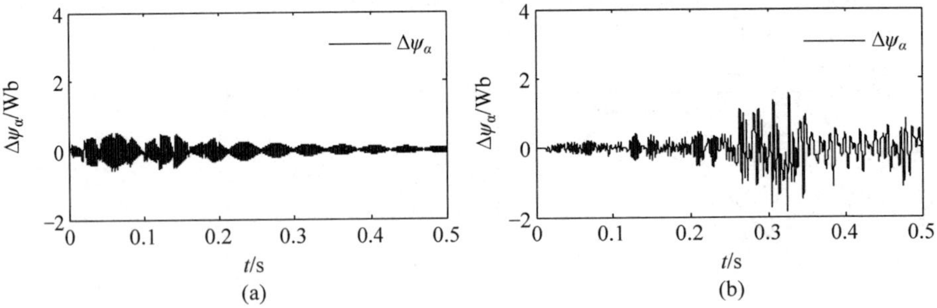

图 8-8　ψ_α 辨识误差结果

(a) 方法 1；(b) 方法 2

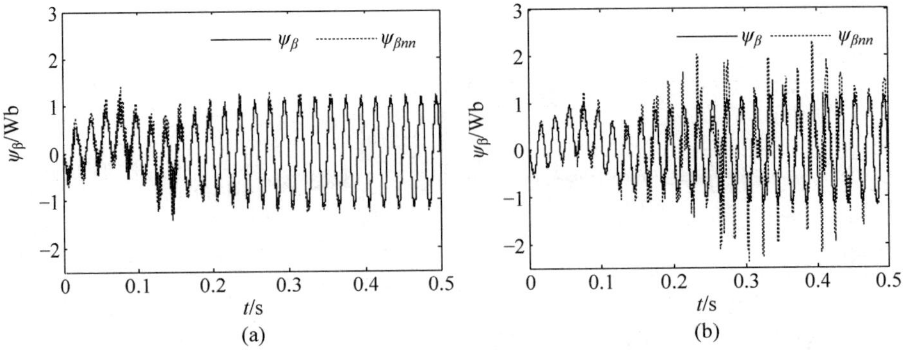

图 8-9　ψ_β 辨识结果

(a) 方法 1；(b) 方法 2

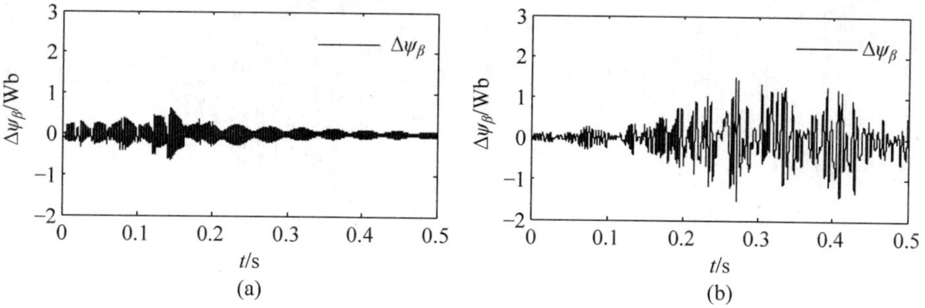

图 8-10 ψ_β 辨识误差结果

(a) 方法 1；(b) 方法 2

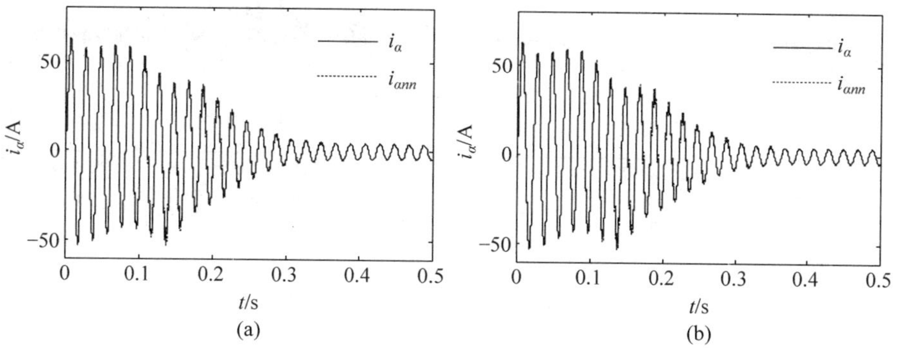

图 8-11 i_α 辨识结果

(a) 方法 1；(b) 方法 2

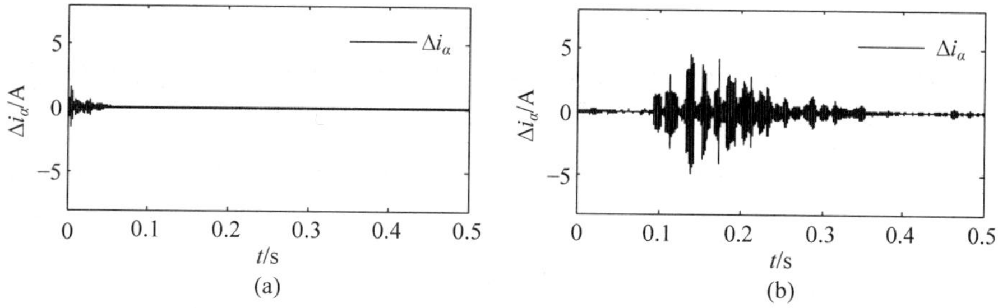

图 8-12 i_α 辨识误差结果

(a) 方法 1；(b) 方法 2

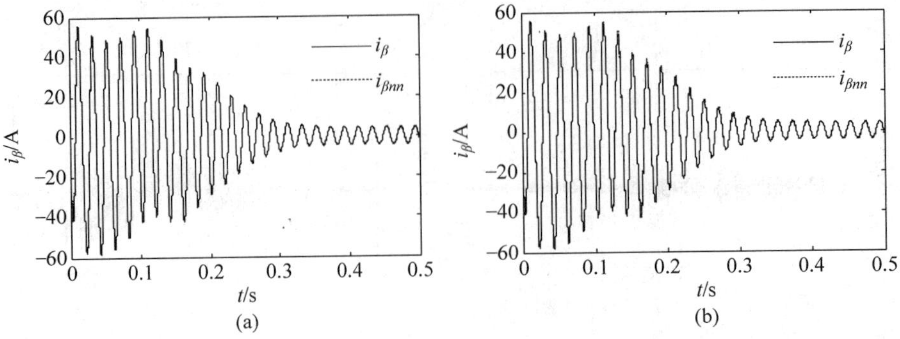

图 8-13 i_β 辨识结果

(a) 方法 1；(b) 方法 2

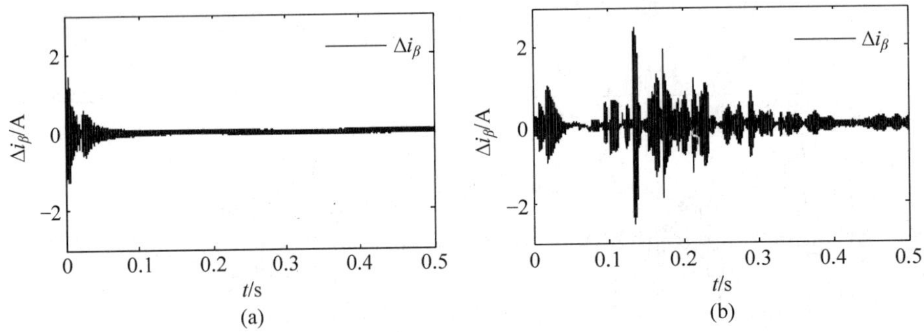

图 8-14 i_β 辨识误差结果

(a) 方法 1；(b) 方法 2

表 8-2 RMS 数值

	ω	$\psi_{r\alpha}$	$\psi_{r\beta}$	i_α	i_β
RMS(方法 1)	0.1431	0.0575	0.0533	0.0446	0.0452
RMS(方法 2)	3.1850	0.3910	0.3080	0.0493	0.0973

8.3 基于滑模学习律的多时间尺度感应电机辨识方法

文献[11-13]针对一般动态神经网络设计了滑模在线学习律，并且被证明比一般常用的在线学习律具有更快的收敛性能。受此启发，我们进一步提出了一种基于滑模学习律的多时间尺度感应电机辨识方法。

为了实现对多时间尺度感应电机(8.4)的辨识，借助第 3 章中的改进型多时间尺度动态神经网络非线性辨识方法，提出如下的辨识模型

$$\begin{aligned}\dot{\boldsymbol{x}}_{nn} &= \boldsymbol{A}\boldsymbol{x}_{nn} + \boldsymbol{W}_1\boldsymbol{\sigma}_1(\boldsymbol{V}_1[\boldsymbol{x}_{nn},\boldsymbol{y}_{nn}]^{\mathrm{T}}) + \boldsymbol{W}_2\boldsymbol{\phi}_1(\boldsymbol{V}_2[\boldsymbol{x}_{nn},\boldsymbol{y}_{nn}]^{\mathrm{T}})\gamma(\boldsymbol{u}) \\ \varepsilon\dot{\boldsymbol{y}}_{nn} &= \boldsymbol{B}\boldsymbol{y}_{nn} + \boldsymbol{W}_3\boldsymbol{\sigma}_2(\boldsymbol{V}_3[\boldsymbol{x}_{nn},\boldsymbol{y}_{nn}]^{\mathrm{T}}) + \boldsymbol{W}_4\boldsymbol{\phi}_2(\boldsymbol{V}_4[\boldsymbol{x}_{nn},\boldsymbol{y}_{nn}]^{\mathrm{T}})\gamma(\boldsymbol{u})\end{aligned} \tag{8.5}$$

式中：$\boldsymbol{x}_{nn}\in\mathbf{R}^n$，$\boldsymbol{y}_{nn}\in\mathbf{R}^m$ 是神经网络的慢、快状态变量；$\boldsymbol{W}_{1,2}\in\mathbf{R}^{n\times(n+m)}$，$\boldsymbol{W}_{3,4}\in\mathbf{R}^{m\times(n+m)}$是输出层的权值；$\boldsymbol{V}_{1,2}\in\mathbf{R}^{(n+m)\times(n+m)}$，$\boldsymbol{V}_{3,4}\in\mathbf{R}^{(n+m)\times(n+m)}$是隐层的权值；$\boldsymbol{\sigma}_k(x,y)=[\boldsymbol{\sigma}_k(x_1)\cdots\boldsymbol{\sigma}_k(x_n),\boldsymbol{\sigma}_k(y_1)\cdots\boldsymbol{\sigma}_k(y_n)]^{\mathrm{T}}\in\mathbf{R}^{(n+m)}$，$\boldsymbol{\phi}_k(x,y)=\mathrm{diag}[\boldsymbol{\phi}_k(x_1)\cdots\boldsymbol{\phi}_k(x_n),\boldsymbol{\phi}_k(y_1)\cdots\boldsymbol{\phi}_k(y_n)]^{\mathrm{T}}\in\mathbf{R}^{(n+m)\times(n+m)}(k=1,2)$，$\gamma(\cdot)$：$\mathbf{R}^n\to\mathbf{R}^n$ 是可微的输入输出映射函数；$\boldsymbol{u}=[\boldsymbol{u}_1,\boldsymbol{u}_2,\cdots,\boldsymbol{u}_p,0,\cdots,0]^{\mathrm{T}}\in\mathbf{R}^{2n}$ 是控制输入向量；$\boldsymbol{A}\in\mathbf{R}^{n\times n}$ 和 $\boldsymbol{B}\in\mathbf{R}^{m\times m}$ 是神经网络线性部分的未知矩阵。参数 ε 是时间尺度常数。$\boldsymbol{\sigma}_k(\cdot)$和$\boldsymbol{\phi}_k(\cdot)$是 Sigmoid 函数。

定义辨识误差如下

$$\begin{aligned}\boldsymbol{\Delta}_1&=\boldsymbol{x}_{nn}-\boldsymbol{x}\\ \boldsymbol{\Delta}_2&=\boldsymbol{y}_{nn}-\boldsymbol{y}\end{aligned}\tag{8.6}$$

为了简化分析，选择 $\boldsymbol{V}_{1,2,3,4}=\boldsymbol{I}$，从式(8.3)和式(8.5)中可以得到误差动力学方程

$$\begin{aligned}\dot{\boldsymbol{\Delta}}_1&=\boldsymbol{A}\boldsymbol{x}_{nn}+\boldsymbol{W}_1\boldsymbol{\sigma}_1([\boldsymbol{x}_{nn},\boldsymbol{y}_{nn}]^{\mathrm{T}})+\\ &\quad\boldsymbol{W}_2\boldsymbol{\phi}_1([\boldsymbol{x}_{nn},\boldsymbol{y}_{nn}]^{\mathrm{T}})\gamma(\boldsymbol{U})-\boldsymbol{f}_1(\boldsymbol{x},\boldsymbol{y},\boldsymbol{U},t)\\ \varepsilon\dot{\boldsymbol{\Delta}}_2&=\boldsymbol{B}\boldsymbol{y}_{nn}+\boldsymbol{W}_3\boldsymbol{\sigma}_2([\boldsymbol{x}_{nn},\boldsymbol{y}_{nn}]^{\mathrm{T}})+\\ &\quad\boldsymbol{W}_4\boldsymbol{\phi}_2([\boldsymbol{x}_{nn},\boldsymbol{y}_{nn}]^{\mathrm{T}})\gamma(\boldsymbol{U})-\boldsymbol{f}_2(\boldsymbol{x},\boldsymbol{y},\boldsymbol{U},t)\end{aligned}\tag{8.7}$$

由于 $\boldsymbol{f}_1(\boldsymbol{x},\boldsymbol{y},\boldsymbol{U},t)$，$\boldsymbol{f}_2(\boldsymbol{x},\boldsymbol{y},\boldsymbol{U},t)$未知，使用以下近似值

$$\begin{aligned}\boldsymbol{f}_1(\boldsymbol{x},\boldsymbol{y},\boldsymbol{U},t)&=\frac{\boldsymbol{x}_t-\boldsymbol{x}_{t-\tau_1}}{\tau_1}+\boldsymbol{\delta}_1\\ \boldsymbol{f}_2(\boldsymbol{x},\boldsymbol{y},\boldsymbol{U},t)&=\frac{\varepsilon(\boldsymbol{y}_t-\boldsymbol{y}_{t-\tau_2})}{\tau_2}+\boldsymbol{\delta}_2\end{aligned}\tag{8.8}$$

对于足够小的 $\tau_1,\tau_2\in\mathbf{R}^+$，向量$\boldsymbol{\delta}_1,\boldsymbol{\delta}_2$ 是时间 t 时刻的近似误差。对于式(8.4)，其范数可估计为

$$\begin{aligned}\|\boldsymbol{\delta}_1\|&=\|\tau_1^{-1}(\boldsymbol{x}_t-\boldsymbol{x}_{t-\tau_1})-\boldsymbol{f}_1(\boldsymbol{x},\boldsymbol{y},\boldsymbol{U},t)\|\\ &=\left\|\tau_1^{-1}\int_{t-\tau}^{t}\dot{\boldsymbol{x}}_s\,\mathrm{d}s-\boldsymbol{f}_1(\boldsymbol{x},\boldsymbol{y},\boldsymbol{U},t)\right\|\\ &=\left\|\tau_1^{-1}\int_{t-\tau_1}^{t}[\boldsymbol{f}_1(\boldsymbol{x}_s,\boldsymbol{y}_s,\boldsymbol{u}_s,s)-\boldsymbol{f}_1(\boldsymbol{x},\boldsymbol{y},\boldsymbol{U},t)]\mathrm{d}s\right\|\\ &\leqslant\tau_1^{-1}\int_{t-\tau_1}^{t}\|\boldsymbol{f}_1(\boldsymbol{x}_s,\boldsymbol{y}_s,\boldsymbol{u}_s,s)-\boldsymbol{f}_1(\boldsymbol{x},\boldsymbol{y},\boldsymbol{U},t)\|\,\mathrm{d}s\\ \|\boldsymbol{\delta}_2\|&=\|\varepsilon\tau_2^{-1}(\boldsymbol{y}_t-\boldsymbol{y}_{t-\tau_2})-\boldsymbol{f}_2(\boldsymbol{x},\boldsymbol{y},\boldsymbol{U},t)\|\\ &=\left\|\varepsilon\tau_2^{-1}\int_{t-\tau_2}^{t}\dot{\boldsymbol{y}}_s\,\mathrm{d}s-\boldsymbol{f}_2(\boldsymbol{x},\boldsymbol{y},\boldsymbol{U},t)\right\|\\ &=\left\|\tau_2^{-1}\int_{t-\tau_2}^{t}[\boldsymbol{f}_2(\boldsymbol{x}_s,\boldsymbol{y}_s,\boldsymbol{u}_s,s)-\boldsymbol{f}_2(\boldsymbol{x},\boldsymbol{y},\boldsymbol{U},t)]\mathrm{d}s\right\|\\ &\leqslant\tau_2^{-1}\int_{t-\tau_2}^{t}\|\boldsymbol{f}_2(\boldsymbol{x}_s,\boldsymbol{y}_s,\boldsymbol{u}_s,s)-\boldsymbol{f}_2(\boldsymbol{x},\boldsymbol{y},\boldsymbol{U},t)\|\,\mathrm{d}s\end{aligned}\tag{8.9}$$

有如下 Lipschitz 条件

$$\begin{aligned}&\|\boldsymbol{f}_1(\boldsymbol{x}_s,\boldsymbol{y}_s,\boldsymbol{u}_s,s)-\boldsymbol{f}_1(\boldsymbol{x},\boldsymbol{y},\boldsymbol{U},t)\|\leqslant C_{\tau1}+D_{\tau1}\mid s-t\mid\\&\|\boldsymbol{f}_2(\boldsymbol{x}_s,\boldsymbol{y}_s,\boldsymbol{u}_s,s)-\boldsymbol{f}_2(\boldsymbol{x},\boldsymbol{y},\boldsymbol{U},t)\|\leqslant C_{\tau2}+D_{\tau2}\mid s-t\mid\end{aligned}\tag{8.10}$$

对任何 $s,t\in\mathbf{R}^+$ 和 x_s,y_s,u_s 都成立，其中，$C_{\tau1},D_{\tau1},C_{\tau2},D_{\tau2}$ 为已知的非负常数。这些条件可以应用于一类广泛的非线性函数，包括连续函数和离散函数，如下式所示

$$\begin{aligned}\boldsymbol{f}_1(\boldsymbol{x},\boldsymbol{y},\boldsymbol{U},t)&=\boldsymbol{f}_{10}(\boldsymbol{x},\boldsymbol{y},t)+\boldsymbol{f}_{11}(\boldsymbol{x},\boldsymbol{y},t)\tanh(\boldsymbol{U})\\\boldsymbol{f}_2(\boldsymbol{x},\boldsymbol{y},\boldsymbol{U},t)&=\boldsymbol{f}_{20}(\boldsymbol{x},\boldsymbol{y},t)+\boldsymbol{f}_{21}(\boldsymbol{x},\boldsymbol{y},t)\tanh(\boldsymbol{U})\end{aligned}\tag{8.11}$$

式中：$\boldsymbol{f}_{10}(\boldsymbol{x},\boldsymbol{y},t),\boldsymbol{f}_{11}(\boldsymbol{x},\boldsymbol{y},t),\boldsymbol{f}_{20}(\boldsymbol{x},\boldsymbol{y},t),\boldsymbol{f}_{21}(\boldsymbol{x},\boldsymbol{y},t)$被认为是连续的。一般来说，$C_{\tau1},C_{\tau2}$ 是局部变量的上界估计（例如，对于 $\tanh(\boldsymbol{U})$，有 $C_{\tau1}=C_{\tau2}=2$）。至于 $D_{\tau1},D_{\tau2}$，可以将它们视为锥条件的上界（如闭环系统绝对稳定性波波夫准则[14]），因此，从式(8.9)和式(8.10)可以得到

$$\begin{aligned}\|\boldsymbol{\delta}_1\|&\leqslant C_{\tau1}+\tau_1D_{\tau1}\\\|\boldsymbol{\delta}_2\|&\leqslant C_{\tau2}+\tau_2D_{\tau2}\end{aligned}\tag{8.12}$$

把式(8.8)代入式(8.7)后，可以得到

$$\begin{aligned}\dot{\boldsymbol{\Delta}}_1&=\boldsymbol{A}\boldsymbol{x}_{nn}+[\boldsymbol{W}_1,\boldsymbol{W}_2]\begin{bmatrix}\boldsymbol{\sigma}_1([\boldsymbol{x}_{nn},\boldsymbol{y}_{nn}]^{\mathrm{T}})\\\boldsymbol{\phi}_1([\boldsymbol{x}_{nn},\boldsymbol{y}_{nn}]^{\mathrm{T}})\gamma(\boldsymbol{U})\end{bmatrix}-\\&\quad\frac{\boldsymbol{x}_{\tau_1}-\boldsymbol{x}_{t-\tau_1}}{\tau_1}-\delta_1\\\varepsilon\dot{\boldsymbol{\Delta}}_2&=\boldsymbol{B}\boldsymbol{y}_{nn}+[\boldsymbol{W}_3,\boldsymbol{W}_4]\begin{bmatrix}\boldsymbol{\sigma}_2([\boldsymbol{x}_{nn},\boldsymbol{y}_{nn}]^{\mathrm{T}})\\\boldsymbol{\phi}_2([\boldsymbol{x}_{nn},\boldsymbol{y}_{nn}]^{\mathrm{T}})\gamma(\boldsymbol{U})\end{bmatrix}-\\&\quad\frac{\varepsilon(\boldsymbol{y}_{\tau_2}-\boldsymbol{y}_{t-\tau_2})}{\tau_2}-\delta_2\end{aligned}\tag{8.13}$$

根据滑模技术[15]，必须满足以下关系

$$\begin{aligned}-\boldsymbol{P}_1\tanh(\boldsymbol{\Delta}_1)&=\boldsymbol{A}\boldsymbol{x}_{nn}+[\boldsymbol{W}_1,\boldsymbol{W}_2]\begin{bmatrix}\boldsymbol{\sigma}_1([\boldsymbol{x}_{nn},\boldsymbol{y}_{nn}]^{\mathrm{T}})\\\boldsymbol{\phi}_1([\boldsymbol{x}_{nn},\boldsymbol{y}_{nn}]^{\mathrm{T}})\gamma(\boldsymbol{U})\end{bmatrix}-\\&\quad\frac{\boldsymbol{x}_{\tau_1}-\boldsymbol{x}_{t-\tau_1}}{\tau_1}\\-\varepsilon\boldsymbol{P}_2\tanh(\boldsymbol{\Delta}_2)&=\boldsymbol{B}\boldsymbol{y}_{nn}+[\boldsymbol{W}_3,\boldsymbol{W}_4]\begin{bmatrix}\boldsymbol{\sigma}_2([\boldsymbol{x}_{nn},\boldsymbol{y}_{nn}]^{\mathrm{T}})\\\boldsymbol{\phi}_2([\boldsymbol{x}_{nn},\boldsymbol{y}_{nn}]^{\mathrm{T}})\gamma(\boldsymbol{U})\end{bmatrix}-\\&\quad\frac{\varepsilon(\boldsymbol{y}_{\tau_2}-\boldsymbol{y}_{t-\tau_2})}{\tau_2}\end{aligned}\tag{8.14}$$

进而可以得到如下滑模学习律

$$\begin{aligned}\dot{\boldsymbol{\Delta}}_1&=-\boldsymbol{P}_1\tanh(\boldsymbol{\Delta}_1)+\delta_1\\\dot{\boldsymbol{\Delta}}_2&=-\boldsymbol{P}_2\tanh(\boldsymbol{\Delta}_2)+\delta_2\end{aligned}\tag{8.15}$$

式中：$\boldsymbol{P}_1,\boldsymbol{P}_2$ 是正对角矩阵，$\boldsymbol{P}_1=\mathrm{diag}[\boldsymbol{P}_{1,1},\cdots,\boldsymbol{P}_{1,n},\boldsymbol{P}_{2,n}]$，$\boldsymbol{P}_2=\mathrm{diag}[\boldsymbol{P}_{2,1},\cdots,\boldsymbol{P}_{2,n}]$；$\tanh(\boldsymbol{\Delta}_1)=(\tanh(\boldsymbol{\Delta}_{1,1},\cdots,\boldsymbol{\Delta}_{1,n}))^{\mathrm{T}}$，$\tanh(\boldsymbol{\Delta}_2)=(\tanh(\boldsymbol{\Delta}_{2,1},\cdots,\boldsymbol{\Delta}_{2,n}))^{\mathrm{T}}$。

可以选择如下权重$[\boldsymbol{W}_1,\boldsymbol{W}_2]$，$[\boldsymbol{W}_3,\boldsymbol{W}_4]$以满足式(8.14)

$$
\begin{aligned}
[\boldsymbol{A},\hat{\boldsymbol{W}}_1,\hat{\boldsymbol{W}}_2]&=\left[\frac{\boldsymbol{x}_{\tau_1}-\boldsymbol{x}_{t-\tau_1}}{\tau_1}-\boldsymbol{P}_1\tanh(\boldsymbol{\Delta}_1)\right]\begin{bmatrix}\boldsymbol{x}_{nn}\\ \boldsymbol{\sigma}_1([\boldsymbol{x}_{nn},\boldsymbol{y}_{nn}]^{\mathrm{T}})\\ \boldsymbol{\phi}_1([\boldsymbol{x}_{nn},\boldsymbol{y}_{nn}]^{\mathrm{T}})\gamma(\boldsymbol{U})\end{bmatrix}^{+}\\
[\boldsymbol{B},\hat{\boldsymbol{W}}_3,\hat{\boldsymbol{W}}_4]&=\left[\frac{\varepsilon(\boldsymbol{y}_{\tau_2}-\boldsymbol{y}_{t-\tau_2})}{\tau_2}-\varepsilon\boldsymbol{P}_2\tanh(\boldsymbol{\Delta}_2)\right]\begin{bmatrix}\boldsymbol{y}_{nn}\\ \boldsymbol{\sigma}_2([\boldsymbol{x}_{nn},\boldsymbol{y}_{nn}]^{\mathrm{T}})\\ \boldsymbol{\phi}_2([\boldsymbol{x}_{nn},\boldsymbol{y}_{nn}]^{\mathrm{T}})\gamma(\boldsymbol{U})\end{bmatrix}^{+}
\end{aligned}
\tag{8.16}
$$

式中，$[\cdot]^{+}$ 表示 Moore-Penrose[16] 意义下的伪逆矩阵。

上述学习律只是一个代数线性矩阵方程，依赖于$\boldsymbol{\Delta}_1,\boldsymbol{\Delta}_2$，可以直接求值。因此，不需要任何预积分过程来实现这个学习律。这是该算法相对于微分学习律的一大优点。

考虑到 $\boldsymbol{x}^{+}=\dfrac{\boldsymbol{x}^{\mathrm{T}}}{\|\boldsymbol{x}\|^2}$，式(8.16)可以重写为下式

$$
[\boldsymbol{A},\hat{\boldsymbol{W}}_1,\hat{\boldsymbol{W}}_2]=\left[\frac{\tau_1^{-1}(\boldsymbol{x}_{\tau_1}-\boldsymbol{x}_{t-\tau_1})-\boldsymbol{P}_1\tanh(\boldsymbol{\Delta}_1)}{\|\boldsymbol{x}_{nn}\|^2+\|\boldsymbol{\sigma}_1([\boldsymbol{x}_{nn},\boldsymbol{y}_{nn}]^{\mathrm{T}})\|^2+\|\boldsymbol{\phi}_1([\boldsymbol{x}_{nn},\boldsymbol{y}_{nn}]^{\mathrm{T}})\gamma(\boldsymbol{U})\|^2}\right]\begin{bmatrix}\boldsymbol{x}_{nn}\\ \boldsymbol{\sigma}_1([\boldsymbol{x}_{nn},\boldsymbol{y}_{nn}]^{\mathrm{T}})\\ \boldsymbol{\phi}_1([\boldsymbol{x}_{nn},\boldsymbol{y}_{nn}]^{\mathrm{T}})\gamma(\boldsymbol{U})\end{bmatrix}^{\mathrm{T}}
$$

$$
[\boldsymbol{B},\hat{\boldsymbol{W}}_3,\hat{\boldsymbol{W}}_4]=\left[\frac{\varepsilon\tau_2^{-1}(\boldsymbol{y}_{\tau_2}-\boldsymbol{y}_{t-\tau_2})-\varepsilon\boldsymbol{P}_2\tanh(\boldsymbol{\Delta}_2)}{\|\boldsymbol{y}_{nn}\|^2+\|\boldsymbol{\sigma}_2([\boldsymbol{x}_{nn},\boldsymbol{y}_{nn}]^{\mathrm{T}})\|^2+\|\boldsymbol{\phi}_2([\boldsymbol{x}_{nn},\boldsymbol{y}_{nn}]^{\mathrm{T}})\gamma(\boldsymbol{U})\|^2}\right]\begin{bmatrix}\boldsymbol{y}_{nn}\\ \boldsymbol{\sigma}_2([\boldsymbol{x}_{nn},\boldsymbol{y}_{nn}]^{\mathrm{T}})\\ \boldsymbol{\phi}_2([\boldsymbol{x}_{nn},\boldsymbol{y}_{nn}]^{\mathrm{T}})\gamma(\boldsymbol{U})\end{bmatrix}^{\mathrm{T}}
\tag{8.17}
$$

所提出的学习律不需要一般参数辨识方法中的持续激励的条件要求[17]，因为所提出的滑模算法(8.17)直接由相关数学变化推导出来$\hat{\boldsymbol{W}}_1,\hat{\boldsymbol{W}}_2,\hat{\boldsymbol{W}}_3,\hat{\boldsymbol{W}}_4$。而不像一般辨识算法中需要根据李雅普诺夫函数来设计有关权值导数的学习律。

为了证明辨识误差的全局收敛性，定义了如下李雅普诺夫函数

$$\begin{aligned} \boldsymbol{V} &= \boldsymbol{V}_1 + \boldsymbol{V}_2 \\ \dot{\boldsymbol{V}}_1 &= \frac{1}{2} \| \boldsymbol{\Delta}_1 \|^2 \\ \dot{\boldsymbol{V}}_2 &= \frac{1}{2} \| \boldsymbol{\Delta}_2 \|^2 \end{aligned} \tag{8.18}$$

将误差方程(8.7)代入方程(8.18)的导数，可以得到

$$\begin{aligned} \dot{\boldsymbol{V}} &= \dot{\boldsymbol{V}}_1 + \dot{\boldsymbol{V}}_2 \\ \dot{\boldsymbol{V}}_1 &= \boldsymbol{\Delta}_1^{\mathrm{T}} \dot{\boldsymbol{\Delta}}_1 = \boldsymbol{\Delta}_1^{\mathrm{T}} [-\boldsymbol{P}_1 \tanh(\boldsymbol{\Delta}_1) + \boldsymbol{\delta}_1] \\ &\leqslant - \sum_{i=1}^{n} \boldsymbol{P}_{1,i} \mid \boldsymbol{\Delta}_1 \mid + \boldsymbol{\Delta}_1^{\mathrm{T}} \boldsymbol{\delta}_1 \\ &\leqslant - \min \boldsymbol{P}_{1,i} \| \boldsymbol{\Delta}_1 \| + \| \boldsymbol{\Delta}_1 \| \| \boldsymbol{\delta}_1 \| \\ \dot{\boldsymbol{V}}_2 &= \boldsymbol{\Delta}_2^{\mathrm{T}} \dot{\boldsymbol{\Delta}}_2 = \boldsymbol{\Delta}_2^{\mathrm{T}} [-\boldsymbol{P}_2 \tanh(\boldsymbol{\Delta}_2) + \boldsymbol{\delta}_2] \\ &\leqslant (- \sum_{i=1}^{n} \boldsymbol{P}_{2,i} \mid \boldsymbol{\Delta}_2 \mid + \boldsymbol{\Delta}_2^{\mathrm{T}} \boldsymbol{\delta}_2) \\ &\leqslant - \min \boldsymbol{P}_{2,i} \| \boldsymbol{\Delta}_2 \| + \| \boldsymbol{\Delta}_2 \| \| \boldsymbol{\delta}_2 \| \end{aligned} \tag{8.19}$$

考虑到式(8.10)给出的界限，选择

$$\begin{aligned} \min \boldsymbol{P}_{1,i} &\geqslant C_{\tau 1} + \tau_1 D_{\tau 1} \\ \min \boldsymbol{P}_{2,i} &\geqslant \varepsilon^{-1} (C_{\tau 2} + \tau_2 D_{\tau 2}) \end{aligned} \tag{8.20}$$

可以得到

$$\begin{aligned} &\dot{\boldsymbol{V}}_1 \leqslant 0, \quad \dot{\boldsymbol{V}}_2 \leqslant 0 \\ &\dot{\boldsymbol{V}} = \dot{\boldsymbol{V}}_1 + \dot{\boldsymbol{V}}_2 \leqslant 0 \end{aligned} \tag{8.21}$$

上述关于李雅普诺夫函数导数的不等式保证了辨识误差的收敛性，即$\boldsymbol{\Delta}_1$、$\boldsymbol{\Delta}_2 \to 0$。整体辨识结构如图 8-1 所示。

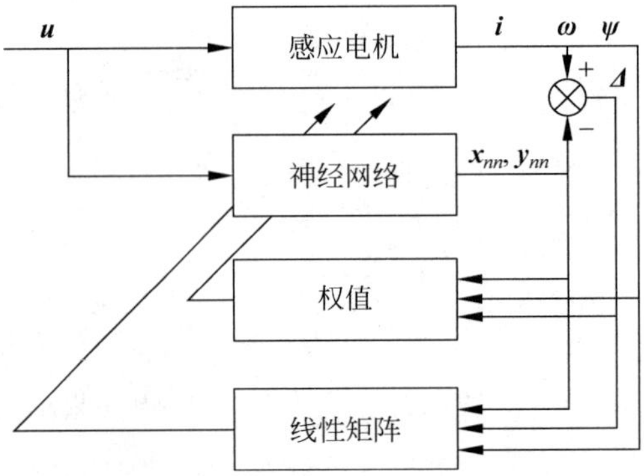

图 8-15　感应电机辨识框图

8.4　结果分析

感应电机模型及参数依然采用 8.2 节的参数。本节所提出的基于滑模学习律的多层多时间尺度动态神经网络非线性辨识方法(方法 1)与第 3 章的单层多时间尺度动态神经网络辨识算法(方法 2)的比较结果如图 8-15～8-19 所示。

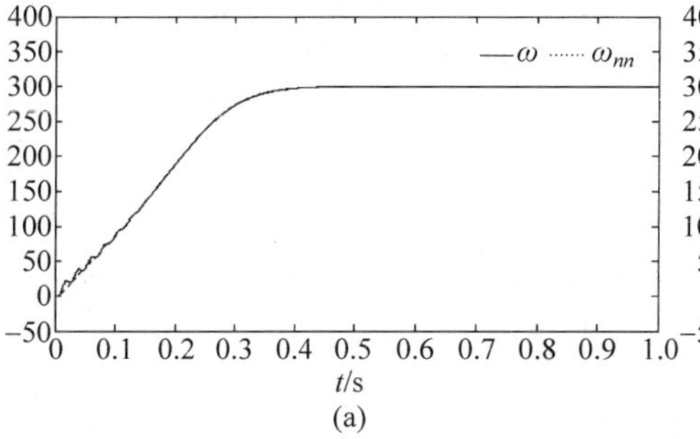

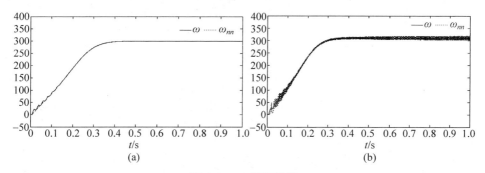

图 8-16　ω 辨识结果

(a) 方法 1;(b) 方法 2

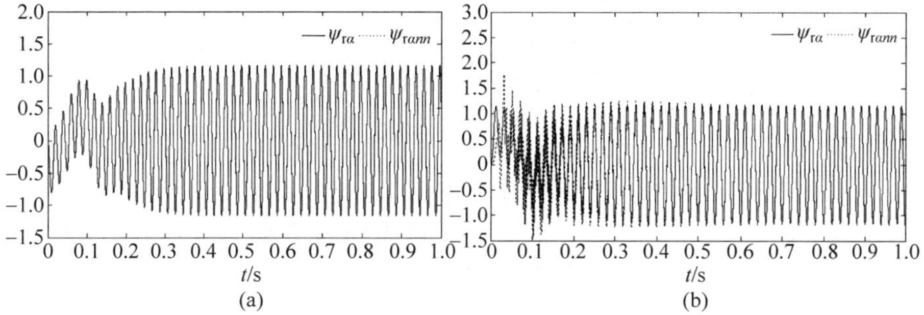

图 8-17　$\Psi_{r\alpha}$ 辨识误差结果

(a) 方法 1; (b) 方法 2

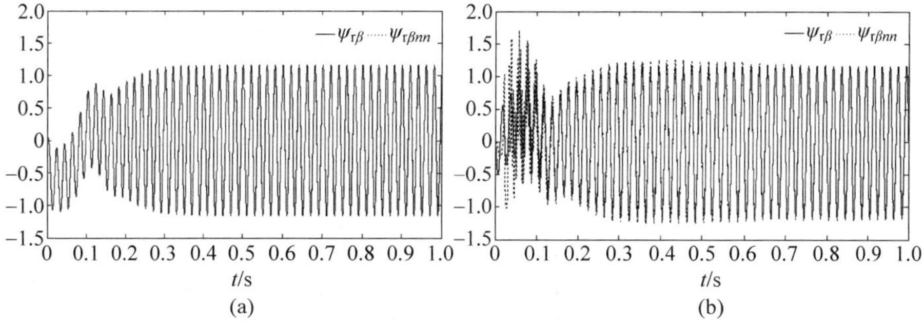

图 8-18　$\psi_{r\beta}$ 辨识结果

(a) 方法 1; (b) 方法 2

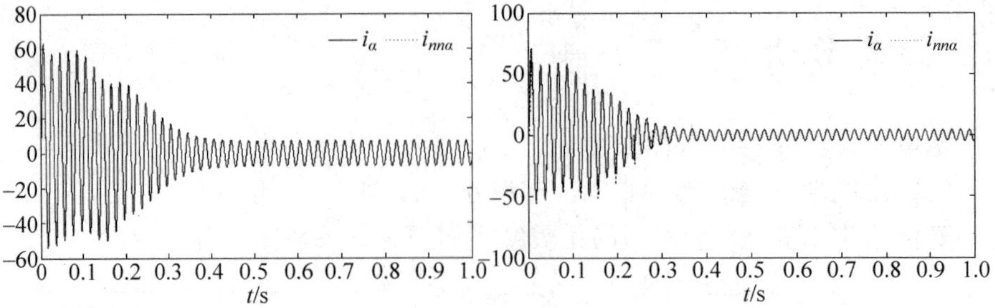

(b) (b)

图 8-19 i_α 辨识结果

（a）方法 1；（b）方法 2

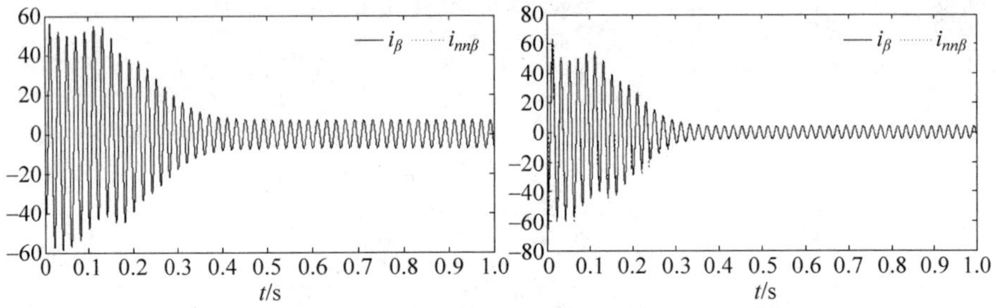

(a) (b)

图 8-20 i_β 辨识结果

（a）方法 1；（b）方法 2

由图 8-16～图 8-20 可以看出，本章的基于滑模学习律的感应电机动态神经网络在线辨识方法（方法 1）比第 3 章中的改进型辨识方法（方法 2）具有更好的性能。

8.5 本章小结

本章提出了一种基于双时标滑模更新学习律的感应电机多时间尺度动态神经网络在线辨识方法。利用李雅普诺夫函数证明了辨识算法的稳定性。对感应电机的仿真结果表明，所提出的在线辨识算法具有快速、准确的收敛特性。根据辨识结果可以对感应电机的控制进行进一步的研究。

参考文献

［1］ Mezouar A，Fellab M K，Hadjeri S. Adaptive sliding mode observer for sensorless induction motor-drive using two-time scales［J］. Simulaiton Modelling Practice and Theory，2008，16(9)：1323-1336.

［2］ Alanis A Y，Sanchez E N. Alexander G. Real-time reccerent neural state estimation［J］. IEEE

Trans on Neutral Network,2011,22(3): 497-505.

[3] Alvarez-Gallegos J, Silva-Navarro G. Two-time scale sliding-mode control for a class of nonlinear systems[J]. International Journal of Robust and Nonlinear Control, 1997(7): 865-879.

[4] Hofmahn H,Rsanders S. Speed-sensorless vector torque control of induction machiines using a two-time-scale approach[J]. IEEE Transaction on Industry Applications, 1998, 34(1): 169-177.

[5] Djemai M, Hernandez J, Barbot J P. Nonlinear control with flux observer for a singularly perturbed induction motor[C]//Proceedings of the 32nd Conference on Decision and Control. Sanaontoniv,1993: 3391-3396.

[6] Vasquez-Lopez V,Castro-Linares R, Alvarez-Gallegvs J A. Reduced order controller of two-time-scale discrete nonlinear systems: Application to the regulation of a PM Stepper motor [C]. Proceedings of the American Control Conference,Anchorage,2002: 1837-1842.

[7] Mezouar A,Fellab M K,Hadjeri S. Adaptive sliding mode observer for induction motor using two-time scales[J]. Electric Power Systems Research,2007,77(5): 604-618.

[8] Sandoval A Cr, Yu W, Li X O. Some stability properties of dynamic neural networks with different time-scales[C]//International Joint Conf. on Neural Networks,2006: 191-200.

[9] Fu T J, Xie W F. A novel sliding-mode control of induction motor using space vector modulation technique: ISA transactions on the science and engineering of measurement and automation[J]. 2005,44(4): 481-490 .

[10] Kokotovic P,Khalil H K,O'Reilly J. Singular Perturbation Methods in Control: Analysis and Design[M]. New York: Academic Press,1986.

[11] Sira-Ramirez H,Colina-Morles E. A sliding mode strategy for adaptive learning in adalines [J]. IEEE Trans on Circuits and Syst.-I: Fundamental Theory and Application, 1995, 42(12): 1001-1012.

[12] Parma G G,Menezes B R,Braga A P. Sliding mode algorithm for training multilayer artificial neural networks[J]. Electronic Letters,1998,34(1): 97-98.

[13] Shakev N G, Topalov A V, Kaynak O. Sliding Mode Algorithm for On-line Learning in Analog Multilayer Feed Forward Neural Networks[C]//Artificial Neural Networks and Neural Information Processing-ICANN/ICONIP,2003: 1064-1072.

[14] Popov V M. Hyperstability of Automatic Control System[M], New York: Springer-Verlag, 1973.

[15] Utkin V. Sliding Modes in Control and Optimization[M]. Berlin: Springer-Verlag,1992.

[16] Albert A. Regression and the Moore-Penrose Pseudoinverse[M]. New York: Academic Press,1972.

[17] Ljung L. System Identification: Theory for the User[M]. Englewood Cliff, NJ: Prentice-Hall Inc,1987.

第9章

主动转向与直接横摆力矩自学习最优控制

9.1　主动转向和直接横摆力矩控制问题

目前已经开发了许多先进的主动底盘控制系统来提高车辆的操控性和稳定性，例如 ABS(防抱死制动系统)[1-2]、AFS(主动前转向)[3]和 ESP(电子稳定程序)[4]。车辆稳定性控制通常采用主动转向、主动制动和主动悬架 3 个执行器。AFS 可以将额外的转向角应用于驾驶员的转向命令，并通过调节轮胎横向力直接影响车辆的横向行为。然而，当轮胎进入非线性区域时，AFS 不能产生足够的轮胎横向力，因此 AFS 的性能在非线性处理区域受到限制。另一方面，基于主动制动的 DYC 对线性和非线性操纵区域中的车辆稳定性非常有效[5]。通过使用 DYC 技术，利用车辆左侧和右侧之间的差动制动，产生适量的修正横摆力矩以保持车辆的稳定性[6-7]。但是，由于轮胎磨损和制动会引起显著减速，DYC 仅适用于有限的操控性。可以看出，AFS 和 DYC 技术是单独设计和优化的，用于实现特定的安全性能。最近，综合 AFS/DYC 方法已成为车辆稳定性控制研究中非常活跃的领域，如文献[8-9]中所述。综合 AFS/DYC 控制方法的主要控制目标是跟踪所需的横摆角速度和侧滑角，以达到不同驾驶操作下令人满意的稳定性能。然而，车辆系统本质上是一个不确定系统，它包含了许多不确定性和扰动，这些给控制器设计带来了巨大的挑战。

常见的基于模型跟随的车辆稳定性控制器设计是基于 2-DOF 线性车辆模型，没有考虑模型的不确定性[10-12]。为了克服不确定性和扰动的影响，集成 AFS/DYC 控制器设计采用了许多控制方法，如滑模控制[13,43]、模糊控制[10,14]、基于线性矩阵不等式(LMI)的控制、鲁棒控制[15-16]、非线性控制[17]、自适应控制[18-19]、模型预测控制(MPC)[20]、基于定量反馈理论(QFT)的控制[21]等。控制方法主要侧重于在一定程度上保证系统的鲁棒性稳定性，但不能保证在广泛的驾驶情况下在用户指定的性能函数方面都是最优的。采用文献[22-25]所示的二次最优控制方法(QOC)可实现对所需偏航率和侧滑角的跟踪控制,并可用预定的加权系数最小化指定的成本函数。然而,传统QOC方法的主要缺点在于,必须提前精确地知道系统模型才能以离线方式求解Hamilton-Jacobi-Bellman(HJB)方程或等效于一组LMI寻找最优控制律。对于线性二次调节器控制器(LQR)设计,通过求解黎卡提方程(HJB的特例)离线获得反馈增益。控制器的反馈增益一旦获得,就不能随环境而改变。因此,需要一种有效的控制策略来实时自适应地处理受时变系统动力学影响的跟踪控制问题,即在不同驾驶情况下的不确定性和非线性。

最近的研究表明,基于近似动态规划(ADP)的控制器设计可以克服对精确模型的要求,同时实现最优控制,这些研究结果可以在文献[26]中找到。众所周知,传统动态规划(DP)的"维数灾难"问题使得现有的基于动态规划的最优控制策略效率低下。此外,由于计算负担重,它们大多是离线实现的。与传统的DP不同,ADP的概念源于生物系统,可以极大地提高求解最优控制问题的计算能力,同时不会引入明显的近似误差。这一特性使ADP能够有效地解决模型不确定系统的在线优化控制问题。Werbos[27]为设计基于ADP的优化控制引入了通用的AC框架。评价NN近似性能函数,而执行NN近似最优控制律并生成动作或控制信号。从那时起,研究者们已经提出了对ADP的各种修改,例如启发式动态编程(HDP)[28]、双重启发式编程(DHP)[29]、动作相关启发式动态编程(ADHDP)[30]和Q-learning[31]。为了将现有的ADP研究从离散时域扩展到连续时域,Bhasin等提出了一种具有ACI架构的在线最优控制算法[32]来解决模型不确定的连续时间无限时域最优控制问题,且无需系统漂移动力学知识,但需要输入动力学知识。在文献[32]的基础上,文献[33,34]提出了具有简化ACI结构的自适应最优控制方法,仅使用一个评价NN而不是AC对偶网络来近似求HJB方程的解,并且计算最优控制动作,大大简化了算法架构。

需要说明的是,上述基于ADP的最优控制研究大多是在调节问题而不是跟踪问题上进行研究的。两方面综合考虑,既能保证状态跟踪稳定的实现,又能保证规定的性能指标(如最小化跟踪误差、能量、油耗、时间等)的实现。文献[35]为连续时域中的模型不确定系统开发了一种最优跟踪控制,该控制基于复杂的AC双网络架构。据我们所知,基于ADP的模型不确定系统最优跟踪控制的研究非常有限。同时,用于车辆稳定性控制的基于ADP的控制器设计很少被触及,只在文献[36]中找到一篇关于带有ADP的ABS控制器设计的最新论文。

从上述分析来看,基于ADP的模型不确定系统控制方法的最新发展使得开发不受时变参数和未知扰动影响的在线集成AFS/DYC控制器成为可能。在本章中,主要贡献是开发了一种基于critic-identifier框架(ACI的简化形式)的新型最优跟踪控制算法,用于解决模型不确定系统的在线最优跟踪问题。通过使用动态神经网络(DNN)标识符来识别不确定模式动态和评价神经网络来逼近最优值函数从而对HJB方程进行在线求解。具有权重和线性部分矩阵在线更新律的DNN标识符实现了黑盒识别。考虑参数估计误差和未知扰动的具有鲁棒学习律的评价神经网络可以实现更快的收敛速度和更强的鲁棒性。然后通过在线求解 HJB 得到最优控制律。由 DNN 标识符和评价 NN 组成的开发方法在整个学习过程中同时在线更新，并通过李雅普诺夫方法证明了整个闭环系统的稳定性。最后，将所提出的最优跟踪控制算法应用于集成 AFS/DYC 控制器的开发。考虑到不同驾驶条件下不同的纵向速度和转弯刚度，利用参数变化的 7-DOF 车辆模型的仿真结果验证了所提出的基于模型的无 ADP 的 AFS/DYC 控制器与传统的基于模型的 QOC 控制器相比的改进性能。

9.2 车辆建模

在车辆稳定性控制系统的开发中，通常采用非线性整车模型对真实车辆进行仿真，以验证所设计的控制器。7-DOF 非线性车辆模型[42]如图 9-1 所示。

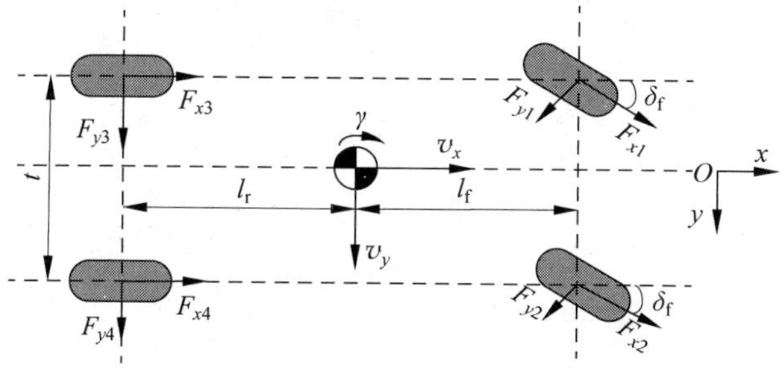

图 9-1 7-DOF 非线性车辆模型

图 9-1 所示 7-DOF 非线性车辆模型结合了从 Dugoff 轮胎模型计算的纵向和横向轮胎力，用于验证所提出的控制算法的实现。该模型忽略了升沉、横滚和俯仰运动，但考虑了横向和纵向载荷传递。假设所需横摆力矩可以通过制动力矩的分配来实现，并且认为两个前轮的转向角相同，那么由作用在车身纵、横轴上的外力和作用在前轮上的力矩组成的运动方程可以写成

$$
\begin{aligned}
m\dot{v}_x &= (F_{x1}+F_{x2})\cos(\delta_f)+F_{x3}+F_{x4}-(F_{y1}+F_{y2})\sin(\delta_f)+m\gamma v_y \\
m\dot{v}_y &= F_{y3}+F_{y4}+(F_{x1}+F_{x2})\sin(\delta_f)+(F_{y1}+F_{y2})\cos(\delta_f)-m\gamma v_x \\
I_z\dot{\gamma} &= l_f(F_{x1}+F_{x2})\sin(\delta)+l_f(F_{x1}+F_{x2})\cos(\delta_f)-l_r(F_{y1}+F_{y2})+ \\
&\quad \frac{t}{2}l_f(F_{x2}-F_{x1})\cos(\delta_f)+\frac{t}{2}(F_{x4}-F_{x3})+\frac{t}{2}(F_{y2}-F_{y1})\sin(\delta_f)
\end{aligned}
\tag{9.1}
$$

x 和 y 方向的轮胎力分量(F_{xi} 和 F_{yi})可以通过以下变换计算

$$
\begin{bmatrix} F_{xi} \\ F_{yi} \end{bmatrix} = \begin{bmatrix} \cos\delta_i & -\sin\delta_i \\ \sin\delta_i & \cos\delta_i \end{bmatrix} \begin{bmatrix} F_{xwi} \\ F_{ywi} \end{bmatrix} \quad (i=1,2,3,4) \tag{9.2}
$$

式中：F_{xwi} 和 F_{ywi} 是轮胎坐标系中的轮胎纵向和横向力，可由下面的 Dugoff 轮胎模型计算得出。$\delta_1=\delta_2=\delta_f$，$\delta_3=\delta_4=0$。每个车轮的法向载荷可以表示为

$$
\begin{aligned}
F_{z1} &= \frac{mgl_r}{2(l_f+l_r)} - \frac{ma_x h}{2(l_f+l_r)} - \frac{ma_y h}{2t} \\
F_{z2} &= \frac{mgl_r}{2(l_f+l_r)} - \frac{ma_x h}{2(l_f+l_r)} + \frac{ma_y h}{2t} \\
F_{z3} &= \frac{mgl_f}{2(l_f+l_r)} + \frac{ma_x h}{2(l_f+l_r)} - \frac{ma_y h}{2t} \\
F_{z4} &= \frac{mgl_f}{2(l_f+l_r)} + \frac{ma_x h}{2(l_f+l_r)} + \frac{ma_y h}{2t}
\end{aligned}
\tag{9.3}
$$

在本研究中，选择 Dugoff 轮胎模型[44]来计算纵向轮胎力和横向轮胎力，因为该模型需要的系数较少，并且与 Magic Formula 模型相比相对简单。此外，该模型允许使用独立的轮胎侧偏刚度和纵向刚度值。Dugoff 轮胎模型可以定义为

$$F_{xwi} = C_{xi}\frac{\sigma_i}{1+\sigma_i}f(\lambda) \tag{9.4}$$

$$F_{ywi} = C_{yi}\frac{\tan\alpha_i}{1+\sigma_i}f(\lambda) \tag{9.5}$$

式中：$\lambda = \dfrac{\mu F_{zi}(1+\sigma_i)}{2\{(C_{xi}\sigma_i)^2+(C_{yi}\tan\alpha_i)^2\}^{\frac{1}{2}}}$，$f(\lambda)=\begin{cases}(2-\lambda)\lambda, & (\lambda<1)\\ 1, & (\lambda>1)\end{cases}$。

每个轮胎的侧偏角可以定义为

$$
\begin{aligned}
\alpha_1 &= \delta_f - \arctan\frac{v_y + l_f\gamma}{v_x - 0.5t\gamma}, \quad \alpha_3 = -\arctan\frac{v_y - l_r\gamma}{v_x - 0.5t\gamma} \\
\alpha_2 &= \delta_f - \arctan\frac{v_y + l_f\gamma}{v_x + 0.5t\gamma}, \quad \alpha_4 = -\arctan\frac{v_y - l_r\gamma}{v_x + 0.5t\gamma}
\end{aligned}
\tag{9.6}
$$

每个轮胎的车轮滑移率可以描述为

$$\sigma_i = \frac{R_w\omega_{wi} - v_{xi}}{\max(R_w\omega_{wi}, V_{xi})} \tag{9.7}$$

车轮旋转动力学可以表示为

$$J_{wi}\dot{\omega}_{wi} = T_{dwi} - T_{bwi} - R_w F_{xi} \tag{9.8}$$

上面提到的参数符号见表 9-1。

表 9-1 车辆参数

参数	描述	参数	描述
m	车辆质量	h	重心高度
I_z	转动惯量	v_x, v_y	侧向和纵向车速
l_f, l_r	从 CG 到前轴和后轴的距离	a_x, a_y	侧向和纵向加速度
C_{yi}	轮胎侧偏刚度	F_{yf}, F_{yr}	前轮和后轮侧向力
C_{xi}	轮胎纵向刚度	F_{zi}	第 i 轮的垂向力

续表

参　数	描　述	参　数	描　述
g	重力加速度	t	轮距
R_w, J_w	轮胎滚动半径和转动惯量	μ	摩擦系数
ω_{wi}	轮胎角速度	γ	横摆角速度
T_{bwi}	制动力矩	α_i, σ_i	第 i 轮胎侧偏角和滑移率
T_{dwi}	驱动力矩	δ_f	前轮转角

9.3 基于辨识+评价结构的自学习最优控制方法

如图 9-2 所示的 2-DOF 单轨车辆模型[8-12]通常用于车辆稳定性控制器设计。

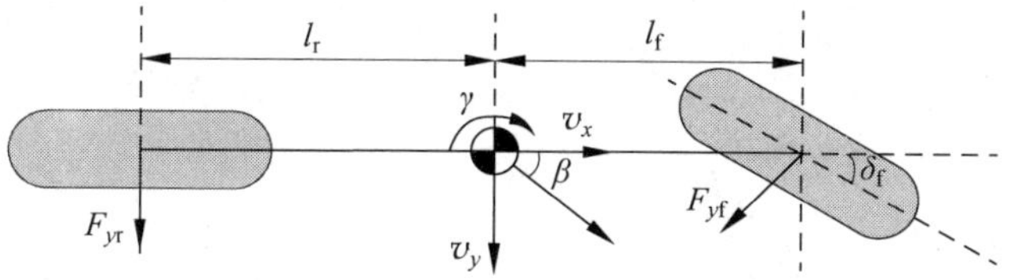

图 9-2　2-DOF 单轨车辆模型

假设轮胎侧偏刚度的不确定性可以描述为[25]

$$\begin{aligned} C_f &= C_{f0}(1+\Delta_f\rho_f), \quad \|\rho_f\| \leqslant 1 \\ C_r &= C_{r0}(1+\Delta_r\rho_r), \quad \|\rho_r\| \leqslant 1 \end{aligned} \tag{9.9}$$

式中：C_{f0}, C_{r0} 和 C_f, C_r 分别是前桥和后桥轮胎的标称和实际过弯刚度；Δ_f 和 Δ_r 是偏差幅度；ρ_f 和 ρ_r 是扰动。

那么，综合 AFS/DYC 的状态空间方程可以推导出如下公式

$$\begin{aligned} \dot{\boldsymbol{x}} &= (\boldsymbol{A}+\Delta\boldsymbol{A})\boldsymbol{x}+(\boldsymbol{B}+\Delta\boldsymbol{B})\boldsymbol{u}+\boldsymbol{E}\delta_f \\ \boldsymbol{y} &= C\boldsymbol{x} \end{aligned} \tag{9.10}$$

式中：$\boldsymbol{x}=[\beta \quad \gamma]^{\mathrm{T}}$，$\beta$ 是侧滑角，γ 是偏航率；$\boldsymbol{u}=[\delta_c \ M_c]^{\mathrm{T}}$，$\delta_c$ 是主动转向角，M_c 是修正偏航力矩。

$$\boldsymbol{A}=\begin{bmatrix} -2\dfrac{C_r+C_f}{mv_x} & -1-2\dfrac{C_fl_f-C_rl_r}{mv_x^2} \\ -2\dfrac{C_fl_f-C_rl_r}{I_z} & -2\dfrac{C_fl_f^2+C_rl_r^2}{I_zv_x} \end{bmatrix}, \quad \boldsymbol{B}=\begin{bmatrix} \dfrac{2C_f}{mv_x} & 0 \\ \dfrac{2C_fl_f}{I_z} & \dfrac{1}{I_z} \end{bmatrix},$$

$$\boldsymbol{E}=\begin{bmatrix} \dfrac{2C_f}{mv_x} \\ \dfrac{2C_fl_f}{I_z} \end{bmatrix}, \quad \Delta\boldsymbol{A}=\boldsymbol{DFE}_1, \quad \Delta\boldsymbol{B}=\boldsymbol{DFE}_2, \quad \boldsymbol{F}=\begin{bmatrix} \rho_f & 0 \\ 0 & \rho_r \end{bmatrix}, \quad \boldsymbol{C}=\begin{bmatrix} 1 & 0 \\ 0 & 1 \end{bmatrix},$$

$$\boldsymbol{D}=\begin{bmatrix}-\dfrac{2C_{\mathrm{f}}\Delta_{\mathrm{f}}}{mv_x} & \dfrac{2C_{\mathrm{r}}\Delta_{\mathrm{r}}}{mv_x}\\ -\dfrac{2C_{\mathrm{f}}\Delta_{\mathrm{f}}l_{\mathrm{f}}}{I_z} & -\dfrac{2C_{\mathrm{r}}\Delta_{\mathrm{r}}l_{\mathrm{r}}}{I_z v_x}\end{bmatrix},\quad \boldsymbol{E}_1=\begin{bmatrix}1 & \dfrac{l_{\mathrm{f}}}{v_x}\\ -1 & \dfrac{l_{\mathrm{r}}}{v_x}\end{bmatrix},\quad \boldsymbol{E}_2=\begin{bmatrix}-1 & 0\\ 0 & 0\end{bmatrix}。$$

车辆稳定性控制的主要目标是设计一个合适的控制器，使车辆稳定在所需的路径上，即使实际车辆横摆角速度和侧滑角遵循所需的响应。由文献[8-11]和文献[25]可知期望的参考模型是基于稳态条件下的 2-DOF 单轨车辆模型，通常选择为

$$\dot{\boldsymbol{x}}_{\mathrm{r}}=\boldsymbol{A}_{\mathrm{r}}\boldsymbol{x}_{\mathrm{r}}+\boldsymbol{E}_{\mathrm{r}}\delta_{\mathrm{f}} \tag{9.11}$$

其中 $$\boldsymbol{E}_{\mathrm{r}}=\begin{bmatrix}\dfrac{1-\dfrac{ml_{\mathrm{f}}}{2(l_{\mathrm{f}}+l_{\mathrm{r}})l_{\mathrm{r}}C_{\mathrm{r}}}v_x^2}{1+\dfrac{m}{(l_{\mathrm{f}}+l_{\mathrm{r}})}\left(\dfrac{l_{\mathrm{f}}}{2C_{\mathrm{r}}}-\dfrac{l_{\mathrm{r}}}{2C_{\mathrm{f}}}\right)v_x^2}\dfrac{l_{\mathrm{r}}}{(l_{\mathrm{f}}+l_{\mathrm{r}})}\\ \dfrac{\dfrac{v_x}{l_{\mathrm{f}}+l_{\mathrm{r}}}}{1+\dfrac{m}{(l_{\mathrm{f}}+l_{\mathrm{r}})}\left(\dfrac{l_{\mathrm{f}}}{2C_{\mathrm{r}}}-\dfrac{l_{\mathrm{r}}}{2C_{\mathrm{f}}}\right)v_x^2}\end{bmatrix},\quad \boldsymbol{A}_{\mathrm{r}}=\begin{bmatrix}-\dfrac{1}{\tau_\beta} & 0\\ 0 & -\dfrac{1}{\tau_{\mathrm{r}}}\end{bmatrix},\boldsymbol{x}_{\mathrm{r}}=[\beta_{\mathrm{r}}\ \gamma_{\mathrm{r}}]^{\mathrm{T}},$$

τ_{r} 和 τ_β 分别是横摆率和侧滑角的设计时间常数。

由于矩阵元的分母中包含随时间变化的纵向速度，系统(9.10)本质上是一个非线性系统，它与侧滑角也存在非线性关系，即 $\beta=\arctan(v_y/v_x)$。轮胎侧偏刚度的不确定性也带来了很大的影响。对于控制器设计，常用的带有通用 QOC 方法的集成 AFS/DYC 控制器设计[22-24]是基于精确的动态模型(9.10)，假设 $\Delta\boldsymbol{A},\Delta\boldsymbol{B}=0$ 且纵向速度为常数，前轮转向角 δ_{f} 为扰动，然后通过离线求解黎卡提方程得到最优反馈控制器增益。虽然文献[25]中考虑了轮胎侧偏刚度的不确定性，但仍然需要离线求解设计的 LMI 以获得最优控制律，并且纵向速度也假设为常数。上述二次优化控制方法的反馈增益不能根据时变参数和不同驾驶员转向角引起的不确定性和扰动在线更新，可能会失去稳定性并影响控制性能。因此，应该为集成的 AFS/DYC 控制开发先进的跟踪控制策略，以保证在准确跟踪和对新出现的操作环境的容忍度方面的性能。

基于近似动态规划 ADP 的控制方法为模型不确定系统的在线优化控制提供了一种新的解决方案。为此，本章提出了用于集成 AFS/DYC 系统的基于 ADP 的自学习最优控制结构，如图 9-3 所示。

参考模型通过驾驶员命令 δ_{f} 和从相关传感器信号获得的实时纵向速度来产生所需的横摆角速度 γ_{r} 和所需的侧滑角 β_{r}。基于 ADP 的优化控制器是本章的重点，它用于产生主动转向角 δ_{c} 和修正横摆力矩 M_{c}，使从相关传感器获得的实际横摆角速度 γ 和实际侧滑角 β 跟踪所需横摆角速度 γ_{r} 和所需侧滑角 β_{r}，主动转向角 δ_{c} 连同前轮转向角 δ_{f} 被视为前轮施加的总转向角。基于 ADP 的优化控制器产生的修正

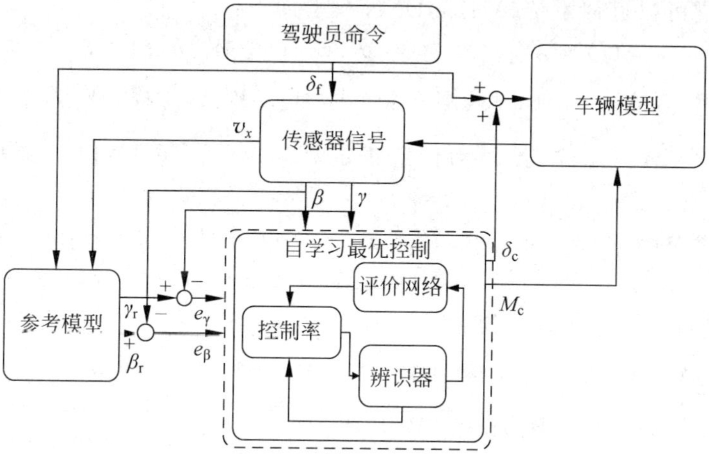

图 9-3　自学习最优控制

横摆力矩 M_c 将通过四个车轮上的制动扭矩的适当分配来实现。由于本章主要关注基于 ADP 的优化控制器设计，因此直接从文献[25]中获得制动转矩的分配方案。详细的基于 ADP 的优化控制器设计将在下文分析。

在本节中，无模型 AFS/DYC 控制器仅基于系统的输入和输出开发，而不是常用的基于精确 2-DOF 模型的控制器设计。这可以通过引入一种基于 ADP 的具有标识符-评价结构的最优跟踪控制方法来实现，分两步：①建立自适应 DNN 辨识器来识别模型不确定系统；②基于 DNN 辨识器 ADP 方法设计自学习最优控制器。

1）辨识器设计

将模型不确定系统(9.10)改写为一般形式

$$\begin{aligned}\dot{\boldsymbol{x}} &= \boldsymbol{f}(\boldsymbol{x},\boldsymbol{u}) + \boldsymbol{\xi}_0 \\ \boldsymbol{y} &= \boldsymbol{C}\boldsymbol{x}\end{aligned} \tag{9.12}$$

式中：$\boldsymbol{x}\in\mathbf{R}^n$，$\boldsymbol{f}(\boldsymbol{x},\boldsymbol{u})$是未知非线性动态；$\boldsymbol{y}\in\mathbf{R}^m$ 是输出，$\boldsymbol{C}\in\mathbf{R}^{m\times n}$ 是输出矩阵；$\boldsymbol{\xi}_0$ 是未知扰动；$n=m=2$，即输出的数量等于系统状态的数量。

然后，设计如下 DNN 辨识模型

$$\dot{\hat{\boldsymbol{x}}}(t) = \hat{\boldsymbol{A}}\hat{\boldsymbol{x}}(t) + \hat{\boldsymbol{W}}_1\sigma(\hat{\boldsymbol{V}}_1[\hat{\boldsymbol{x}}(t)]) + \hat{\boldsymbol{W}}_2\boldsymbol{\psi}(\hat{\boldsymbol{V}}_2[\hat{\boldsymbol{x}}(t)])\boldsymbol{u}(t) \tag{9.13}$$

式中：$\hat{\boldsymbol{x}}(t)\in\mathbf{R}^2$ 是 DNN 的状态；$\hat{\boldsymbol{W}}_1\in\mathbf{R}^{2\times2}$，$\hat{\boldsymbol{W}}_2\in\mathbf{R}^{2\times2}$ 是输出层中的权重；$\hat{\boldsymbol{V}}_1\in\mathbf{R}^{2\times2}$，$\hat{\boldsymbol{V}}_2\in\mathbf{R}^{2\times2}$ 是隐藏层中的权重；$\hat{\boldsymbol{A}}\in\mathbf{R}^{2\times2}$ 是神经网络线性部分的矩阵；$\boldsymbol{u}(t)\in\mathbf{R}^2$ 是控制输入；激励函数$\boldsymbol{\sigma}(\cdot)$和$\boldsymbol{\psi}(\cdot)$是 Sigmoid 函数，定义$\boldsymbol{\sigma}(\cdot)=a/(1+e^{-bx})-c$，其中 a、b、c 是常数。

文献[39]已经证明，如果隐层足够大，则形式为(9.13)的 DNN 辨识模型可以对模型不确定系统(9.12)进行任意精度的逼近。为了简化分析过程和减少在线计算时间，考虑最简单的结构，即 $\boldsymbol{V}_{1,2}=\boldsymbol{I}$，$\boldsymbol{\psi}(\cdot)=\boldsymbol{I}$。然后，我们知道确实存在一个名义

DNN 模型,它可以近似系统(9.12),DNN 模型如下:

$$\dot{\boldsymbol{x}}(t)=\boldsymbol{A}^{*}\boldsymbol{x}(t)+\boldsymbol{W}_1^{*}\boldsymbol{\sigma}(\boldsymbol{x}(t))+\boldsymbol{W}_2^{*}\boldsymbol{u}(t)+\boldsymbol{\xi}_1 \tag{9.14}$$

式中:$\boldsymbol{A}^{*}$,$\boldsymbol{W}_1^{*}$,$\boldsymbol{W}_2^{*}$ 为理想未知矩阵,且 $\boldsymbol{W}_1^{*}$,$\boldsymbol{W}_2^{*}$ 有界,$\boldsymbol{W}_1^{*}\boldsymbol{\Lambda}_1^{-1}\boldsymbol{W}_1^{*\mathrm{T}}\leqslant\overline{\boldsymbol{W}}_1$,$\boldsymbol{W}_2^{*}\boldsymbol{\Lambda}_2^{-1}\boldsymbol{W}_2^{*\mathrm{T}}\leqslant\overline{\boldsymbol{W}}_2$($\boldsymbol{\Lambda}_1^{-1}$,$\boldsymbol{\Lambda}_2^{-1}$ 为任意正定对称矩阵);$\boldsymbol{\xi}_1$ 为模型误差,并假设它有界。

激励函数的差分 $\tilde{\boldsymbol{\sigma}}=\boldsymbol{\sigma}(\boldsymbol{x}(t))-\boldsymbol{\sigma}(\hat{\boldsymbol{x}}(t))$ 满足广义 Lipshitz 条件 $\tilde{\boldsymbol{\sigma}}^{\mathrm{T}}\boldsymbol{\Lambda}\tilde{\boldsymbol{\sigma}}<\Delta\boldsymbol{x}^{\mathrm{T}}\boldsymbol{D}\Delta\boldsymbol{x}$,$\boldsymbol{D}=\boldsymbol{D}^{\mathrm{T}}>0$ 为已知的矩阵,辨识误差为 $\Delta\boldsymbol{x}=x(t)-\hat{\boldsymbol{x}}(t)$。由式(9.13)和式(9.14),可得辨识误差方程为

$$\Delta\dot{\boldsymbol{x}}=\boldsymbol{A}^{*}\Delta\boldsymbol{x}+\widetilde{\boldsymbol{A}}\hat{\boldsymbol{x}}(t)+\boldsymbol{W}_1^{*}\tilde{\boldsymbol{\sigma}}+\widetilde{\boldsymbol{W}}_1\boldsymbol{\sigma}(\hat{\boldsymbol{x}}(t))+\widetilde{\boldsymbol{W}}_2\boldsymbol{u}(t)+\boldsymbol{\xi}_1 \tag{9.15}$$

式中:$\widetilde{\boldsymbol{A}}=\boldsymbol{A}^{*}-\hat{\boldsymbol{A}}$,$\widetilde{\boldsymbol{W}}_1=\boldsymbol{W}_1^{*}-\hat{\boldsymbol{W}}_1$,$\widetilde{\boldsymbol{W}}_2=\boldsymbol{W}_2^{*}-\hat{\boldsymbol{W}}_2$。

定理 9.1 基于李雅普诺夫直接法,得到如下的更新律

$$\dot{\hat{\boldsymbol{A}}}=-q_1\Delta\boldsymbol{x}\hat{\boldsymbol{x}}^{\mathrm{T}},\quad \dot{\hat{\boldsymbol{W}}}_1=-q_2\Delta\boldsymbol{x}\boldsymbol{\sigma}_1^{\mathrm{T}}(\hat{\boldsymbol{x}}),\quad \dot{\hat{\boldsymbol{W}}}_2=-q_3\Delta\boldsymbol{x}\boldsymbol{u}^{\mathrm{T}} \tag{9.16}$$

式中:q_1,q_2,q_3 是正常数。考虑式(9.12)和式(9.16)的 DNN 辨识模型(9.13),可以保证模型误差一致渐近稳定而无建模误差,对于有界建模误差,可以保证模型误差一致最终有界(UUB)。在随后的闭环稳定性分析中给出定理 9.1 的证明。

2) 自学习最优控制器设计

从前面提到的辨识器设计中知道模型不确定系统(9.12)可以用 DNN 模型表示,更新律(9.16)可写成如下形式

$$\dot{\boldsymbol{x}}=\hat{\boldsymbol{A}}\hat{\boldsymbol{x}}+\hat{\boldsymbol{W}}_1\boldsymbol{\sigma}(\hat{\boldsymbol{x}})+\hat{\boldsymbol{W}}_2\boldsymbol{u}+\boldsymbol{\xi}_2 \tag{9.17}$$

其中,建模误差 $\boldsymbol{\xi}_2$ 仍假设为有界的,$\boldsymbol{\xi}_2\leqslant\bar{\boldsymbol{\xi}}_2$。

为实现最优跟踪控制,将控制动作 $\boldsymbol{u}$ 设计为 $\boldsymbol{u}=\boldsymbol{u}_{\mathrm{r}}+\boldsymbol{u}_{\mathrm{e}}$,稳态控制 $\boldsymbol{u}_{\mathrm{r}}$ 能保证稳态跟踪误差为零,采用自适应最优控制 $\boldsymbol{u}_{\mathrm{e}}$ 使跟踪误差动态稳定在最优状态。稳态控制 $\boldsymbol{u}_{\mathrm{r}}$ 应设计为补偿式(9.17)中的非线性动态。因此,设计 $\boldsymbol{u}_{\mathrm{r}}$ 为

$$\boldsymbol{u}_{\mathrm{r}}=\hat{\boldsymbol{W}}_2^{\oplus}[\dot{\boldsymbol{x}}_{\mathrm{d}}-\hat{\boldsymbol{A}}\hat{\boldsymbol{x}}-\hat{\boldsymbol{W}}_1\boldsymbol{\sigma}(\hat{\boldsymbol{x}})-\boldsymbol{K}\boldsymbol{e}] \tag{9.18}$$

式中:$\boldsymbol{e}=\boldsymbol{x}_{\mathrm{r}}-\boldsymbol{x}$ 表示状态跟踪误差;$\boldsymbol{K}$ 是反馈增益;$\hat{\boldsymbol{W}}_2^{\oplus}$ 表示 $\hat{\boldsymbol{W}}_2$ 的广义逆。

将式(9.18)代入式(9.17),即可得到误差动态方程

$$\dot{\boldsymbol{e}}=-\boldsymbol{K}\boldsymbol{e}+\hat{\boldsymbol{W}}_2\boldsymbol{u}_{\mathrm{e}}+\boldsymbol{\xi}_2 \tag{9.19}$$

在这种情况下,式(9.17)的跟踪问题被转移到式(9.19)的调节器问题。因此,将无限期性能成本函数定义为

$$\boldsymbol{V}(\boldsymbol{e}(t))=\int_t^{\infty}\boldsymbol{r}(\boldsymbol{e}(\tau),\boldsymbol{u}_{\mathrm{e}}(\boldsymbol{e}(\tau)))\mathrm{d}\tau \tag{9.20}$$

式中,$\boldsymbol{r}(\boldsymbol{e},\boldsymbol{u}_{\mathrm{e}})=\boldsymbol{e}^{\mathrm{T}}\boldsymbol{Q}\boldsymbol{e}+\boldsymbol{u}_{\mathrm{e}}^{\mathrm{T}}\boldsymbol{R}\boldsymbol{u}_{\mathrm{e}}$ 为效用函数。

根据文献[40]中的最优调节器问题设计,应设计一个可容许的控制策略,以保证与式(9.19)相关的无穷区间代价函数(9.20)最小。定义式(9.19)的哈密顿量为

$$\boldsymbol{H}(\boldsymbol{e},\boldsymbol{u}_{\mathrm{e}},\boldsymbol{V})=\boldsymbol{V}_{\mathrm{e}}^{\mathrm{T}}[-\boldsymbol{K}\boldsymbol{e}+\hat{\boldsymbol{W}}_2\boldsymbol{u}_{\mathrm{e}}+\boldsymbol{\xi}_2]+\boldsymbol{e}^{\mathrm{T}}\boldsymbol{Q}\boldsymbol{e}+\boldsymbol{u}_{\mathrm{e}}^{\mathrm{T}}\boldsymbol{R}\boldsymbol{u}_{\mathrm{e}} \tag{9.21}$$

式中，$\boldsymbol{V}_{\mathrm{e}}=\dfrac{\partial \boldsymbol{V}(\boldsymbol{e})}{\partial \boldsymbol{e}}$是值函数对 $\boldsymbol{e}$ 的偏导数。

然后将最优成本函数定义为

$$\boldsymbol{V}^*(\boldsymbol{e}(t))=\min_{\boldsymbol{u}_{\mathrm{e}}\in\boldsymbol{\phi}(\Omega)}\left(\int_t^{\infty}r(\boldsymbol{e}(\tau),\boldsymbol{u}_{\mathrm{e}}(\boldsymbol{e}(\tau)))\mathrm{d}\tau\right) \tag{9.22}$$

它满足如下 HJB 方程

$$\min_{\boldsymbol{u}_{\mathrm{e}}\in\boldsymbol{\phi}(\Omega)}[\boldsymbol{H}(\boldsymbol{e},\boldsymbol{u}_{\mathrm{e}}^*,\boldsymbol{V}^*)]=0 \tag{9.23}$$

最后，通过求解式(9.21)和式(9.22)得到式(9.19)的反馈最优控制值

$$\boldsymbol{u}_{\mathrm{e}}^*=-\frac{1}{2}\boldsymbol{R}^{-1}\hat{\boldsymbol{W}}_2^{\mathrm{T}}\frac{\partial \boldsymbol{V}^*(\boldsymbol{e})}{\partial \boldsymbol{e}} \tag{9.24}$$

由式(9.24)可知，最优控制值 $\boldsymbol{u}_{\mathrm{e}}^*$ 是基于最优值函数的 $\boldsymbol{V}^*(\boldsymbol{e})$。然而，求解非线性偏微分 HJB 方程(9.21)很困难，常用的方法是通过一个临界神经网络得到近似解，如文献[29-35]。因此，可使用单层神经网络来逼近最优值函数

$$\boldsymbol{V}^*(\boldsymbol{e})=\boldsymbol{W}_3^{*\mathrm{T}}\boldsymbol{\phi}(\boldsymbol{e})+\boldsymbol{\xi}_3 \tag{9.25}$$

式(9.25)的导数是

$$\frac{\partial \boldsymbol{V}^*(\boldsymbol{e})}{\partial \boldsymbol{e}}=\nabla\boldsymbol{\phi}^{\mathrm{T}}(\boldsymbol{e})\boldsymbol{W}_3^*+\nabla\boldsymbol{\xi}_3 \tag{9.26}$$

式中：$\boldsymbol{W}_3^*\in\mathbf{R}^I$ 为标称权向量；$\boldsymbol{\phi}(\boldsymbol{e})\in\mathbf{R}^I$ 为激励函数；$\boldsymbol{\xi}_3$ 为近似误差；I 为神经元数。$\nabla(\boldsymbol{e})=\dfrac{\partial\boldsymbol{\phi}(\boldsymbol{e})}{\partial \boldsymbol{e}}$和$\nabla\boldsymbol{\xi}_3=\dfrac{\partial\boldsymbol{\xi}_3}{\partial \boldsymbol{e}}$分别是$\boldsymbol{\phi}(\boldsymbol{e})$和$\boldsymbol{\xi}_3$ 对 $\boldsymbol{e}$ 的偏导数。

然后将式(9.26)代入式(9.24)，得到

$$\boldsymbol{u}_{\mathrm{e}}^*=-\frac{1}{2}\boldsymbol{R}^{-1}\hat{\boldsymbol{W}}_2^{\mathrm{T}}(\nabla\boldsymbol{\phi}^{\mathrm{T}}(\boldsymbol{e})\boldsymbol{W}_3^*+\nabla\boldsymbol{\xi}_3) \tag{9.27}$$

评价网络的估计形式如下

$$\boldsymbol{V}(\boldsymbol{e})=\hat{\boldsymbol{W}}_3^{\mathrm{T}}\boldsymbol{\phi}(\boldsymbol{e}) \tag{9.28}$$

式中，$\hat{\boldsymbol{W}}_3$ 为 $\boldsymbol{W}_3^*$ 的估计值。

然后由式(9.27)和式(9.28)得到近似最优控制

$$\boldsymbol{u}_{\mathrm{e}}=-\frac{1}{2}\boldsymbol{R}^{-1}\hat{\boldsymbol{W}}_2^{\mathrm{T}}\nabla\boldsymbol{\phi}^{\mathrm{T}}(\boldsymbol{e})\hat{\boldsymbol{W}}_3 \tag{9.29}$$

为了从式(9.29)中得到最优控制行为，需要设计系统的更新律 $\hat{\boldsymbol{W}}_3$。因此，将式(9.25)代入式(9.21)，得到

$$0=\boldsymbol{W}_3^{*\mathrm{T}}\nabla\boldsymbol{\phi}(\boldsymbol{e})[-\boldsymbol{K}\boldsymbol{e}+\hat{\boldsymbol{W}}_2\boldsymbol{u}_{\mathrm{e}}]+\boldsymbol{e}^{\mathrm{T}}\boldsymbol{Q}\boldsymbol{e}+\boldsymbol{u}_{\mathrm{e}}^{\mathrm{T}}\boldsymbol{R}\boldsymbol{u}_{\mathrm{e}}+\boldsymbol{\xi}_{\mathrm{HJB}} \tag{9.30}$$

式中，$\boldsymbol{\xi}_{\mathrm{HJB}}=\boldsymbol{W}_3^{*\mathrm{T}}\boldsymbol{\phi}(\boldsymbol{e})\boldsymbol{\xi}_2+\nabla\boldsymbol{\xi}_3[-\boldsymbol{K}\boldsymbol{e}+\hat{\boldsymbol{W}}_2\boldsymbol{u}_{\mathrm{e}}+\boldsymbol{\xi}_2]$是由于 DNN 模型的辨识误差$\boldsymbol{\xi}_2$和评价 NN 近似误差$\nabla\boldsymbol{\xi}_3$ 导致的 HJB 方程误差。

根据基本的在线参数辨识程序，式(9.30)可以用参数模型的形式表示为

$$\boldsymbol{Y}=-\boldsymbol{W}_3^{*\mathrm{T}}\boldsymbol{X}-\boldsymbol{\xi}_{\mathrm{HJB}} \tag{9.31}$$

式中：$\boldsymbol{X}=\nabla\boldsymbol{\phi}(\boldsymbol{e})[-\boldsymbol{K}\boldsymbol{e}+\hat{\boldsymbol{W}}_2\boldsymbol{u}_{\mathrm{e}}]$；$\boldsymbol{Y}=\boldsymbol{e}^{\mathrm{T}}\boldsymbol{Q}\boldsymbol{e}+\boldsymbol{u}_{\mathrm{e}}^{\mathrm{T}}\boldsymbol{R}\boldsymbol{u}_{\mathrm{e}}$。

式(9.31)是一个通用的参数模型。常用的参数估计方法有很多种，如最小二乘法[35]和梯度法[32]。这些方法利用估计模型和参数模型输出之间的估计误差来驱动在线生成自适应律。它们是以最小化估计误差为目标设计的，但不能保证估计参数收敛到标称值。然而，文献[33,45]证明评价神经网络权值的收敛性对基于 ADP 的最优控制器的收敛性是重要的。同时，参数自适应律应包含一些参数估计误差的信息，以提高收敛性能[37]，这在控制领域得到了广泛的认可。受这些结果的启发，本章提出了一种新的考虑参数误差信息的鲁棒估计方法来代替常用的最小二乘法或梯度法。

因此，将辅助回归矩阵 $\boldsymbol{E}\in\mathbf{R}^{l\times l}$ 和向量 $\boldsymbol{F}\in\mathbf{R}^{l}$ 定义为

$$\begin{cases}\dot{\boldsymbol{E}}(t)=-\eta\boldsymbol{E}(t)+\boldsymbol{X}\boldsymbol{X}^{\mathrm{T}}, & \boldsymbol{E}(0)=0\\ \dot{\boldsymbol{F}}(t)=-\eta\boldsymbol{F}(t)+\boldsymbol{X}\boldsymbol{Y}, & \boldsymbol{F}(0)=0\end{cases} \tag{9.32}$$

式中，η 是一个正常数。

另一个基于 $\boldsymbol{E}$ 和 $\boldsymbol{F}$ 的辅助向量 $\boldsymbol{M}$ 定义为

$$\boldsymbol{M}=\boldsymbol{E}(t)\hat{\boldsymbol{W}}_3+\boldsymbol{F}(t) \tag{9.33}$$

然后，由下式提供了用于更新的自适应律：

$$\dot{\hat{\boldsymbol{W}}}_3=-\rho\boldsymbol{M} \tag{9.34}$$

式中，ρ 为在线学习律。

定理 9.2 对于系统(9.12)，采用式(9.18)和式(9.29)中的自适应最优控制以及式(9.16)和式(9.34)中的自适应律，可以保证跟踪误差 $\boldsymbol{e}$ 为 UUB，且式(9.29)中的最优控制 $\boldsymbol{u}_{\mathrm{e}}$ 收敛到式(9.27)中理想最优解 $\boldsymbol{u}_{\mathrm{e}}^{*}$ 附近的一个小界。在整个学习过程中，整个闭环信号都是 UUB。

定理 9.2 的证明跟第 6 章的证明类似，这里不再详细给出。

9.4 结果分析

综合 AFS/DYC 的最优控制目标是使侧滑角和横摆角速度跟踪从参考模型得到的期望值，并使下列性能指标最小化

$$\boldsymbol{V}=\int_0^t(\boldsymbol{e}^{\mathrm{T}}\boldsymbol{Q}\boldsymbol{e}+\boldsymbol{u}^{\mathrm{T}}\boldsymbol{R}\boldsymbol{u})\mathrm{d}\tau \tag{9.35}$$

式中：$\boldsymbol{e}=\begin{bmatrix}e_1\\e_2\end{bmatrix}=\begin{bmatrix}\beta_{\mathrm{r}}-\beta\\ \gamma_{\mathrm{r}}-\gamma\end{bmatrix}$；$\boldsymbol{u}=\begin{bmatrix}\delta_{\mathrm{c}}\\M_{\mathrm{c}}\end{bmatrix}$；加权系数 $\boldsymbol{Q}$ 和 $\boldsymbol{R}$ 是给定的正定对称矩阵，它们决定了最优控制律的最优性。

为了与文献[25]中的QOC控制方法进行公平比较，使用了如下相同的车辆参数 $m=1704\text{kg}$，$C_f=63224\text{N/rad}$，$C_r=84680\text{N/rad}$，$I_z=3048\text{kg/m}^2$，$l_f=1.135\text{m}$，$l_r=1.555\text{m}$，$\mu=0.8$。

对于QOC控制方法而言，一旦获得控制律，控制律的增益就不能随着环境在线改变。然而，本章提出的基于ADP的自学习最优控制方法可以克服这一缺点，通过在线求解HJB方程，实现自学习最优控制。HJB方程的在线求解分别采用DNN辨识器辨识车辆模型和评价神经网络辨识最优成本函数。通过对9.1节提出的7自由度非线性车辆模型(9.1)在变道工况下的测试，比较基于ADP的自学习控制方法和QOC控制方法[25]的仿真结果，如图9-4所示。

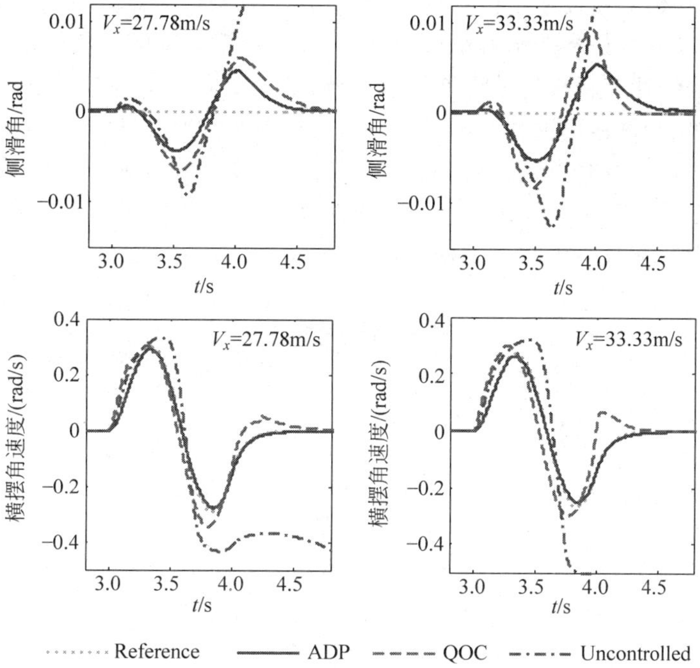

图9-4 侧滑角和横摆角速度响应的比较(见文后彩图)

由图9-4可以看出，与QOC控制方法相比，在纵向速度和转弯刚度随时间变化的情况下，基于ADP的控制方法能够更精确地跟踪车辆侧滑角和横摆角速度。与QOC控制方法相比，基于ADP的控制方法具有跟踪误差小、收敛速度快等优点。这意味着使用基于ADP的控制方法，车辆可以更快地从失控状态恢复到所需的路径。注意，通常在这种失控情况下，不受控制的车辆易失去控制。因此，所提出的AFS/DYC方法可以大大提高车辆的操纵稳定性。值得一提的是，基于ADP的控制方法的性能改进主要有两个原因。首先，QOC控制方法的控制律是基于精确的二自由度车辆模型，当车辆参数发生变化时，控制精度无法保证。然而，基于ADP的控制方法并不局限于一个特定的数学模型，而是基于车辆系统的输入/输出。其次，基于

ADP 的控制方法的反馈控制增益可以随着纵向速度和转弯刚度的时变而在线更新，而对于文献[25]中的 QOC 方法和文献[22-24]中的许多现有最优控制方法，反馈控制增益是预先固定的。

9.5 本章小结

针对 AFS/DYC 集成控制器设计中存在的模型不确定性和干扰问题，提出了一种基于 ADP 的无模型最优跟踪控制方法。该控制方法只需知道系统的输入输出，不需要知道精确的数学模型，与常用的基于模型的控制器设计相比具有很大的优越性。此外，所提出的最优跟踪控制方法的反馈控制增益可以随系统参数的变化而在线更新，而在现有的许多二次型最优控制方法中，反馈控制增益是预先固定的。在一个 7 自由度非线性车辆模型上进行仿真实验，验证了该控制器的性能。仿真结果表明，当车速和轮胎侧偏刚度存在不确定性时，基于 ADP 的控制方法具有很好的跟踪性能，同时具有很强的鲁棒性和自适应性。通过与文献中常用的二次型最优控制方法(QOC)的比较，进一步验证了该方法的性能。此外，本章提出的自适应最优跟踪控制方法也有望解决其他相关工程问题。

参考文献

[1] Do M, Man Z, Zhang C, et al. Robust sliding mode-based learning control for steer-by-wire systems in modern vehicles[J]. IEEE Trans Veh Technol, 2014, 63(2): 580-590.

[2] Imine H, Fridman L M, Madani T. Steering control for rollover avoidance of heavy vehicles [J]. IEEE Trans Veh Technol, 2012, 61(8): 3499-3509.

[3] Lian Y, Zhao Y, Hu L, et al. Longitudinal collision avoidance control of electric vehicles based on a new safety distance model and constrained regenerative braking strength continuity braking force distribution strategy[J]. IEEE Trans Veh Technol, 2015, 1-17.

[4] Yim S, Jeon K, Yi K. An Investigation into Vehicle Rollover Prevention by Coordinated Control of Active Anti-roll Bar and Electronic Stability Program[J]. International Journal of Control, Automation, and Systems, 2012, 10(2): 275-287.

[5] Zhou H, Liu Z. Vehicle yaw stability-control system design based on sliding mode and backstepping control approach[J]. IEEE Trans Veh Technol, 2010, 59(7): 3674-3678.

[6] Hsu L Y, Chen T L. An optimal wheel torque distribution controller for automated vehicle trajectory following[J]. IEEE Trans Veh Technol, 2013, 62(6): 2430-2440.

[7] Fallah S, Khajepour A, Fidan B, et al. Vehicle optimal torque vectoring using state-derivative feedback and linear matrix inequality[J]. IEEE Trans Veh Technol, 2013, 62(4): 1540-1551.

[8] Zhang H, Wang J. Vehicle lateral dynamics control through AFS/DYC and robust gain-scheduling approach[J]. IEEE Trans Veh Technol, 2015, 65(1): 489-494.

[9] Aripina M K, Samb Y M, Kumeresanb A D, et al. A review on integrated active steering and

braking control for vehicle yaw stability system[J]. Journal Technology, 2014, 71(2): 105-111.

[10] Li B, Yu F. Design of a vehicle lateral stability control system via a fuzzy logic control approach[J]. IMech, Part D, Jornal of Automobile Engineering, 2009, 224: 313-325.

[11] Yim S, Kim S, Yun H. Coordinated control with electronic stability control and active front steering using the optimum yaw moment distribution under a lateral force constraint on the active front steering[J]. Proc. IMechE Part D: J. Automobile Engineering, 2015, 1-12.

[12] Ahn C, Kim B, Lee M. Modeling and control of an anti-lock brake and steering system for cooperative control on split-mu surfaces[J]. International Journal of Automotive Technology, 2012, 13(4): 571-581.

[13] Canale M, Fagiano L, Ferrora A, et al. Vehicle yaw control via second order sliding mode technique[J]. IEEE Trans Ind Electron, 2008, 55(11): 3908-3916.

[14] Karbalaei R, Ghaffari A, Kazemi R, et al. Design of an integrated AFS/DYC based on fuzzy logic control[C]//IEEE Inter. Conf. on, Vehicular Electronics and Safety. ICVES, 2007: 1-6.

[15] Doumiati M, Sename O, Dugard L, et al. Integrated vehicle dynamics control via coordination of active front steering and rear braking[J]. European Journal of Control, 2013, 19: 121-143.

[16] Çaglar Baslamis S, Emre Köse I, Anlas G. Handling stability improvement through robust active front steering and active differential control[J]. Vehicle System Dynamics, 2011, 49(5): 657-683.

[17] He Z, Ji X. Nonlinear robust control of integrated vehicle dynamics[J]. Vehicle System Dynamics, 2012, 50(2): 247-280.

[18] Tjønnås J, Johansen T A. Stabilization of automotive vehicles using active steering and adaptive brake control allocation[J]. IEEE Trans Contr Syst Technol, 2010, 22(3): 545-558.

[19] Ding N, Taheri S. An adaptive integrated algorithm for active front steering and direct yaw moment control based on direct Lyapunov method[J]. Vehicle System Dynamics, 2010, 48(10): 1193-1213.

[20] Choi M, Choi S B. MPC for vehicle lateral stability via differential braking and active front steering considering practical aspects[J]. Proc. IMechE Part D: J. Automobile Engineering, 2015, 229: 1-11.

[21] Rezai M, Shirazi K H. Robust handling enhancement on a slippery road using quantitative feedback theory[J]. IMechE Part D: J. Automobile Engineering, 2014, 228(4): 426-442.

[22] Waschi H, Kolmanovsky L, Steinbuch M, et al. Optimization and Optimal Control in Automotive Systems[M]. Springer, 2014.

[23] Katriniok A, Maschuw J P, Christen F, et al. Optimal vehicle dynamics control for combined longitudinal and Lateral autonomous vehicle guidance[C]//european control conference (ECC). 2013: 974-979.

[24] Tavan N, Tavan M, Hosseini R. An optimal integrated longitudinal and lateral dynamic controller development for vehicle path tracking[J]. American Journal of Solids and Structures, 2015, 12: 1006-1023.

[25] Yang X, Wang Z, Peng W. Coordinated control of AFS and DYC for vehicle handling and

stability based on optimal guaranteed cost theory [J]. Vehicle System Dynamics, 2009,47(1): 57-79.

[26] Lewis F L, Liu D. Approximate Dynamic Programming and Reinforcement Learning for Feedback Control[M]. Hoboken: Wiley,2013.

[27] Werbos P. Approximate dynamic programming for real-time control and neural modeling. Handbook of Intelligent Control. Neural, Fuzzy, and Adaptive Approaches [M]. New York: 1992.

[28] Miller W T, Sutton R, Werbos P. Neural Networks for Control[M]. Cambridge: MIT Press, 1990.

[29] Fairbank M, Alonso E, Prokhorov D. Simple and fast calculation of the second-order gradients for globalized dual heuristic dynamic programming in neural networks[J]. IEEE Trans Neural Netw,2012,123(10): 1671-1676.

[30] Zhu L, Modares H, Peen G, et al. Adaptive suboptimal output-feedback control for linear systems using integral reinforcement learning[J]. IEEE Trans Contr Syst Technol, 2015, 23(1): 264-273.

[31] Wei Q, Liu D, Shi G. A novel dual iterative Q-learning method for optimal battery management in smart residential environments[J]. IEEE Trans Ind Electron, 2015, 62(4): 2509-2518.

[32] Bhasin S, Kamalapurkar R, Johnson M, et al. A novel actor-critic-identifier architecture for approximate optimal control of uncertain nonlinear systems[J]. Automatica, 2013, 49(1): 82-92.

[33] Lv Y, Na J, Yang Q, et al. Online adaptive optimal control for continuous-time nonlinear systems with completely unknown dynamics[J]. International Journal of Control, 2016, 89(1): 99-112.

[34] Yang X, Liu D, Wang D. Reinforcement learning for adaptive optimal control of unknown continuous-time nonlinear systems with input constraints [J]. International Journal of Control,2014,87(3): 553-566.

[35] Kamalapurkar R, Dinhb H, Bhasin S, et al. Approximate optimal trajectory tracking for continuous-time nonlinear systems[J]. Automatica,2015,51: 40-48.

[36] Sardarmehni T, Heydari A. Optimal switching in anti-lock brake systems of ground vehicles based on approximate dynamic programming[C]. Pro. of the ASME Dynamic Systems and Control Conference, Columbus, Ohio, 2015.

[37] Na J, Yang J, Wu X, et al. Robust adaptive parameter estimation of sinusoidal signals[J]. Automatica,2015,53: 376-384.

[38] Bechlioulis C P, Rovithakis G A. Robust Adaptive Control of Feedback Linearizable MIMO Nonlinear Systems with Prescribed Performance[J]. IEEE Trans Autom Control, 2008, 53(9): 2090-2099.

[39] Li X, Yu W. Dynamic system identification via recurrent multilayer perceptrons, Information [J]. Sciences,2002,47: 45-63.

[40] Khalaf M A, Lewis F L. Nearly optimal control laws for nonlinear systems with saturating

actuators using a neural network HJB approach[J]. Automatica,2005,41(5): 779-791.

[41] Poznyak A S, Sanchez E N, Yu W. Differential Neural Networks for Robust Nonlinear Control[M]. World Scientific,2001.

[42] Osborn R P, Shim T. Independent control of all wheel-drive torque distribution[J]. Veh System Dynamics,2006,44: 529-546.

[43] Li B,Rakheja S,Feng Y. Enhancement of vehicle stability through integration of direct yaw moment and active rear steering[J]. DOI: 10.1177/0954407015596255,2015.

[44] Dugoff H,Fancher P S,Segal L. Tyre performance characteristics affecting vehicle response to steering and braking control inputs[R]. Office of Vehicle Systems Research,US National Bureau of Standards,1969.

第10章

半主动悬架自学习最优控制

10.1　半主动悬架控制问题

半主动悬架也是装备有很多可以获取路面激励信息和车身姿态变化的传感器。与主动悬架不同的是，半主动悬架是对一个自身参数可调的减振器进行调节，获得期望的输出力，从而在汽车行驶过程中提高舒适性和操纵性。在平坦路面上，半主动悬架可以得到几乎和主动悬架相同的性能而不需要消耗大量的能量；在崎岖路面上，半主动悬架也能极大地改善车辆的性能。因此，半主动悬架是目前国内外应用最多的悬架类型。悬架系统的改进在实现更舒适和更安全车辆的目标方面发挥着重要作用。因此，针对悬架系统的控制方法要求更加智能，以适应各种路况。文献[1]中总结了针对半主动悬架的多种控制方法。然而，由于参数不确定性和未知道路输入导致的模型不确定性给实际悬架系统中的控制器设计带来了巨大挑战。

众所周知，最优控制器通常是通过求解 Hamilton-Jacobi-Bellman(HJB)方程离线设计的。对于线性系统，是通过求解黎卡提方程(HJB 的特殊情况)离线设计线性二次调节器(linear quadratic regulator，LQR)控制器。然而，传统 LQR 的主要缺点在于必须提前精确地知道系统模型才能找到最优控制律。此外，反馈控制增益是离线获得的，控制器的反馈增益一旦获得，就不能随着驾驶环境的不同而改变。因此，需要一种更有效的控制策略来实时自适应地处理在不同驾驶情况下受时变参数影响的主动悬架控制问题。文献[2]中总结的最新研究结果表明，基于近似动态规划(approximate dynamic programming，ADP)的控制器设计融合了自适应控制和最优控制的一些关键原则，可以克服对精确模型的需求，同时实现最优性。由 AC 结构支持的 ADP 学习机制有两个步骤[3]。首先，评价网络执行的策略评估用于评估控制动作，然后执行网络执行策略改进用于修改控制策略。大多数可用的自适应最优控制方法通常基于双神经网络架构[4-7]，使用评价神经网络和执行神经网络分别逼近最优成本函数和最优控制策略。但复杂的结构和巨大的计算量使该控制方法难以实际实现。

本章提出了一种结构简化的四分之一汽车半主动悬架系统的自学习优化控制方法。最优控制动作是直接从评价神经网络计算出来的,而不是从评价神经网络和执行神经网络双网络计算出来的。同时,提出了由参数误差信息驱动的在线鲁棒自学习规则,用于识别最优成本函数的评价神经网络。最后,基于评价神经网络在线求解 HJB 方程而获得最优控制动作。通过李雅普诺夫理论保证了整个闭环系统的一致最终有界(ultimate boundedness stability,UUB)稳定性。与传统的 LQR 控制方法相比,四分之一汽车主动悬架系统的仿真结果验证了所提出的基于 ADP 的控制器在乘坐舒适性、道路保持和悬架空间限制方面的性能改进。

在研究半主动悬架控制问题时,通常可以把复杂的车辆振动系统进行简化,本章悬架系统选用较简单但是能准确表达车辆平顺性能的四分之一悬架模型为研究对象。四分之一半主动悬架的结构可以简化为双质量振动系统,如图 10-1 所示,为建立理想化模型作出以下假设:

(1) 将整车分为车身、悬架、车轮 3 个部分,其中,车身所有零部件连接均为刚性连接,车身整体可以看作是一个刚性模型。

(2) 假设左右两侧的车轮经过的路面状况是相同的,忽略车辆的侧倾运动,那么模型可以沿车的纵轴线简化为半车模型。

(3) 假设前后车轮接受的路面激励是相同的,忽略车辆的俯仰运动,即悬架质量分配常数为 1 时,模型可以简化为四分之一悬架模型。

(4) 车辆悬架弹簧的刚度特性和轮胎的刚度特性符合胡克定律,即刚度力为簧上质量和簧下质量与相对位移相关的线性函数;悬架阻尼力为簧上质量和簧下质量相对速度相关的线性函数,并忽略轮胎阻尼。

二自由度四分之一汽车悬架系统如图 10-1 所示,该系统已在文献[8,9]中得到广泛应用,它表示车身在四个车轮中任何一个车轮上的运动。悬架系统由弹簧 k_s、阻尼器 b_s 和主动力执行器 F 组成。被动悬架的主动力可以设置为零。簧上质量 m_s 表示车身的四分之一等效质量。簧下质量 m_u 表示轮胎装配系统的等效质量。弹簧 k_t 和 b_t 分别代表轮胎的垂直刚度和阻尼系数。簧上质量、簧下质量和道路的垂直位移分别用 z_s、z_u 和 z_r 表示。

图 10-1 所示的簧上和簧下质量的运动方程可表示如下[10]

$$
\begin{aligned}
& m_s\ddot{z}_s + b_s(\dot{z}_s - \dot{z}_u) + k_s(z_s - z_u) = F \\
& m_u\ddot{z}_u + b_t(\dot{z}_u - \dot{z}_r) + k_t(z_u - z_r) - b_s(\dot{z}_s - \dot{z}_u) - k_s(z_s - z_u) = -F
\end{aligned}
\tag{10.1}
$$

状态变量分别被定义为 $x_1 = z_s - z_u, x_2 = \dot{z}_s, x_3 = z_u - z_r, x_4 = \dot{z}_u$,其中,$z_s - z_u$ 是悬架形变量,$\dot{z}_s$ 是簧上质量的速度,$z_u - z_r$ 是轮胎形变量,$\dot{z}_u$ 是簧下质量的速度。

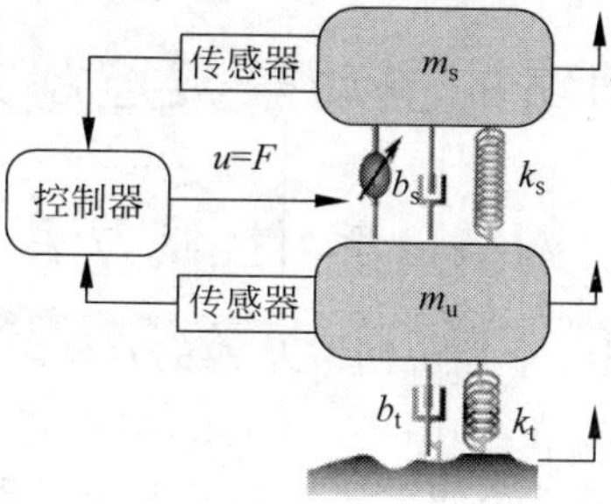

图 10-1　四分之一悬架模型

然后,式(10.1)可以进一步改写为以下状态空间形式

$$\dot{\boldsymbol{x}} = \boldsymbol{A}\boldsymbol{x} + \boldsymbol{B}\boldsymbol{u} + \boldsymbol{B}_r \dot{z}_r \tag{10.2}$$

其中 $\boldsymbol{A} = \begin{bmatrix} 0 & 1 & 0 & -1 \\ -\frac{k_s}{m_s} & -\frac{b_s}{m_s} & 0 & \frac{b_s}{m_s} \\ 0 & 0 & 0 & 1 \\ \frac{k_s}{m_u} & \frac{b_s}{m_u} & -\frac{k_t}{m_u} & -\frac{(b_s+b_t)}{m_u} \end{bmatrix}$, $\boldsymbol{B} = \begin{bmatrix} 0 \\ \frac{1}{m_s} \\ 0 \\ -\frac{1}{m_u} \end{bmatrix}$, $\boldsymbol{B}_r = \begin{bmatrix} 0 \\ 0 \\ -1 \\ \frac{b_t}{m_u} \end{bmatrix}$。

主动悬架系统控制器设计的目标应考虑以下 3 项任务[11]。

首先,主要任务之一是保持良好的乘坐质量。该任务意味着通过设计良好的悬架控制器以减少从车轴传递到车身的振动力,即在面临参数不确定性 m_s 和未知道路位移 z_r 时,尽可能减少簧上质量加速度。

其次,为保证良好的抓地性能,应保证车轮与路面牢固、不间断的接触,与轮胎垂直形变量 $z_u - z_r$ 相关的正常轮胎上荷变化要小。

最后,悬挂变形空间要求不应超过最大悬挂变形量,即 $|z_s - z_u| \leqslant z_{max}$。

悬架控制的目标是找到一个控制器,既能保证封闭系统的稳定性,又能使下列性能指标最小化

$$\boldsymbol{V} = \frac{1}{2}\int_0^t (\boldsymbol{x}^T \boldsymbol{Q} \boldsymbol{x} + \boldsymbol{u}^T \boldsymbol{R} \boldsymbol{u}) d\tau$$

其中:$\boldsymbol{x} = (x_1, x_2)^T$;$\boldsymbol{Q}$ 和 $\boldsymbol{R}$ 由设计者选择,以确定最优控制律中的最优性。

大多数现有的 LQR 控制器设计都基于式(10.2),并假设所有参数都是事先已知的。此外,LQR 方法的反馈控制律通常是通过离线求解黎卡提方程来获得的。一旦获得,当受到参数不确定性 m_s 和未知道路位移 z_r 影响时,控制律无法在线更新,从而可能会影响控制性能。因此,应该为主动悬架系统设计开发鲁棒性更强的高性能控制方法。

10.2 基于单评价网络的主动悬架控制方法

10.2.1 基于单评价网络自学习控制方法

在本节中，通过使用只有一个评价网络结构的自学习最优控制方法来实现主动悬架系统的自学习优化控制方法，如图 10-2 所示，以取代常用的执行网络-评价网络双网络结构。悬架系统状态反馈控制算法的实现是基于状态反馈的，这里假设所有状态都可以通过相关传感器或者是某种状态估计方法获得。

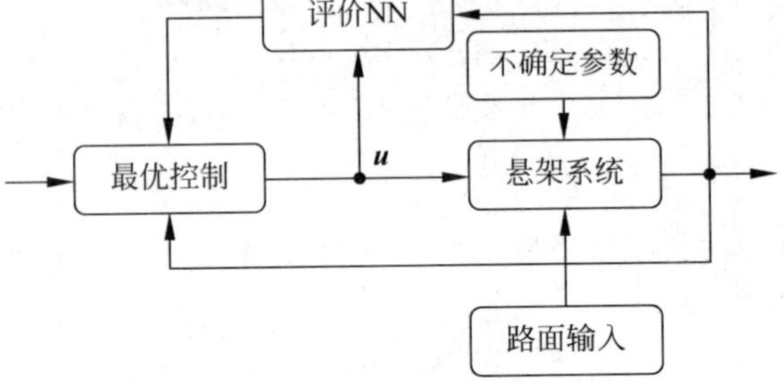

图 10-2　单评价网络的主动悬架控制框图

最优调节器问题的设计目标是设计一个最优控制器来稳定系统(10.2)并最小化如下所示的无限区域性能成本函数：

$$\boldsymbol{V}(\boldsymbol{x})=\int_t^{\infty}\boldsymbol{r}(\boldsymbol{x}(\tau),\boldsymbol{u}(\tau))\mathrm{d}\tau \tag{10.3}$$

其中，含有对称正定矩阵 $\boldsymbol{Q}$ 和 $\boldsymbol{R}$ 的效用函数被定义为 $\boldsymbol{r}(\boldsymbol{x},\boldsymbol{u})=\boldsymbol{x}^{\mathrm{T}}\boldsymbol{Q}\boldsymbol{x}+\boldsymbol{u}^{\mathrm{T}}\boldsymbol{R}\boldsymbol{u}$。

根据文献[4]中的最优调节器问题设计，应设计可接受的控制策略，以确保与式(10.2)相关的无限范围成本函数(10.3)最小化。因此，设计式(10.2)的哈密顿函数为

$$\boldsymbol{H}(\boldsymbol{x},\boldsymbol{u},\boldsymbol{V})=\boldsymbol{V}_x^{\mathrm{T}}[\boldsymbol{A}\boldsymbol{x}+\boldsymbol{B}\boldsymbol{u}+\boldsymbol{B}_{\mathrm{r}}\dot{z}_{\mathrm{r}}]+\boldsymbol{x}^{\mathrm{T}}\boldsymbol{Q}\boldsymbol{x}+\boldsymbol{u}^{\mathrm{T}}\boldsymbol{R}\boldsymbol{u} \tag{10.4}$$

式中，$\boldsymbol{V}_x\triangleq\dfrac{\partial\boldsymbol{V}(\boldsymbol{x})}{\partial\boldsymbol{x}}$表示价值函数 $\boldsymbol{V}(\boldsymbol{x})$关于 $\boldsymbol{x}$ 的偏导数。

定义如下的最优价值函数

$$\boldsymbol{V}^*(\boldsymbol{x})=\min_{u\in\psi(\Omega)}\int_t^{\infty}\boldsymbol{r}(\boldsymbol{x}(\tau),\boldsymbol{u}(\tau))\mathrm{d}\tau \tag{10.5}$$

并且式(10.5)满足如下 HJB 方程

$$0=\min_{u\in\psi(\Omega)}[\boldsymbol{H}(\boldsymbol{x},\boldsymbol{u},\boldsymbol{V}_x^*)]=\boldsymbol{V}_x^{*\mathrm{T}}(\boldsymbol{A}\boldsymbol{x}+\boldsymbol{B}\boldsymbol{u}+\boldsymbol{B}_r\dot{z}_{\mathrm{r}})+\boldsymbol{x}^{\mathrm{T}}\boldsymbol{Q}\boldsymbol{x}+\boldsymbol{u}^{\mathrm{T}}\boldsymbol{R}\boldsymbol{u} \tag{10.6}$$

式中，$\boldsymbol{V}_x^*\triangleq\dfrac{\partial\boldsymbol{V}^*(\boldsymbol{x})}{\partial\boldsymbol{x}}$。

基于式(10.5)右边的最小值存在并且是唯一的，则通过求解$\partial \boldsymbol{H}(\boldsymbol{x},\boldsymbol{u},\boldsymbol{V}_x^*)/\partial \boldsymbol{u}=0$，可以得到最优控制输入

$$\boldsymbol{u}^*=-\frac{1}{2}\boldsymbol{R}^{-1}\boldsymbol{B}^{\mathrm{T}}\frac{\partial \boldsymbol{V}_x^*}{\partial \boldsymbol{x}} \tag{10.7}$$

进一步将式(10.7)代入式(10.6)可得

$$0=\boldsymbol{V}_x^{*\mathrm{T}}[\boldsymbol{A}\boldsymbol{x}+\boldsymbol{B}\boldsymbol{u}+\boldsymbol{B}_{\mathrm{r}}\dot{z}_{\mathrm{r}}]+\boldsymbol{x}^{\mathrm{T}}\boldsymbol{Q}\boldsymbol{x}+\left(-\frac{1}{2}\boldsymbol{R}^{-1}\boldsymbol{B}^{\mathrm{T}}\boldsymbol{V}_x^*\right)^{\mathrm{T}}\boldsymbol{R}\left(-\frac{1}{2}\boldsymbol{R}^{-1}\boldsymbol{B}^{\mathrm{T}}\boldsymbol{V}_x^*\right) \tag{10.8}$$

假设 10.1　如果式(10.6)的解是光滑的，则根据 Weierstrass 高阶近似定理的非正式形式[4]，可知存在一个完全独立的基$\boldsymbol{\psi}(\boldsymbol{x})\in\mathbf{R}^I$，使得式(10.6)中$\boldsymbol{V}^*(\boldsymbol{x})$的解被一致逼近。

从式(10.7)可以看出最优控制$\boldsymbol{u}^*$是基于最优评价函数的。然而，由于矩阵$\boldsymbol{A}$中参数的不确定性和未知的道路位移输入，很难求解得到 HJB 方程(10.8)的解析解。通常的方法是通过评价神经网络获得近似解[12,13]。因此，根据假设 10.1 可知存在权重$\boldsymbol{W}_{\mathrm{c}}$，使得评价函数可以表示为

$$\boldsymbol{V}^*(\boldsymbol{x})=\boldsymbol{W}_{\mathrm{c}}^{\mathrm{T}}\boldsymbol{\psi}(\boldsymbol{x})+\boldsymbol{\xi} \tag{10.9}$$

式中：$\boldsymbol{W}_{\mathrm{c}}\in\mathbf{R}^I$ 为评价网络的权值矩阵；$\boldsymbol{\xi}$ 为辨识误差；$\boldsymbol{\psi}(\boldsymbol{x})\in\mathbf{R}^I$ 为非线性激励函数；I 为神经元个数。

将式(10.9)代入式(10.7)可得

$$\boldsymbol{u}^*=-\frac{1}{2}\boldsymbol{R}^{-1}\boldsymbol{B}^{\mathrm{T}}(\nabla\boldsymbol{\psi}^{\mathrm{T}}(\boldsymbol{x})\boldsymbol{W}_{\mathrm{c}}+\nabla\boldsymbol{\xi}) \tag{10.10}$$

评价函数的估计形式表示为

$$\boldsymbol{u}=-\frac{1}{2}\boldsymbol{R}^{-1}\boldsymbol{B}^{\mathrm{T}}\nabla\boldsymbol{\psi}^{\mathrm{T}}(\boldsymbol{x})\hat{\boldsymbol{W}}_{\mathrm{c}} \tag{10.11}$$

式中，$\hat{\boldsymbol{W}}_{\mathrm{c}}$ 为 $\boldsymbol{W}_{\mathrm{c}}$ 的估计值。

有很多方法可以得到估计值，例如最小二乘法[4]或梯度法[14-15]。文献[16-18]证明，与传统的由观测误差驱动的估计方法相比，考虑参数信息的自适应估计方法可以大大提高收敛速度。受这些事实的启发，本节提出了一种关于 $\boldsymbol{W}_{\mathrm{c}}$ 的由参数误差驱动的新颖的鲁棒估计方法。

将式(10.9)代入式(10.6)可得

$$\boldsymbol{Y}=-\boldsymbol{W}_{\mathrm{c}}^{\mathrm{T}}\boldsymbol{X}-\boldsymbol{\xi}_{\mathrm{HJB}} \tag{10.12}$$

式中：$\boldsymbol{X}=\nabla\boldsymbol{\psi}(\boldsymbol{x})(\boldsymbol{A}\boldsymbol{x}+\boldsymbol{B}\boldsymbol{u})$；$\boldsymbol{Y}=\boldsymbol{x}^{\mathrm{T}}\boldsymbol{Q}\boldsymbol{x}+\boldsymbol{u}^{\mathrm{T}}\boldsymbol{R}\boldsymbol{u}$；由评价函数逼近引起的贝尔曼误差为$\boldsymbol{\xi}_{\mathrm{HJB}}=\boldsymbol{W}_{\mathrm{c}}^{\mathrm{T}}\nabla\boldsymbol{\psi}(\boldsymbol{x})\boldsymbol{B}_r\dot{z}+\nabla\boldsymbol{\xi}(\boldsymbol{A}\boldsymbol{x}+\boldsymbol{B}\boldsymbol{u}+\boldsymbol{B}_{\mathrm{r}}\dot{z}_{\mathrm{r}})$。

定义滤波变量如下：

$$\begin{aligned}&\eta\dot{\boldsymbol{Y}}_{\mathrm{f}}+\boldsymbol{Y}_{\mathrm{f}}=\boldsymbol{Y},\quad \boldsymbol{Y}_{\mathrm{f}}(0)=0\\&\eta\dot{\boldsymbol{X}}_{\mathrm{f}}+\boldsymbol{X}_{\mathrm{f}}=\boldsymbol{X},\quad \boldsymbol{X}_{\mathrm{f}}(0)=0\\&\eta\dot{\boldsymbol{\xi}}_{\mathrm{HJBf}}+\boldsymbol{\xi}_{\mathrm{HJBf}}=\boldsymbol{\xi}_{\mathrm{HJB}},\quad \boldsymbol{\xi}_{\mathrm{HJBf}}(0)=0\end{aligned}\tag{10.13}$$

式中，η 为给定滤波参数。

定义辅助递归矩阵 $\boldsymbol{E}\in\mathbf{R}^{l\times l}$ 和递归向量 $\boldsymbol{F}\in\mathbf{R}^{l}$ 如下

$$\begin{aligned}&\dot{\boldsymbol{E}}(t)=-\eta\boldsymbol{E}(t)+\boldsymbol{X}_{\mathrm{f}}\boldsymbol{X}_{\mathrm{f}}^{\mathrm{T}},\boldsymbol{E}(0)=0\\&\dot{\boldsymbol{F}}(t)=-\eta\boldsymbol{F}(t)+\boldsymbol{X}_{\mathrm{f}}[(\boldsymbol{Y}-\boldsymbol{Y}_{\mathrm{f}})/\eta],\quad \boldsymbol{F}(0)=0\end{aligned}\tag{10.14}$$

式(10.14)的解如下

$$\begin{aligned}&\boldsymbol{E}(t)=\int_0^t e^{-\eta(t-r)}\boldsymbol{X}(r)\boldsymbol{X}^{\mathrm{T}}(r)\mathrm{d}r\\&\boldsymbol{F}(t)=\int_0^t e^{-\eta(t-r)}\boldsymbol{X}(r)[(\boldsymbol{Y}(r)-\boldsymbol{Y}_{\mathrm{f}}(r))/\eta]\mathrm{d}r\end{aligned}\tag{10.15}$$

定义另外一个辅助变量如下：

$$\boldsymbol{M}=\boldsymbol{E}(t)\boldsymbol{W}_{\mathrm{c}}+\boldsymbol{F}(t)\tag{10.16}$$

最后，设计如下的关于 $\boldsymbol{W}_{\mathrm{c}}$ 的在线学习律

$$\dot{\hat{\boldsymbol{W}}}_{\mathrm{c}}=-\mu\boldsymbol{M}\tag{10.17}$$

式中，μ 为在线学习增益。

定理 10.1 对于系统(10.2)采用式(10.11)给出的最优控制信号和在线自学习律(10.17)，最优控制收敛到式(10.10)所给出的理想最优解的小边界领域内。

证明 定义如下李雅普诺夫函数

$$\boldsymbol{L}=\boldsymbol{L}_{\mathrm{o}}+\boldsymbol{L}_{\mathrm{c}}\tag{10.18}$$

式中，$\boldsymbol{L}_{\mathrm{o}}$，$\boldsymbol{L}_{\mathrm{c}}$ 分别定义如下

$$\boldsymbol{L}_{\mathrm{o}}=\frac{1}{2}\widetilde{\boldsymbol{W}}_{\mathrm{c}}^{\mathrm{T}}\mu^{-1}\widetilde{\boldsymbol{W}}_{\mathrm{c}}\tag{10.19}$$

$$\boldsymbol{L}_{\mathrm{c}}=\Gamma(\boldsymbol{x}^{\mathrm{T}}\boldsymbol{x})+\kappa\boldsymbol{V}\tag{10.20}$$

式中，$\mu,\Gamma,\kappa>0$ 为给定的正常数。

由式(10.15)和式(10.16)可得

$$\boldsymbol{M}=\boldsymbol{E}(t)\hat{\boldsymbol{W}}_{\mathrm{c}}+\boldsymbol{F}(t)=-\boldsymbol{E}(t)\widetilde{\boldsymbol{W}}_{\mathrm{c}}+\zeta_{\mathrm{f}}\tag{10.21}$$

式中，$\zeta_{\mathrm{f}}=-\int_0^t e^{-\eta(t-r)}\boldsymbol{X}_{\mathrm{f}}\xi_{\mathrm{HJBf}}\mathrm{d}r$ 被界定为 $\|\zeta_{\mathrm{f}}\|\leqslant\bar{\zeta}_{\mathrm{f}}$。

从文献[16]知道，持续激励(PE)条件可以保证式(10.15)中定义的矩阵 $\boldsymbol{E}(t)$ 是正定的，即 $\lambda_{\min}(\boldsymbol{E})>\sigma>0$，根据 $\dot{\widetilde{\boldsymbol{W}}}_{\mathrm{c}}=-\dot{\hat{\boldsymbol{W}}}_{\mathrm{c}}$，可得式(10.19)的时间导数为

$$\dot{\boldsymbol{L}}_{\mathrm{o}}=\widetilde{\boldsymbol{W}}_{\mathrm{c}}^{\mathrm{T}}\mu^{-1}\dot{\widetilde{\boldsymbol{W}}}_{\mathrm{c}}=-\boldsymbol{E}(t)\widetilde{\boldsymbol{W}}_{\mathrm{c}}^{\mathrm{T}}\widetilde{\boldsymbol{W}}_{\mathrm{c}}+\widetilde{\boldsymbol{W}}_{\mathrm{c}}^{\mathrm{T}}\zeta_{\mathrm{f}}\leqslant-\|\widetilde{\boldsymbol{W}}_{\mathrm{c}}\|(\sigma\|\widetilde{\boldsymbol{W}}_{\mathrm{c}}\|-\bar{\zeta}_{\mathrm{f}})\tag{10.22}$$

最终 $\widetilde{\boldsymbol{W}}_{\mathrm{c}}$ 收敛到一个紧集合 Ω：$\{\|\widetilde{\boldsymbol{W}}_{\mathrm{c}}\|\leqslant\bar{\zeta}_{\mathrm{f}}/\sigma\}$。

由最基本的不等式 $ab \leqslant a^2\delta/2 + b^2/2\delta(\delta > 0)$，式(10.22)可以进一步被写为

$$\dot{\boldsymbol{L}}_o \leqslant -\left(\sigma - \frac{1}{2\delta}\right)\|\widetilde{\boldsymbol{W}}_c\|^2 + \frac{\delta\bar{\zeta}_f^2}{2} \tag{10.23}$$

可以从式(10.2)和式(10.5)推导出式(10.20)的时间导数如下

$$\begin{aligned}\dot{\boldsymbol{L}}_c &= 2\Gamma\boldsymbol{x}^T[\boldsymbol{Ax} + \boldsymbol{Bu} + \boldsymbol{B}_r\dot{z}_r] + \kappa(-\boldsymbol{x}^T\boldsymbol{Qx} - \boldsymbol{u}^T\boldsymbol{Ru}) \\ &\leqslant -[\kappa\lambda_{\min}(\boldsymbol{Q}) - 2\Gamma[\lambda_{\min}(\boldsymbol{A}) + \delta]\|\boldsymbol{x}\|^2 - \\ &\quad [\kappa\lambda_{\min}(\boldsymbol{R}) - \Gamma\boldsymbol{B}^2/\delta]\|\boldsymbol{u}\|^2 + \Gamma(\boldsymbol{B}_r\dot{z}_r/\delta)^2\end{aligned} \tag{10.24}$$

由式(10.23)、式(10.24)可知 $\boldsymbol{L}$ 的时间导数为 $\dot{\boldsymbol{L}} = \dot{\boldsymbol{L}}_o + \dot{\boldsymbol{L}}_c$ 且满足以下不等式

$$\dot{\boldsymbol{L}} \leqslant -h_1\|\boldsymbol{x}\|^2 - h_2\|\boldsymbol{u}\|^2 - h_3\|\widetilde{\boldsymbol{W}}_c\|^2 + \vartheta \tag{10.25}$$

其中 $h_1 = [\kappa\lambda_{\min}(\boldsymbol{Q}) - 2\Gamma[\lambda_{\min}(\boldsymbol{A}) + \delta]$，$h_2 = -[\kappa\lambda_{\min}(\boldsymbol{R}) - \Gamma\boldsymbol{B}^2/\delta]$，$h_3 = \left(\sigma - \dfrac{1}{2\delta}\right)$，

$\vartheta = \Gamma(\boldsymbol{B}_r\dot{z}_r/\delta)^2 + \dfrac{\delta\bar{\zeta}_f^2}{2}$，$h_1, h_2, h_3$ 都是正的参数且满足以下条件

$$\kappa > \max\{-2\Gamma\lambda_{\min}(\boldsymbol{A})/\lambda_{\min}(\boldsymbol{Q}), \Gamma\boldsymbol{B}^2/\delta/\lambda_{\min}(\boldsymbol{R})\}, \quad \sigma > \frac{1}{2\delta} \tag{10.26}$$

那么 $\dot{\boldsymbol{L}} < 0$ 在满足如下条件的情况下

$$\|\boldsymbol{x}\| > \sqrt{\vartheta/h_1} \text{ 或 } \|\boldsymbol{u}\| > \sqrt{\vartheta/h_2} \text{ 或 } \|\widetilde{\boldsymbol{W}}_c\| > \sqrt{\vartheta/h_3}$$

意味着系统状态、控制输入和评价神经网络权重误差都是一致最终有界。进而有

$$\boldsymbol{u} - \boldsymbol{u}^* = \frac{1}{2}\boldsymbol{R}^{-1}\boldsymbol{B}^T \nabla\boldsymbol{\phi}^T\widetilde{\boldsymbol{W}}_c + \frac{1}{2}\boldsymbol{R}^{-1}\boldsymbol{B}^T \nabla\xi \tag{10.27}$$

式(10.27)的上界为

$$\lim_{t\to\infty}\|\boldsymbol{u} - \boldsymbol{u}^*\| \leqslant \frac{1}{2}\|\boldsymbol{R}^{-1}\boldsymbol{B}^T\|(\|\nabla\boldsymbol{\phi}^T\|\|\widetilde{\boldsymbol{W}}_c\| + \nabla\xi) \leqslant \zeta \tag{10.28}$$

其中，ζ 取决于评价 NN 的近似误差。

从式(10.28)中可知，最优控制收敛到理想最优解周围一个小邻域内。

在本章中，提出了一种简化的 ADP 结构，它具有单个评价神经网络逼近器，而不是常用的复杂双神经网络逼近器(评价神经网络和执行神经网络)。而且，评价神经网络的权重更新律是基于参数估计误差，而不是通过使用最小二乘法或梯度方法来最小化 HJB 方程中的剩余贝尔曼误差，从而保证了评价神经网络的权重误差以更快的速度收敛到零附近的残差集。

10.2.2 仿真分析

在本节中，对 10.1 节介绍的轿车半主动悬架模型平台进行了数值模拟，以评估 10.2.1 节提出的基于单评价网络的自学习控制方法的有效性。主要参数见表 10-1。

通过两种不同路面激励分别比较了被动悬架和半主动悬架采用两种不同控制方法(即 LQR 方法和基于单评价网络的自学习优化控制方法)的结果。

表 10-1 仿真中使用的轿车参数

参数	数值/单位	参数	数值/单位
簧上质量(m_s)	250kg	轮胎垂向刚度(k_t)	150000N/m
簧下质量(m_u)	35kg	悬架阻尼(b_s)	450N·s/m
悬架刚度(k_s)	15000N/m	轮胎阻尼系数(b_t)	1000N·s/m

情况 1 颠簸路面位移：悬架由如下颠簸路面输入激发[11]

$$\dot{z}_r(t)=\begin{cases}\dfrac{a}{2}\left(1-\cos\left(\dfrac{2\pi\boldsymbol{V}_s}{l}t\right)\right) & \left(0\leqslant t\leqslant\dfrac{l}{\boldsymbol{V}_s}\right)\\ 0 \quad \left(t>\dfrac{l}{\boldsymbol{V}_s}\right)\end{cases} \tag{10.29}$$

式中：a 和 l 分别是颠簸的高度和长度；V_s 是车辆前进速度。这里取 $l=5\text{m}$，$a=0.1\text{m}$，$V_s=60\text{km/h}$。

对于 LQR 控制器设计，必须预先确定称重矩阵 $\boldsymbol{Q}$ 和 $\boldsymbol{R}$。$\boldsymbol{Q}$ 和 $\boldsymbol{R}$ 之间的关系是：对于固定的 $\boldsymbol{Q}$，矩阵 $\boldsymbol{R}$ 值的减少将减少过渡时间和超调，但此操作将增加上升时间和稳态误差。当保持 $\boldsymbol{R}$ 固定但 $\boldsymbol{Q}$ 减小时，过渡时间和超调量会增加，但上升时间和稳态误差会减少[19]。基于此规则，性能评价函数(10.3)中的 $\boldsymbol{Q}$ 和 $\boldsymbol{R}$ 选择为：$\boldsymbol{R}=2\times10-5\boldsymbol{I}$，$\boldsymbol{Q}=\text{diag}[10,65,1.8,20]$。然后，可以从 Matlab 中得到状态反馈增益矩阵为 $\boldsymbol{K}=10^4\times[0.0166\quad 0.5520\quad -5.5777\quad -0.2564]$。基于单评价网络的自学习最优控制(10.11)和学习律(10.17)使用以下参数进行仿真：$\eta=500$，$\mu=1500$，评价网络的激励函数选择为：$\boldsymbol{\psi}(x)=[x_1^2\quad x_1x_2\quad x_1x_3\quad x_1x_4\quad x_2^2\quad x_2x_3\quad x_2x_4\quad x_3^2\quad x_3x_4\quad x_4^2]^{\mathrm{T}}$。

两种不同簧上质量的仿真结果如图 10-3 和图 10-4 所示。与被动悬架系统相比，具有 LQR 的主动悬架系统和基于评价网络的自学习优化控制方法具有较低的峰值和较小的振动。同时，从图 10-3(a)和图 10-4(a)中可以看出，基于单评价网络的自学习优化控制方法在悬架形变量和簧上质量加速度方面比 LQR 控制方法表现出更小的幅度和更快的瞬态收敛。图 10-3(b)和图 10-4(b)进一步提供了不同簧上质量(从 250～350kg)的悬架形变量和簧上质量加速度的仿真结果。可以看到，即使在不同的簧上质量下，基于单评价网络的自学习优化控制方法与 LQR 控制方法相比仍显示出改进的性能。此外，图 10-3 还显示悬挂工作空间落入可接受的范围内，以满足悬挂空间限制要求。

为保证良好的抓地性能，轮胎动载荷与稳定载荷之比应小于 1，即 $|F_t+F_b|/(m_s+m_u)g<1$，其中 $F_t=k_t(z_u-z_r)$，$F_t=b_t(\dot{z}_u-\dot{z}_r)$ 是轮胎的弹力和阻尼力[20]。从图 10-5 中可以看出，基于单评价网络的自学习优化控制方法和 LQR 控制

方法的轮胎动态载荷与稳定载荷之比始终小于 1，这意味着有更好的道路抓地能力，因此保证了车辆的稳定性。执行器输出力如图 10-6 所示，从图中可以发现，基于单评价网络的自学习优化控制方法需要的执行力比 LQR 控制方法更小，更加便于实际应用。

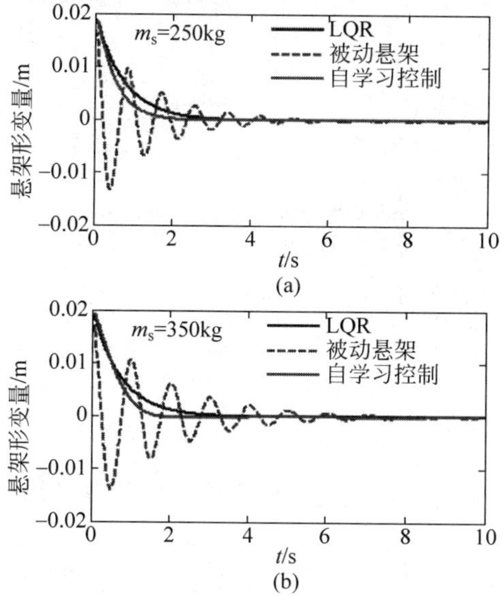

图 10-3　悬架形变量(见文后彩图)

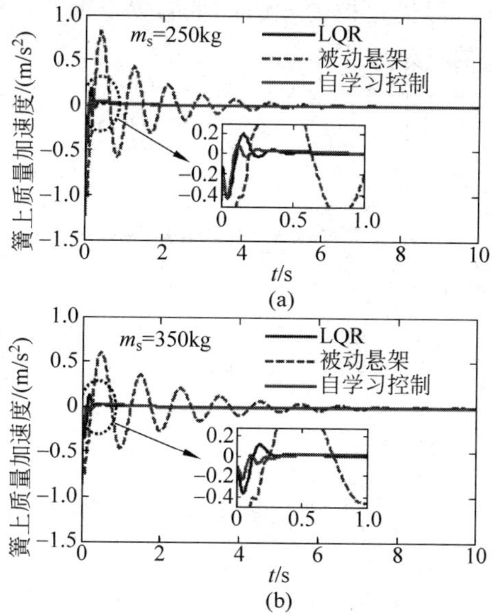

图 10-4　簧上质量加速度(见文后彩图)

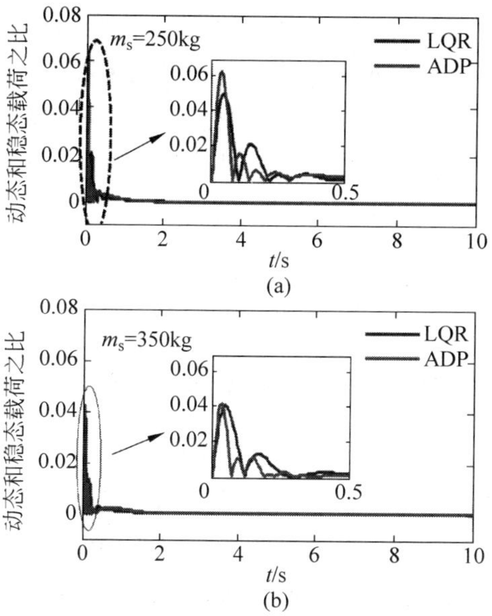

图 10-5　轮胎动载荷与稳定载荷之比(见文后彩图)

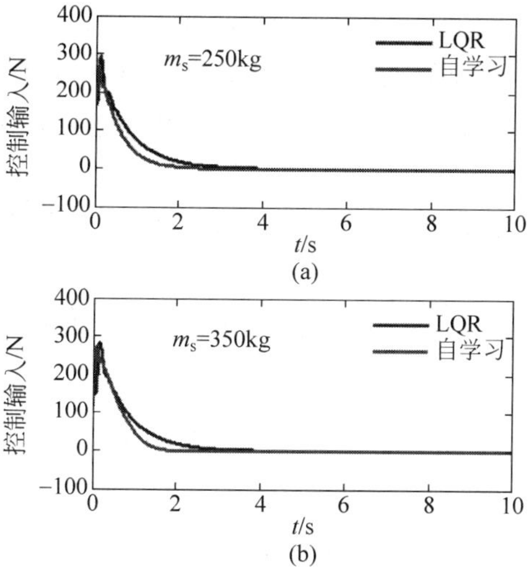

图 10-6　控制输入(见文后彩图)

情况 2　使用正弦道路位移：使用正弦道路位移，所有其他仿真参数与情况 1 中的相同。与 LQR 控制方法相比，图 10-7 和图 10-8 中的仿真结果比较进一步验证了基于单评价网络的自学习优化控制方法的改进性能。需要指出的是，LQR 方法自适应性差，使得悬架形变响应和簧上质量加速度的振荡较小。同时，基于单评价网络的自学习优化控制方法产生的较小振荡可能来自于式(10.12)所示的评价函数逼近引起的贝尔曼误差。

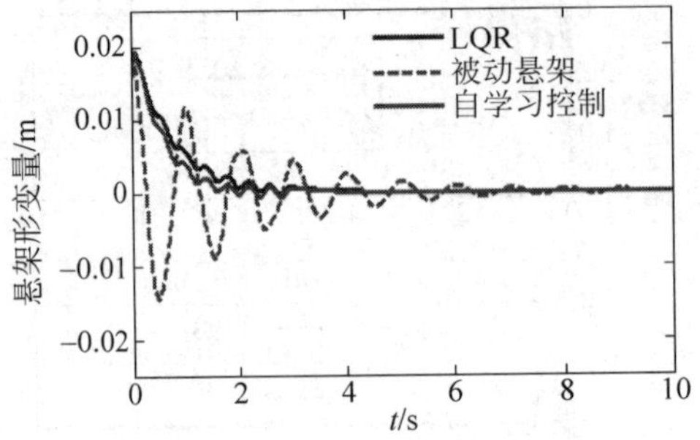

图 10-7　悬架形变量(见文后彩图)

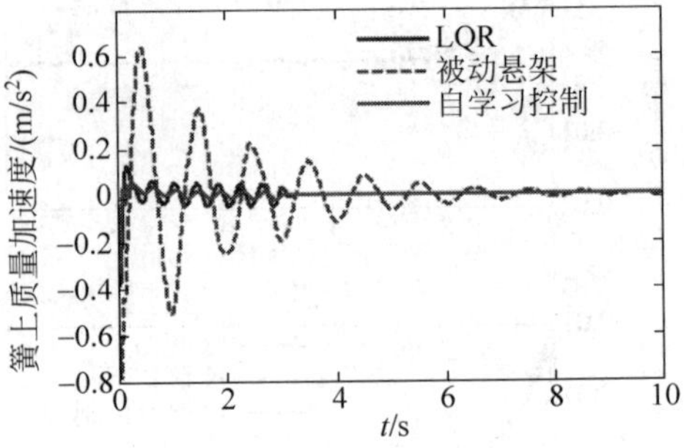

图 10-8　簧上质量加速度(见文后彩图)

在上述仿真结果中导致基于单评价网络的自学习优化控制方法性能提高的原因分析如下：

从 LQR 的设计过程可以看出，它是基于精确的动力学模型(10.2)，并假设所有系统参数都是时不变的。最优状态反馈增益矩阵是通过离线求解黎卡提方程获得的，不能分别根据时变参数和未知道路输入在线更新。因此，它可能会影响控制性能，甚至失去稳定性。基于单评价网络的自学习优化控制方法为不确定系统的在线最优控制提供了一种新的解决方案，它的反馈控制律可以使用时变参数(如簧上质量和未知道路位移输入)在线更新。因此可以得出结论，基于单评价网络的自学习优化控制方法的自适应特性为主动悬架系统的控制器设计提供了更有效的解决方案，可以大大提高乘客的舒适度，从而达到车辆更舒适、更安全的目标。

10.3　半主动多时间尺度自学习最优控制方法

10.3.1　基于辨识＋评价结构的多时间尺度自学习最优控制方法

悬架系统的改进对于实现更舒适、更安全的汽车的目标起着重要作用。悬挂系统有望拥有更多智能，以适应各种路况。然而，现有的基于奇异摄动方法-SPT 的控制器[21-24]的设计是基于精确的数学模型，因而不适合有效解决悬架问题，因为悬架系统在不同的驾驶循环下通常包含外部扰动和时变参数。本书第 6 章提出的基于辨识＋评价结构的多时间尺度自学习最优控制方法为该问题提供了一种新的解决方案，即无需精确的动力学模型即可实现对悬架系统的精确控制。

事实上，通过频域分析，车辆悬架系统可以分解为慢速和快速子系统，它们分别与抓地力和乘坐质量有关。时间尺度参数定义为 $\varepsilon=\dfrac{\text{慢状态谐振频率}}{\text{快状态谐振频率}}=\dfrac{\sqrt{k_s/m_s}}{\sqrt{k_u/m_u}}$，进一步定义慢的状态变量为 $\boldsymbol{x}_1=(x_{11},x_{12})^{\mathrm{T}}$，快的状态变量为 $\boldsymbol{x}_2=(x_{21},x_{22})^{\mathrm{T}}$，可以得到式(10.2)中所示二自由度四分之一汽车悬架系统的双时间尺度动态模型如下：

$$\begin{aligned}\dot{\boldsymbol{x}}_1&=\boldsymbol{f}_1(\boldsymbol{x}_1,\boldsymbol{x}_2,\boldsymbol{u})+\boldsymbol{L}_1\dot{z}_r\\ \varepsilon\dot{\boldsymbol{x}}_2&=\boldsymbol{f}_2(\boldsymbol{x}_1,\boldsymbol{x}_2,\boldsymbol{u})+\boldsymbol{L}_2\dot{z}_r\end{aligned}\tag{10.30}$$

其中：$\boldsymbol{f}_1(\boldsymbol{x}_1,\boldsymbol{x}_2,\boldsymbol{u})=\boldsymbol{A}_1\begin{bmatrix}\boldsymbol{x}_1\\ \boldsymbol{x}_2\end{bmatrix}+\boldsymbol{B}_1\boldsymbol{u}$，$\boldsymbol{f}_2(\boldsymbol{x}_1,\boldsymbol{x}_2,\boldsymbol{u})=\boldsymbol{A}_2\begin{bmatrix}\boldsymbol{x}_1\\ \boldsymbol{x}_2\end{bmatrix}+\boldsymbol{B}_2\boldsymbol{u}$，$\boldsymbol{A}_1=\begin{bmatrix}0 & 1 & 0 & -1\\ -\dfrac{k_s}{m_s} & -\dfrac{b_s}{m_s} & 0 & \dfrac{b_s}{m_s}\end{bmatrix}$；$\boldsymbol{B}_1=\begin{bmatrix}0\\ \dfrac{1}{m_s}\end{bmatrix}$；$\boldsymbol{L}_1=\begin{bmatrix}0\\ 0\end{bmatrix}$；

$$\boldsymbol{A}_2=\begin{bmatrix}0 & 0 & 0 & \varepsilon\\ \dfrac{\varepsilon k_s}{m_u} & -\dfrac{\varepsilon b_s}{m_u} & -\dfrac{\varepsilon k_t}{m_u} & \dfrac{\varepsilon b_s}{m_u}\end{bmatrix};\ \boldsymbol{B}_2=\begin{bmatrix}0\\ -\dfrac{\varepsilon}{m_u}\end{bmatrix};\ \boldsymbol{L}_2=\begin{bmatrix}-\varepsilon\\ 0\end{bmatrix}。$$

借用第 6 章中所提出的基于辨识+评价结构的多时间尺度自学习最优控制方法实现对式(10.30)所示的双时间尺度悬架系统的最优控制，不确定输入由式(10.29)所示颠簸路输入激发。

10.3.2 结果分析

分别比较 4 种情况下的结果：基于辨识+评价结构的多时间尺度自学习最优控制方法、基于 SPT 方法、LQR 方法和被动悬架。从图 10-9～图 10-11 中可以看出，半主动悬架系统表现出更好的乘坐舒适性(悬架形变和簧上质量加速度的幅度较小)和道路操纵能力(轮胎形变和簧下质量的速度较小)。

此外，基于辨识+评价结构的多时间尺度自学习最优控制方法比现有的 LQR 方法和文献[23]中基于 SPT 的模型缩减控制方法具有更好的性能和更快的收敛速度。需要指出的是，对于 LQR 方法和基于 SPT 的方法[23]，需要假设精确的系统模型是已知的，而对于本章所提出的控制方法则不需要该假设。在悬架系统中的成功应用进一步说明了基于辨识+评价结构的多时间尺度自学习最优控制方法的有效性。

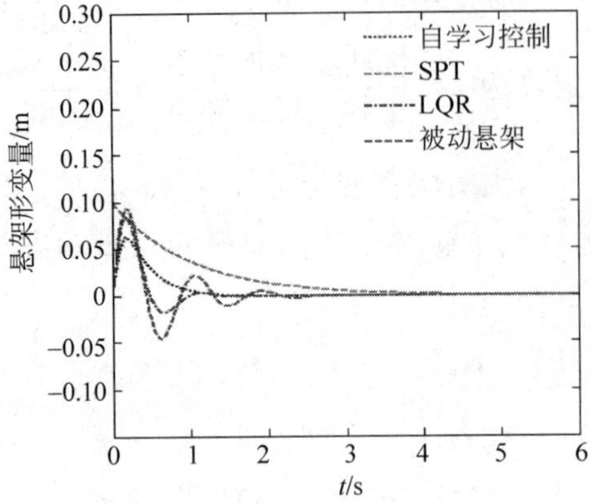

图 10-9　悬架形变量(见文后彩图)

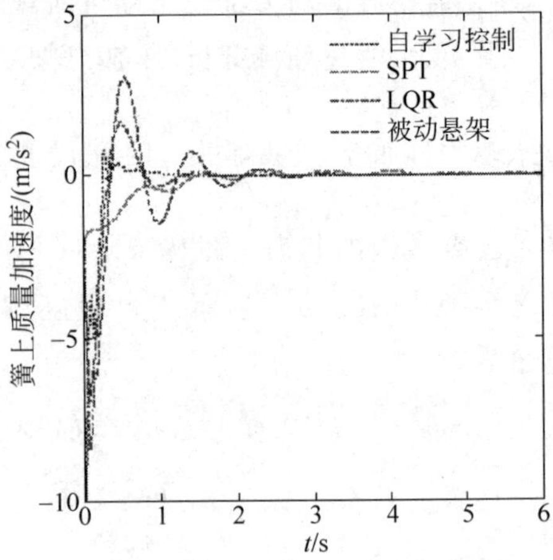

图 10-10　簧上质量加速度(见文后彩图)

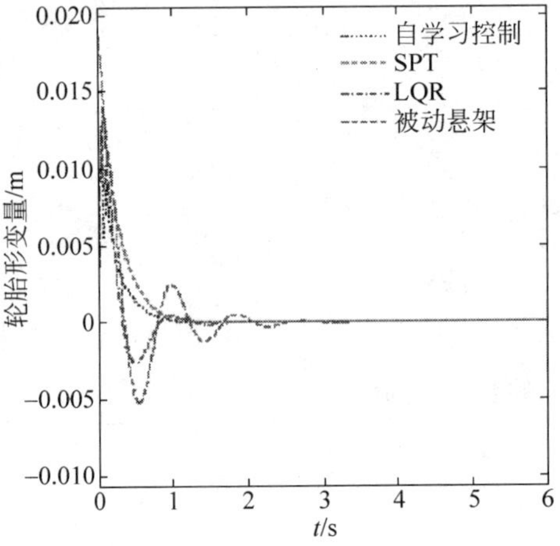

图 10-11　轮胎形变量(见文后彩图)

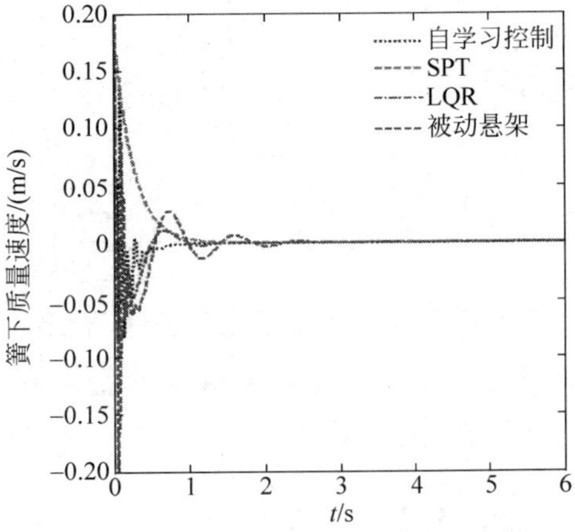

图 10-12　簧下质量速度(见文后彩图)

10.4　本章小结

在本章中,针对悬架模型已经知道的情况下,提出了一种基于单评价网络的自学习优化控制方法,与常用的 LQR 方法相比,在悬架控制的基本任务如平顺性、抓地力和悬架空间限制方面提高了性能。进一步,针对悬架模型未知的情况下,采用第 6 章所提出的基于辨识+评价结构的多时间尺度自学习最优控制方法,实现了对半主动悬架的准确控制。这种性能改进将提高乘客的舒适度,同时增强车辆在道路上行驶时的操控性和稳定性。

参考文献

[1] BalaMurugan L, Jancirani J. An investigation on semi-active suspension damper and control strategies for vehicle ride comfort and road holding[J]. Proc IMechE Part I: J Systems and Control Engineering, 2012, 226(8): 1119-1129.

[2] Lewis F, Liu D. Approximate Dynamic Programming and Reinforcement Learning for Feedback Control[M]. Hoboken: Wiley, 2013.

[3] Werbos P. Approximate Dynamic Programming for Real-time Control and Neural Modeling [M]. Handbook of Intelligent Control, Van Nostrand Reinhold, New York: 1992.

[4] Abu-Khalaf M, Lewis F. Nearly optimal control laws for nonlinear systems with saturating actuators using a Neural network HJB approach[J]. Automatica, 2005, 41(5): 79-791.

[5] Wei Q, Liu D, Shi G. A novel dual iterative Q-learning method for optimal battery management in smart residential environments [J]. IEEE Transaction on Industrial Electronics, 2015, 62(4): 2509-2518.

[6] Bhash S, Kamalapurkar R, Johnson M, et al . A novel actor-critic-identifier architecture for approximate optimal control of uncertain nonlinear systems[J]. Automatica, 2013, 49(1): 82-92.

[7] Liu D, Yang X, Wang D, et al. Reinforcement-learning-based robust controller design for continuous-time uncertain nonlinear systems subject to input constraints [J]. IEEE Transactions on Cybernetics, 2015, 45(7): 1372-1385.

[8] Dhananjay K, Kumar S. Modeling and simulation of quarter car semi active suspension system using LQR controller[J]. Advances in Intelligent Systems and Computing, 2014, 1: 441-448.

[9] Pankaj S, Nittin S, Dimple S, et al. Analyis of Automotive Passive Suspension System With Matlab Program Generation[J]. International Journal of Advancements in Techology, 2013, 4 (2): 115-119.

[10] Rajamani R. Vehicle dynamics and control[M]. Switzerland Springer, 2012.

[11] Sun W, Pan H, Zhang Y, et al. Multi-objective control for uncertain nonlinear active suspension[J]. Mechatronics, 2014, 24: 318-327.

[12] Yan P, Liu D, Wang D, et al. Data-driven controller design for general MIMO nonlinear systems via virtual reference feedback tuning and neural networks[J]. Neurocomputing, 2016, 171: 815-825.

[13] Wei Q, Liu D. Neural-network-based adaptive optimal tracking control scheme for discrete-time nonlinear systemswith approximation errors[J]. Neurocomputing, 2015, 149: 106-115.

[14] Zhang X, Zhang H, Sun Q, et al. Adaptive dynamic programming-based optimal control of unknown nonaffine nonlinear discrete-time systems with proof of convergence [J]. Neurocomputing, 2012, 91: 48-55.

[15] Vamvoudakis K, Lewis F. Online actor critic algorithm to solve the continuous-time infinite horizon optimal control problem[C]//Proc. Int. Joint Conf. on Neural Networks, 2009: 3180-3187.

[16] Na J, Yang J, Wu X, et al. Robust Adaptive Parameter Estimation of Sinusoidal Signals[J].

Automatica,2015,53: 376-384.

[17] Lv Y, Na J, Yang Q, et al. Online adaptive optimal control for continuous-time nonlinear systems with completely unknown dynamics[J]. International Journal of Control, 2016, 89(1): 99-112.

[18] Parag M, MacKunis W, Johnson M, et al. Composite adaptive control for euler-lagrange systems with additive disturbances[J]. Automatica,2010,46(1): 140-147.

[19] Dharan A,Olsen S,Karimi S. LQG control of a semi active suspension system equipped with MR rotary brake[C]//Proceedings of the 11th WSEAS international conference on Instrumentation,Measurement,Circuits and Systems,2012,176-181.

[20] Huang Y, Na J, Wu X, et al. Adaptive control of nonlinear uncertain active suspension systems with prescribed performance[J]. ISA Transactions,2015,54: 145-155.

[21] Ando Y, Suzuki M. Control of active suspension systems using the singular perturbation method[J]. Control Engineering Practice,1996,4 (3): 287-293.

[22] Aghazadeh M,Zarabadipour H. Observer and controller design for half-car active suspension system using singular perturbation theory[J]. Advanced Materials Research,2012,403-408, 4786-4793.

[23] Li S,Tzuu H,Wang M S,et al. Robust dynamic output feedback sliding-mode control of singular perturbation systems[J]. The Japan Society of Mechanical Engineers,1995,38(4): 719-726.

[24] Sun W C,Pan H H,Zhang Y F,et al. Multi-objective control for uncertain nonlinear active suspension[J]. Mechatronics,2014,24: 318-327.

附录A　本书用到的基本数学知识及定理

1. 本书所用到的范数与迹性质

向量 $\boldsymbol{x}\in\mathbf{R}^n$、矩阵 $\boldsymbol{A}\in\mathbf{R}^{m\times n}$ 的 L_2 范数被定义为

$$\|\boldsymbol{x}\| - \sqrt{\boldsymbol{x}^{\mathrm{T}}\boldsymbol{x}} \quad \|\boldsymbol{A}\|_2 = \sqrt{\lambda_{\max}[\boldsymbol{A}^{\mathrm{T}}\boldsymbol{A}]}$$

其中，$\lambda_{\max}[\cdot]$表示正定或半正定矩阵的最大特征值。定义正定矩阵的最小特征值为 $\lambda_{\min}[\cdot]$。对于给定的矩阵 $\boldsymbol{A}=[a_{ij}]$ 和 $\boldsymbol{B}\in\mathbf{R}^{m\times n}$，Frobenius 范数定义如下

$$\|\boldsymbol{A}\|_{\mathrm{F}}^2 = \mathrm{tr}(\boldsymbol{A}^{\mathrm{T}}\boldsymbol{A}) = \sum a_{ij}^2$$

其中，$\mathrm{tr}(\cdot)$表示矩阵的秩。相关的内积为

$$\langle \boldsymbol{A},\boldsymbol{B}\rangle_{\mathrm{F}} = \mathrm{tr}(\boldsymbol{A}^{\mathrm{T}}\boldsymbol{B})$$

本书将利用迹的下列性质来发展更新律

(1) $\mathrm{tr}(\boldsymbol{AB})=\mathrm{tr}(\boldsymbol{BA})$

(2) $\mathrm{tr}(\boldsymbol{A}+\boldsymbol{B})=\mathrm{tr}(\boldsymbol{A})+\mathrm{tr}(\boldsymbol{B})\quad(\boldsymbol{A},\boldsymbol{B}\in\mathbf{R}^{n\times n})$

(3) $\mathrm{tr}(\boldsymbol{y}\boldsymbol{x}^{\mathrm{T}})=\boldsymbol{x}^{\mathrm{T}}\boldsymbol{y}\,(\boldsymbol{x},\boldsymbol{y}\in\mathbf{R}^{n\times 1})$

L_∞ 范数被定义为 $\|\boldsymbol{x}\|_\infty=\sup\limits_{t\geqslant 0}|\boldsymbol{x}(t)|$，当 $\|\boldsymbol{x}\|_\infty$ 存在时，称 $\boldsymbol{x}\in\boldsymbol{L}_\infty$。

2. 矩阵不等式性质

对于任意的矩阵 $\boldsymbol{X}\in\mathbf{R}^{n\times k}$，$\boldsymbol{Y}\in\mathbf{R}^{n\times k}$ 和任意正定矩阵$\boldsymbol{\Lambda}=\boldsymbol{\Lambda}^{\mathrm{T}}>0$，$\boldsymbol{\Lambda}\in\mathbf{R}^{n\times n}$，如下不等式成立

$$\boldsymbol{X}^{\mathrm{T}}\boldsymbol{Y}+\boldsymbol{Y}^{\mathrm{T}}\boldsymbol{X}\leqslant\boldsymbol{X}^{\mathrm{T}}\boldsymbol{\Lambda}\boldsymbol{X}+\boldsymbol{Y}^{\mathrm{T}}\boldsymbol{\Lambda}^{-1}\boldsymbol{Y}$$

$$(\boldsymbol{X}+\boldsymbol{Y})^{\mathrm{T}}(\boldsymbol{X}+\boldsymbol{Y})\leqslant\boldsymbol{X}^{\mathrm{T}}(\boldsymbol{I}+\boldsymbol{\Lambda})\boldsymbol{X}+\boldsymbol{Y}^{\mathrm{T}}(\boldsymbol{I}+\boldsymbol{\Lambda}^{-1})\boldsymbol{Y}$$

证明：

定义 $\boldsymbol{H}:=\boldsymbol{X}^{\mathrm{T}}\boldsymbol{\Lambda}\boldsymbol{X}+\boldsymbol{Y}^{\mathrm{T}}\boldsymbol{\Lambda}^{-1}\boldsymbol{Y}-\boldsymbol{X}^{\mathrm{T}}\boldsymbol{Y}-\boldsymbol{Y}^{\mathrm{T}}\boldsymbol{X}$，则对于任意的向量 $\boldsymbol{v}$，可以引入向量 $\boldsymbol{v}_1:=\boldsymbol{\Lambda}^{1/2}\boldsymbol{X}\boldsymbol{v}$，$\boldsymbol{v}_2:=\boldsymbol{\Lambda}^{-1/2}\boldsymbol{Y}\boldsymbol{v}$，于是可得

$$\boldsymbol{v}^{\mathrm{T}}\boldsymbol{H}\boldsymbol{v}=\boldsymbol{v}_1^{\mathrm{T}}\boldsymbol{v}_1+\boldsymbol{v}_2^{\mathrm{T}}\boldsymbol{v}_2-\boldsymbol{v}_1^{\mathrm{T}}\boldsymbol{v}_2-\boldsymbol{v}_2^{\mathrm{T}}\boldsymbol{v}_1=\|\boldsymbol{v}_1-\boldsymbol{v}_2\|^2\geqslant 0$$

得证。

3. Barbalat's 定理

定理 A.1[1]　假如 $f:\mathbf{R}^+\to\mathbf{R}^+$ 对于 $t\geqslant 0$ 为一致连续的，如果如下积分的极限

$$\lim_{t\to\infty}\int_0^t |f(\tau)|\,\mathrm{d}\tau$$

存在并且有界，那么

$$\lim_{t\to\infty} f(t)=0$$

证明 若 $\lim\limits_{t\to\infty} f(t)\neq 0$，那么就存在一个无限无界序列$\{t_n\}$ 和 $\varepsilon>0$，$|f(t_i)|>\varepsilon$，因为 f 一致连续，则

$$|f(t)-f(t_i)|\leqslant k|t-t_i| \quad (\forall t,t_i\in \mathbf{R}^+)$$

对于 $k>0$，且

$$|f(t)|\geqslant \varepsilon -|f(t)-f(t_i)|\geqslant \varepsilon - k|t-t_i|$$

在 区间$[t_i,t_i+\delta](\delta>0)$上积分上一个方程可得

$$\int_{t_i}^{t_i+\delta} |f(\tau)|\,\mathrm{d}\tau \geqslant \varepsilon\delta - k\delta^2/2$$

选择 $\delta=\varepsilon/k$，可以得到

$$\int_{t_i}^{t_i+\delta} |f(\tau)|\,\mathrm{d}\tau \geqslant \varepsilon\delta/2 \quad (\forall t_i)$$

这与$\lim\limits_{t\to\infty}\int_0^t |f(\tau)|\,\mathrm{d}\tau$ 为有限的假设相矛盾。

推论 A.1 如果 $g\in L_2\cap L_\infty$，且 g 是有界的，那么

$$\lim_{t\to\infty} g(t)=0$$

证明：选择 $f(t)=g^2(t)$，那么 $f(t)$满足前引理的条件，得证。

4. 矩阵代数黎卡提方程正解存在的频率条件

定理 A.2[2] 如下黎卡提方程

$$\boldsymbol{P}\boldsymbol{A}_0+\boldsymbol{A}_0^{\mathrm{T}}\boldsymbol{P}+\boldsymbol{P}\boldsymbol{R}\boldsymbol{P}+\boldsymbol{Q}=0 \tag{A.1}$$

其中 $\boldsymbol{A}_0\in\mathbf{R}^{n\times n}$，$0<\boldsymbol{R}=\boldsymbol{R}^{\mathrm{T}}\in\mathbf{R}^{n\times n}$，$0<\boldsymbol{Q}=\boldsymbol{Q}^{\mathrm{T}}\in\mathbf{R}^{n\times n}$

- $\operatorname{Re}\lambda_j(A_0)<0$，$\forall j=1,2,\cdots,n$
- $(\boldsymbol{A}_0,\boldsymbol{R}^{1/2})$是稳定的
- $(\boldsymbol{Q}^{1/2},\boldsymbol{A}_0)$是可观测的

具有正定解为 $0<\boldsymbol{P}=\boldsymbol{P}^{\mathrm{T}}$，在满足如下条件下：

$$S(\omega)\triangleq\boldsymbol{I}-[\boldsymbol{R}^{1/2}]^{\mathrm{T}}[-\mathrm{i}\omega\boldsymbol{I}-\boldsymbol{A}_0^{\mathrm{T}}]^{-1}\boldsymbol{Q}[\mathrm{i}\omega\boldsymbol{I}-\boldsymbol{A}_0]^{-1}[\boldsymbol{R}^{1/2}]\geqslant 0 \tag{A.2}$$

对于任意 $\omega\in(-\infty,\infty)$。

定理 A.3 对于 $\boldsymbol{R}>0$，函数 $S(\omega)$满足式(A.2)的条件为如下等式成立

$$\frac{1}{4}(\boldsymbol{A}_0^{\mathrm{T}}\boldsymbol{R}^{-1}-\boldsymbol{R}^{-1}\boldsymbol{A}_0)\boldsymbol{R}(\boldsymbol{A}_0^{\mathrm{T}}\boldsymbol{R}^{-1}-\boldsymbol{R}^{-1}\boldsymbol{A}_0)^{\mathrm{T}}\leqslant\boldsymbol{A}_0^{\mathrm{T}}\boldsymbol{R}^{-1}\boldsymbol{A}_0-\boldsymbol{Q} \tag{A.3}$$

证明 条件 $S(\omega)\geqslant 0$ 当 $\boldsymbol{R}>0$ 时，等价于如下等式

$$[-\mathrm{i}\omega\boldsymbol{I}-\boldsymbol{A}_0^{\mathrm{T}}]\boldsymbol{R}^{-1}[\mathrm{i}\omega\boldsymbol{I}-\boldsymbol{A}_0]\geqslant\boldsymbol{Q}$$

或

$$\omega^2 \boldsymbol{R}^{-1} + \mathrm{i}\omega(\boldsymbol{R}^{-1}\boldsymbol{A}_0 - \boldsymbol{A}_0^{\mathrm{T}}\boldsymbol{R}^{-1}) \geqslant \boldsymbol{Q} - \boldsymbol{A}_0^{\mathrm{T}}\boldsymbol{R}^{-1}\boldsymbol{A}_0$$

可以被进一步写为

$$\begin{aligned}
&(\boldsymbol{u} - \mathrm{i}\boldsymbol{v})^{\mathrm{T}}[\omega^2 \boldsymbol{R}^{-1} + \mathrm{i}\omega(\boldsymbol{R}^{-1}\boldsymbol{A}_0 - \boldsymbol{A}_0^{\mathrm{T}}\boldsymbol{R}^{-1}) + \boldsymbol{A}_0^{\mathrm{T}}\boldsymbol{R}^{-1}\boldsymbol{A}_0](\boldsymbol{u} + \mathrm{i}\boldsymbol{v}) \\
\geqslant\, &(\boldsymbol{u} - \mathrm{i}\boldsymbol{v})^{\mathrm{T}}[\boldsymbol{Q} - \boldsymbol{A}_0^{\mathrm{T}}\boldsymbol{R}^{-1}\boldsymbol{A}_0](\boldsymbol{u} + \mathrm{i}\boldsymbol{v}) \\
&\omega^2[(\boldsymbol{u}, \boldsymbol{R}^{-1}\boldsymbol{u}) + (\boldsymbol{v}, \boldsymbol{R}^{-1}\boldsymbol{v})] + 2\omega(\boldsymbol{u}, \boldsymbol{T}\boldsymbol{v}) \\
\geqslant\, &-(\boldsymbol{u}, \boldsymbol{G}\boldsymbol{u}) - (\boldsymbol{v}, \boldsymbol{G}\boldsymbol{v})
\end{aligned} \tag{A.4}$$

其中

$$\boldsymbol{T} := \boldsymbol{A}_0^{\mathrm{T}}\boldsymbol{R}^{-1} - \boldsymbol{R}^{-1}\boldsymbol{A}_0$$

$$\boldsymbol{G} := \boldsymbol{A}_0^{\mathrm{T}}\boldsymbol{R}^{-1}\boldsymbol{A}_0 - \boldsymbol{Q}$$

对于任意 $\omega \in (-\infty, \infty)$，最小化不等式(A.4)的左侧，有

$$\begin{aligned}
&\inf_{\omega \in (-\infty, \infty)} (\omega^2[(\boldsymbol{u}, \boldsymbol{R}^{-1}\boldsymbol{u}) + (\boldsymbol{v}, \boldsymbol{R}^{-1}\boldsymbol{v}) + 2\omega(\boldsymbol{u}, \boldsymbol{T}\boldsymbol{v})] \\
&= -\frac{(\boldsymbol{u}, \boldsymbol{T}\boldsymbol{v}^2)}{(\boldsymbol{u}, \boldsymbol{R}^{-1}\boldsymbol{u}) + (\boldsymbol{v}, \boldsymbol{R}^{-1}\boldsymbol{v})} \geqslant -(\boldsymbol{u}, \boldsymbol{G}\boldsymbol{u}) - (\boldsymbol{v}, \boldsymbol{G}\boldsymbol{v})
\end{aligned}$$

或者写为另外一种形式

$$[(\boldsymbol{u}, \boldsymbol{G}\boldsymbol{u}) + (\boldsymbol{v}, \boldsymbol{G}\boldsymbol{v})][(\boldsymbol{u}, \boldsymbol{R}^{-1}\boldsymbol{u}) + (\boldsymbol{v}, \boldsymbol{R}^{-1}\boldsymbol{v})] \geqslant (\boldsymbol{u}, \boldsymbol{T}\boldsymbol{v}^2) \tag{A.5}$$

这对于任意的 $\boldsymbol{u} \in \mathbf{R}^n$ 和 $\boldsymbol{v} \in \mathbf{R}^n$ 是成立的。

对于 $\omega := \begin{pmatrix} \boldsymbol{u} \\ \boldsymbol{v} \end{pmatrix} \in \mathbf{R}^{2n}$，由式(A.5)可得

$$\left(\omega, \begin{bmatrix} \boldsymbol{G} & 0 \\ 0 & \boldsymbol{G} \end{bmatrix} \omega\right)\left(\omega, \begin{bmatrix} \boldsymbol{R}^{-1} & 0 \\ 0 & \boldsymbol{R}^{-1} \end{bmatrix} \omega\right) \geqslant \left(\omega, \begin{bmatrix} 0 & \frac{1}{2}\boldsymbol{T} \\ \frac{1}{2}\boldsymbol{T}^{\mathrm{T}} & \boldsymbol{G} \end{bmatrix} \omega\right)^2 \tag{A.6}$$

对于任意 $\omega \in \mathbf{R}^{2n}$ 都成立。

不等式(A.3)等价于如下不等式

$$\frac{1}{4}\boldsymbol{T}\boldsymbol{R}\boldsymbol{T}^{\mathrm{T}} \leqslant \boldsymbol{G}$$

或者如下扩展形式

$$\begin{bmatrix} 0 & \frac{1}{2}\boldsymbol{T} \\ \frac{1}{2}\boldsymbol{T}^{\mathrm{T}} & \boldsymbol{G} \end{bmatrix}^{\mathrm{T}} \begin{bmatrix} \boldsymbol{R} & 0 \\ 0 & \boldsymbol{R} \end{bmatrix} \begin{bmatrix} 0 & \frac{1}{2}\boldsymbol{T} \\ \frac{1}{2}\boldsymbol{T}^{\mathrm{T}} & \boldsymbol{G} \end{bmatrix} = \frac{1}{4}\begin{bmatrix} \boldsymbol{T}\boldsymbol{R}\boldsymbol{T}^{\mathrm{T}} & 0 \\ 0 & \boldsymbol{T}^{\mathrm{T}}\boldsymbol{R}\boldsymbol{T} \end{bmatrix} \leqslant \begin{bmatrix} \boldsymbol{G} & 0 \\ 0 & \boldsymbol{G} \end{bmatrix}$$

利用 Cauchy-Bounyakovskii-Shwartz 不等式，可得

$$\left(\omega, \begin{bmatrix} 0 & \frac{1}{2}\boldsymbol{T} \\ \frac{1}{2}\boldsymbol{T}^{\mathrm{T}} & \boldsymbol{G} \end{bmatrix}\omega\right)^2$$

$$= \left(\begin{bmatrix} \boldsymbol{R}^{-1/2} & 0 \\ 0 & \boldsymbol{R}^{-1/2} \end{bmatrix}\omega, \begin{bmatrix} \boldsymbol{R}^{1/2} & 0 \\ 0 & \boldsymbol{R}^{1/2} \end{bmatrix}\begin{bmatrix} 0 & \frac{1}{2}T \\ \frac{1}{2}\boldsymbol{T}^{\mathrm{T}} & \boldsymbol{G} \end{bmatrix}\omega\right)^2$$

$$\leqslant \left(\omega, \begin{bmatrix} \boldsymbol{R}^{-1} & 0 \\ 0 & \boldsymbol{R}^{-1} \end{bmatrix}\omega\right)\left(\omega, \begin{bmatrix} 0 & \frac{1}{2}\boldsymbol{T} \\ \frac{1}{2}\boldsymbol{T}^{\mathrm{T}} & \boldsymbol{G} \end{bmatrix}^{\mathrm{T}}\begin{bmatrix} \boldsymbol{R} & 0 \\ 0 & \boldsymbol{R} \end{bmatrix}\begin{bmatrix} 0 & \frac{1}{2}\boldsymbol{T} \\ \frac{1}{2}\boldsymbol{T}^{\mathrm{T}} & \boldsymbol{G} \end{bmatrix}\omega\right)$$

$$\leqslant \left(\omega, \begin{bmatrix} \boldsymbol{R}^{-1} & 0 \\ 0 & \boldsymbol{R}^{-1} \end{bmatrix}\omega\right)\left(\omega, \begin{bmatrix} \boldsymbol{G} & 0 \\ 0 & \boldsymbol{G} \end{bmatrix}\omega\right) \tag{A.7}$$

对于 $\omega \in \mathbf{R}^{2n}$，式(A.7)成立，所以式(A.6)成立。

这个结果的好处是显而易见的。不需要检查特定的三元组 $\boldsymbol{A}_0$，$\boldsymbol{R}$ 和 $\boldsymbol{Q}$ 在所有频率上是否满足条件式(A.2)。只需要在所有矩阵中寻找 $\boldsymbol{A}_0$，$\boldsymbol{R}$ 和 $\boldsymbol{Q}$，并且满足式(A.3)就可以保证矩阵黎卡提方程(A.1)有一个正解。

定理 A.4 考虑矩阵微分黎卡提方程如下

$$-\dot{\boldsymbol{P}}_1(t) = \boldsymbol{A}_{\mathrm{t}}^{\mathrm{T}}\boldsymbol{P}_1(t) + \boldsymbol{P}_1(t)\boldsymbol{A}_{\mathrm{t}} + \boldsymbol{P}_1(t)\boldsymbol{R}_{\mathrm{t}}\boldsymbol{P}_1(t) + \boldsymbol{Q}_{\mathrm{t}} \tag{A.8}$$

和矩阵微分黎卡提方程(具有常数参数)：

$$0 = \boldsymbol{A}^{\mathrm{T}}\boldsymbol{P}_2 + \boldsymbol{P}_2\boldsymbol{A} + \boldsymbol{P}_2\boldsymbol{R}\boldsymbol{P}_2 + \boldsymbol{Q} \tag{A.9}$$

对于如下条件

$$\boldsymbol{P}_1(0) > \boldsymbol{P}_2 \tag{A.10}$$

和相应的哈密顿量

$$\boldsymbol{H}_{1,t} := \begin{bmatrix} \boldsymbol{Q}_{\mathrm{t}} & \boldsymbol{A}_{\mathrm{t}}^{\mathrm{T}} \\ \boldsymbol{A}_{\mathrm{t}} & \boldsymbol{R}_{\mathrm{t}} \end{bmatrix}, \quad \boldsymbol{H}_2 := \begin{bmatrix} \boldsymbol{Q} & \boldsymbol{A}^{\mathrm{T}} \\ \boldsymbol{A} & \boldsymbol{R} \end{bmatrix}。$$

那么对于($\exists K$: $\mathrm{Re}\lambda_i(\boldsymbol{A} - K\boldsymbol{R}) < 0, i = 1, 2, \cdots, n$) 和 $0 \leqslant \boldsymbol{H}_{1,t} \leqslant \boldsymbol{H}_2$，我们有

$$\boldsymbol{P}_1(t) > \boldsymbol{P}_2(t) \quad (\forall t > 0) \tag{A.11}$$

证明：定义$\boldsymbol{\Delta}_t := \boldsymbol{P}_1(t) - \boldsymbol{P}_2(t)$，由 $0 \leqslant H_{1,t} \leqslant H_2$ 可得

$$\boldsymbol{H} = \begin{bmatrix} \boldsymbol{H}_{11} & \boldsymbol{H}_{12} \\ \boldsymbol{H}_{21} & \boldsymbol{H}_{22} \end{bmatrix}$$

将式(A.8)重新写为哈密顿量形式如下

$$-\dot{\boldsymbol{P}}_1(t)=[\boldsymbol{I}\quad \boldsymbol{P}_1(t)]\,\boldsymbol{H}_{1,t}\begin{bmatrix}\boldsymbol{I}\\ \boldsymbol{P}_1(t)\end{bmatrix}$$

$$-\dot{\boldsymbol{P}}_2(t)=[\boldsymbol{I}\quad \boldsymbol{P}_2(t)]\,\boldsymbol{H}_2\begin{bmatrix}\boldsymbol{I}\\ \boldsymbol{P}_2(t)\end{bmatrix},\quad \boldsymbol{P}_2(t)=\boldsymbol{P}_2=\text{const}$$

得到

$$\begin{aligned}-\dot{\boldsymbol{\Delta}}_t&=[\boldsymbol{I}\,[\overset{\Delta_t}{=}+\boldsymbol{P}_2(t)]\,]\,\boldsymbol{H}_{1,t}\begin{bmatrix}\boldsymbol{I}\\ [\boldsymbol{\Delta}_t+\boldsymbol{P}_2(t)]\end{bmatrix}-[\boldsymbol{I}\quad \boldsymbol{P}_2(t)]\boldsymbol{H}_2\begin{bmatrix}\boldsymbol{I}\\ \boldsymbol{P}_2(t)\end{bmatrix}\\
&\leqslant([\boldsymbol{I}\quad \boldsymbol{\Delta}_t]+[0\quad \boldsymbol{P}_2(t)])\boldsymbol{H}_2\left(\begin{bmatrix}\boldsymbol{I}\\ \boldsymbol{\Delta}_t\end{bmatrix}+\begin{bmatrix}\boldsymbol{I}\\ \boldsymbol{P}_2(t)\end{bmatrix}\right)-\\
&\quad [\boldsymbol{I}\quad \boldsymbol{P}_2(t)]\boldsymbol{H}_2\begin{bmatrix}\boldsymbol{I}\\ \boldsymbol{P}_2(t)\end{bmatrix}\\
&=(\boldsymbol{A}^{\mathrm T}+\boldsymbol{P}_2(t)\boldsymbol{R})\boldsymbol{\Delta}_t+\boldsymbol{\Delta}_t(\boldsymbol{A}+\boldsymbol{R}\boldsymbol{P}_2(t))+\boldsymbol{\Delta}_t\boldsymbol{R}\boldsymbol{\Delta}_t=\boldsymbol{L}_t-\boldsymbol{Q}_0\end{aligned}$$

其中

$$\boldsymbol{L}_t:=(\boldsymbol{A}^{\mathrm T}+\boldsymbol{P}_2\boldsymbol{R})\boldsymbol{\Delta}_t+\boldsymbol{\Delta}_t(\boldsymbol{A}+\boldsymbol{R}\boldsymbol{P}_2)+\boldsymbol{\Delta}_t\boldsymbol{R}\boldsymbol{\Delta}_t+\boldsymbol{Q}_0$$

由文献[3]可知，如果$(\boldsymbol{A}^{\mathrm T}+\boldsymbol{P}_2(t)\boldsymbol{R})$是稳定的，那么$(\boldsymbol{A},\boldsymbol{R})$也是稳定的。所以，因为$t=0$，有$\boldsymbol{\Delta}_{t=0}>0$，因此（见文献[3]中的引理），存在$\boldsymbol{Q}_0>0$，$\boldsymbol{L}_{t=0}=0$，这导致$\dot{\boldsymbol{\Delta}}_t\geqslant\boldsymbol{Q}_0>0$。

考虑到参数在时间上连续的微分黎卡提方程的解也是连续函数，可得出这样的结论：对于时间$t=0$，存在$\varepsilon>0$使得$\boldsymbol{Q}_\tau>0\quad\forall\tau\in[t,t+\varepsilon]$，所以我们有$\boldsymbol{Q}_\tau>0\quad\forall\tau\in[t,t+\varepsilon]$，因此，得出：$\boldsymbol{\Delta}_{t+\varepsilon}=\boldsymbol{\Delta}_t+\int_t^{t+\varepsilon}\dot{\boldsymbol{\Delta}}_t\,\mathrm{d}\tau\geqslant\boldsymbol{\Delta}_t+\int_t^{t+\varepsilon}\boldsymbol{Q}_0\,\mathrm{d}\tau\geqslant\boldsymbol{\Delta}_t+\boldsymbol{Q}_0\varepsilon>0$，进而导致$\boldsymbol{P}_1(\tau)>\boldsymbol{P}_2(\tau)\ \forall\tau\in[0,0+\varepsilon]$。

5. 有限变元引理

定理 A.5　对于任何可微向量函数$\boldsymbol{g}(x)\in\mathbf{R}^m$，$x\in\mathbf{R}^n$，如果满足全局的Lipschitz条件，并存在一个正常数$L_{\mathrm g}$，使得下式成立：

$$\|\boldsymbol{g}(x_1)-\boldsymbol{g}(x_2)\|\leqslant L_{\mathrm g}\|x_1-x_2\| \tag{A.12}$$

如果满足全局梯度的Lipschitz条件，并存在一个正常数$L_{\partial\mathrm g}$，使得下式成立

$$\|\nabla\boldsymbol{g}(x_1)-\nabla\boldsymbol{g}(x_2)\|\leqslant L_{\partial\mathrm g}\|x_1-x_2\| \tag{A.13}$$

$$或\ \|\boldsymbol{g}(x+\Delta x)-(\boldsymbol{g}(x)+\nabla^{\mathrm T}\boldsymbol{g}(x)\Delta x)\|\leqslant 2L_{\mathrm g}\|\Delta x\| \tag{A.14}$$

$$或\ \|\boldsymbol{g}(x+\Delta x)-(\boldsymbol{g}(x)+\nabla^{\mathrm T}\boldsymbol{g}(x)\Delta x)\|\leqslant \frac{L_{\partial\mathrm g}}{2}\|\Delta x\|^2 \tag{A.15}$$

证明：基于积分恒等式

$$\int_0^1 (\nabla \boldsymbol{g}(x+\theta\Delta x),\Delta x)\mathrm{d}\theta = \boldsymbol{g}(x+\theta\Delta x)\mid_{\theta=0}^{\theta=1} = \boldsymbol{g}(x+\Delta x)-\boldsymbol{g}(x)$$

有

$$\begin{aligned}\boldsymbol{g}(x+\Delta x)-\boldsymbol{g}(x) &= \int_0^1 (\nabla \boldsymbol{g}(x+\theta\Delta x)-\nabla \boldsymbol{g}(\Delta x)+\nabla g(\Delta x),\Delta x)\mathrm{d}\theta \\ &= \int_0^1 (\nabla \boldsymbol{g}(x+\theta\Delta x)-\nabla \boldsymbol{g}(x),\Delta x)\mathrm{d}\theta + (\nabla \boldsymbol{g}(x),\Delta x)\end{aligned}$$

进而可得

$$\begin{aligned}&\| \boldsymbol{g}(x+\Delta x)-\boldsymbol{g}(x)-(\nabla \boldsymbol{g}(x),\Delta x)\| \\ \leqslant &\int_0^1 \| (\nabla \boldsymbol{g}(x+\theta\Delta x)-\nabla \boldsymbol{g}(x),\Delta x)\| \mathrm{d}\theta \\ \leqslant &\int_0^1 \| (\nabla \boldsymbol{g}(x+\theta\Delta x)-\nabla \boldsymbol{g}(x)\| \, \| \Delta x \| \mathrm{d}\theta\end{aligned}$$

(1) 由式(A.12)可知，对于 $x\in\mathbf{R}^n$ 有

$$\| \nabla \boldsymbol{g}(x)\| \leqslant L_{\mathrm{g}} \tag{A.16}$$

将这个估计应用于式(A.16)，可得出结论

$$\begin{aligned}&\| \boldsymbol{g}(x+\Delta x)-\boldsymbol{g}(x)-(\nabla \boldsymbol{g}(x),\Delta x)\| \\ \leqslant &\int_0^1 (\| \nabla \boldsymbol{g}(x+\theta\Delta x)\| + \| \nabla \boldsymbol{g}(x)\|)\| \Delta x\| \mathrm{d}\theta \\ \leqslant &\int_0^1 2L_{\mathrm{g}} \| \Delta x\| \mathrm{d}\theta = 2L_{\mathrm{g}} \| \Delta x\|\end{aligned}$$

(2) $\| \boldsymbol{g}(x+\Delta x)-\boldsymbol{g}(x)-(\nabla \boldsymbol{g}(x),\Delta x)\| \leqslant \int_0^1 L_{\partial \mathrm{g}} \| \Delta x\|^2 \mathrm{d}\theta = \frac{L_{\partial \mathrm{g}}}{2}\| \Delta x\|^2$

推论 A.2 由定理 A.5 可得

$$\boldsymbol{g}(x+\Delta x)=\boldsymbol{g}(x)+\nabla^{\mathrm{T}}\boldsymbol{g}(x)\Delta x+\boldsymbol{v}_{\mathrm{g}} \tag{A.17}$$

其中向量 $\boldsymbol{v}_{\mathrm{g}}$ 可以由下式估计

$$\| \boldsymbol{v}_{\mathrm{g}}\| \leqslant 2L_{\mathrm{g}}\| \Delta x\| \tag{A.18}$$

证明：定义向量 $\boldsymbol{v}_{\mathrm{g}} := \boldsymbol{g}(x+\Delta x)-\boldsymbol{g}(x)-\nabla^{\mathrm{T}}\boldsymbol{g}(x)\Delta x$，则由式(A.14)可知式(A.18)成立。

定理 A.6[3] 如果定义一个正函数 $V(x)$，$x\in\mathbf{R}^n$ 为

$$V(x) := \frac{1}{2}[\| x-x^*\| -\mu]_+^2$$

其中，$[\cdot]_+^2 := ([\cdot]_+)^2$，$[\cdot]_+$ 被定义为

$$[z]_+ = \begin{cases} z, & z\geqslant 0 \\ 0, & z<0\end{cases}$$

则函数 $V(x)$是可微的，其梯度是

$$\nabla V(x)=[\|x-x^*\|-\mu]_+\frac{x-x^*}{\|x-x^*\|}$$

参 考 文 献

[1] Kailath T. Linear System[M]. Englewood Cliffs: Prentice-Hall, 1980.

[2] Willems J. Least squares optimal control and algebraic Riccati equations[J]. IEEE Trans, on Automatic Control, 1971, 16(6): 621 634.

[3] Wimmer H. Monotonicity of maximal solutions of algebraic riccati equations[J]. System and Control Letters, 1985, 5: 317-319.

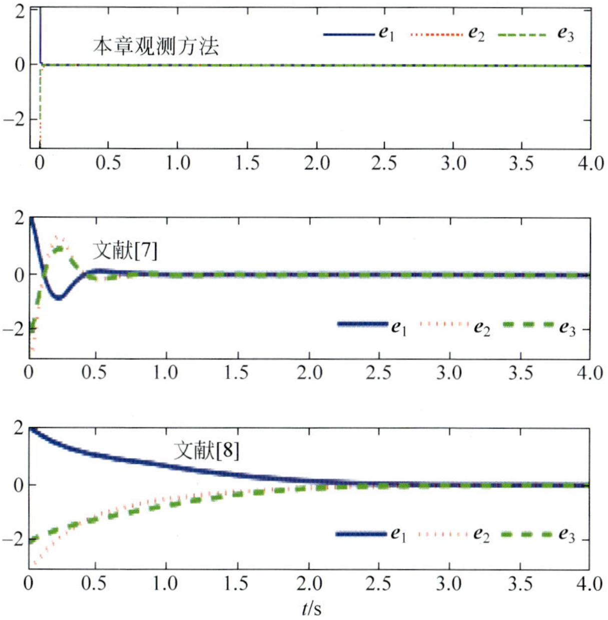

图 5-4　观测误差比较结果

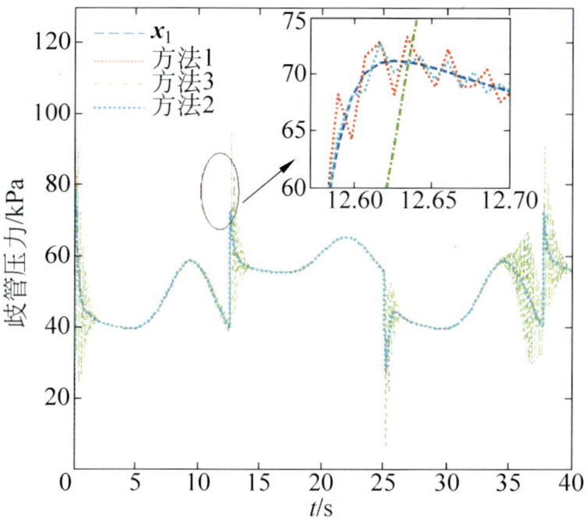

图 7-2　歧管压力辨识结果

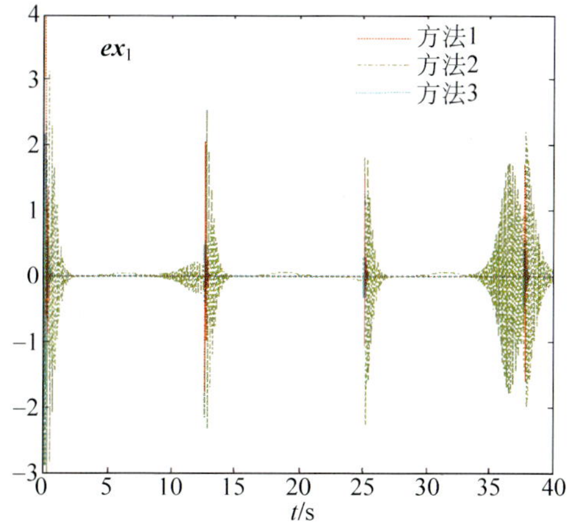

图 7-3　歧管压力误差辨识结果

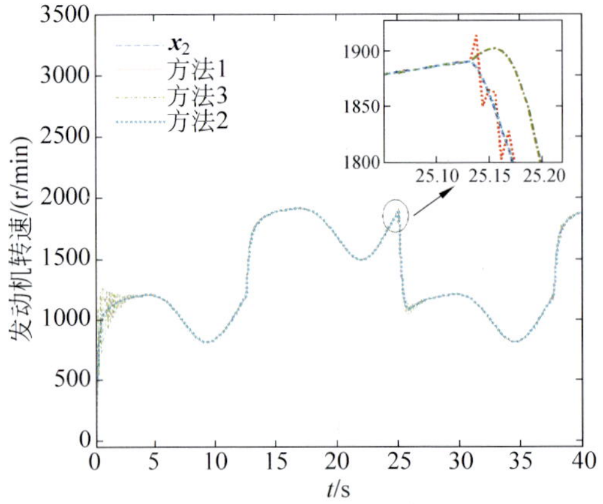

图 7-4　发动机转速辨识结果

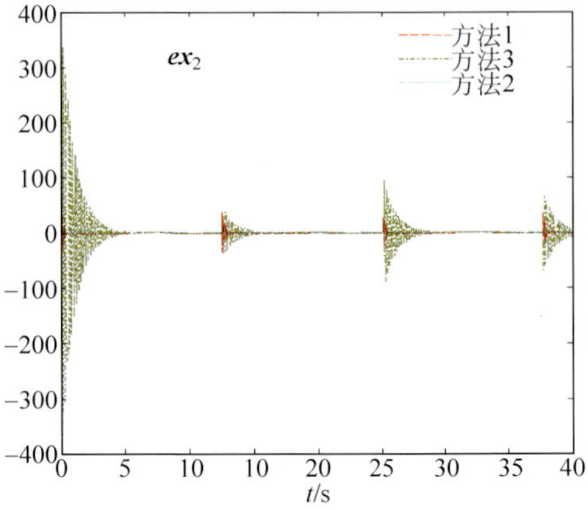

图 7-5　发动机转速辨识误差

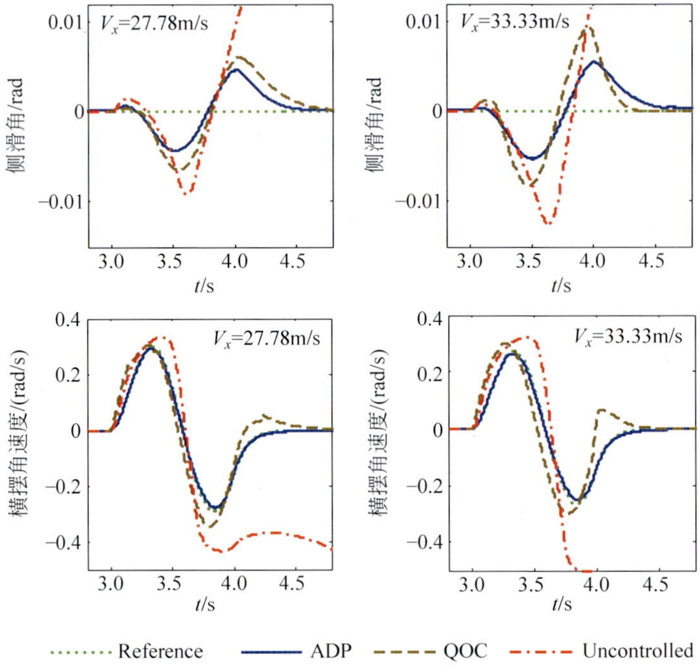

图 9-4　侧滑角和横摆角速度响应的比较

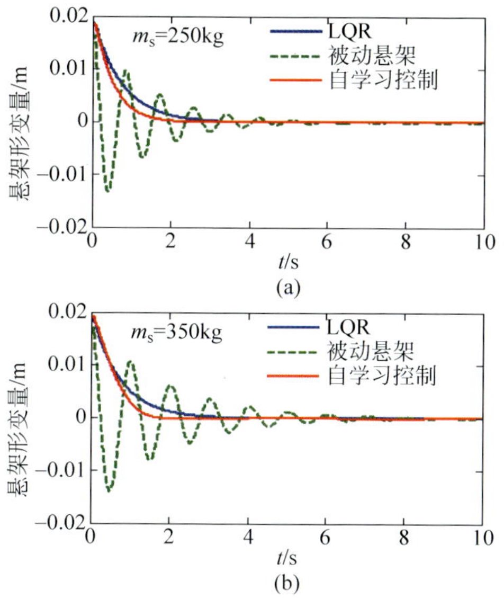

图 10-3　悬架形变量

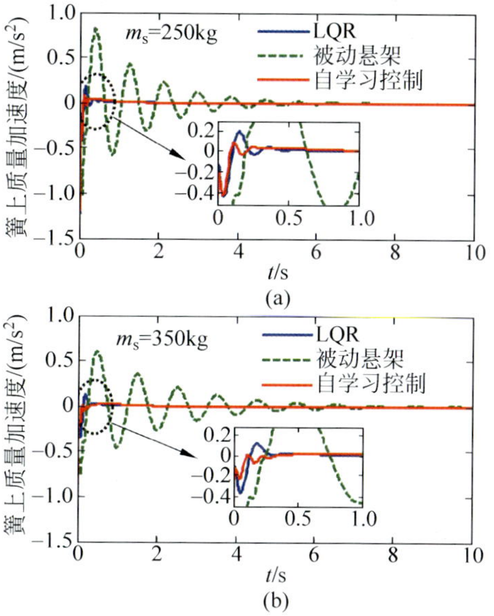

图 10-4　簧上质量加速度

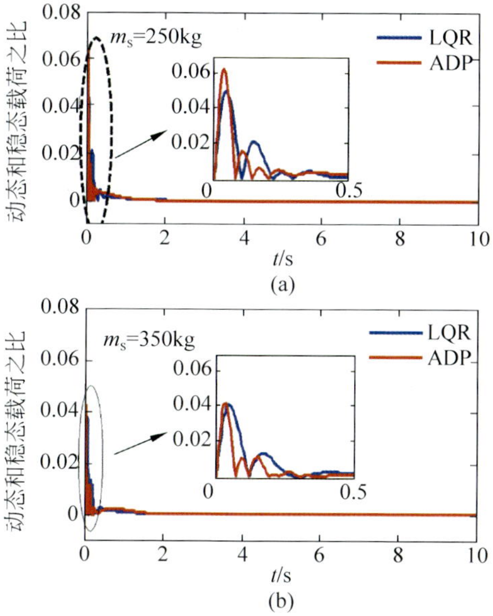

图 10-5　轮胎动载荷与稳定载荷之比

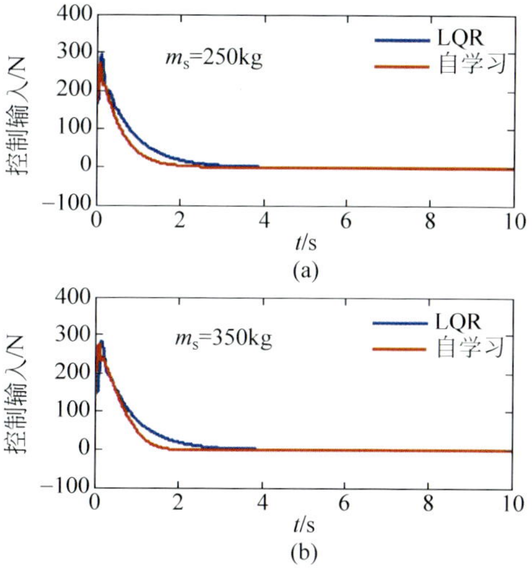

图 10-6　控制输入

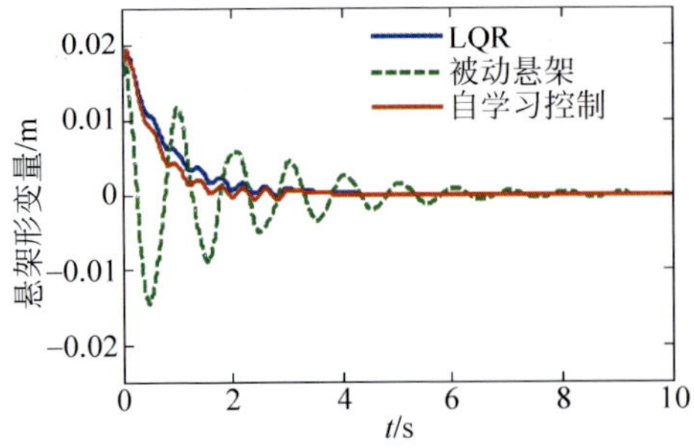

图 10-7 悬架形变量

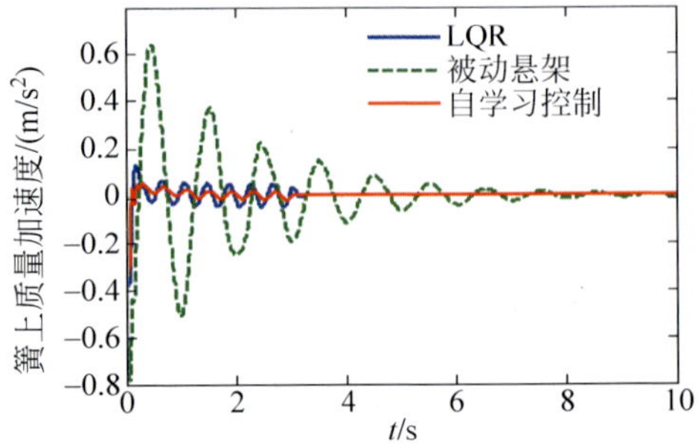

图 10-8 簧上质量加速度

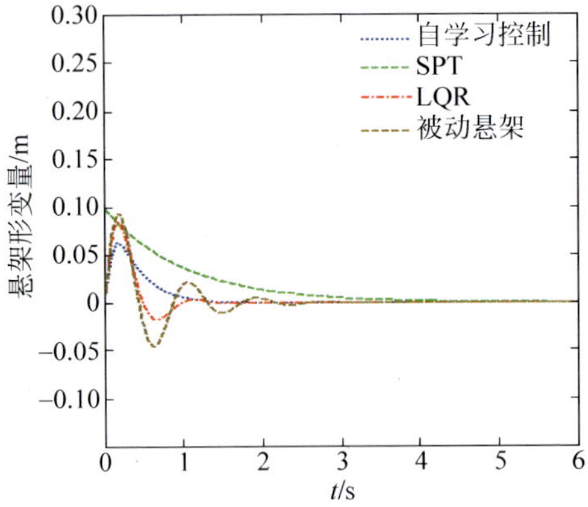

图 10-9 悬架形变量

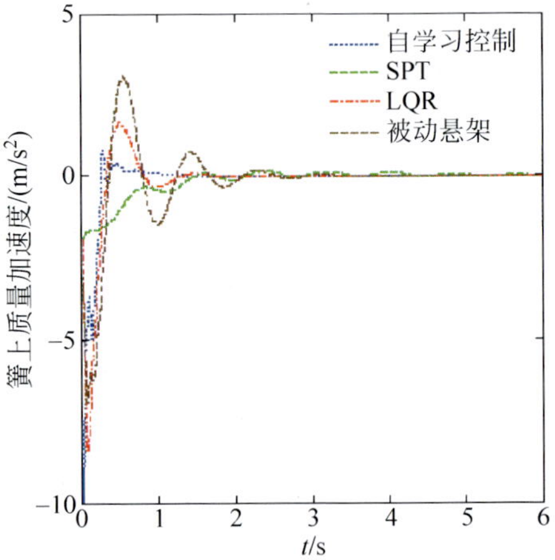

图 10-10 簧上质量加速度

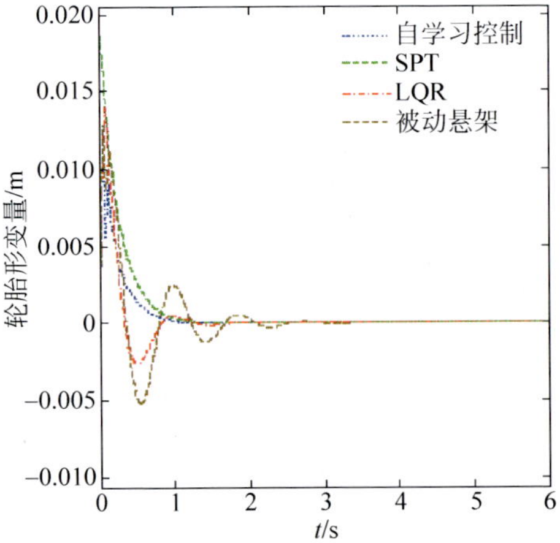

图 10-11 轮胎形变量

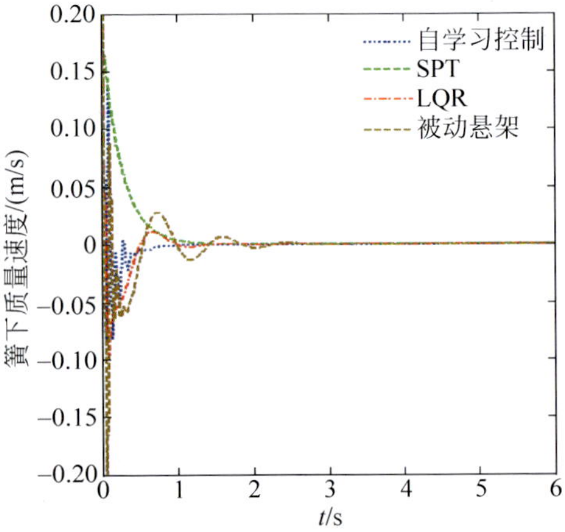

图 10-12 簧下质量速度